高职高专“十三五”精品规划教材·经济贸易类

新编外贸单证实务

XINBIAN WAIMAO DANZHENG SHIWU

◎主　编　蔡丽娟
◎副主编　张南雪　段　婷
◎参　编　张艳林　张晓芹　陈建松

中国铁道出版社
CHINA RAILWAY PUBLISHING HOUSE

内容简介

本书是根据外贸业务员的工作项目和任务为编写基础，以一笔毛绒玩具的外贸业务为主线，以实际工作流程为线索，培养学生独立完成该合同项下相应的整套制单流程，以此来熟悉制单、审单业务。全书包括缮制合同及掌握合同流程、申请及开立信用证、审核及修改信用证、备货及缮制商业发票、缮制装箱单、装运货物及缮制托运单证、办理出入境货物检验检疫单证、办理检验证书实务、办理原产地证书实务、投保实务及投保单证的缮制、报关实务及报关单证的缮制、海运提单的缮制及签发实务、国际汇票的缮制和进口付汇核销实务与单证缮制等十四个项目。通过本课程的学习使学生熟悉外贸单证工作的基本流程，具备外贸单证综合操作能力，独立从事开证、审证、制单、审单、交单归档等一系列外贸单证工作。

本书适合用作高职高专层次国际贸易及国际商务专业的教材，也可作为外贸从业人员的参考用书。

图书在版编目(CIP)数据

新编外贸单证实务/蔡丽娟主编. —北京：中国铁道出版社，2016.8

高职高专"十三五"精品规划教材·经济贸易类

ISBN 978-7-113-22321-2

Ⅰ.①新… Ⅱ.①蔡… Ⅲ.①进出口贸易—原始凭证—高等职业教育—教材 Ⅳ.①F740.44

中国版本图书馆 CIP 数据核字(2016)第 206503 号

书　　名： 高职高专"十三五"精品规划教材·经济贸易类
新编外贸单证实务

作　　者： 蔡丽娟　主编

策　　划： 左婷婷　　**读者热线：**（010）63550836

责任编辑： 左婷婷　潘星泉

封面设计： 刘　颖

责任校对： 汤淑梅

责任印制： 郭向伟

出版发行： 中国铁道出版社（100054，北京市西城区右安门西街 8 号）

网　　址： http://www.51eds.com

印　　刷： 北京尚品荣华印刷有限公司

版　　次： 2016 年 8 月第 1 版　2016 年 8 月第 1 次印刷

开　　本： 787 mm×1 092 mm　1/16　印张：20　字数：490 千

书　　号： ISBN 978-7-113-22321-2

定　　价： 45.00 元

前言 Preface

随着经济全球化的发展，国际市场的竞争日趋激烈。越来越多的企业从事外贸业务，而目前具备扎实的专业知识和专业制单能力的国际贸易专业人员明显不足。在众多外贸实操过程中，由于制单员疏忽或综合能力不强而导致单证不规范、不标准遭到银行拒付，出现采用信用证结算方式出口方收不到货款的情况时有发生。因此，国际贸易市场的复杂性和多变性将对企业外贸人员制作单据能力提出更高的要求。

本书以外贸业务的实际工作流程为线索，以培养学生的制单审单能力为编写目标，以外贸业务员的工作项目和任务为编写内容。通过本课程的学习使学生熟悉外贸单证工作的基本流程，具备外贸单证规范化、标准化的综合操作能力，独立从事开证、审证、制单、审单、交单归档等一系列外贸单证工作。

本书模拟了一笔毛绒玩具的出口合同为主线，即在2013年9月15日，佛山易美贸易有限公司与美国贝佳特贸易有限公司成交了一笔新潮灰色小熊和长发小猫咪两款型号的毛绒玩具制作合同，合同金额为42 480美元。以此为主线，要求完成该合同项下相应的整套制单流程。

本书涉及出口业务活动中所用到的信用证、商业发票、汇票、运输单据、保险单、原产地证书、包装单据、装船通知、受益人证明、报关单、报检单等各种单据的缮制和审核。通过以项目驱动的方式，让学生熟悉外贸单证各环节的业务流程及单据的具体缮制内容。

本书以项目—任务驱动为理论框架，配备相关项目—任务的基本知识，在熟练专业知识的基础上，操练一笔出口任务的具体单证缮制。适合作为高等职业院校国际贸易及国际商务等相关专业的教材，也可供外贸业务员、外贸跟单员、报关员、报检员等职业资格考试的培训参考书，也可用于外贸从业人员参考使用。通过本书的学习，可以让读者获得以下从事外贸跟单的专业知识：

1. 进行简单的国际贸易交易磋商，根据交易磋商的内容拟定外贸合同，运用所学的知识选择结算方式。

2. 根据合同的要求申请开立信用证，填制开证申请书，根据外贸合同审核和修改信用证。

3. 根据信用证和货物的实际情况，缮制商业发票，包装单据、原产地证书、报检单、报关单、运输单据、保险单据、汇票等单据。

4. 按信用证等资料审核全套单据并找出不符点。

5. 熟悉各外贸环节的各单据的缮制要点。

本书由广东环境保护工程职业学院蔡丽娟任主编，同时负责全书的统稿。张南雪、段婷任副主编，张艳林、张晓芹、陈建松参与编写。全书分为十四个项目，其中，项目一至五、七、八、九、十一由广东环境保护工程职业学院蔡丽娟编写，项目六、十二、十四由佛山职业技术学院张南雪编写，项目十、十三由广东行政学院段婷编写，全书的核校由广东东软学院张晓芹、陈建松及广东环境保护工程职业学院张艳林完成。本书在编写过程中，相关单证的内容和格式编写得到了广州市丽视广告材料有限公司出口部廖聪玲经理的指导，中国银行深圳东门支行王姣丽副行长对信用证的内容及审核修改给予了指导和建议，在此一并感谢。

由于编者水平受限及考虑到外贸市场形势的多变性，本书中难免出现疏漏的地方，恳请读者与广大专家批评指正。

编　者

2016 年 5 月

目录 Contents

项目一　缮制合同及掌握合同流程

项目引言

在外贸单证实际业务操作中，外贸合同并没有统一的格式和名称。根据缮制主体的不同，分为出口商拟定的售货合同和进口商拟定的购货合同，它涉及了各项双方认可的交易条件，比如商品的品名、质量、规格、价格、包装及装运条件、付款方式以及检验、不可抗力、仲裁、索赔理赔等条款。本项目从外贸合同的格式、具体内容及交易条款等基础知识出发，在熟悉外贸合同的格式、交易条款及交易事项等理论基础上，缮制和签订一项外贸合同。

知识目标

1. 了解外贸合同的概念和种类
2. 认识外贸合同条款
3. 理解外贸交易条款的主要内容
4. 掌握订立合同的注意事项
5. 学会缮制和审核一项外贸合同

技能目标

1. 熟练掌握外贸合同的缮制方法
2. 能根据给定的外贸项目完成相应合同的缮制

任务一　了解和认识外贸合同的种类及格式

任务描述

外贸合同是营业地处于不同国家或地区的当事人就货物买卖交易达成的关于双方权利义

务关系的书面协定。它是一份法律文件,受国家法律保护和管辖,对买卖双方均具有同等约束力,不仅约定了货物的品名、数量、价格、支付、装运等交易条件,同时也列明不可抗力、索赔理赔、仲裁等条款,是解决贸易纠纷和诉讼的法律依据。在实务操作过程中,外贸合同并没有统一的格式,但基本上都会包括三要素,即约首、正文和约尾三部分内容。只有在充分了解合同的基础上,才能真正地起草和签订一份正式的外贸合同。具体任务包括:一是了解合同的含义和种类;二是了解外贸合同的格式。

任务分析

通过对外贸合同含义、合同分类、合同特点的理解,掌握国际贸易买卖合同与国内合同的区别。同时,在了解外贸合同的格式的基础上,掌握合同的相关要素。

子任务一　了解外贸合同的含义和种类

子任务引例

某上海外贸企业(以下称为卖方)出口一批冰箱给澳大利亚悉尼的电器进出口公司(以下称为买方)。经协商,买卖双方确定交易条件为FOB上海,总价50万美元,支付条件为30%的订金采用T/T方式,70%余款货物装船后30天内付清。双方并没有签订正式合同。而是约定由卖方制作了一份形式发票(PI),内容只有货物和价款,没有其他内容的约定。该PI扫描后通过电邮发送给买方,买方回复邮件确认接受。之后,买方支付了15万美元,卖方也如期将货物装船,但买方没有如期支付余款,且屡经催告拒不回应。经调查,买方是一家小的贸易公司,在中国没有代表处也没有财产,买方的负责人一年会来中国一两次洽谈业务。

请回答:

(1)外贸买卖合同的含义和特点?

(2)现卖方想起诉买方,到何地法院起诉最有利?

一、知识认知

(一)外贸合同的定义

外贸合同在国内又被称为国际贸易合同或进出口贸易合同,即营业地处于不同国家或地区的当事人就商品买卖所发生的权利和义务关系而达成的书面协议。外贸合同受国家法律保护和管辖,是对签约各方都具有同等约束力的法律性文件,是解决贸易纠纷,进行调节、仲裁与诉讼的法律依据。

(二)外贸合同的分类

根据缮制主体的不同,外贸合同可分为售货合同和购货合同。

售货合同(Sales Contract)。由出口商缮制的销售货物合同,称为售货合同。

购货合同(Purchase Contract)。由进口商缮制的购买货物合同,称为购货合同。

在实际业务操作中,根据性质的不同,外贸合同可分为以下形式:

1. 确认书(Confirmation)

确认书内容较为简单,包括了商品质量、重量、价值、支付、装运、交货、检验等主要交易条件。

2. 国际货物买卖合同(Contract)

指营业地处在不同国家或地区的当事人之间所订立的关于货物买卖双方权利义务的书面约定。这是最常见的正式协定。与确认书相比较,为保障买卖合同双方的利益,合同增加了不可抗力、索赔理赔、仲裁等合同条款作为约束条件。

3. 备忘录(Memorandum)

备忘录是谈判双方共同记载有关谈判内容的书面文件,对双方当事人都有法律约束力。在合同谈判过程中为解决某些方面的问题,当事双方需要进行多次的谈判并通过书面的形式把双方讨论的问题明确下来。当明确了双方的权利义务关系,并用书面格式记载具体的谈判内容时,该项备忘录即具备合同的效力,具有法律效力。

4. 协议(Agreement)

在外贸实践过程中,当协议上规定了买卖双方的权利义务关系,并且明确了关于货物的各项交易条件,即具备了合同的效力,即协议在一定程度上可等同于合同。但在法律规范上,更常用合同。

5. 形式发票(Proforma Invoice)

形式发票并不是一种正式发票,它是卖方在销售货物时,为了方便买方对货物进行估价以此作为申请进口和批准给予外汇之用,要求卖方先出具形式发票。指在没有签订正式合同前,要求卖方列明货物品名、数量、成交方式、装运期、运输方式、付款方式、银行信息等内容。当买卖双方没有签订正式合同,并约定形式发票代表合同时,即具备外贸合同的法律效力。

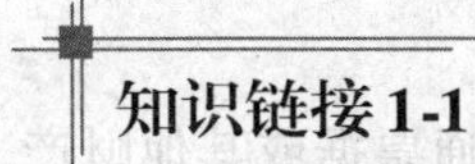

知识链接 1-1

外贸实务中形式发票的使用

1. 形式发票的作用

(1)作为数量化的报价。

(2)作为销售确认。

(3)买方凭它可以申请办理输入许可、外汇许可和开立信用证。

2. 形式发票与商业发票的区别

形式发票与商业发票不同的是在发票上有“形式”字样。这种发票可以用作邀请买方发出确定的订单。发票上一般注明价格和销售条件,所以一旦买方接受此条件,就能按形式发票内容签定确定合约。

由于形式发票上详细载明了进口货价及有关费用,所以有些国家规定可以凭形式发票申请进口许可证,或作为向海关申报货物价格之用。

3. 形式发票的使用

在实务上,倘若 Proforma Invoice 具备报价单的内容而构成法律上的要约(Offer),则可以用来替代报价单,甚至可以作销售确认书(Sales Confirmation)。

形式发票还可以用于其他需要结算的场合。

(1)用于预付货款,即在装货前要求现金支付。

(2)在寄售方式中,出口的货物没有确定的销售合约,而是放在代理商手中,对代理商来说,形式发票可以作为向潜在的买方报价的指南。

(3)如果是投标,形式发票可以使买方在许多相互竞争的供货商中按合理的价格和销售条件签订销售合同。

在具体操作中,一份完整的形式发票必须包括支付方式(T/T 或 L/C、T/T、L/C 等,其中还要写明订金和剩余款项的金额),目的港,货物的相关信息。

(三)外贸合同的特点

在国际贸易中,外贸买卖合同的当事人处于不同的国家,因此外贸货物买卖合同与国内相比,具有不同的特点。

1. 国际性

与国内买卖合同不同,外贸合同相对复杂。它涉及国际公约、国际惯例和相关国家的法律,受合同双方当事人国家运输、关税等经济和政治条件的影响。当订立外贸货物买卖合同的当事人的营业地分别处于不同的国家,则该项合同则具备"国际性"合同的特点。外贸合同以营业地作为起草和签订约定的前提条件,如果当事人没有营业地,则以其长期居住所在地为"营业地"。

2. 合同的标的物是货物

外贸货物买卖合同的标的物是货物,不包括股票、债券、投资证券、流通票据或其他财产,也不包括不动产和提供劳务的交易。

3. 货物必须由一国境内运往他国境内

外贸货物买卖合同的订立可以在不同的国家完成,也可以在一个国家完成,但履行合同时,卖方交付的货物必须运往他国境内,并在其他境内完成货物交付。

4. 合同具有涉外因素

一项外贸合同涉及不同国家的法律制度、适用的国际贸易公约或国际贸易惯例。外贸合同具有涉外因素,被认为与一个以上的国家有重要的联系,因此在法律的适用性上,各国法律的规定就与国内合同有所不同。

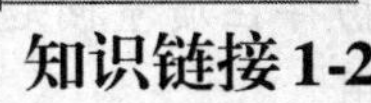

知识链接 1-2

外贸合同无约定情况下的争议

据了解，外贸业务中双方不签订合同书或者合同没有争议解决条款的情况很常见。一旦发生争议需要诉诸法院，这个时候就会引发该项交易管辖法院的问题。

中国当事人在国内法院起诉，要考虑对方是否有财产在中国以便于法院判决的执行，否则当事人应考虑到对方所在国的法院起诉。

当事人选择起诉的法院，既要基于中国法律考虑可以管辖的国内法院，也要基于合同相对方所在国法律考虑可以管辖的外国法院。

(一)可能管辖的国内法院

依照中国《民事诉讼法》第265条之规定，因合同纠纷，对在中华人民共和国领域内没有住所的被告提起的诉讼，可以由合同签订地、合同履行地、诉讼标的物所在地、可供扣押财产所在地或者代表机构住所地人民法院管辖。

1. 合同签订地

合同签订地的确定首先看双方约定，没有约定的看法律规定。而实践中当事人往往对此无约定，发生争议时只能求诸法定。依照中国的《合同法》，当事人签订合同书的，则最后签署的地点为合同签订地；未订立合同书的，如通过电邮、传真等方式订约的，则依照有关要约和承诺的规定，承诺生效的地点为合同签订地。

(1)合同最后签署地。实践中由于当事人分处两国，一般当事人一方先行签署，再通过邮寄方式给另一方签署，照此方式，则后签字的当事人所在地为最后签署地。但如果后签字一方并不注明日期及地点，或者日期与对方的日期相同，则会导致双方对最后签署地发生争议，起诉时需要主张最后签署的一方举证证明。

(2)承诺生效地。中国《合同法》规定，承诺通知到达要约人时生效。引例中，卖方将PI通过电邮发给买方，此邮件为要约，买方确认接受即为承诺，该承诺到达卖方时生效，则卖方收到承诺的地点为承诺生效地。但需要追问的是，卖方收到承诺的地点是哪里？通常来说，接收邮件的是卖方工作人员，而该人接受邮件时可能在公司办公室，也可能在家里或者出差的路上，如果不在公司办公室，则哪一地点为承诺接收地。对这一问题《合同法》第34条有明确规定，采用数据电文形式订立合同的，收件人的主营业地为合同成立的地点；没有主营业地的，其经常居住地为合同成立的地点。

2. 合同履行地

合同履行地的确定也是首先看约定，没有约定看法律规定。但实践中，双方往往没有约定，还是得求诸法律规定。

最高人民法院《关于适用＜中华人民共和国民事诉讼法＞若干问题的意见》第19条规定，购销合同的双方当事人在合同中对交货地点有约定的，以约定的交货地点为合同履行地；没有约定的，依交货方式确定合同履行地；采用送货方式的，以货物送达地为合同履行地；购销合同的实际履行地点与合同中约定的交货地点不一致的，以实际履行地点为合同履行地。

3. 诉讼标的物所在地

诉讼标的物一般是指买卖的货物,常见的情形是中国企业进口的货物存在质量问题,则可以在货物存放地的法院提起诉讼。对于欠款纠纷,则该规则无法适用。

4. 可供扣押财产所在地

如果中国企业能发现外国企业在中国的财产,则可向财产所在地的法院起诉,并申请对财产采取保全措施。这对于中国企业无疑是非常有利的。但在实践中,当事人往往很难获得这一财产信息,即便知道了,证明财产的权属也很困难。所以据此规则取得管辖权的案件非常鲜见。

5. 代表机构住所地

实践中,能在中国设立代表处的外国企业往往是大企业,这种情况并不多见。有的企业虽有代表常驻中国,但并不办理代表处登记,这样该规则也无法适用。

(二)可能管辖的外国法院

一般来说,各国的民事诉讼法都规定被告所在地法院有管辖权,故中国企业也可以到外国企业所在地法院起诉。

但若论诉讼成本的高低,当事人在本国诉讼更便利,熟悉司法程序、与律师沟通方便、成本低。到外国诉讼,则存在不了解司法程序、与律师沟通困难、成本高(特别是在经济发达国家)等弊端。

因此,诉讼标的大的案件,可以考虑到被告所在国法院诉讼,金额小的案件,更适合在中国法院起诉。

【请注意】

国际货物买卖合同当事人,即货物的卖方和买方,《联合国国际货物销售合同公约》虽然未对当事人的缔约能力作出规定,但根据中国《对外贸易法》第8条之规定,只有经对外贸易经济合作部的批准,取得对外贸易经营权的企业和组织,才能作为当事人与外商订立国际货物买卖合同,个人不能订立此合同。而国内货物买卖合同却没有如此严格的限制。

二、职业判断与实务操作

针对子任务引例分析如下:

(1)外贸合同在国内又被称为国际贸易合同或进出口贸易合同,即营业地处于不同国家或地区的当事人就商品买卖所发生的权利和义务关系而达成的书面协议。具备国际性、标的物是实体货物、完成货物跨境运输、涉及不同国家或地区的法律法规和国际惯例等涉外因素。

(2)这是一个没有签订合同并约定争议管辖地的案例。虽然没有签订正式合同,但双方均认可签订一份形式发票,卖方对PI扫描后通过电邮发送给买方,买方已确认接受。因此,该形式合同具备了合同的法律效力。针对这起案例,可考虑双方的法院。即卖方可在合同签订地(上海),向营业地所在的区法院起诉。同时,由于澳大利亚的司法环境良好,也可到当地进行起诉,但需考虑澳大利亚的律师费用较高。鉴于诉讼成本和案件的可执行性,建议卖方在中国进行起诉。

子任务二　了解外贸合同的格式

子任务引例

东莞某出口公司与新西兰进口公司对圣诞节的节庆用品交易达成了初步共识，产品包括圣诞树、圣诞花环、圣诞彩球和彩带等产品，现需通过拟定一份外贸售货合同，并以此来明确双方的权利和义务关系。

请回答：

(1)外贸合同的格式是什么？

(2)一份外贸合同应包含的内容有哪些？

一、知识认知

(一)外贸合同的形式和格式

《中华人民共和国合同法》第2条规定：合同是平等主体的自然人、法人、其他组织之间设立、变更、终止民事权利义务关系意思表示一致的协议。合同是双方当事人在协商一致的基础上达成的协议，具备法律约束力。

与国内合同不同，外贸合同会涉及不同国家或地区的当事人，受不同国家法律法规的影响。为避免对不同法律法规的争议纠纷，当签订一份外贸合同时，应规定合同中适用的法律法规及管辖地。

由于进出口货物的多样性和特殊性，很难把货物的详细信息笼统成一种格式填进合同里。但在实际操作中，从事外贸业务操作的公司会有自己重复使用的格式，即一份具有相同格式条款的合同。当合同交易一方对某些条款有特殊要求或约定时，合同的制订方会在格式合同的基础上加以修改，最终形成正式合同。

《中华人民共和国合同法》第10条规定：当事人订立合同，有书面形式、口头形式和其他形式。法律、行政法规规定采用书面形式的，应该采用书面形式。当事人约定采用书面形式的，应当采用书面形式。

在外贸实践中，口头形式只采用语言意思表示订立合同，具备快捷便利的特点，但不能生成任何文字的证据，当产生合同纠纷时具有难以取证、不易分清责任等缺点，外贸交易一般不会采用口头合同。

书面合同，即采用文字书面形式来约定双方的权利责任和义务，包括文字合同、授权委托书、书信、电报、电子邮件、电子合同等形式。采用书面合同，便于当事人履行各自的责任和义务，同时具有文字证据的功能，当发生合同纠纷时，书面合同可作为证据进行举证。因此，书面合同是当事人最为普遍使用的一种合同约定形式。

【请注意】

合同的书面形式有多种，包括书面合同、信件、电报、电传、传真等形式。其中书信有平信、邮政快件、挂号信以及特快专递等多种形式。通过计算机网络系统订立合同，近年来在国外发展迅速，主要形式有电子数据交换(Electronic Data Interchange, EDI)和电子邮件(Email)。

(二)外贸售货合同空白样本(单据样张1.1)

SALES CONTRACT

销售合同

CONTRACT NO.:
合同编号:
DATE:
合同日期:
SIGNED AT:
签订地点:

SELLER:
卖方名称:
ADDRESS:
地址:
TEL: FAX:
电话: 传真:
BUYER:
买方名称:
ADDRESS:
买方地址:
TEL: FAX:
电话: 传真:

THE SELLERS AGREE TO SELL AND THE BUYERS AGREE TO BUY THE UNDER MANTIONED GOODS ACCORDING TO THE TERMS AND CONDITIONS AS STIPULATED BELOW.

兹经买卖双方同意,按以下的货物交易条件签订本合同:

1. DESCRIPTION OF GOODS:货物描述			
NAME OF COMMODITY & SPECIFICATION 品名和规格	QUANTITY 数量	UNIT PRICE 单价	TOTAL VALUE 总价
			TOTAL:

2. PACKING:
包装:
3. SHIPPING MARKS:
唛头:
4. PORT OF SHIPMENT:
装船港:
5. PORT OF DESTINATION:
目的港口:

6. TIME OF SHIPMENT：

装船期限：

7. TERMS OF PAYMENT：The Buyers shall open with a bank to be accepted by both the Buyers and Sellers an irrevocable transferable letter of credit，allowing partial shipment，transshipment in favor of ______ and addressed to Sellers payable at sight against first presentation of the shipping document to Opening Bank. The covering letter of credit must reach the Sellers in ______ days before the shipment. The letter of credit should be expired at ______ days after the shipment.

付款条件：买方应通过买卖双方都接受的银行向卖方开出以______为受益人的不可撤销，可转让的即期付款信用证并允许分装、转船。信用证必须在装船前______天开到卖方，信用证有效期限延至装运日期后______天在中国到期。

8. INSURANCE：To be covered by ______ for the full invoice value plus ______% against ______. if the Buyers desire to cover for any other extra risks besides aforementioned of amount exceeding the aforementioned limited，the Sellers' approval must be obtained beforehand and all the additional premiums thus incurred shall be for the Buyers' account.

保险：由______按发票金额加成______% 投保______。如果买方要求加投上述保险或保险金额超出上述金额，必须提前征得卖方的同意；超出保险费由买方承担。

9. DOCUMENTS REQUIRED：

所需单据：

(1) SIGNED COMMERCIAL INVOICE INDICATING THE CONTRACT ORDER，LC NUMBER AND BILL OF LADING NUMBER IN ______ COPIES.

已签章的商业发票一式______份，注明合同号，信用证号，提单号码：

(2) FULL SET ______ OF ORIGINAL CLEAN ON BOARD BILL OF LADING MAKE OUT TO ORDER，BLANK ENDORSED AND MARKED "FREIGHT PREPAID".

全套______正本已装船清洁提单；空白背书，标有"运费预付"。

(3) PACKING LIST IN ______ COPIES。

装箱单一式______份。

(4) CERTIFICATE OF ORIGIN ISSUED BY THE ENTRY－EXIT INSPECTION AND QUARANTINE BUREAU OF CHINA IN ______ COPIES.

由中国出入境检验检疫局颁发的产地证，一式______份。

(5) INSURANCE POLICY ISSUED BY ______ IN ______ COPIES.

由______出具的保险单一式______份。

10. INSPECTION：The inspection Certificate of Quality/Weight issued by ______ shall be taken as basis for the shipping quality/Weight.

检验：由______出具的品质/重量证明书将作为装运品质/数量证明。

11. FORCE MAJEURE：Either party shall not be held responsible for failure or delay to perform all or any part of this agreement due to flood，fire，earthquake，drought，war or any other events which could not be predicted，controlled，avoided or overcome by the relative party. However，the party affected by the event of Force Majeure shall inform the other party of its occurrence in writing as soon as possible and thereafter send a certificate of the event issued by the relevant authorities to the other party within ______ days after its occurrence.

不可抗力：由于水灾、火灾、地震、干旱、战争或协议一方无法预见、控制、避免和克服的其他事件导致不能或暂时不能全部或部分履行本协议，该方不负责任。但是，受不可抗力事件影响的一方须尽快将发生的事件通知另一方，并在不可抗力事件发生______天内将有关机构出具的不可抗力事件的证明寄交对方。

12. DISCREPANCY AND CLAIMS：In case discrepancy on quality of the goods is found by the Buyers after arrival of the goods at port of destination，claim may be lodged within ______ days after arrival of the goods at port of destination，while for quantity discrepancy，claim may be lodged within ______ days after arrival of the goods at port of destination，being supported by Inspection Certificate issued by a reputable public surveyor agreed upon by both party. The Seller shall，then consider the claim in the light of actual circumstance. For the losses due to natural cause or causes falling within the responsibilities of the Ship-owners

or the Underwriters, the Sellers shall not consider any claim for compensation. In case the Letter of Credit not reach the Sellers within the time stipulated in the Contract, or under FOB price terms Buyers do not send vessel to appointed ports or the Letter of Credit opened by the Buyers does not correspond to the Contract terms and the Buyers fail to amend therefore its terms by telegraph within the time limit after receipt of notification by the Sellers, the Sellers shall have right to cancel the contract or to delay the delivery of the goods and shall have also the right to lodge claims for compensation of losses.

异议索赔:品质异议须于货到目的口岸之日起______天内提出,数量异议须于货到目的口岸之日起______天内提出,买方需同时提供双方同意的公证行的检验证明。卖方将根据具体情况解决异议。由自然原因或船方、保险商责任造成的损失,将不予考虑任何索赔,信用证未在合同指定日期内到达卖方,或 FOB 条款下、买方未按时派船到指定港口,或信用证与合同条款不符,买方未在接到卖方通知所规定的期限内电改有关条款时,卖方有权撤销合同或延迟交货,并有权提出索赔。

13. ARBITRATION: All disputes in connection with the contract or the execution thereof, shall be settled amicable by negotiation. In case no settlement can be reached, the case under dispute may then be submitted to the "China International Economic and Trade Arbitration Commission" for arbitration. The arbitration shall take place in China and shall be executed in accordance with the provisional rules of Procedure of the said Commission and the decision made by the Commission shall be accepted as final binding upon both parties for setting the dispute. The fees, for arbitration shall be borne by the losing party unless otherwise awarded.

仲裁:凡因执行本合同所发上的或与合同有关的一切争议,双方应友好协商解决。如果协商不能解决应提交中国国际经济贸易仲裁委员会,根据该委员会的有关仲裁程序暂行规则在中国进行仲裁的、仲裁裁决是终局的,对双方都有约束力。仲裁费用除另有裁决外由败诉一方承担。

14. The terms FOB\CFR\CIF in the contract are based on INCOTERMS 2010 OF THE INTERNATIOAL CHAMBER OF COMMERCE.

本合同使用的 FOB\CFR\CIF 术语系根据《2010 年国际贸易术语解释通则》。

15. This contract is make out in both Chinese and English version. each of the version shall deemed equally authentic. This contract is in ______ copies, will be effective since being signed/sealed by both parties.

本合同用中英文两种文字写成,两种文字均具有同等效力。本合同一式______份,自双方代表签字之日起生效。

16. This contract should be construed in accordance with and governed by ______.

本合同适用______法律及其管辖。

SELLER:×××　　　　BUYER:×××

×××COMPANY　　　　×××COMPANY

单据样张 1.1　出口售货合同样本

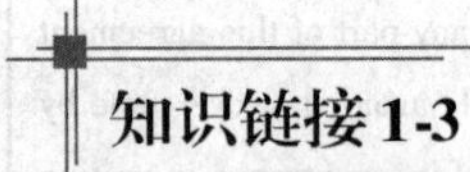

知识链接 1-3

电子数据交换(EDI)

1. 电子数据(EDI)的含义

电子数据又称"电子资料通联",是一种在公司、企业间传输订单、发票等商业文件进行贸易的电子化手段。它通过计算机通信网络,将贸易、运输、保险、银行和海关等行业信息,用一种国际公认的标准格式,完成各有关部门或者公司、企业之间的数据交换与处理,实现以贸易为中心的全部过程。

2. 电子数据(EDI)的起源

EDI 的历史可以追溯到 20 世纪 60 年代末,欧洲和美国几乎同时提出 EDI 概念。1968 年美国许多运输的公司,联合成立了一个运输数据协调委员会(TDCC)研究开发电子通讯标准的可行性，他们的方案形成了当今 EDI 的基础。早期的 EDI 只是在两个商业伙伴之间通过计算机直接通信完成，70 年代数字通信技术加快了 EDI 技术的成熟与应用范围的扩大，出现了跨行业的 EDI 系统。80 年代 EDI 标准的国际化以使其应用进入一个新的发展阶段。

3. 电子数据(EDI)的特点

EDI 是一种新型的电子化贸易工具，是计算机、通信和现代管理技术相结合的产物。国际标准化组织将其描述为："将贸易或者行政事务按照一个公认的标准形成结构化的事务处理或信息数据格式，从计算机到计算机的电子传输。"一般的买卖，是由买方向卖方发出订单，卖方按照订单发货，买方收到货物及发货票后开出支票给卖方，卖方到银行兑现。

4. 电子数据(EDI)的处理过程

企业收到 EDI 订单，EDI 系统就会自动处理该订单，检查订单是否符合要求；通知安排生产；向供应商订购零配件；向运输部门预订集装箱；向海关、商检等部门申请许可证；通知银行并给订货方开出 EDI 发票；向保险公司申请保险单等，使整个交易过程在最短时间内准确完成。

二、职业判断与实务操作

针对子任务引例分析如下：

(1)外贸合同更多采用书面形式，但由于货物的多样性和复杂性，书面合同并没有统一的格式。但每个从事外贸的公司会有自己的一套合同格式。

(2)尽管书面合同格式不尽相同，但均具备一些共同的特点，包括对货物的品名、质量、规格描述，对价格、包装、装运、支付的约定，同时还会将提交单据的事项和争议解决的法律法规列进合同当中。这些都是正式合同需要涵盖的内容。

任务二　认识外贸合同条款

任务描述

一项正式的合同包括合同的编号、签订日期、签发地点、买卖双方当事人的基本信息及合同的各项条款。基本信息包括双方当事人的公司名称、公司地址、公司的联系方式。包括质量条款、重量溢短装条款、价格条款、支付条款、装运条款、唛头条款、保险条款等基本条款，也包括争议解决条款，即索赔理赔条款、不可抗力条款、仲裁等附加条款。通过本任务的学习，应能够认识合同的基本信息和合同条款，为起草和签订外贸合同奠定基础。

任务分析

通过对合同条款的含义认知，了解各项合同条款的特点，特别是对支付条款和装运条款的理解以及掌握单据提交的规定，进而明确缮制合同的具体内容。

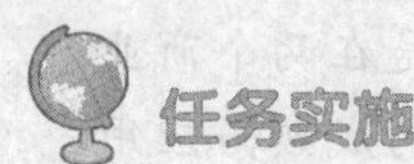

子任务一　认识外贸合同的基本内容

子任务引例

小王负责公司的出口业务，主要起草和管理与外贸客户的合同起草和签订。经过前期与加拿大客户的商务谈判后，敲定了成交产品的价格、数量、装运、支付等详细信息，现在需要起草一份出口合同交于加拿大客户。

请思考：

(1)合同的基本内容是什么？

(2)合同的基本条款有哪些？

一、知识认知

(一)合同的基本内容

外贸合同从整个组成部分来看，由首部、正文、尾部、附件四个组成部分。但由于很多合同没有附件，且没有对附件进行强制性的规定。因此，更准确地来说，外贸合同的基本内容分为三部分，分别是合同首部、正文和尾部。

1. 合同首部(Beginning)

合同首部是合同正式条款前的内容，包括合同的订立信息和买卖双方的基本信息。其中，合同的订立信息即具体名称，合同编号、合同的签订日期、签发地点。

2. 合同正文(Body)

合同正文是对各项合同条款的具体描述，即以有规律的序号编排和详细列明从第一个合同条款到最后一个合同条款的内容。在一项外贸合同中，正文包括质量条款、数量条款、价格条款、包装条款、唛头条款、装运条款、支付条款、保险条款、所需单据文件条款、检验条款、不可抗力条款、索赔理赔条款、仲裁条款。

3. 合同尾部(Closing)

合同尾部是对合同份数、法律适用条款及文本翻译效力条款的描述。根据不同的需要和习惯，签署栏的内容不尽相同。简单的签署栏包括买卖双方的签名和盖章。

合同附件是合同的共同部分，有些外贸合同也会存在附件，主要用于说明与合同签订及履行有关系的文件，比如合同约定的品质检验标准或检验方法等，这些可以成为合同的附件，用以增强合同的明确性，实现合同的目的。

> 【请注意】
>
> 若存在合同附件，则该附件所载的内容同样具有法律效力。双方必须遵守对附件的约定。

(二)进出口合同的流程图

1. 出口合同流程图(图 1.1)

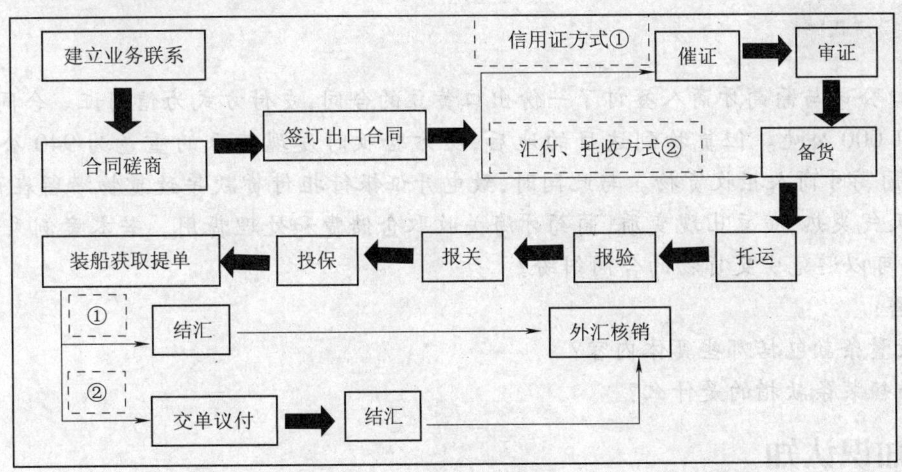

图 1.1　出口流程图

2. 进口合同流程图(图 1.2)

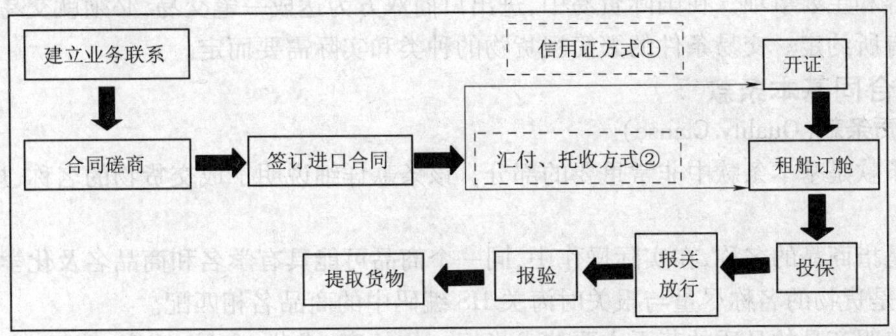

图 1.2　FOB 价格术语下的进口合同流程

【请思考】

出口合同流程与进口合同流程的区别是什么?

二、职业判断与实务操作

针对子任务引例分析如下:

(1)子任务引例涉及对合同基本内容的认知。合同包括首部、正文、尾部三部分。其中首部是买卖双方的基本信息,正文是整个交易合同最重要的部分,是对各项合同条款详细的叙述。合同条款也是最容易引起交易纠纷的核心部分。特别是对品质条款中货不对版的异议纠纷。

(2)合同正文的基本条款包括品质条款、数量条款、价格条款、包装条款、装运条款、支付条款、保险条款、检验条款、单证说明条款等。合同的其他条款包括不可抗力条款、索赔理赔条款、仲裁条款;合同的尾部还包括法律适用条款、文本翻译条款、合同份数条款及双方的签字盖章。

子任务二　认识外贸合同条款

子任务引例

某出口公司与葡萄牙商人签订了一份出口黄豆的合同,支付方式为信用证。合同规定,成交数量为 1 000 公吨。但货物到达目的地后,买方验收时发现黄豆的重量为 940 公吨,少了 60 公吨。葡萄牙商人拒收货物。与此同时,致电开证银行拒付货款导致货物滞留在葡萄牙海关。由于天气炎热,黄豆出现变质,葡萄牙海关收取仓储费和处理费用。若本案例采用 6% 溢短装,是否可以避免少交货物的合同纠纷?

请回答:

(1)数量条款包括哪些具体内容?

(2)溢短装条款指的是什么?

一、知识认知

合同的基本条款是进出口商双方在合同中对交易的基本内容所作的规定,主要记载合同当事人缔结合同的意图以及双方取得的权利和承担的义务的条款。基本条款是进出口合同中的核心内容和主要事项。在国际贸易中,进出口商双方为达成一笔交易,必须就交易的内容即交易条件有所约定。交易条件的繁简视货物的种类和实际需要而定。

(一)合同基本条款

1. 品质条款(Quality Clause)

品质条款是基本条款中非常重要的部分。该条款详细说明了成交货物的名称、规格、型号等内容。

品名是指商品的名称,在实际操作中,同一个商品可能具有学名和商品名及化学名称等多个名称,但是货物的名称尽量与报关时海关 HS 编码中的商品名相匹配。

规格表明商品的品质的若干主要技术指标。如长度、成分、含量、纯度、等级、大小、长短、粗细等。

货号表明商品品质的特定号数。货号一般在同一品种商品有多种不同规格时应用较多。如纺织品、染料、颜料、涂料、轻工产品中都有以货号表示同一品种商品的不同品质规格。

例:			
例:	WOMEN TROUSES	100% COTTON	AB110
	品名	规格	型号
	女式裤子	100% 纯棉	AB110

2. 数量条款(Quantity Clause)

数量是合同交易双方在磋商过程中确定下来的基本条件,包括具体数量、计量单位、计量方法、溢短装条款四部分内容。不同的产品将会采用不同的计量方法和计量单位。卖方交付的货物数量必须符合合同的规定。如果卖方交货数量大于合同约定,买方有权利拒绝超出合同的数量;反之,若卖方交货数量少于合同约定,买方可以要求赔偿。针对初级农副产品,为方便卖方交货,对数量的描述尽量采用溢短装条款(More or Less Clause)进行约定。溢短装条款指的是在规定具体交货数量的基础上,给予一定的机动幅度比例,即允许多装或少装的一定百分比。

例:RICE　　1 000M/T　　5% MORE OR LESS

大米　　1 000 公吨　　5% 溢短装

3. **价格条款**(Price Clause)

价格条款是合同条款中最核心的条款,是买卖双方通过价格谈判最终约定的价格。在合同中会以单价和总价的方式体现。商品的价格与所采用的价格术语直接相关联,并且在合同中显示。在一份具体的对外报价中,价格条款包含四部分内容,分别是计量货币、具体金额、计量单位、价格术语。

例:USD50　　PER M/T　　CIF　　BOSTON

每公吨 50 美元　　CIF　　波士顿

4. **包装条款**(Packing Clause)

在合同包装条款不明确时,根据《联合国货物销售合同公约》规定,"货物按照同类货物通用的方式装箱或包装,如果没有此种通用方式,则按照足以保全和保护货物的方式装箱或包装。"这是对卖方在包装方面的最低要求。合同中对包装的要求有繁有简,凡是合同中有明文规定的,卖方必须严格照办。对于合同没有明文规定的,应注意符合有关法律的要求。

例:每 20 件装一盒子,10 盒子装一纸箱,共 500 纸箱。

20 pieces to a box,10 boxes to an export carton. Total 500 cartons only.

例:每件包纸用纸张包装,并套上塑料袋,每一打装一坚固新木箱,并刷信用证规定的唛头。共计 400 箱。

Each piece to be wrapped with paper and to a plastic bag, each dozen then to a new strong wooden case brushed with the marks specified in the relevant L/C. Total 400 cases only.

包装条款包含包装材料、包装标志、包装方式三部分。其中,包装材料指的是具体列明包装的材质,比如纸箱(Carton)、麻袋(Gunny Bag)、铁桶(Iron Drum)、塑料瓶(Plastic Bottle)等。包装标志指的是印刷在外包装上的内容,包括指示性标志、警示性标志和运输标志(Shipping Marks)。指示性标志和警示性标志会印刷在纸箱的侧面。运输标志,俗称唛头,一般会刷制在纸箱的正面,唛头涵盖收货人的名称,合同号,目的地,件号。

例:

ABC COMPANY	⇨	收货人名称
EL20150312	⇨	合同号
BOSTON, USA	⇨	目的地
CARTON NO.1-120	⇨	件号

5. **装运条款**(Shipment Clause)

装运条款是合同的基本条款,包括以下信息:

装运港(Port of Shipment):一般由卖方提出,买方同意后确定。设置装运港时需要考虑与产地的距离,交通便利、费用较低、储存及其他基础设施;若大宗货物或货源比较分散时,应争取多个装运地;选择许可外轮进入的港口;

目的港(Port of Discharge):一般由买方提出,卖方同意后确定。设置目的港时,应规定具体明确的港口,避免笼统规定方法;作为内陆国家,不宜采用 CFR 或 CIF 条件出口交易;避免目的港的重名问题。

装船期限(Time of Shipment):经双方协商一致的基础上,确立装船的时间。以下是规定装船期限的三种方法。

(1)规定最迟期限。

Shipment at or before the end of March,2015.

(2)规定某一段时间内装运。

Shipment during Jan. /Feb. ,2015.

(3)规定收到信用证后一定时间内装运。

Shipment within 45 days after receipt of L/C.

分批装运(Partial Shipment):一个合同项下的货物先后分若干期或若干次装运。在国际贸易中,凡数量较大,或受货源、运输条件、市场销售或资金的条件所限,有必要分期分批装运、到货者,均应在买卖合同中规定分批装运条款。

转运(Transhipment):在运输的过程中,更换了交通运输工具运载货物。即把货物从一艘船换装到另一艘船,但不仅限于船舶换装。

6. 支付条款(Payment Clause)

支付条款涉及经双方同意,合同将采用何种方式来进行货物的结算。在国际贸易中,常见的支付方式有汇付(T/T)、托收(Collection)、信用证(L/C)三种方式。支付条款是合同的核心条款,明确了双方货款的具体方式。在实务操作中,当使用FOB价格术语,预付30%货款作为订金,70%余款货物上船前付清。

例:30% Deposit in Advance by T/T,70% balance payment before the shipment.

7. 单据说明条款(Documents Required)

在一份出口合同中,当采用跟单信用证进行货物结算时,对出口商所需提交的单据均有严格的说明,并且在交单议付时,必须满足"单证一致、单单一致"的规定。为避免出现单据的纠纷,出口商可以提前在合同当中协定提交单据的具体内容。如:

(1) signed commercial invoice indicating the contract order, L/C number and bill of lading number in ______ copies.

已签章的商业发票一式______份,注明合同号,信用证号,提单号码。

(2) Full set 3/3 of original clean on board bill of lading make out to order, blank endorsed and marked "freight prepaid".

全套(3/3)正本已装船清洁提单;空白背书,标有"运费预付"。

8. 保险条款(Insurance Clause)

保险条款包括投保的保险险别、保险金额、保险责任的归属等内容。国际上通用的是1912年由伦敦保险协会制定的协会货物条款(Institute Cargo Clause, I. C. C.),当合同规定按ICC条款进行投保时,必须根据合同要求执行。若我国企业的出口合同成交方式为CIF或CIP,即由我方来购买货物保险时,根据中国人民保险公司制定的保险险别为主,分为基本险别和附加险别。基本险即平安险、水渍险和一切险三个险别。附加险可分为11种一般附加险和多种特殊附加险。关于保险金额,根据国际惯例,为保留买方的预期利润,保险金额应以发票金额的110%进行投保。

例:To be covered by full invoice value plus 10% against all risks.

按发票金额加成10%投保一切险。

(二)合同其他条款

1. 检验条款(Inspection Clause)

检验条款通常载明检验机构、检验证书、检验内容或复验的时间、机构等内容。针对大宗货物,一般采用出口地检验、进口地复验的方法。例:

The inspection Certificate of Quality/Weight issued by ______ shall be taken as basis for the shipping quality/Weight.

由__________出具的品质/重量证明书将作为装运品质/数量证明。

2. 不可抗力条款(Force Majeure)

不可抗力条款是一种由自然灾害或社会原因引起的意外事故,同时也是一种免责条款。当合同中载明不可抗力条款后,则意味着合同一方若因不可抗力导致不能履行合同的全部或部分义务时,可免除其全部或部分的责任。合同另一方不得对此要求损害赔偿。例:

Either party shall not be held responsible for failure or delay to perform all or any part of this agreement due to flood, fire, earthquake, drought, war or any other events which could not be predicted, controlled, avoided or overcome by the relative party.

由于水灾、火灾、地震、干旱、战争或协议一方无法预见、控制、避免和克服的其他事件导致不能或暂时不能全部或部分履行本协议,该方不负责任。

3. 异议索赔条款(Discrepancy and Claims)

异议索赔条款是针对卖方交货质量、数量或包装不符合同规定的情况而产生数量异议、质量异议等,基于上述原因,大多数合同会制订了该项条款。主要内容包括索赔依据、索赔期限、索赔金额和索赔方法等。在大宗货物售货合同中,除规定异议索赔条款外,还会同时规定罚金条款(Penalty Claims)。

4. 仲裁条款(Arbitration)

合同双方约定因履行本合同所发生的或与本合同有关的一切争议,双方应通过友好协商解决,如果通过协商仍不能达成协议时,则应提交第三方仲裁机构来解决。

二、职业判断与实务操作

针对上述子任务引例分析如下:

(1)上述引例涉及对数量条款的认知。该则案例说明商品的数量在国际货物买卖合同中非常重要,是必不可少的条件。作为卖方,交货的数量必须与合同规定相符,否则买方有权利拒收货物和提出索赔。在本案例中,卖方少交了 60 吨,即使根据 UCP600《跟单信用证统一惯例》规定,除非 L/C 规定货物数量不得有增减外,在所支付款项不超过 L/C 金额的条件下,货物数量准许有 5% 的增减幅度,但是当数量以包装单位或个数记数时此项增减幅度则不适用。根据此项惯例,加上 5% 溢短装的数量条款。卖方仍然少交了 10 吨黄豆。因此,为避免少交货物或多交货物,交货的数量必须满足合同的约定。

(2)若本案例在合同中约定使用 6% 的溢短装条款,则买方不能以少交货物为由拒收货物拒交货物。溢短装条款指的是可以根据具体数量给予一定的机动幅度,即可以少交或多交一定的百分比。针对案例,若 6% 溢短装,则卖方提交数量在 940 ~ 1 060 区间内,都是合理的范围,不违反合同的规定。

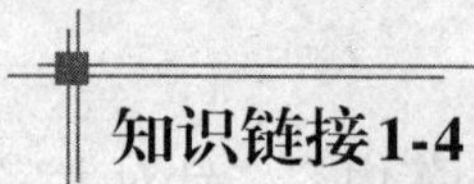

知识链接1-4

国际货物ICC保险条款

1. ICC条款的来源

ICC条款,即协会货物条款(Institute Cargo Clause, ICC)。最早制定于1912年。为了适应不同时期国际贸易、航运、法律等方面的变化和发展,该条款已先后多次补充和修改。

2. ICC条款的演变

随着国际贸易和运输的发展,不断增添有关附加或限制某些保险责任的条文,后来经过对这些加贴条文加以整理,从而成为一套伦敦协会货物保险条款,但因该条款条理不清、措辞难懂,又缺乏系统的文字组织,被保险人难以正确理解,因而不能适应日益发展的国际贸易对保险的需要。为此,伦敦保险业协会对此进行了修改。修订工作于1982年1月1日完成,并于1983年4月1日起正式实行。

3. ICC条款的分类

在国际保险市场上,各国保险组织都制定有自己的保险条款。但最为普遍采用的是英国伦敦保险业协会所制订的《协会货物条款》。《协会货物条款》共有6种险别,它们是:

(1)协会货物条款(A)[简称ICC(A)];

(2)协会货物条款(B)[简称ICC(B)];

(3)协会货物条款(C)[简称ICC(C)];

(4)协会战争险条款(货物)(IWCC);

(5)协会罢工险条款(货物)(ISCC);

(6)恶意损害险(Malicious Damage Clause)。

4. ICC条款的特点

以上六种险别中,(A)险相当于中国保险条款中的一切险,其责任范围更为广泛,故采用承保"除外责任"之外的一切风险的方式表明其承保范围。

(B)险大体上相当于水渍险。

(C)险相当于平安险,但承保范围较小些。

(B)险和(C)险都采用列明风险的方式表示其承保范围。

六种险别中,只有恶意损害险,属于附加险别,不能单独投保,其他五种险别的结构相同、体系完整。因此,除(A)、(B)、(C)三种险别可以单独投保外,必要时,战争险和罢工险在征得保险公司同意后,也可作为独立的险别进行投保。

任务三　掌握进出口合同流程

任务描述

一项外贸交易将涉及建立业务关系、合同磋商、合同制订、合同履行等过程。在整个合同过程中，顺利安全收到货款是卖方最关注的核心内容；对于买方来说，卖方提交的货物与合同一致将是支付货款的前提条件。在外贸实务操作中，绝大部分会采用FOB、CFR、CIF三种价格术语作为报价方式。而这三种价格术语均是象征性的交货，即卖方是凭单交货，买方是凭单付款的方式。即卖方只需提交合同约定的全套合格单证，买方就必须凭单履行付款责任，即使货物在海运过程中发生损坏或灭失也不例外。可见，外贸单证占据着举足轻重的作用，这些单证将会贯穿于进出口贸易过程当中。在学习外贸单证实务时，必须先对合同的流程非常熟悉，理解合同每一个环节当中单证的制作及流转过程。通过本任务的学习，理解进出口合同的流程及单证的流转，为后续合同的履行环节奠定理论基础。

任务分析

通过学习进出口合同的流程，掌握进出口合同履行环节所需的各项单证，并在此基础上理解进出口合同单证的流转过程。

任务实施

子任务一　掌握出口售货合同的流程

子任务引例

小陈刚从某大学国际贸易专业毕业，进入一家外贸公司实习。由于外贸理论比较扎实，对一些外贸相关的单证也比较熟悉，包括合同的格式、装箱单和发票的格式。外贸经理有意让她去联系客户，完成外贸第一单业务。因此，询问她整个出口合同流程，由于没有外贸实操经验，小陈一时反应不过来，只记得一些单证的填写。

请回答：

外贸的整个出口流程是什么？

一、知识认知

合同签订后，则进入合同履行阶段。由于价格术语、运输方式、支付方式等交易条件不尽相同，因此，每一笔的出口合同流程细节也不一定相同。

我们国家对某些货物实行出口许可证制度。若出口该类货物,作为出口商,则必须在货物出口前填写出口许可证申请表,并提交相关资料,向所在地区的中国商务部配额许可证事务局申领出口许可证。

如不涉及许可证制度或国家限制出口的货物,则按一般程序完成出口业务。以下按 CIF 价格术语成交,以即期信用证作为结算方式来叙述一单出口合同的履行流程。这笔业务的出口合同程序包括备货、催证、审证、改证、租船、订舱、报关、报验、保险、装船、制单结汇环节。总的来说,这些环节主要体现在证、货、船、单四个最主要的环节。

1. 证(催开、审核和修改信用证)

(1)催证。在大宗交易或合同双方要求以信用证作为付款条件时,买方必须按约定的时间开立信用证。若买方不在规定时间内开证,卖方可以暂时不安排生产和准备货源,甚至可以不履行合同。因此,买方开立信用证是卖方履行合同的前提条件。在外贸实务中,若买方因为一些客观原因(资金暂时短缺或市场变化)导致不能按时开证的情况,若买方交易信用良好,那作为卖方,可以在准备部分货源的基础上,适当进行催证工作,及时提醒对方按约定时间办理开证,以方便合同的履行。

(2)审证。当买方开来信用证后,卖方应该根据合同的规定及时对信用证的具体内容进行审核,以防出现信用证出现与合同不符的地方。在实际信用证业务中,由于种种原因,比如,开证银行工作人员的填写错误、语言表述的不同及电讯错误等,经常会发现买方开来的信用证与合同条款不符的情况。与此同时,由于国际市场变化频繁,也有可能出现进口商在信用证上添加一些付款的限制条件作为付汇陷阱。为了保障我方的合理利益,确保收汇安全和合同的顺利履行,出口商应该按合同认真地核对和审查。

(3)改证。当审核信用证过程中,发现信用证与合同规定不相符,应区别对待。如发现我方不能接受的条款,应及时提请开证人修改。根据《跟单信用证统一惯例》(UCP600)的规定,同一份信用证上若有多处修改的地方,应当一次性提出。

若出现信用证不影响整项合同的正常履行时,应酌情处理。

若收到通知行的信用证修改内容,如经审核不能接受时,应及时表示拒绝,如一份修改通知书中包括多项内容,只能全部接受或全部拒绝,不能只接受其中一部分,而拒绝另一部分。

2. 货(备货与报检)

当完成信用证的审核、改证工作后,卖方需要及时组织和落实货源,保证按时、按质、按量交付。同时需做好出口货物的报验准备。

(1)备货。若合同的卖方是生产型出口企业,则该类型企业具备自己的生产工厂,当合同订单签订完毕后,应根据合同以及信用证的要求下达具体生产订单,生产订单上必须注明客户的名称、产品的名称、产品的数量、质量要求、生产工艺等具体内容,即按订单生产,务必使最终交付的成品达到合同及信用证要求。

若合同的卖方是营销型外贸企业,该类型企业没有自己的生产工厂,需要对外采购货物,即根据合同要求,委托别的工厂来生产货物。这类企业对货物的质量要求比较严格,在对工厂签订购货合同时,必须严格以与外商签订的合同为依据,对货物的质量、数量、生产工艺、包装、唛头、交货时间等具体事项详细列明,确保工厂顺利按时按质按量交货,以便最终能顺利地履行出口合同。

(2)报检。若出口的货物属于国家规定法定检验《出入境检验检疫机构实施出入境检验检疫的进出境商品目录》的范围,那需要在备妥货物后,向中国进出口商品检验检疫监督总局申请检验,填写出口货物检验申请单,并填写相关的内容,包括品名、数量、重量、包装、产地等,同时随附合同和信用证副本等有关文件以备审查;只有经过检验,并由商检局签发的出境货物通关单,海关才放行;凡检验不合格的货物,一律不得出口。

若货物不属于法检范围,但合同或信用证有所规定时,必须按规定向相关机构办理报检,取得相应的检验证书再出口。

3. 船(租船订舱、报关、投保和装运)

(1)租船订舱。按 FOB 条件成交时,由买方办理租船订舱业务,卖方只需把货物交付到买方派来的船只上就履行了交货的任务。

按 CIF 或 CFR 条件成交时,卖方应及时办理租船订舱工作,当出口大宗货物,则需要办理租船。一般来说,出口时大多会采用订舱位,由卖方或卖方的货代与船公司商订舱位,并填写好托运单交予船公司。即根据合同和信用证内容填写一份托运单的向船公司或其代理人办理货物托运的单证。若船公司在托运单上签字,则意味着已接受此项承运订单并安排仓位,这就形成了卖方与船公司的运输合同。

船公司接受托运单后,会发给托运人一张装货单(Shipping Order,S/O),也称为下货纸,这张装货单将在报关时使用。托运人根据货代通知,将货物运到所在港区指定的仓库,在办理完报关手续,得到海关盖章的装货单放行后,凭以办理装船手续。货物装船后,船长或大副签发收货单,即大副收据(Mate's Receipt),托运人凭此收据即可向船公司交付运费并换取正式提单。

(2)报关。出口货物在装船出运之前,需向海关办理报关手续,出口货物办理报关时必须填写出口货物报关单,必要时还需要提供出口合同副本、发票、装箱单、重量单、商品检验证书以及其他有关证件,海关查验有关单据后,即在装货单上盖章放行,凭以装船出口。

(3)投保。按 CIF 条件成交的出口合同,在货物装船前,卖方应及时填制投保单,填写货物保险金额,运输路线,运输工具,开航日期,投保险别向中国人民保险公司办理投保手续。

4. 单(制单结汇)

按信用证付款方式成交时,在出口货物装船发运之后,外贸公司应按照信用证规定,及时备妥缮制的各种单证,并在信用证规定的交单有效期内交银行办理议付和结汇手续。一般来说,该项出口业务涵盖装箱单、商业发票、汇票、海运提单、原产地证书、投保单、检验单等单证。

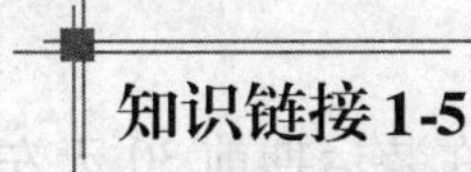

知识链接 1-5

报检通关手续

中国进出口商品检验工作主要有四个环节:

1. 接受报验:报验是指对外贸易关系人向商检机构报请检验。

2. 抽样：商检机构接受报验之后，及时派员赴货物堆存地点进行现场检验、鉴定。

3. 检验：商检机构接受报验之后，认真研究申报的检验项目，确定检验内容。并仔细审核合同（信用证）对品质、规格、包装的规定，弄清检验的依据，确定检验标准、方法。（检验方法有抽样检验、仪器分析检验、物理检验、感官检验、微生物检验等）

4. 签发证书：在出口方面，凡列入"种类表"内的出口商品，经商检机构检验合格后，签发放行单（或在"出口货物报关单"上加盖放行章，以代替放行单）。

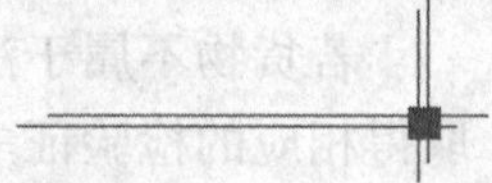

二、职业判断与实务操作

针对子任务引例分析如下：

在签订合同后，出口合同流程包括备货、催证、审证、改证、租船、订舱、报关、报验、保险、装船、制单结汇环节。简单来说就是证、货、船、单四个最主要的环节。

子任务二　掌握进口购货合同的流程

子任务引例

某进口公司需要从瑞士进口一批货物，采用FOB价格术语，信用证结算，并在合同约定的装运期30天前向中国远洋集团宁波分公司订好了舱位，该货物不需申领进口许可证。

请回答：

该公司除租船订舱外，还需要办理哪些进口业务流程？

一、知识认知

在进口业务中，大多采用FOB价格术语成交。以下以FOB价格条件，信用证结算的进口合同来分析进口货物交易程序。

当货物属于进口许可证的范围，则需在进口前填写进口许可证申请表，并提交相关资料，向所在地区的中国商务部配额许可证事务局提前申领进口许可证。

1. 申请开立信用证

根据合同的规定，进口商应在合同既定的时间内备齐相关的单证，向开证银行填写开证申请书。与此同时，在开证银行领取"进口付汇核销单（代申报单）"办理购付汇业务，凭单据到外汇管理局进行核销。

2. 租船订舱、投保

在FOB价格术语下，由进口商在装运期前办理租船订舱业务，一般在装运期前30天左右。为了避免船货衔接问题，进口商应提前告知出口商船名、航次、船期等装运情况，让出口商提前做好备货或装运准备。

进口商应在货物上船后及时办理投保。在FOB价格术语下，出口商必须在装船后及时向进口商发出装船通知，若出口商没及时发出通知导致漏保，则出口商应承担货物受损的赔偿责任。

3. 审核单据、办理付汇

根据合同和信用证的规定，出口商在装船完毕，获取海运提单后，制作完单证交予银行议付。当开证银行收到单证后，按照“单证一致、单单一致”的标准进行审核，若出口商提交的单证与信用证规定相符，则开证行履行付款责任。在开证行付款后，进口商应向开证银行付款赎单。若单证不符，开证银行有权拒付货款。

4. 报关与报检

进口商付款赎单后，在货物到达进口口岸后凭相关单证到当地海关办理报关及报检手续。与出口报关报检程序不同，进口货物先完成报关手续，报关放行后才办理报检手续。进口货物的报关期限是自运输工具申报进境日起 14 日内办理。当完成海关查验货物、缴税、放行手续后，进口货物的收货人可凭“加盖海关放行章”进口海运提单去提取船公司货物。通过用正本提单换领提货单的手续，收货人才能最终从船公司成功提取货物。

信用证下，进口商在货物进口后需要携带进口付汇核销单、进口货物报关单（付汇证明联）以及相关单据到外汇管理局办理进口付汇核销。

二、职业判断与实务操作

针对上述子任务引例分析如下：

在签订进口合同后，合同流程包括开立信用证、租船、订舱、报关、报验、审单付汇环节。

除去办理租船订舱外，进口方还需办理投保，办理货物到港后的清关、报验的流程。详细内容见上述对进口合同流程的分析。

任务四　操练开立信用证申请书缮制与任务实训

任务描述

合同是国际贸易买卖双方达成交易意向的书面凭证，是双方履行责任和义务的依据，当发生贸易摩擦或纠纷时，是解决纠纷的重要依据。作为外贸单证最重要的单据之一，合同是经过双方的谈判后生成的法律文件，具有法律的约束力。本任务围绕佛山易美贸易公司和美国贝佳特贸易有限公司的一项合同订单业务全流程，完成整套外贸业务单证的缮制。

任务分析

通过对合同格式及合同条款及具体内容的认知，根据佛山易美贸易有限公司与美国贝佳特贸易有限公司关于毛绒玩具的磋商结果，以佛山易美贸易有限公司外贸业务员的身份，完成以下合同的填制。

子任务一　外贸合同任务导入

子任务引例

佛山易美贸易公司与美国贝佳特贸易有限公司达成了一项关于毛绒玩具的交易意向。该项合同的产品是两种毛绒玩具,分别是新潮灰色小熊及长发小猫咪。价格术语为 CIF BOSTON。灰色小熊的成交数量为 1 080 套,每套 16 美元,共 135 个纸箱;长发小猫咪成交的数量为 3 150 件,每件 8 美元,共 105 个纸箱。以即期、不可撤销信用证为付款方式。装运港为中国佛山,目的港为美国波士顿。装船期限为 2013 年 10 月 31 日。以发票全额的 110% 投保中国保险公司的一切险和战争险。

请回答:

(1)请计算小熊的总价、小猫咪的总价,整批货物的总价。

(2)根据给予的信息缮制一份出口售货合同。

一、知识认知

(一)实训任务合同信息分析

根据佛山易美贸易有限公司与美国贝佳特贸易有限公司磋商得出的结果,可知下列基本信息:

(1)出口商基本信息:FOSHAN EMAY TRADING CO. ,LTD

Rm 110-119,NO. 131 DONGFANG ROAD,DONGFANG PLAZA, FOSHAN, CHINA

TEL:86-757-86682454　　　　FAX:86-757-86682453.

(2)进口商基本信息:BEST TRADING CO. ,LTD

Rm 110-115,FUNWAY AVENUE,BOSTON,MA,USA

TEL:1-703-9780901　　　　FAX:1-703-9780902.

(3)合同号码:EM20130915　　合同日期:2013 年 9 月 15 日　签发地:佛山。

(4)装运港:佛山港口　　目的港:美国波士顿港　装运期限:不晚于 2013 年 10 月底。

(5)包装信息:

灰色小熊的成交数量为 1 080 套,单价为 16 美元每套;每 8 套小熊装一个纸箱,共 135 个纸箱;每箱的净重是 6KGS,毛重是 8. 5KGS,每个纸箱的体积是 48 cm×64 cm×60 cm;

长发小猫咪成交的数量为 3 150 件,单价为 8 美元每套,每 30 件装一个纸箱,共 105 个纸箱,每箱的净重是 8. 5KGS,毛重是 11KGS,每个纸箱的体积是 70 cm×65 cm×52 cm。

(6)保险信息:以发票金额 110% 投保一切险和战争险。

(7)支付信息:即期、不可撤销可转让信用证。

(8)检验信息：中国商检局签发品质证书，中国国际贸易促进委员会签发的一般原产地证证书。

(9)所需单据：装箱单一式三份、已盖章的商业发票一式三份、全套(3/3)清洁已装船提单、中国保险公司出具的保险单一式三份、由中国国际贸易促进委员会签发的产地证一式两份、中国商检局签发的品质证书一式两份。

(二)实训任务分析

该项合同的货物不属于国家限制出口的货物，不涉及出口许可证的申领。因此，根据买卖双方的磋商结果，由卖方(即出口商)来缮制一份出口售货合同，待初步缮制好后该项出口合同后交由买方(即进口商)审核，若双方认可合同的各项条款和具体内容，并在合同上签字盖章后，该项合同自签字日起就具有法律效力。

在缮制出口售货合同时，根据合同的相关格式，编写合同首部、正文、尾部，具体罗列各项合同的基本条款，包括品质条款、数量条款、价格条款、支付条款、装运条款、保险条款、检验条款等。

二、职业判断与实务操作

针对子任务引例分析如下：

(1)子任务引例涉及对佛山易美贸易有限公司合同的填制。从与美国贝佳特贸易有限公司磋商的结果来分析，灰色小熊的成交数量为1 080套，每套16美元，则小熊的总价为17 280美元；长发小猫咪的成交数量为3 150件，每件8美元，则小猫咪的总价为25 200美元。整批货物的总价为42 480美元。

(2)该项合同的缮制请参看子任务二。

子任务二　操练出口合同的缮制

子任务引例

佛山易美贸易公司与美国贝佳特贸易有限公司达成了一项关于毛绒玩具的出口交易。该项合同的产品是两种毛绒玩具，分别是新潮灰色小熊及长发小猫咪。根据实训任务的分析，操练该项出口售货合同的缮制。

请操练：

根据买卖双方磋商的结果，操练出口售货合同的缮制。

一、知识认知

(一)实训任务出口售货合同的缮制

根据佛山易美贸易有限公司与美国贝佳特贸易有限公司达成的毛绒玩具交易，通过分析磋商的具体信息，缮制如下的售货合同(单据样张1.2)：

佛山易美贸易有限公司

FOSHAN EMAY TRADING CO. ,LTD

中国佛山市东方广场东方路 131 号 110-119 室

Rm 110-119,NO. 131 DONGFANG ROAD,DONGFANG PLAZA, FOSHAN, CHINA

TEL:86-757-86682454　　FAX:86-757-86682453

SALES CONTRACT

销售合同

CONTRACT NO. :EM20130915
合同编号:EM20130915
DATE:20130915
合同日期:2013 年 9 月 15 日
SIGNED AT:FOSHAN,CHINA
签订地点:中国佛山

SELLER:FOSHAN EMAY TRADING CO. ,LTD
卖方名称:佛山易美贸易有限公司
ADDRESS:中国佛山市东方广场东方路 131 号 110-119 室
地址:Rm 110-119,NO. 131 DONGFANG ROAD,DONGFANG PLAZA, FOSHAN, CHINA
TEL:86-757-86682454　　FAX:86-757-86682453
电话:86-757-86682454　　传真:86-757-86682453
BUYER:BEST TRADING CO. ,LTD
买方名称:贝佳特贸易有限公司
ADDRESS:Rm 110-115,FUNWAY AVENUE,BOSTON,MA,USA
买方地址:美国马萨诸塞州波士顿芬威大道 110-115 室
TEL:1-703-9780901　　FAX:1-703-9780902
电话:1-703-9780901　　传真:1-703-9780902

THE SELLERS AGREE TO SELL AND THE BUYERS AGREE TO BUY THE UNDER MANTIONED GOODS ACCORDING TO THE TERMS AND CONDITIONS AS STIPULATED BELOW.

兹经买卖双方同意,按以下的货物交易条件签订本合同:

1. DESCRIPTION OF GOODS:货物描述

NAME OF COMMODITY & SPECIFICATION 品名和规格	QUANTITY 数量	UNIT PRICE 单价	TOTAL VALUE 总价
PLUSH TOYS 毛绒玩具 NEW DESIGN BROWN BEAR 新潮灰色小熊 AB007	1 080SETS 1 080 套	USD16. 00 每套 16 美元	USD17 280. 00 共计 17 280. 00 美元
LONG HAIR CAT 长发小猫咪 AB110	3 150PCS 3 150 件	USD8. 00 每套 8 美元	USD25 200. 00 共计 25 200. 00 美元
TOTAL 共计	4030UNITS 4 030 单位		USD42 480 共计 42 480 美元

2. PACKING:PACKED IN CARTONS. 8 SETS OF BROWN BEAR(AB007) EACH CARTON,135CARTONS IN TOTAL; 30PCS OF LONG HAIR CAT(AB110) EACH CARTON,105 CATTONS IN TOTAL.

包装:灰色小熊 1 080 套,每 8 套小熊装一个纸箱,共 135 个纸箱;长发小猫咪 3 150 件,每 30 件装一个纸箱,共 105 个纸箱.

3. SHIPPING MARKS: WILL BE INDICATED IN THE L/C

唛头：将会在信用证中指定。

4. PORT OF SHIPMENT: FOSHAN PORT, CHINA

装船港：佛山港，中国。

5. PORT OF DESTINATION: BOSTON, USA

目的港口：波士顿港，美国。

6. TIME OF SHIPMENT: BEFORE THE END OF OCTOBER, 2013

装船期限：不迟于2013年10月底。

7. TERMS OF PAYMENT: The Buyers shall open with a bank to be accepted by both the Buyers and Sellers an irrevocable transferable letter of credit, allowing partial shipment, transshipment in favor of SELLER and addressed to Sellers payable at sight against first presentation of the shipping document to Opening Bank. The covering letter of credit must reach the Sellers in 30 days before the shipment. The letter of credit should be expired at 21 days after the shipment.

付款条件：买方应通过买卖双方都接受的银行向卖方开出以卖方为受益人的不可撤销，可转让的即期付款信用证并允许分装、转船。信用证必须在装船前30天开到卖方，信用证有效期限延至装运日期后21天在中国到期。

8. INSURANCE: To be covered by SELLER for the full invoice value plus 10% against ALL RISKS AND WAR RISKS. if the Buyers desire to cover for any other extra risks besides aforementioned of amount exceeding the aforementioned limited, the Sellers' approval must be obtained beforehand and all the additional premiums thus incurred shall be for the Buyers' account.

保险：由卖方按发票金额加成10%投保一切险和战争险。如果买方要求加投上述保险或保险金额超出上述金额，必须提前征得卖方的同意；超出保险费由买方承担。

9. DOCUMENTS REQUIRED:

所需单据：

(1) SIGNED COMMERCIAL INVOICE INDICATING THE CONTRACT ORDER, LC NUMBER AND BILL OF LADING NUMBER IN 3 COPIES.

已签章的商业发票一式三份，注明合同号，信用证号，提单号码

(2) FULL SET 3/3 OF ORIGINAL CLEAN ON BOARD BILL OF LADING MAKE OUT TO ORDER, BLANK ENDORSED AND MARKED "FREIGHT PREPAID".

全套(3/3)正本已装船清洁提单；空白背书，标有"运费预付"

(3) PACKING LIST IN 3 COPIES.

装箱单一式 三 份

(4) CERTIFICATE OF ORIGIN ISSUED BY CHINA COUNCIL FOR THE PROMOTION OF INTERNATIONAL TRADE IN 2 COPIES.

由中国国际贸易促进委员会颁发的产地证，一式两份

INSURANCE POLICY ISSUED BY THE PEOPLE'S INSURANCE COMPANY OF CHINA IN 2 COPIES.

由中国人民保险公司出具的保险单一式两份

10. INSPECTION: The inspection Certificate of Quality issued by CHINA COMMODITY OF ENTRY-EXIT INSPECTION AND QUANTINE BEREAU in 2 copies shall be taken as basis for the shipping quality/Weight.

检验：由中国进出境商品检验检疫局出具的品质证明书一式两份将作为装运品质证明。

11. FORCE MAJEURE: Either party shall not be held responsible for failure or delay to perform all or any part of this agreement due to flood, fire, earthquake, drought, war or any other events which could not be predicted, controlled, avoided or overcome by the relative party. However, the party affected by the event of Force Majeure shall inform the other party of its occurrence in writing as soon as possible and thereafter send a certificate of the event issued by the relevant authorities to the other party within 15 days after its occurrence.

不可抗力：由于水灾、火灾、地震、干旱、战争或协议一方无法预见、控制、避免和克服的其他事件导致不能或暂时不能全部或部分履行本协议，该方不负责任。但是，受不可抗力事件影响的一方须尽快将发生的事件通知另一方，并在不可抗力事件发生15天内将有关机构出具的不可抗力事件的证明寄交对方。

12. DISCREPANCY AND CLAIMS: In case discrepancy on quality of the goods is found by the Buyers after arrival of the goods at port of destination, claim may be lodged within 30 days after arrival of the goods at port of destination, while for quantity discrepancy, claim may be lodged within 15 days after arrival of the goods at port of destination, being supported by Inspection Certificate issued by a reputable public surveyor agreed upon by both party. The Seller shall, then consider the claim in the light of actual circumstance. For the losses due to natural cause or causes falling within the responsibilities of the Ship-owners or the Underwriters, the Sellers shall not consider any claim for compensation. In case the Letter of Credit not reach the Sellers within the time stipulated in the Contract, or under FOB price terms Buyers do not send vessel to appointed ports or the Letter of Credit opened by the Buyers does not correspond to the Contract terms and the Buyers fail to amend therefore its terms by telegraph within the time limit after receipt of notification by the Sellers, the Sellers shall have right to cancel the contract or to delay the delivery of the goods and shall have also the right to lodge claims for compensation of losses.

异议索赔:品质异议须于货到目的口岸之日起30天内提出,数量异议须于货到目的口岸之日起15天内提出,买方需同时提供双方同意的公证行的检验证明。卖方"将根据具体情况解决异议。由自然原因或船方、保险商责任造成的损失,将不予考虑任何索赔,信用证未在合同指定日期内到达卖方,或FOB条款下、买方未按时派船到指定港口,或信用证与合同条款不符,买方未在接到卖方通知所规定的期限内电改有关条款时,卖方有权撤销合同或延迟交货,并有权提出索赔。

13. ARBITRATION: All disputes in connection with the contract or the execution thereof, shall be settled amicable by negotiation. In case no settlement can be reached, the case under dispute may then be submitted to the "China International Economic and Trade Arbitration Commission" for arbitration. The arbitration shall take place in China and shall be executed in accordance with the provisional rules of Procedure of the said Commission and the decision made by the Commission shall be accepted as final binding upon both parties for setting the dispute. The fees, for arbitration shall be borne by the losing party unless otherwise awarded.

仲裁:凡因执行本合同所发上的或与合同有关的一切争议,双方应友好协商解决。如果协商不能解决应提交中国国际经济贸易仲裁委员会,根据该委员会的有关仲裁程序暂行规则在中国进行仲裁的、仲裁裁决是终局的,对双方都有约束力。仲裁费用除另有裁决外由败诉一方承担。

14. The terms FOB\CFR\CIF in the contract are based on INCOTERMS 2010 OF THE INTERNATIOAL CHAMBER OF COMMERCE.

本合同使用的FOB\CFR\CIF术语系根据《2010年国际贸易术语解释通则》。

15. This contract is make out in both Chinese and English version. each of the version shall deemed equally authentic. This contract is in 2 copies, will be effective since being signed/sealed by both parties.

本合同用中英文两种文字写成,两种文字均具有同等效力。本合同一式两份,自双方代表签字之日起生效。

16. This contract should be construed in accordance with and governed by THE PEOPLE'S INSURANCE COMPANY OF CHINA.

本合同适用中华人民共和国法律及其管辖。

SELLER: ×××

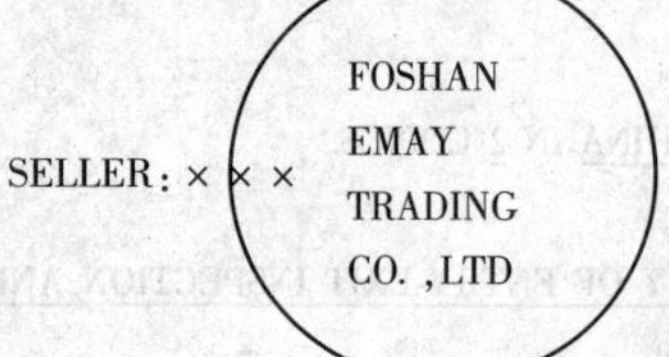

BUYER: ×××
BEST TRADING CO. ,LTD

单据样张1.2　佛山易美贸易公司售货合同缮制

(二)出口售货合同缮制的注意事项

1. 售货合同的缮制主动权

一项合同的产生几乎要经过多次的双方磋商谈判的过程。而在国际贸易中,基本上面谈的机会非常少,大多通过双方的邮件往来来进行价格、数量、支付方式等交易条件的谈判。一旦谈判成功进入合同起草和缮制过程,那意味着双方已最终认可各项谈判条件。一般来说,合同的制订方具有相应的主动权,会选择对我方比较有利的语言或语句来缮制该项合同。因此,作为出口方，应尽量争取缮制售货合同。

2. 注重合同的中英文翻译

在外贸交易业务中，合同一般会采用中英文来制作，两种语言文本均具有同等法律效力。因此，在翻译时，必须特别注意价格、数量、单价等重要信息的中英文译本。尽量使用规范的法律术语且文本的翻译必须符合国际贸易惯例。

3. 价格术语的选用

在外贸进出口交易中，虽然《2010 通则》中价格术语有 11 种，但是最常使用的依然是 FOB、CFR、CIF 这三种。这三种价格术语均是象征性交货，只要卖方提交的单证符合合同和信用证的规定，则买方需凭单付款。但是在实际操作中，往往会有一些进口商由于市场变化或信用较差等原因，要求开证银行拒付货款。因此，在签订合同前，要慎防遇到交易骗子或信誉度很差的进口商。

二、职业判断与实务操作

针对子任务引例分析如下：

出口售货合同的缮制见单据样张 1.2 佛山易美贸易有限公司的售货合同。在缮制该项合同时，需要把最基本的合同条款详细列明，包括在缮制价格条款时，要正确计算并填写灰色小熊和长发小猫咪的总价；详细列明两种货物的包装信息，使用何种包装材料，具体的包装方式等等。同时，在支付条款编写时，要时刻注意使用正文的英文文本翻译，特别是对信用证专业术语的描述，即不可撤销、可转让的即期付款信用证。

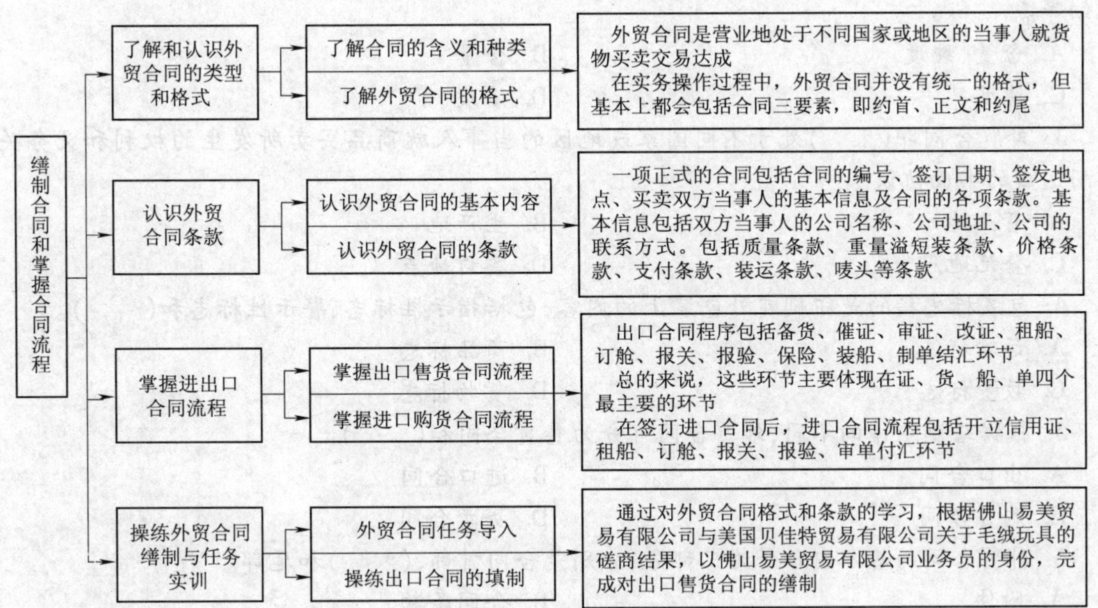

能力训练一　职业判断与选择

一、职业判断能力

1. 价格条款指的是商品的单价和总价。（　　）

2. 数量条款中规格指的是产品的尺寸大小。（　　）

3. 溢短装条款不适用于一般商品的进出口交易。（　　）

4. 当采用FOB、CFR、CIF价格术语时，卖方凭单交货，买方凭单付款。采用信用证结算时，只要卖方提交合格的全套单证，开证银行应需履行付款责任。（　　）

5. 合同具有统一格式，所有的外贸交易均需按统一格式缮制合同。（　　）

6. 出口售货合同的流程包括货、单、证、船四个重要环节。（　　）

7. 进口购货时，进口商不需履行租船订舱责任，不需自行投保。（　　）

8. 在外贸交易业务中，合同一般会采用中英文来制作，两种语言文本均具有同等法律效力。（　　）

9. 当货物属于进口许可证的范围，则需在进口前填写进口许可证申请表。（　　）

10. 包装条款包含包装材料、包装标志、包装方式三部分。（　　）

二、单项职业选择能力

1. 价格条款包含四部分内容，分别是计量货币、具体金额、计量单位、（　　）。

A. 价格术语　　B. 单价
C. 总价　　D. 计量数量

2. 规格表明商品的品质的若干主要技术指标。如长度、成分、（　　）、等级、大小、长短、粗细等。

A. 含量、纯度　　B. 含量
C. 纯度　　D. 浓度

3. 外贸合同即（　　）处于不同国家或地区的当事人就商品买卖所发生的权利和义务关系而达成的书面协议。

A. 营业地　　B. 生产地
C. 登记地点　　D. 签订地点

4. 包装标志指的是印刷在外包装上的内容，包括指示性标志、警示性标志和（　　）。

A. 运输标志　　B. 商品标志
C. 数量标志　　D. 货物标志

5. 根据缮制主体的不同，外贸合同可分为售货合同和（　　）。

A. 出口合同　　B. 进口合同
C. 购货合同　　D. 买卖合同

6. 外贸合同的基本内容分为三部分，分别是合同首部、（　　）和尾部。

A. 附件　　B. 合同条款
C. 正文　　D. 合同基本信息

7. 数量是合同交易双方在磋商过程中确定下来的基本条件，包括具体数量、计量单位、计量方法、(　　)四部分内容。

A. 品质条款　　B. 计量数量

C. 数量条款　　D. 溢短装条款

8. 若采用信用证结算方式，那出口商应做到单据的提交满足(　　)条件。

A. 单证一致，单单一致　　B. 单货一致，单证相符

C. 单证一致　　D. 单单一致

9. 根据国际惯例，通常以合同或发票金额的(　　)作为投保金额。

A. 110%　　B. 120%

C. 10%　　D. 自己决定

10. 运输标志一般包括收货人名称、合同号、(　　)、件号四部分构成。

A. 装运地　　B. 目的地

C. 装运港　　D. 目的港

能力训练二　实务操作

背景资料：

广州意林服装贸易有限公司与加拿大多伦多 ABC 贸易有限公司磋商关于服装出口的交易。请根据以下磋商结果的信息，以广州意林服装贸易有限公司的业务员身份，缮制一份出口售货合同。

谈判磋商结果信息如下：

1. 出口商基本信息：GUANGZHOU ELIN CLOTHING TRADING CO. LTD

ADDRESS：RM 110-112，GUANGZHOU REVENUE，GUANGZHOU，CHINA

TEL：86-20-24232445　　FAX：86-20-24232436

2. 进口商基本信息：ABC TRADING CO.，LTD，CANADA；

ADDRESS：48 WOODGARDEN CRESCENT，TORONTON，ONTARIO，CANADA

TEL：1-514-3964455　　FAX：1-514-3964451

3. 合同号码：EL20160912　　合同日期：2016 年 9 月 12 日　　签发地：广州

4. 装运港：广州黄埔港口　　目的港：加拿大多伦多港

5. 包装信息：

女式毛衣的成交数量为 1 000 件，每件 20 美元，每 20 件装一个纸箱，共 50 个纸箱；每箱的净重是 10KGS，毛重是 11KGS，每个纸箱的体积是 44 cm × 64 cm × 61cm；

裙子成交的数量为 2 000 件，每件 15 美元，每 40 件装一个纸箱，共 50 个纸箱，每箱的净重是 6KGS，毛重是 7KGS，每个纸箱的体积是 55 cm × 65 cm × 51 cm；

6. 保险信息：以发票金额 110% 投保一切险和战争险

7. 支付信息：即期、不可撤销可转让信用证

8. 检验信息：中国国际贸易促进委员会颁发的一般原产地证证书，中国商检局签发品质证书一式两份

9. 所需单据：装箱单一式三份、已盖章的商业发票一式三份、全套(3/3)清洁已装船提单、中国保险公司出具的保险单一式两份、由中国国际贸易促进委员会签发的一般产地证一式两

份，中国商检局签发的品质证书一式两份

10. 唛头：ABC TRADING CO. LTD

EL20140912

TORONTO

CARTON NO. 1-100

11. 装运期限：不晚于2016年10月底

请根据以上给予的磋商信息、包装及相关信息，以广州意林服装贸易有限公司的业务员身份，缮制一份出口售货合同。

项目二　申请及开立信用证

项目引言

当买卖双方签订好合同并约定按信用证方式进行结算时，作为付款方的进口商应及时申请及开立信用证以保证合同的顺利履行。信用证是一种有条件的承诺付款的书面文件，是开证申请人向开证行提出申请，授权开证行给受益人付款的文件。它涉及多个当事人，包括出口方（受益人）、进口方（开证申请人）、开证银行、通知银行等。银行付款的前提条件是出口方需提供与合同一致、与信用证所需文件一致的单据。

知识目标

1. 了解信用证的本质和格式
2. 认识信用证条款内容
3. 理解申请及开立信用证流程
4. 掌握和操练开立信用证申请书的填写

技能目标

1. 熟练掌握信用证的条款内容
2. 能根据给定的外贸项目完成相应信用证开证申请书的缮制

任务一　了解信用证的本质和格式

任务描述

根据《跟单信用证统一惯例》（UCP600），信用证意指一项约定，无论其如何命名或描述，该约定不可撤销并因此构成开证行对于相符提示予以兑付的确定承诺。在一笔具体的信用证操作中,只要受益人在规定的时间内提交与信用证的条款及条件相符的单据,则开证行或其指定银行需承担保证付款的责任。本任务具体包括:一、了解信用证的本质及类型,二是了解信用证的格式。

任务分析

通过对信用证本质、信用证类型的理解,掌握国际贸易常用信用证的类型,不同信用证的特点。同时,在了解常用信用证的格式的基础上,掌握信用证必备的相关要素。

子任务一　了解信用证的本质及类型

子任务引例

我某公司向外国某进口商出口一批钢材,货物分两批装运,支付方式为跟单不可撤销即期信用证,每批分别由美国花旗银行波士顿分行开立一份信用证,由中国银行作为通知行和议付行。第一批货物装运后,我方在有效期内向银行提交与信用证相符的单据议付,议付行审单无误后向我方议付货款。买方在收到第一批货物后,发现货物品质不符合合同规定,要求开证行对第二份信用证项下的单据拒绝付款,但遭到开证行拒绝。

请回答:

(1)信用证的本质是什么?开证行是否可以拒绝?

(2)该案例中采用什么类型的信用证?

一、知识认知

(一)信用证的本质

信用证是银行(即开证行)依照进口商(即开证申请人)的要求和指示,向第三方开立的载有一定金额的,在一定的期限内凭符合规定的单据付款的书面保证文件。信用证是大宗货物国际贸易中最主要、最常用的支付方式。

在国际贸易活动中,买卖双方可能互不信任,买方担心预付款后,卖方不按合同要求发货;卖方也担心在发货或提交货运单据后买方不付款。因此需要两家银行作为买卖双方的保证人,代为收款交单,以银行信用代替商业信用。银行在这一活动中所使用的工具就是信用证。

可见,信用证是银行有条件保证付款的文件,成为国际贸易活动中常见的结算方式。按照这种结算方式的一般规定,买方先向银行交付比例押金,由银行开立信用证,通知异地卖方开户银行转告卖方,卖方按合同和信用证规定的条款发货,银行代买方付款。

信用证的本质是一种银行信用,银行承担第一性的付款责任。信用证一旦开出,即成为独立性的文件，不受买卖双方及合同的约束，只处理与信用证条款有关的单据。因此，信用证也是单据的买卖，要求的是单单相符、单证一致。

（二）信用证的分类

1. 以信用证项下的汇票是否附有货运单据划分

（1）跟单信用证。跟单信用证（Documentary Credit）是凭跟单汇票或仅凭单据付款的信用证。此处的单据指代表货物所有权的单据（如海运提单等），或证明货物已交运的单据（如铁路运单、航空运单、邮包收据）。在国际贸易的货款结算中，绝大部分使用跟单信用证。

（2）光票信用证。光票信用证（Clean Credit）是凭不随附货运单据的光票（Clean Draft）付款的信用证。银行凭光票信用证付款，也可要求受益人附交非货运单据，如发票、垫款清单等。

2. 以开证行所负的责任为标准划分

（1）不可撤销信用证。指信用证一经开出，在有效期内，未经受益人及有关当事人的同意，开证行不能片面修改和撤销，只要受益人提供的单据符合信用证规定，开证行必须履行付款义务。

（2）可撤销信用证。指开证行不必征得受益人或有关当事人同意有权随时撤销的信用证，应在信用证上注明“可撤销”字样。最新的《跟单信用证统一惯例》（UCP600）规定银行不可开立可撤销信用证。

3. 以有无另一银行加以保证兑付划分

（1）保兑信用证。指开证行开出的信用证，由另一银行保证对符合信用证条款规定的单据履行付款义务。对信用证加以保兑的银行，称为保兑行。

（2）不保兑信用证。开证行开出的信用证没有经另一家银行保兑。

4. 根据付款时间不同划分

（1）即期信用证。指开证行或付款行收到符合信用证条款的跟单汇票或装运单据后，立即履行付款义务的信用证。

（2）远期信用证。指开证行或付款行收到信用证的单据时，在规定期限内履行付款义务的信用证。

（3）假远期信用证。信用证规定受益人开立远期汇票，由付款行负责贴现，并规定一切利息和费用由开证人承担。这种信用证对受益人来讲，实际上仍属即期收款，在信用证中有“假远期”（Usance L/C Payable at sight）条款。

5. 根据受益人对信用证的权利可否转让划分

（1）可转让信用证。指信用证的受益人（第一受益人）可以要求授权付款、承担延期付款责任，承兑或议付的银行（统称“转让行”），或当信用证是自由议付时，可以要求信用证中特别授权的转让银行，将信用证全部或 部分转让给一个或数个受益人（第二受益人）使用的信用证。开证行在信用证中要明确注明“可转让”（Transferable），且只能转让一次。

（2）不可转让信用证。指受益人不能将信用证的权利转让给他人的信用证。凡信用证中未注明“可转让”，即是不可转让信用证。

6. 循环信用证

指信用证被全部或部分使用后，其金额又恢复到原金额，可再次使用，直至达到规定的次

数或规定的总金额为止。它通常在分批均匀交货情况下使用。在按金额循环的信用证条件下,恢复到原金额的具体做法有:

(1)自动式循环。每期用完一定金额,不需等待开证行的通知,即可自动恢复到原金额。

(2)非自动循环。每期用完一定金额后,必须等待开证行通知到达,信用证才能恢复到原金额使用。

(3)半自动循环。即每次用完一定金额后若干天内,开证行未提出停止循环使用的通知,自第×天起即可自动恢复至原金额。

7. 对开信用证

对开信用证指两张信用证申请人互以对方为受益人而开立的信用证。两张信用证的金额相等或大体相等,可同时互开,也可先后开立。它多用于易货贸易或来料加工和补偿贸易业务。

8. 背对背信用证

背对背信用证又称转开信用证,指受益人要求原证的通知行或其他银行以原证为基础,另开一张内容相似的新信用证,背对背信用证的开证行只能根据不可撤销信用证来开立。背对背信用证的开立通常是中间商转售他人货物,或两国不能直接办理进出口贸易时,通过第三者以此种办法来沟通贸易。原信用证的金额(单价)应高于背对背信用证的金额(单价),背对背信用证的装运期应早于原信用证的规定。

9. 预支信用证

预支信用证指开证行授权代付行(通知行)向受益人预付信用证金额的全部或一部分,由开证行保证偿还并负担利息,即开证行付款在前,受益人交单在后,与远期信用证相反。预支信用证凭出口人的光票付款,也有要求受益人附一份负责补交信用证规定单据的说明书,当货运单据交到后,付款行在付给剩余货款时,将扣除预支货款的利息。

10. 备用信用证

备用信用证又称商业票据信用证、担保信用证。指开证行根据开证申请人的请求对受益人开立的承诺承担某项义务的凭证。即开证行保证在开证申请人未能履行其义务时,受益人只要凭备用信用证的规定并提交开证人违约证明,即可取得开证行的偿付。它是银行信用,对受益人来说是备用于开证人违约时,取得补偿的一种方式。

11. 议付信用证

议付信用证是指邀请其他银行买入汇票及/或单据的信用证。即允许受益人向某一指定银 行或任何银行交单议付的信用证。

由于开立信用证银行与受益人一般分处两国,由受益人向开证行索款存在不便,受益人可以邀请一家本地银行(议付行)先行审单垫款,这有利于出口商资金融通。

对信用证申请人和开证行的好处是单证相符的单据没有到达柜台前不需付款;且单证是否相符最终由开证行确认,开证行可以认为议付行寄来的单据有不符点而拒付。

二、职业判断与实务操作

针对子任务引例分析如下:

(1)信用证是一种有条件的承诺付款的文件。在本案例案中,焦点在于开证行应该是按信用证规定的单证相符进行支付付款,还是应该按买方要求对单据拒付呢?这是本案分析的焦点,根据“单单相符,单证一致”的信用证支付原则,开证行按照信用证规定的支付原则行事是合理的。因此,开证行不能拒绝支付。银行处理的是信用证项下的单据,此时,买卖双方的货物真实性、品质等不在银行考虑的范围内。从某种程度上来说,信用证是一种银行信用,承担第一性的支付责任,单据的交易。

(2)该信用证是跟单不可撤销即期信用证。这意味着信用证一旦开立,开证行不能随意撤销该项信用证。只要受益人提交与信用证一致的单据,作为开证行则必须履行立即付款的责任。

子任务二　了解信用证的格式

子任务引例

广东ETIN电子有限公司与美国ABC贸易有限公司达成一项关于机电产品的交易合同。合同约定出口方应在15个工作日内开立SWIFT信用证至进口方。信用证的受益人是ABC贸易有限公司,开证申请人为广东ETIN电子有限公司。开证行为中国银行广东分行。

请回答:

SWIFT信用证的格式是什么?

一、知识认知

(一)信开信用证

开证行根据开证申请人的要求,将信用证的全部内容用信函方式开出,邮寄到通知行,再通知受益人。开证行与通知行之间应事先建立代理行关系,互换签字样本和密押,以便通知行可凭签字样本核对信开信用证上开证行的签字。这种开证方式时间长,但费用较低。对于装运日期较长或金额较小的信用证通常以信开方式开出。

(二)电开信用证

1. 简电信用证

开证行根据开证申请人的要求,将信用证的主要内容发电预先通知受益人。这种简电信用证只供受益人备货订仓参考,不能凭此装运货物,它也不是有效的信用证文件,银行不能凭此付款/承兑/议付。发出简电通知的开证行必须毫不延迟地向通知行寄送有效信用证文件,受益人方可凭此议付单据。

2. 全电信用证

开证行根据开证申请人的要求,将信用证的全部内容以加注密押的电讯方式通知受益人所在地的银行,请其通知受益人的一种开证方式。目前,外汇指定银行大多用SWIFT电讯方式开证。以下是一份SWIFT信用证,详细内容如单据样张2.1所示。

2011 02/24 12:17 FAX
Booking No TSH 313
24/06/04-07:26:18　　　ORIGINAL
Authentication Result:Correct with current key

Instance Type and Transmission

Original received from SWIFT
Priority: Normal
Message Output Reference: 0742 040602CITIUSNY 3377525147
Correspondent Input Reference: 1702 040601BKCHCNGZ5001076463736

Message Header

Swift Output: FIN 700 Issue of a documentary credit
Sender: BKCHCNGD 500
BANK OF CHINA
(GUANGDONG BRANCH)
GUAGNZHOU CN
Receiver: CITIUSNY
CITI BANK, N. A., USA

Message Text

27: Sequence of Total: 1/1
40A: Form of Documentary Credit: IRREVOCABLE
20: Documentary Credit Number: L/C1236789
31C: Date of Issue: 110223
31D: Date and Place of Expiry: 110405USA
50: Applicant:
GUANGDONG ETIN ELECTRICAL CO. LTD
BEIEJING ROAD GUANGZHOU CHINA POST
CODE: 510115 TEL: 020-5797284
FAX: 020-5707309
59: Beneficiary-Name & Address:
ABC TRADING CO., LTD
Rm 123-125, TIME SQUARE, MANHATTAN, USA
TEL: 1-803-7320220 FAX: 1-803-7320220
32B: Currency Code, Amount
Currency: USD (US DOLLAR)
Amount: $100,000.00
39A: Percentage Credit Amt Tolerance: 10/10
41D: Available with … by …-Name & Address: ANY BANK BY NEGOTIATION
42C: Drafts at…: AT SIGHT FOR 100 PCT OF THE INVOICE VALUE
42D: Drawee-Name & Address: BANK OF CHINA GUANGZHOU BRANCH
43P: Partial shipments: ALLOWED
43T: Transshipment: ALLOWED
44A: On Board/Dispatch/Taking charge at/f: NEWYORK PORT
44B: For transportation to…: HUANGPU CHINA
44C: Latest Date of Shipment: 110314
45A: Description of Goods &/or Services
DESCRIPTION OF COMMODITY: MINI COMPUTERS, 100SETS IN TOTAL, USD1000/SET CIFGUANGZHOU
PACKING: IN CARTONS, SHIPPED IN CONTAINERS
46A: Documents required

1. MANUALLY SIGNED COMMERCIAL INVOICE IN 3 COPIES, INDICATING THIS L/C NO. AND CONTRACT NO. ZE229090 (PHOTO COPY AND CARBON COPY NOT ACCEPTED AS ORIGINAL)

2. FULL SET 3/3 OF CLEAN ON BOARD "FREIGHT PREPAID" OCEAN BILLS OF LADING MADE OUT TO APPLICANT, MARKED "NOTIFYING APPLICANT".

3. FULL SET OF INSURANCE POLICY/CERTIFICATE FOR 110 PCT OF THE INVOICE VALUE, SHOWING CLAIMS PAYABLE IN CHINA, IN CURRENCY OF THE DRAFT, BLANK ENDORCED, COVERING OCEAN MARINE TRANSPORTATION ALL RISKS AND WAR RISKS.

4. PACKING LIST/WEIGHT MEMO IN 3 COPIES ISSUED BY BENEFICIARY INDICATING QUANTITY/GROSS AND NET WEIGHTS OF EACH CONTAINER.

5. BENEFICIARY'S CERTIFIED COPY OF FAX DISPATCHED TO APPLICANT WITHIN 72 HOURS AFTER SHIPMENT ADVISING NAME OF VESSEL, DATE, QUANTITY, WEIGHT AND VALUE OF SHIPMENT.

6. BENEFICIARY'S CERTIFICATE CERTIFYING 1/3 SET OF ORIGINAL B/L AND ORIGINAL J. C. I. C., INVOICE, PACKING LIST AND NON-WOOD PACKING MATERIAL MUST BE SENT TO THE APPLICANT BY COURIER DHL WITHIN THREE DAYS AFTER SHIPMENT.

47A: Additional Conditions

1. A DISCREPANCT FEE OF USD 54.00 WILL BE DEDUCTED FROM THE PROCEEDS IF DOCUMENTS ARE PRESENTED WITH DISCREPANCY (IES).

2. BOTH QUANTITY AND AMOUNT 10PCT MORE OR LESS ARE ALLOWED.

71B: Charges

ALL BANKING CHARGES OUTSIDE THE OPENING BANK ARE FOR BENEFICIARY'S ACCOUNT.

48: Period for Presentation

DOCUMENTS MUST BE PRESENTED FOR NEGOTIATION WITHIN 10 DAYS AFTER BILL OF LADING DATE, BUT WITHIN THE VALIDITY OF THIS L/C

49: Confirmation Instructions: WITHOUT

78: Instruction to the Paying/Accepting/Negotiation Bank

1. ALL DOCUMENTS ARE TO BE FORWARDED TO BANK OF CHINA, GUANGDONG BRANCH NO. 197-199, DONGFENGXI ROAD YUEXIU AREA, GUANGZHOU IN ONE LOT.

2. UPON RECEIPT OF ALL DOCUMENTS IN ORDER, WE WILL DULY HONOUR/ACCEPT THE DRAFTS AND EFFECT THE PAYMENT AS INSTRUCTED AT MATURITY.

72: Sender to Receiver Information

THIS L/C IS SUBJECT TO UCP 2007 ICC PUB. NO. 600 THIS IS OPERATIVE INSTRUMENT AND NO CONFIRMATION TO FOLLOW.

—————————— Message Trailer ——————————

End of Message

单据样张 2.1　电开信用证样本

SWIFT 信用证是由项目代号、栏目名称组成的。目前绝大部分的 SWIFT 信用证开立采用 MT700 和 MT701 电文格式，常见的跟单信用证 MT700 栏目内容见表 2.1。

表 2.1　SWIFT 跟单信用证开立（MT700）

M/O （必选项或可选项）	TAG （代号）	Field Name （栏目名称）
M	27	Sequence of Total 电文页次
M	40A	Form of Documentary Credit 跟单信用证类型
M	20	Documentary Credit Number 跟单信用证号码
O	23	Reference to Pre – Advice 预通知编号
O	31C	Date of Issue 开证日期
M	31D	Date and Place of Expiry 到期日及地点

续表

M/O (必选项或可选项)	TAG (代号)	Field Name (栏目名称)
O	51A	Applicant Bank 申请人银行
M	50	Applicant 开证申请人
M	59	Beneficiary 受益人
M	32B	Currency Code, Amount 结算货币代码,金额
O	39A	Percentage Credit Amount Tolerance 信用证金额允许上下浮动百分比
O	39B	Maximum Credit Amount 信用证最大限额
O	39C	Additional Amounts Covered 额外金额
M	41A	Available with... by... 兑付银行,兑付方式 With 后面是指定的付款银行 by 后面跟的是付款方式
O	42C	Drafts at... 汇票期限
O	42A	Drawee 汇票付款人
O	42M	Mixed Payment Details 混合付款指示
O	42P	Deferred Payment Details 延迟付款指示
O	43P	Partial Shipments 分批装运
O	43T	Transshipment 转运
O	44A	Loading on Board/Dispatch/Taking in Charge at/from 装船/发运/接受监管地点
O	44B	For Transportation to... 货物装运至
O	44C	Latest Date of Shipment 最迟装运日
O	44D	Shipment Period 装运期限
	45A	Description of Goods and/or Services 货物/服务描述
O	46A	Documents Required 所需文件
O	47A	Additional Conditions 附加条款
O	71B	Charges 费用情况
O	48	Period for Presentation 交单期限
M	49	Confirmation Instructions 保兑指示
O	53A	Reimbursement Bank 偿付行
O	78	Instruction to the Paying/Accepting/Negotiation Bank 给付款/承兑/议付银行的指示
O	57A	"Advise Through" Bank 收讯银行以外的通知银行
O	72	Sender to Receiver Information 附言

二、职业判断与实务操作

针对子任务引例分析如下：

SWIFT 信用证本质上是一种格式化的电文，由代号(TAG)和栏目名称(Field Name)组成。

代号由数字或数字加字母来表示信用证电文内容。在 SWIFT 电文中,并不是所有的栏目都必须涵盖在一张信用证中。如,必选栏目有 40A,该代号意味着跟单信用证类型。可选栏目有 39B,信用证最大限额,这取决于买卖双方签订合同时的约定内容,并不是所有信用证必选的栏目。

任务二　认识信用证的条款内容

任务描述

信用证的基本内容包括认识信用证的基本当事人以及熟知信用证的条款。其中,一张信用证将详细列明涉及的当事人、对信用证本身的说明、与合同相关的条款内容及其他项目。具体任务为:一是认识信用证基本内容;二是熟知 SWIFT 信用证的基本信息。通过本任务的学习,掌握 SWIFT 信用证的相关内容为审核和修改信用证奠定基础。

任务分析

通过对信用证条款的含义认知,了解各项信用证条款的特点,特别是熟知 SWIFT 信用证的基本信息。

任务实施

子任务一　认识信用证的基本内容

子任务引例

广州依米璐鞋业出口公司与西班牙 MANGO 进出口有限公司签订了一份出口皮鞋的合同,合同金额为 2 万美元,采用的支付方式为 SWIFT 跟单不可撤销即期信用证,开证行为西班牙大西洋银行,通知行和议付行为中国银行广州分行。最迟装运期为 6 月 10 日,交单期限为 7 月 1 日。

请回答:

(1) 开证申请人和受益人是谁?

(2) 一票信用证业务中,最基本的当事人是谁?

一、知识认知

(一) 信用证的当事人

1. 开证申请人(Applicant)

开证申请人指向银行提出申请开立信用证的人,一般为进口人,就是买卖合同的买方。开证申请人为信用证交易的发起人。

2. 开证银行(Issuing Bank)

开证银行指的是接受开证申请人的委托,开立信用证的银行。一般来说,开证银行也是进口方所在地的银行,承担着按信用证规定条件进行付款的责任。

3. 通知银行(Advising Bank)

通知银行指接受开证银行的委托,将信用证转交出口方(受益人)的银行。通知银行不承担付款责任,只承担审核信用证的真实性。一般来说,通知银行为出口方所在地的银行。

4. 受益人(Beneficiary)

受益人一般为出口人,也就是买卖合同的卖方。受益人通常也是信用证的收件人,他有按信用证规定签发汇票向所指定的付款银行索取价款的权利,但也在法律上以汇票出票人的地位对其后的持票人负有担保该汇票必获承兑和付款的责任。

5. 议付行(Negotiation Bank)

议付行指愿意垫付资金买入或贴现出口方(受益人)提交的汇票和其他单据的银行。

6. 付款行(Paying Bank)

付款行指的是根据信用证规定条件承担付款责任的银行,一般为开证行,也可以是开证行所指定的其他银行。

7. 保兑行(Confirming Bank)

保兑行指的是应开证行或受益人的申请在信用证上加注“保证兑现付款”的银行,该银行与开证行一样,承担不可撤销的付款责任。

除此以外,信用证中也可能存在偿付行、承兑行等当事人。

(二)信用证基本内容

1. 信用证本身的说明

具体包括了信用证的类型(Form of Documentary Credit)、信用证号码(Credit No.)、信用证开证日期(Date of Issue)、信用证到期日及到期地点(Date and Place of Expiry)等

2. 信用证的基本当事人

信用证上必须载明基本的当事人,包括开证申请人(Applicant)、受益人(Beneficiary)、通知行(Advising Bank)、开证行(Issuing Bank)最基本的当事人。此外,一项信用证交易中可能还会存在偿付行(Reimbursement Bank)、议付行(Negotiation Bank)、付款行(Paying Bank)等。

3. 与合同相关的条款

货物条款(Description of goods):信用证会载明与合同一致的货物相关条款,包括数量、包装、单价、唛头等信息。

装运条款(Shipping Clause),信用证中将载明包括装运地、最迟装运期、分批装运、转运、目的地等内容。

单据条款(Documents Required):信用证将详细列明受益人需提交的各种单据,如商业发票、装箱单、提单、保险单及相应的证书等内容。

4. 其他栏目

其他栏目包括若干需要说明的事项,如交单期限的说明、银行费用的说明、议付寄单的方式、议付及偿付行的指示、责任文句等。

二、职业判断与实务操作

针对子任务引例分析如下:

(1)该笔信用证业务中,开证申请人为进口商西班牙 MANGO 进出口有限公司,受益人为出口商广州依米璐鞋业出口公司。

(2)最基本的当事人包括开证申请人西班牙 MANGO 进出口有限公司、受益人广州依米璐鞋业出口公司、开证行西班牙大西洋银行,通知行中国银行广州分行。

子任务二　认识 SWIFT 信用证的基本信息

子任务引例

佛山鹿邑服装出口公司与意大利 PIXE 进出口有限公司签订了一份出口数量为 1 000 套女装大衣的合同,合同金额为 5 万美元,签订合同后由意大利公司开立 SWIFT 电开信用证。

请回答:

(1)请问什么是 SWIFT 信用证?

(2)SWIFT 信用证与传统信用证有什么区别?

一、知识认知

(一)SWIFT 电开信用证

SWIFT 是"Society for Worldwide Interbank Financial Telecommunications"(全球银行间金融电讯协会)的简称。该组织于 1973 年在比利时成立,协会已有 209 个国家的 9 000 多家银行,证券机构和企业客户参加,通过自动化国际金融电讯网办理成员银行间资金调拨,汇款结算,开立信用证,办理信用证项下的汇票业务和托收等业务。SWIFT 有自动开证格式,在信用证开端标着 MT700,MT701 代号。SWIFT 成员银行均参加国际商会,遵守 SWIFT 规定,使用 SWIFT 格式开立信用证,其信用证则受国际商会 UCP600 条款约束。所以通过 SWIFT 格式开证,实质上已相当于根据 UCP600 开立信用证。SWIFT 的使用,给银行的结算提供了安全、可靠、快捷、标准化、自动化的通信业务,从而大大提高了银行的结算速度。SWIFT 信用证本质上是一种格式化的电文。

(二)SWIFT 信用证基本信息

1. 栏目名称 27:SEQUENCE OF TOTAL(电文页次)

如果该跟单信用证条款能够全部容纳在该 MT700 报文中,那么该栏目内就填入"1/1"。如果该证由一份 MT700 报文和一份 MT701 报文组成,那么在 MT700 报文的栏目"27"中填入"1/2",在 MT701 报文的栏目"27"中填入"2/2"。以此类推。

2. 栏目名称:40A:FORM OF DOCUMENTARY CREDIT(跟单信用证类型)

信用证中必须明确注明是“可撤销信用证”还是“不可撤销信用证”。若没有明示此点,则视该证为“不可撤销信用证”。原则上,银行只受理不可撤销信用证。

该栏目内容有六种填法:

(1)IRREVOCABLE:L/C 不可撤销跟单信用证。

(2)REVOCABLE:L/C 可撤销跟单信用证。

(3)IRREVOCABLE TRANSFERABLE:L/C 不可撤销可转让跟单信用证。

(4)REVOCABLE TRANSFERABLE:L/C 可撤销可转让跟单信用证。

(5)IRREVOCABLE STANDBY:L/C 不可撤销备用信用证。

(6)REVOCABLE STANDBY:L/C 可撤销备用信用证。

3. 栏目名称 20:DOCUMENTARY CREDIT NUMBER(跟单信用证号码)

该项目列明开证行开立跟单信用证的号码。

4. 栏目名称 31C:DATE OF ISSUE(开证日期)

该栏目列明开证行开立跟单信用证的日期。如:050428。如果报文无此项目,那么开证日期就是该报文的发送日期。

5. 栏目名称 31D:DATE AND PLACE OF EXPIRY(到期日及地点)

该栏目列明跟单信用证最迟交单日期和交单地点,根据开证申请书填写。如:050815 IN THE BENEFICIARY'S COUNTRY。

6. 栏目名称 51A:APPLICANT BANK(申请人银行)

该栏目列明开证行即进口地银行。

7. 栏目名称 50:APPLICANT(申请人)

列明申请人名称及地址,又称开证人(Opener)。

8. 栏目名称 59:BENEFICIARY(受益人)

列明受益人名称及地址,系指信用证上所指定的有权使用该信用证的人。

9. 栏目名称 32B:CURRENCY CODE, AMOUNT(结算货币代码,金额)

根据交易金额填写,如:USD15 000。

10. 栏目名称 41A:AVAILABLE WITH BY(兑付银行,兑付方式)

根据申请书的相关内容,指定有关银行及信用证兑付方式。如:ANY BANK IN CHINA BY NEGOTIATION(可在中国任何银行议付)。

该栏目列明被授权对该证付款、承兑或议付的银行及该信用证的兑付方式。

(1)银行表示方法:

当该栏目代号为“41A”时,银行用 SWIFT 名址码表示。

当该栏目代号为“41D”时,银行用行名地址表示。

如果信用证为自由议付信用证时,该栏目代号应为“41D”,银行用“ANY BANK IN…(地名/国名)”表示。

如果该信用证为自由议付信用证,而且对议付地点也无限制时,该栏目代号应为“41D”,银行用“ANY BANK”表示。

(2)兑付方式表示方法:

分别用下列词句表示:

BY PAYMENT:即期付款。

BY ACCEPTANCE:远期承兑。

BY NEGOTIATION:议付。

BY DEP PAYMENT:迟期付款。

BY MIXED PYMT:混合付款。

如果该证系迟期付款信用证,有关付款的详细条款将在项目"42P"中列明。

如果该证系混合付款信用证,有关付款的详细条款将在项目"42M"中列明。

11. 栏目名称 42C:DRAFTS AT(汇票期限)

该栏目列明跟单信用证项下汇票付款期限。

如果是即期,填"AT SIGHT"或"SIGHT"。

如果是远期,照申请书填写,如:AT 180 DAYS AFTER SIGHT。

12. 栏目名称 42A:DRAWEE(付款人)

该栏目列明跟单信用证项下汇票的付款人。汇票付款人通常是开证银行、信用证申请人或开证银行指定的第三者。

13. 栏目名称 43P:PARTIAL SHIPMENTS(分批装运)

该栏目列明跟单信用证项下分批装运是否允许。填"ALLOWED"或"NOT ALLOWED"。

14. 栏目名称 43T:TRANSHIPMENT(转运)

该栏目列明跟单信用证项下货物转运是否允许。填"ALLOWED"或"NOT ALLOWED"。

15. 栏目名称 44A:LOADING ON BOARD/DISPATCH/TAKING IN CHARGE AT/FROM 装船/发运/接受监管地点

该栏目列明跟单信用证项下装船、发运和接受监管的地点,即装运港。

16. 栏目名称 44B:FOR TRANSPORTATION TO(货物装运至…)

该栏目列明跟单信用证项下货物最终目的地。

17. 栏目名称 44C:LATEST DATE OF SHIPMENT(最迟装运日)

该栏目列明最迟装船、发运和接受监管的日期,照申请书填写。

18. 栏目名称 45A:DESCRIPTION OF GOODS AND/OR SERVICES(货物描述及/或交易条件)

货物描述与价格条款,如 FOB、CIF 等,列在该项目中,照申请书内容填写。

如:CANNED WHOLE MUSHROOMS 425G × 24 TINS/CTN CIF BOMBAY。

19. 栏目名称 46A:DOCUMENTS REQUIRED(所需文件)

根据信用证申请书填写,如果信用证规定运输单据的最迟出单日期,该条款应和有关单据的要求一起在该项目中列明。

如:

+SIGNED COMMERCIAL INVOICE IN 5 COPIES INDICATING CONTRACT NO. 1101

+FULL SET OF CLEAN ON BOARD BILLS OF LADING MADE OUT TO ORDER AND

BLANK ENDORSED, MARKED "FREIGHT TO PREPAID SHOWING FREIGHT AMOUNT"

+ INSURANCE POLICY/CERTIFICATE IN 3 COPIES FOR 110% OF THE INVOIECE VALUE SHOWING CLAIMS PAYABLE IN CANADA CURRENCY OF THE DRAFT, BLANK ENDORSED, COVERING ALL RISKS, WAR RISKS

+ PACKING LIST/WEIGHT MEMO IN 6 COPIES INDICATING QUANTITY, GROSS AND WEIGHTS OF EACH PACKAGE

20. 栏目名称 47A：ADDITIONAL CONDITIONS(附加条件)

该栏目列明信用证的附加条款。

注意：当一份信用证由一份 MT700 报文和一至三份 MT701 报文组成时，项目"45A""46A"和"47A"的内容只能完整地出现在某一份报文中(即在 MT700 或某一份 MT701 中)，不能被分割成几部分分别出现在几个报文中。

在 MT700 报文中，"45A""46A""47A"三个项目的代号应分别为："45A""46A"和"47A"，在报文在 MT701 中，这三项目的代号应分别为"45B""46B""47B"。

21. 栏目名称 71B：CHARGES(费用)

根据申请书填写。该栏目的出现只表示费用由受益人负担。若报文无此项目，则表示除议付费、转让费外，其他费用均由开证申请人负担。如：ALL BANKING CHARGES OUTSIDE THE OPENING BANK ARE FOR BENEFICIARY'S ACCOUNT.

22. 栏目名称 48：PERIOD FOR PRESENTATION(交单期限)

规定受益人应于……日前(或……天内)向银行提示汇票的指示，根据申请书要求填写。如：DOCUMENTS MUST BE PRESENTED WITHIN 21 DAYS AFTER DATE OF ISSUANCE OF THE TRANSPORT DOCUMENTS BUT WITHIN THE VALIDITY OF THIS CREDIT.

23. 栏目名称 49：CONFIRMATION INSTRUCTIONS(保兑指示)

该栏目列明给收报行的保兑指示。

24. 栏目名称 57D：ADVISE THROUGH BANK(收讯银行以外的通知银行)

如有收讯银行以外的通知银行，请填其名称。

二、职业判断与实务操作

针对子任务引例分析如下：

(1) SWIFT 是环球同业银行金融电讯协会的缩写，专门从事传递各国之间的非公开性的金融电讯业务，其中包括开立信用证、办理信用证项下的汇票及托收、外汇买卖、证券交易等。SWIFT 信用证实际上是一份通过 SWIFT 系统开立或予以通知，正式合法且被信用证各当事人接受的格式化电文。

(2) 传统的信用证包括信开信用证、简电信用证，这两种信用证比较适合金额较少的业务。而 SWIFT 信用证的特点是用于大宗货物，且传输速度快，可靠，不易被伪造，信用证各方均有密押密码。一般来说，开立 SWIFT 信用证的买卖双方是长期合作关系，开证行和指定行关系良好，故免去了开证行重复审查单据这一环节，并由受益人直接向开证申请人寄送正本单据。

任务三　掌握申请及开立信用证的流程

任务描述

当买卖双方签订合同后,作为买方应该及时申请及开立信用证以利于合同的后续履行,这也是卖方履行合同发货的前提条件。因此,签订进口合同后,买方应按合同规定办理开证手续。买方向银行办理开证手续时,必须按合同内容填写开证申请书。具体任务为:一是掌握申请开立信用证的基本内容;二是熟知开立信用证的业务程序及注意事项。

任务分析

通过学习申请开立信用证的基本内容和开立信用证的业务程序及注意事项,熟知开证申请书的具体内容,并能自行缮制开证申请书。

任务实施

子任务一　掌握开立信用证申请书的基本内容

子任务引例

小陈刚毕业,进入浙江西岚童装进口公司实习,从事国外知名品牌童装的进口业务。经过近一个月的谈判,最终与新西兰DEE公司达成交易,数量为10 000套童装,货值为30万美元,先付30%订金,余款以SWIFT信用证作为结算方式。开证银行为中国银行浙江分行。

请回答:

买方应该怎样申请开立信用证?

一、知识认知

(一)申请开立信用证的业务流程

1. 递交有关合同的副本及附件

进口商在向银行申请开立信用证时,应向银行递交有关的进口合同副本及附件,如进口许可证、进口配额证(无进口配额规定的除外)、某些部门的批文等。

2. 填写信用证开证申请书

进口商填写银行统一印制的信用证开证申请书,是进口商申请开立信用证过程中最重要的工作。它是开证银行对外开立信用证的基础和依据。进口商填写开证申请书时,必须按合同条款规定,写明对信用证的各项要求,内容须明确、完整,无词意不清的记载。

3. 缴纳押金和开证手续费

按国际惯例,进口人向银行申请开立信用证,应向银行交付一定比例的押金或其他担保金。押金一般为信用证金额的百分之几到百分之几十，根据进口人的资信情况而定。我国开证行根据不同企业和交易情况，要求开证申请人缴付一定比例的人民币保证金，然后开证。此外，银行为进口商开证时，开证申请人（进口商）还必须按规定支付一定金额的开证手续费。

4. 银行开立信用证

开证行收到进口商的开证申请，立即对开证申请书的内容及其与合同的关系、开证申请人的资信状况等进行审核，在确信可以接受开证申请人的申请并收到开证申请人提交的押金及开证手续费后，即向信用证受益人开出信用证，并将信用证正本寄交（有时使用电传开证）受益人所在地分行或代理行（统称通知行），由通知行将信用证通知受益人。

申请开立信用证的时间须按合同规定。合同没有规定时，一般掌握在合同规定的装运期前一个月到一个半月左右。

（二）开证申请书的基本内容（单据样张 2.2）

（1）TO：开证银行名称。

（2）Date of Issue：开证日期。由申请人根据合同要求开证行填写日期。为保证合同的有效履行，开证日期不得晚于合同规定的日期。若已到合同规定的开证日期，进口商还没开立信用证，出口方可以适当地进行催证。

（3）Credit No.：信用证号码，一般由开证行填写。

（4）Date and Place of Expiry：信用证的有效期及到期地点。若合同没具体规定信用证的到期日，一般来说，信用证的有效期是合同规定最迟装运日后 15 天，到期地点为受益人所在地。

（5）Applicant：开证申请人。该栏填写开证申请人的具体名称和详细地点。

（6）Beneficiary（Full name, Add and Tel etc.）：该栏填写受益人全称、地址和电话。

（7）Advising Bank：该栏填写信用证通知行的具体名称。

（8）Transferable：该栏填写信用证是否可转让。若可转让信用证，则勾选 with；反之，则勾选 not with。

（9）Partial Shipment：该栏填写是否允许分批装运。若允许，则勾选 allowed；反之，则勾选 not allowed。

（10）Transshipment：该栏填写是否允许转运。若允许，则勾选 allowed；反之，则勾选 not allowed。

（11）Confirmed：保兑。若合同规定为保兑信用证，则勾选 Confirmed；反之，则勾选 Without。

（12）Loading on Board/Dispatch/Taking in Charge at/from：装船/发运/接受监管地点。该栏应按合同具体内容填写装运港、卸货港、接受监管地等信息。

（13）Contract No.：合同号码。

（14）Credit Amount（Both in Figures and Words）：信用证的大小写金额。在填写具体金额时，大小写必须一致。可根据合同金额来填写，也可选择允许信用证金额有一定的浮动比例。

（15）Description of Goods：货物描述。该栏应根据合同的货物描述来填写，具体可包括品名、数量、单价、唛头等信息。

(16)Credit Available With:信用证的兑现方式。该栏根据合同双方约定的支付方式来填写。签订合同时必须提前约定好支付方式,如即期付款、承兑、议付、延期付款等。根据《UCP600》中第六条的规定,信用证必须规定其是以即期付款、延期付款,承兑还是议付的方式兑用。与此同时,信用证不得开立凭以申请人为付款人的汇票兑用。

(17)Documents Required:所需文件。该栏填写申请人信用证中具体要求受益人提交的各种单据。这是信用证开证申请书最为重要的一栏。该栏详细列明受益人需要提交相应的单据以完成合同的交货义务。

(18)Additional Instruction:附加指示。若双方有特殊约定时,可通过该栏详细列明。

IRREVOCABLE DOCUMENTARY CREDIT APPLICATION

TO:(1)　　　　**DATE OF ISSUE**:(2)

<table>
<tr><td colspan="2">(　　)Issue by airmail
(　　)With brief advice by teletransmission
(　　)Issue by express delivery
(　　)Issue by teletransmission
(which shall be operative instrument)</td><td>Credit NO. (3)

Date and place of expiry:(4)</td></tr>
<tr><td colspan="2">Applicant:(5)</td><td>Beneficiary(Full name, Add and Tel etc.)(6)</td></tr>
<tr><td colspan="2">Advising Bank:(7)</td><td rowspan="2">Transferable:(8)
(　　)with (　　)not with
Confirmed:(11)
(　　)confirmed (　　)without</td></tr>
<tr><td>Partial shipment(9)
(　　) allowed
(　　)not allowed</td><td>Transhipment(10)
(　　)allowed
(　　) not allowed</td></tr>
<tr><td colspan="2">Loading on board/dispatch/taking in charge at/from(12)</td><td>Contract No. :(13)

Credit Amount (both in figures and words):
Trade Term:(　) FOB　(　) CFR　(　)　CIF (　)
others:(14)</td></tr>
<tr><td colspan="2">Description of goods:(15)</td><td>Credit available with(16)
(　　)by sight payment
(　　) by acceptance
(　　) by negotiation
(　　)by deferred payment at against the documents detailed herein
(　　)and beneficiary's draft for 100% of invoice value at ________ on issuing bank</td></tr>
<tr><td colspan="3">Documents required:(marked with X) (17)
1. (　　) Signed commercial invoice in 3 copies indicating L/C No. and Contract No.
2. (　　) Full set of clean on board Bills of Lading made out [　] to order/[　] to the order of and blank endorsed, marked "freight [　] prepaid/[　] to collect showing freight amount" notifying [　]the applicant/[　]
3. (　　) Air Waybills showing "freight [　]prepaid/[　] to collect indicating freight amount" and consigned to
4. (　　) Insurance Policy/Certificate in 3 copies for 110 % of the invoice value showing claims payable in China in currency of the draft, blank endorsed, covering ([　] Ocean Marine Transportation/[　] Air Transportation/[　] Over Land Transportation) All Risks, War Risks. /[　]
5. (　　) Packing list/Weight Memo in 3 copies indicating</td></tr>
</table>

6. (　　) Certificate of Quantity/Weight in 3 copies issued by [　] manufacturer/[　] Seller/[　] independent surveyor at the loading port, indicating the actual surveyed quantity/weight of shipped goods as well as the packing condition.
7. (　　) Certificate of Quality in 3 copies issued by [　] manufacturer/[　] public recognized surveyor/[　]
8. (　　) Beneficiary's Certified copy of fax dispatched to the applicant within 2 days after shipment advising the contract number, name of commodity, quantity, invoice value, bill of loading, bill of loading date, the ETA date and shipping Co.
9. (　　) Beneficiary's Certificate certifying that extra copies of the documents have been dispatched to the [　] applicant/[　]
10. (　　) Certificate of Origin in copies certifying.
11. (　　) Other documents, if any:
Additional instruction: (marked with X) (18)
1. (　　) All banking charges outside the opening bank are for beneficiary's account.
2. (　　) Documents must be presented within 21 days after the date of issuance of the transport documents but within the validity of this credit.
3. (　　) Third party as shipper is not acceptable, Short Form/Blank B/L is not acceptable.
4. (　　) Both quantity and amount % more or less are allowed.
5. (　　) All documents to be forwarded in one lot by express unless otherwise stated above.
6. (　　) Other terms, if any.

单据样张 2.2　不可撤销跟单信用证申请书

二、职业判断与实务操作

针对子任务引例分析如下:

作为该笔交易的买方即小陈所在的公司浙江西岚童装进口公司,应该在合同签订完毕后,及时向开证银行中国银行浙江分行递交有关合同的副本及附件,并填写开证申请书。与此同时,应向银行交付一定比例的押金或其他担保金,缴纳一定的开证手续费后,由开证银行开立信用证。

子任务二　掌握开立信用证的基本流程及注意事项

子任务引例

浙江西岚童装进口公司的小陈陪着外贸经理去开证银行填写完开证申请书后,开证行根据进口商的要求开立了一份不可撤销的跟单信用证。

请回答:

该公司填写完开证申请书后,还需要办理跟单信用证的哪些程序?

一、知识认知

(一)开立跟单信用证的业务程序

下面以一笔即期付款跟单信用证为例,分析跟单信用证的业务程序如图 2.1 所示。

(1)买卖双方签订合同,并在合同中规定采用即期付款跟单信用证方式结算贷款。

(2)开证申请人填写信用证开证申请书,向开证行申请开立信用证。

(3)开证行按照开证申请书的内容和规定开出信用证,并将信用证采取航空邮寄或电讯方式通知出口方(受益人)所在的通知行。

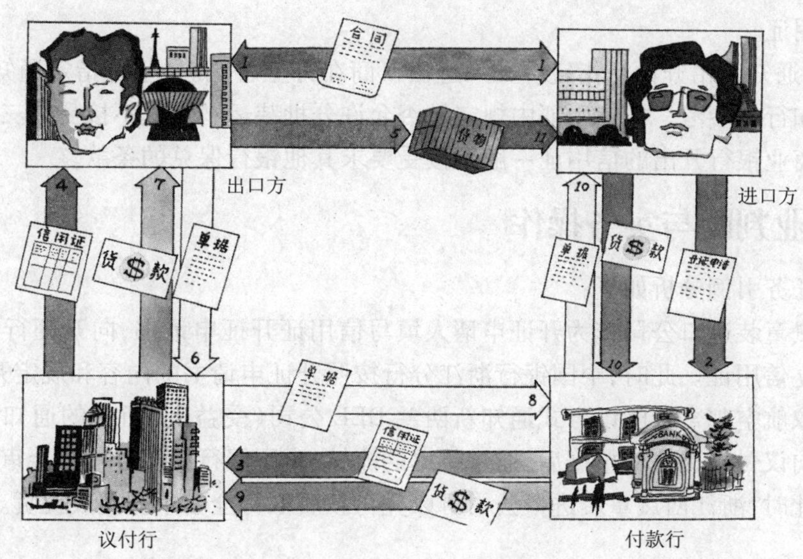

图 2.1　跟单信用证业务程序

(4)通知行收到信用证后核对密押,将信用证通知或转递给出口方(受益人)。

(5)出口方(受益人)收到信用证后,认真审核后,若发现与合同不一致,则可通知进口方(开证申请人)改证。出口方审核信用证无误后,根据信用证规定装运货物及时发货,并准备好各种单据。

(6)出口方(受益人)将全套单据交给议付行进行议付。

(7)议付行审核单据,确定无误后办理议付(提前垫付货款)给出口方(受益人)。

(8)议付行向付款行通过航空邮寄或电传的方式寄出单据。

(9)付款行审核单据无误后付款。

(10)付款行向开证申请人提示单据,要求开证申请人付款赎单。

(11)进口方(开证申请人)审核单据无误后进行付款,此时,进口方可以凭付款后取得全套单据完成提货。

(二)开立信用证的注意事项

(1)申请开立信用证前,一定要落实进口批准手续及外汇来源。开证时间的掌握应以卖方收到信用证后能在合同规定的装运期内出运为原则。

(2)开证要求"证同一致",必须以对外签订的正本合同为依据。不能用"参阅 XX 号合同"为依据,也不能将有关合同附件附在信用证后,因信用证是一个独立的文件,不依附于任何贸易合同。如为远期,要明确汇票期限,价格条款必须与相应的单据要求、费用负担及表示方法相吻合。

(3)由于银行是凭单付款,不管货物质量如何,也不受合同约束,所以为使货物质量符合规定,可在开证时规定要求对方提供商检证书,明确货物的规格品质,指定商检机构。信用证内容明白无误,明确规定各种单据的出单人,规定各单据表述的内容。

(4)合同规定的条款应转化在相应的信用证条件里,因为信用证结算方式下,只要单据表面与信用证条款相符合,开证行就必须按规定付款。如信用证申请书中含有某些条件而未列明应提交与之相应的单据,银行将认为未列此条件,而不予审核确认。明确信用证为可撤销或不可撤销信用证。

(5)国外通知行由开证行指定。如果进出口商在订立合同时,坚持指定通知行,可供开证行在选择通知行时参考。在信用证中规定是否允许分批装运、转运、不接受第三者装运单据等条款。国有商业银行开出的信用证一般不接受要求其他银行保兑的条款。

二、职业判断与实务操作

针对子任务引例分析如下:

浙江西岚童装进口公司作为开证申请人填写信用证开证申请书,向开证行中国银行浙江分行申请开立信用证。此时,中国银行浙江分行按照开证申请书的内容和规定开出信用证,并将信用证采取航空邮寄或电讯方式通知新西兰 DEE 公司(受益人)所在的通知行。当卖方把货物发出并向议付银行提交单据后,通过单据的流转,中国银行浙江分行将会审核单据无误后进行付款。此时,浙江西岚童装进口公司可以凭付款后取得全套单据完成提货。

任务四　操练信用证开证申请书缮制与任务实训

任务描述

国际贸易业务中,若合同双方约定采用信用证作为结算方式,则买方有义务去申请开立信用证,即买方应在合同规定的时间内或者合同签订后的合理时间内到相关银行办理申请开立信用证的后续工作。

任务分析

通过对开证申请书及开立信用证业务程序的认知,根据佛山易美贸易有限公司与美国贝佳特贸易有限公司关于毛绒玩具的合同,以美国贝佳特贸易有限公司采购经理的身份,完成以下开立信用证申请书的填制。

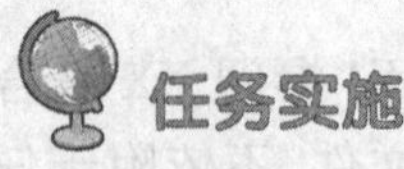

子任务一　开证申请书任务导入

子任务引例

佛山易美贸易公司与美国贝佳特贸易有限公司达成了一项关于毛绒玩具的交易意向。该项合同的产品是两种毛绒玩具,分别是新潮灰色小熊及长发小猫咪。价格术语为 CIF BOSTON。灰色小熊的成交数量为 1 080 套,每套 16 美元,共 135 个纸箱;长发小猫咪成交的数量为 3 150 件,每件 8 美元,共 105 个纸箱。以即期、不可撤销信用证为付款方式。装运港为中国广州黄埔港，目的港为美国波士顿。装船期限为 2013 年 10 月 31 日。以发票金额的 110% 投保中国保险公司的一切险和战争险。

合同约定，美国贝佳特贸易有限公司应于合同签订日后 15 个工作日内开立即期不可撤销跟单信用证至卖方（佛山易美贸易有限公司），开证银行为中国银行波士顿分行，通知行为中国银行佛山分行。

请回答：

(1)美国贝佳特贸易有限公司应如何开立信用证？

(2)开证申请人、开证银行、受益人、通知人分别是谁？

一、知识认知

(一)实训任务合同基本信息

根据佛山易美贸易有限公司与美国贝佳特贸易有限公司的合同，可知下列基本信息：

(1)出口商基本信息：FOSHAN EMAY TRADING CO. ,LTD

Rm 110-119, NO. 131 DONGFANG ROAD, DONGFANG PLAZA, FOSHAN, CHINA

TEL:86-757-86682454　　FAX:86-757-86682453.

(2)进口商基本信息：BEST TRADING CO. ,LTD

Rm 110-115, FUNWAY AVENUE, BOSTON, MA, USA

TEL:1-703-9780901　　FAX:1-703-9780902.

(3)合同号码：EM20130915　合同日期：2013 年 9 月 15 日　签发地：佛山。

(4)装运港：佛山港口　　目的港：美国波士顿港　装运期限：不晚于 2013 年 10 月底。

(5)包装信息：

灰色小熊的成交数量为 1 080 套，单价为 16 美元每套；每 8 套小熊装一个纸箱，共 135 个纸箱；每箱的净重是 6 KGS，毛重是 8.5 KGS，每个纸箱的体积是 48 cm × 64 cm × 60 cm；

长发小猫咪成交的数量为 3 150 件，单价为 8 美元每件，每 30 件装一个纸箱，共 105 个纸箱，每箱的净重是 8.5 KGS，毛重是 11 KGS，每个纸箱的体积是 70 cm × 65 cm × 52 cm。

(6)保险信息：以发票金额 110% 投保一切险和战争险。

(7)支付信息：即期、不可撤销可转让信用证。

(8)检验信息：中国国际贸易促进委员会签发的一般原产地证，中国商检局签发的品质证书。

(9)所需单据：装箱单一式三份、已盖章的商业发票一式三份、全套(3/3)清洁已装船提单、中国保险公司出具的保险单一式三份、由中国国际贸易促进委员会颁发的一般产地证一式两份，中国商检局颁发的品质证书一式两份。

(二)实训任务分析

美国贝佳特贸易有限公司在签订本合同后，应备齐资料及时填写开证申请书。

二、职业判断与实务操作

针对子任务引例分析如下：

(1)美国贝佳特贸易有限公司作为开证申请人填写信用证开证申请书，并备齐合同的副本及附件,交付一定的押金或其他担保金,缴纳开证后续费后向开证行中国银行波士顿分行申请开立信用证。此时,中国银行波士顿分行按照开证申请书的内容和规定开出信用证,并将信用证采取航空邮寄或电讯方式通知佛山易美贸易有限公司(受益人)所在的通知行。

(2)开证申请人为美国贝佳特贸易有限公司,受益人为佛山易美贸易有限公司,开证行为中国银行波士顿分行,通知行为中国银行佛山分行。

子任务二　操练开证申请书的缮制

子任务引例

佛山易美贸易公司与美国贝佳特贸易有限公司达成了一项关于毛绒玩具的出口交易。该项合同的产品是两种毛绒玩具,分别是新潮灰色小熊及长发小猫咪。根据实训任务的分析,操练该项合同开证申请书的缮制。

请操练:

根据买卖双方的合同,由美国贝佳特贸易有限公司缮制开证申请书,并向当地的开证银行提交申请开立信用证。

一、知识认知

(一)实训任务开证申请书的缮制

根据佛山易美贸易有限公司与美国贝佳特贸易有限公司达成的毛绒玩具合同,美国贝佳特贸易有限公司缮制如下的开证申请书(单据样张 2.3)。

IRREVOCABLE DOCUMENTARY CREDIT APPLICATION

TO:(1)FOSHAN EMAY TRADING CO. LTD　　**DATE OF ISSUE**:(2)20/09/13

<table>
<tr><td colspan="2">(　)Issue by airmail
(　)With brief advice by teletransmission
(　)Issue by express delivery
(X)Issue by teletransmission
(which shall be operative instrument)</td><td>Credit NO.(3)
L/C363010

Date and place of expiry:(4)
21/11/13</td></tr>
<tr><td colspan="2">Applicant:(5)
BEST TRADING CO. ,LTD
Rm110-115,FUNWAYAVENUE,BOSTON,MA,USA
TEL:1-703-9780901　　FAX:1-703-9780902</td><td>Beneficiary(Full name, Add and Tel etc.)(6)
FOSHAN EMAY TRADING CO. ,LTD
Rm110-119,　NO. 131DONGFANG　ROAD,　DONGFANG PLAZA, FOSHAN, CHINA
TEL:86-757-86682454　　FAX:86-757-86682453</td></tr>
<tr><td colspan="2">Advising Bank:(7)</td><td rowspan="2">Transferable:(8)
(　)with　(X)not with
Confirmed:(11)
(　)confirmed　(X)without</td></tr>
<tr><td>Partial shipment(9)
(X) allowed
(　)not allowed</td><td>Transshipment(10)
(X)allowed
(　) not allowed</td></tr>
<tr><td colspan="2">Loading on board/dispatch/taking in charge at/from(12)

FOSHAN PORT,CHINA</td><td>Contract No.:(13)
EM20130915
Credit Amount (both in figures and words):
Trade Term:(　)　FOB(　)　CFR(　)　CIF(X)
others:(14)</td></tr>
</table>

Description of goods:(15) 2 ITEMS OF TOTAL 1 080 SETS AND 3150 PCS. OF PLUSH TOYS AS PER: APPLICANT'S ORDER NUMBER AND BENEFICIARY'S CONTRACT NUMBER EM20130915	Credit available with(16) (X) by sight payment (　) by acceptance (　) by negotiation (　) by deferred payment at against the documents detailed herein (　) and beneficiary's draft for 100% of invoice value at on issuing bank
Documents required:(marked with X) (17) 1. (X) Signed commercial invoice in 3 copies indicating L/C No. and Contract No. 2. (X) Full set of clean on board Bills of Lading made out [X] to order/[ ] to the order of and blank endorsed, marked "freight [X] prepaid/[ ] to collect showing freight amount" notifying the applicant/[ ] 3. (　) Air Waybills showing "freight [ ] prepaid/[ ] to collect indicating freight amount" and consigned to 4. (X) Insurance Policy/Certificate in 3 copies for 110 % of the invoice value showing claims payable in China in currency of the draft, blank endorsed, covering ([X] Ocean Marine Transportation/[ ] Air Transportation/[ ] Over Land Transportation) All Risks, War Risks. /[X] 5. (X) Packing list/Weight Memo in 3 copies indicating 6. (　) Certificate of Quantity/Weight in 3 copies issued by [ ] manufacturer/[ ] Seller/[ ] independent surveyor at the loading port, indicating the actual surveyed quantity/weight of shipped goods as well as the packing condition. 7. (X) Certificate of Quality in 2 copies issued by [ ] manufacturer/[X] public recognized surveyor/[ ] 8. (X) Beneficiary's Certified copy of fax dispatched to the applicant within 2 days after shipment advising the contract number, name of commodity, quantity, invoice value, bill of loading, bill of loading date, the ETA date and shipping Co. 9. (　) Beneficiary's Certificate certifying that extra copies of the documents have been dispatched to the [ ] applicant/[ ] 10. (X) Certificate of Origin in 2 copies certifying. 11. (　) Other documents, if any: **Additional instruction:(marked with X)** (18) 1. (　) All banking charges outside the opening bank are for beneficiary's account. 2. (X) Documents must be presented within 21 days after the date of issuance of the transport documents but within the validity of this credit. 3. (　) Third party as shipper is not acceptable, Short Form/Blank B/l is not acceptable. 4. (　) Both quantity and amount % more or less are allowed. 5. (　) All documents to be forwarded in one lot by express unless otherwise stated above. 6. (　) Other terms, if any.	

单据样张 2.3　中国银行波士顿分行开证申请书缮制

(二)中国银行波士顿分行开来的信用证

中国银行波士顿分行根据美国贝佳特贸易有限公司的开证申请书,开立了如下信用证(单据样张 2.4):

27:Sequence of Total:1/1

40A:Form of Documentary Credit:IRREVOCABLE

20:Documentary Credit Number:LC363010

31C:Date of Issue:130920

31D:Date and Place of Expiry:131111,BOSTON

50:Applicant:

BEST TRADING CO. ,LTD

Rm 110-115,FUNWAY AVENUE,BOSTON,MA,USA

TEL:1-703-9780901　　FAX:1-703-9780902

59:Beneficiary-Name & Address:

FOSHAN EMAY TRADING CO. , LTD.

Rm 110-119,NO. 131 DONGFANG ROAD,DONGFANG PLAZA, FOSHAN, CHINA

TEL:86-757-86682454　　FAX:86-757-86682453

32B:Currency Code, Amount

Currency:USD (US DOLLAR)

Amount: $42 480.00

39A: Percentage Credit Amt Tolerance: 10/10

41D: Available with ... by ... -Name & Address: ANY BANK BY NEGOTIATION

42C: Drafts at...: AT SIGHT FOR 100 PCT OF THE INVOICE VALUE

42D: Drawee-Name & Address: HANGSENG BANK BOSTON BRANCH

43P: Partial shipments: ALLOWED

43T: Transshipment: ALLOWED

44A: On Board/Dispatch/Taking charge at/f: FOSHAN PORT, CHINA

44B: For transportation to...: BOSTON, USA

44C: Latest Date of Shipment: 131020

45A: Description of Goods &/or Services

DESCRIPTION OF COMMODITY: 2 ITEMS OF TOTAL 1080 SETS AND 3150 PCS. OF PLUSH TOYS AS PER: APPLICANT'S ORDER NUMBER AND BENEFICIARY'S CONTRACT NUMBER EM20130915

PACKING IN NEUTRAL SEAWORTHY EXPORT CARTONS SUITABLE FOR LONG DISTANCE OCEAN TRANSPORTATION.

SHIPPING MARKS TO READ AS FOLLOWS: **BEST TRADING CO. LTD**
EM20130915
BOSTON
CARTON NO. 1-240

46A: Documents required

THIS DOC. CREDIT IS AVAILABLE BY NEGOTIATION OF BENEFICIARY'S DRAFT(S) AT 45 DAYS AFTER SIGHT DRAWN ON BANK OF CHINA, BOSTON BRANCH, BOSTON, USA, ACCOMPANIED BY THE FOLLOWING DOCUMENTS:

1) SIGNED COMMERCIAL INVOICE IN QUINTUPLICATE COPIES INDICATING BENEFICIAL CONTRACT NUMBER AND OUR ORDER NO. EM20130915。

2) PACKINGLIST/WEIGHT LIST IN TRIPLICATE COPIES MENTIONING TOTAL MUMBER OF CARTONS, GROSS WEIGHT, NET WEIGHT, AND MEASUREMENTS PER EXPOPT CARTON.

3) 2/3 OF ORIGINAL CLEAN ON-BOARD MARING BILLS OF LADING, PLUS 3 COPIES, MADE OUT: "TO ORDER", AND BLANK ENDORSED MARKED: "FREIGHT PREPAID" SHOWINGAS NOTIFY THE APPLICANT (GIVING FULL NAME, ADDREES AND PHONE NUMBERS).

4) FULL SET 3/3 OF MARING INSURANCE POLICY OR CERTIFICATE, ENDORSED IN BLANK FOR 110 PERCENT FULL CIF VALUE, COVERING INSTITUTE CARGO CLAUSES (A) AND WAR CLAUSES OF INSTITUTE CARGO CLAUSES.

5) CERTIFICATE OF ORIGIN IN 2 COPIES ISSUED BY CHINA COUNCIL FOR THE PROMOTION OF INTERNATIONAL TRADE IN DUPLICATE THAT THE GOODS ARE OF CHINESE ORIGIN.

6) BENEFICIARY'S CERTIFICATE STATING THAT ONE SET OF NON-NEGOTIABLE SHIPPING DOCUMENTS TOGETHER WITH THE 1/3 ORIGINAL B/L HAVE BEEN SENT TO THE APPLICANT BY DHL WITHIN 48 HOURS AFTER SHIPMENT.

7) COPY OF BENEFICIARY'S TELEX/FAX SENT TO APPLICANT (TELEX-NO.: 1-703-9780901 OR FAX-NO.: 1-703-9780902) WITHIN TWO WORKING DAYS AFTER SHIPMENT INDICATING DATE OF DEPARTURE, SHIPPING MARKS, NUMBERS OF LC, B/L, CONTRACT AND ORDER AS WELL AS NUMBER OF CARTONS TOGETHER WITH THE TOTAL GROSSWEIGHT AND GOODS VALUE.

71B: CHARGES

ALL BANKING CHARDES OUTSIDE THE BOSTON ARE FOR BENEFICIARY'S ACCOUNT.

48: PERIOD FOR PRESENTATION

DOCUMENTS TO BE PRESENTED ULTIMATELY 15 DAYS AFTER THE DATE OF ISSUANCE OF THE RELATIVE TRANSPORT-DOCUMENT(S) BUT WITHIN THE VALIDITY OF THIS DOC. CREDIT.

47A: ADDITIONAL CONDITIONS:

DOCUMENTS TO BE SENT AS FOLLOWS (INSTRUCTION MARKED "X"):

(　) IN ONE LOT BY REGISTERED AIRMAIL

(　) IN TWO CONSECUTIVE REGISTERED AIRMAILS

(　) IN ONE LOT BY INTERNATIONAL COURIER SERVICE

(X) 1ST MAIL BY COURIER SERVICE AND 2ND MAIL BY REGISTERED AIRMAIL

TO: BANK OF CHINA, BOSTON BRANCH

STREET-ADDRESS: Rm110-115, FIVE AVENUE, BOSTON, MA, USA

TEL: 1-703-9780101　　FAX: 1-703-9780102

POSTAL-ADDRESS: P. O. BOX 75509,

1070 AM BOSTON

MA, USA

UPON RECEIPT OF CORRECT DOCUMENTS BY US, WE SHALL COVER THE NEGOTIATING BANK (AS PER THEIR INSTRUCTIONS), IN THE CURRENCY OF THIS DOC. CREDIT ONLY.

PLEASE ADVISE BENEFICIARY, WITHOUT ADDING YOUR CONFIRAMATION.

72: Sender to Receiver Information

THIS DOC. CREDIT IS SUBJECT TO THE UNIFORM CUSTOMS AND PRACTICE FOR DOCUMENTARY CREDITS (REVISION 2007, I. C. C. PUBLICATION NO. 600).

单据样张 2.4　中国银行波士顿分行信用证

二、职业判断与实务操作

针对子任务引例分析如下：

美国贝佳特贸易有限公司缮制的开证申请书见单据样张 2.3 中国银行波士顿分行开证申请书缮制，开立的信用证如单据样张 2.4 所示。在缮制该项信用证申请书时，需要把最基本的合同内容列明，包括受益人、开证申请书、货物描述、所需文件等内容。

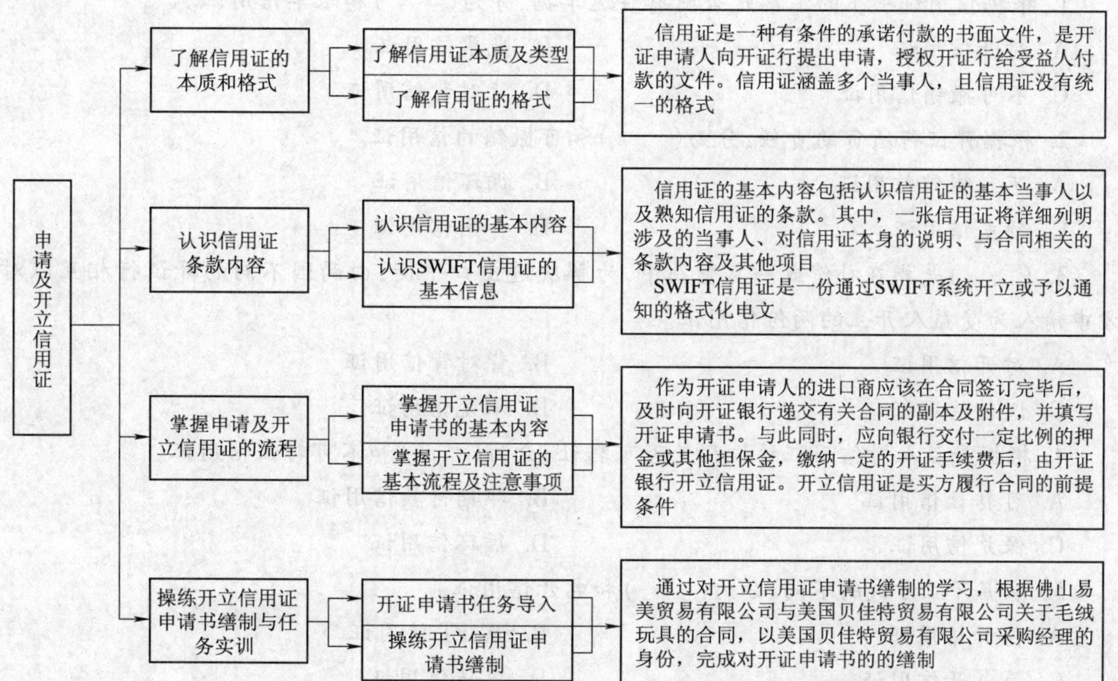

能力训练一　职业判断与选择

一、职业判断能力

1. 信用证是开证银行根据受益人的要求开立的书面文件。（　　）

2. SWIFT 信用证由栏目名称和代号组成。（　　）

3. 根据开立的方式不同，信用证可分为信开信用证和电开信用证。（　　）

4. SWIFT 信用证具备安全、可靠、标准化的特点。（　　）

5. 信用证具备统一格式，不同的银行也应改用统一格式。（　　）

6. 不可撤销信用证指受益人不能将信用证的权利转让给他人的信用证。（　　）

7. 开证申请人一般为合同的卖方。（　　）

8. 电开信用证是指开证行根据开证申请人的要求，将信用证的全部内容用信函方式开出，邮寄到通知行，再通知受益人。（　　）

9. 预支信用证指开证行根据开证申请人的请求对受益人开立的承诺承担某项义务的凭证。（　　）

10. 信用证是银行有条件保证付款的文件，成为国际贸易活动中常见的结算方式。（　　）

二、单项职业选择能力

1. 根据信用证项下的汇票是否附有货运单据，分为（　　）和跟单信用证。

A. 对开信用证　　B. 光票信用证

C. 不可撤销信用证　　D. 背对背信用证

2. 根据开证行所负的责任，分为（　　）和可撤销的信用证。

A. 不可撤销信用证　　B. 循环信用证

C. 预支信用证　　D. 备用信用证

3. （　　）是指在补偿或易货贸易中，为解决进出口平衡，由两国不同的开证行相互以对方申请人为受益人开立的两份信用证。

A. 对开信用证　　B. 背对背信用证

C. 议付信用证　　D. 承兑信用证

4. 根据受益人对信用证的权利是否可转让，分为（　　）和不可转让信用证。

A. 可转让信用证　　B. 即期付款信用证

C. 保兑信用证　　D. 循环信用证

5. 根据开立方式的不同，分为（　　）和电开信用证。

A. 信开信用证　　B. SWIFT 信用证

C. 简电开信用证　　D. 电传信用证

6. 申请开立信用证的流程包括提供合同副本及附件、（　　）、缴纳押金或提供担保、缴纳开证手续费。

A. 填写开证申请书　　　　B. 提供审批文件

C. 缴纳开证金额　　　　D. 提供货款担保

7. SWIFT 信用证具备以下特点(　　)。

A. 安全、可靠、标准化　　　　B. 安全

C. 可靠　　　　D. 标准化

8. 在 SWIFT 信用证代号中,43P 和 43T 分别代表(　　)。

A. 转运,分批装运　　　　B. 分批装运,转运

C. 分批装运,装运期限　　　　D. 转运

9. 在 SWIFT 信用证中,代号 51A:Applicant Bank 指的是(　　)。

A. 开证银行　　　　B. 申请人

C. 受益银行　　　　D. 通知银行

10. 在 SWIFT 信用证中,Applicant 和 Beneficiary 分别代表(　　)。

A. 受益人、进口方　　　　B. 出口方、进口方

C. 申请人、受益人　　　　D. 受益人、申请人

能力训练二　实务操作

背景资料:

广州意林服装贸易有限公司与加拿大多伦多 ABC 贸易有限公司磋商关于服装出口的交易。请根据以下磋商结果的信息,以加拿大多伦多 ABC 贸易公司的采购经理身份,缮制一份开证申请书。

合同信息如下:

(1)出口商基本信息:GUANGZHOU ELIN CLOTHING TRADING CO. LTD

ADDRESS:RM 110-112,GUANGZHOU REVENUE,GUANGZHOU,CHINA

TEL:86-20-24232445　　　FAX:86-20-24232436.

(2)进口商基本信息:ABC TRADING CO. ,LTD,CANADA

ADDRESS:48 WOODGARDEN CRESCENT,TORONTON,ONTARIO,CANADA

TEL:1-514-3964455　　　FAX:1-514-3964451.

(3)合同号码:EL20160912　合同日期:2016 年 9 月 12 日　签发地:广州

(4)装运港:广州黄埔港口　　　目的港:加拿大多伦多港

(5)包装信息:

女式毛衣的成交数量为 1 000 件,每件 20 美元,每 20 件装一个纸箱,共 50 个纸箱;每箱的净重是 10KGS,毛重是 11KGS,每个纸箱的体积是 44 cm × 64 cm × 61 cm;

裙子成交的数量为 2 000 件,每件 15 美元,每 40 件装一个纸箱,共 50 个纸箱,每箱的净重是 6KGS,毛重是 7KGS,每个纸箱的体积是 55 cm × 65 cm × 51 cm。

(6)保险信息:以发票金额 110% 投保一切险和战争险。

(7)支付信息:即期、不可撤销可转让信用证。

(8)检验信息:中国国际贸易促进委员会签发的一般原产地证,中国商检局签发品质证书。

(9)所需单据:装箱单一式三份、已盖章的商业发票一式三份、全套(3/3)清洁已装船提单、中国保险公司出具的保险单一式两份、由中国国际贸易促进委员会签发的产地证一式两份,品质证书一式两份。

(10)唛头:ABC TRADING CO. LTD
EL20140912
TORONTO
CARTON NO. 1-100.

(11)装运期限:不晚于2016年10月底。

请根据以上给予的合同信息,以加拿大多伦多 ABC 贸易公司的采购经理身份,缮制一份开证申请书。

项目三　审核及修改信用证

项目引言

若采用以银行信用为保障信用证作为结算方式，银行付款的前提是出口方需要提交与信用证规定相一致的单证。出口商如无法提供与信用证相符的单证，则开证行可以拒绝付款。而信用证条款的订立则与合同具体内容息息相关。但在信用证实际运用中，由于各种原因会经常发生进口商开来的信用证与合同规定不相符，以至于出口商无法提供与信用证相符的单证，最终不能正常收汇。因此，必须对开证银行开立的信用证进行认真审核，若有与合同不符的地方，及时提请进口商要求开证银行修改信用证。

知识目标

1. 了解和认识信用证审核的要点
2. 掌握信用证审核常见的问题
3. 掌握修改信用证的流程及要点

技能目标

1. 熟练掌握审核信用证的常见问题
2. 能根据给定的外贸项目完成审核信用证和修改信用证任务

任务一　了解信用证的审核要点及常见问题

任务描述

根据《跟单信用证统一惯例》(UCP600)第四条规定，信用证与可能作为其开立基础的销售合同或其他合同是相互独立的交易，即使信用证中含有对此类合同的任何援引，银行也与该合同无关,且不受其约束。当信用证开立后,开证行只针对信用证相一致的单据进行付款而不会考虑货物本身存在的问题。因此,作为信用证的受益人,必须非常谨慎地分析和审核信用证与合同规定是否相符。本任务具体包括:一是了解信用证的审核要点,二是了解信用证审核的常见问题。

通过对信用证审核要点的理解,掌握信用证审核的常见问题。

子任务一　了解信用证的审核要点

子任务引例

浙江新宁贸易有限公司收到了进口商澳大利亚 FIFY 进口公司通过当地银行开来的信用证。来证金额为 200 000 美元整,信用证上载明信用证类别、开证日期、到期日及到期地点、允许分批装运和装运等信息。

请回答:

当进口商开来信用证时,如何审核信用证?

一、知识认知

(一)收到信用证的途径

当开证银行开立信用证后,可通过以下三个途径递交给出口方。

(1)开证银行将通过电报或航空邮寄的方式寄送至出口方所在地的通知银行,再经由通知行通知受益人。这是最为常见的方法,尤其采用 SWIFT 信用证时,通常会由通知银行审核信用证的真实性后,制作信用证通知书并通知受益人查收信用证。

(2)开证银行直接寄送至受益人(卖方),实操过程中这种方式很少采用。

(3)开证银行将信用证直接交给开证申请人,由开证申请人自行递交给受益人。

(二)信用证的审核要点

1. 是否为正本信用证

在审核信用证时,必须认真审核开证银行开立的信用证是否是正本;若信用证是副本或信用证预备通知,则需要求进口方提请开证银行修改为正本信用证。

2. 是否是不可撤销信用证

根据国际商会 2007 版的《UCP600》描述,“信用证意指一项约定,无论其如何命名或描述,该约定不可撤销并因此构成开证行对于相符提示予以对付的确定承诺”。当来证写明

“REVOCABLE(可撤销)”字样时,可撤销的信用证的风险非常大,不利于受益人正常收汇,因此必须提请进口商进行修改为不可撤销信用证。

3. 信用证所需文件是否与合同相符

信用证是基于合同双方的具体约定内容开立的。若开证行所开立的信用证与合同内容不相符时,若不审核修改则必然导致最终提交的单据不符合信用证的规定造成开证行拒付。

4. 信用证的有效期是否合理

信用证的有效期必须晚于货物的装运最晚日。信用证的有效期一般是开证申请人要求,由开证行在信用证上注明。如要延长有效期,需受益人和申请人商量,而后由申请人去开证行办理信用证的修改,需要支付改证费。

5. 信用证金额是否与合同相符

信用证的金额应与合同、商业发票相一致,具体包括来证的币别、金额。若合同双方有规定信用证的最大限额或允许信用证金额有一定的浮动时时,则必须在信用证中注明。

6. 信用证中是否存在“软条款”

在实际操作中,由于各种原因信用证中可能存在出口方无法履行“软条款”,如进口方要求需出具进口方领事馆签证的单证等。若存在这些条款,则必须在来证审核时要求进口商删除。

7. 受益人、开证申请人地址是否有误

在审核信用证时,必须审慎核对受益人、开证申请人的地址是否有误,由于装箱单、商业发票、提单等单据会列明双方当事人的地址,若地址有误将有可能造成单据不符的问题。

8. 信用证条款是否与合同相符

信用证将会详细载明与合同相关的各项条款,包括运输条款、货物描述条款、汇票条款、保险条款、所需各项文件条款等内容。因此,在审核信用证时,有必要对合同各项条款与信用证列明的条款一一进行核对。

9. 对开证银行信用的审核

若开证银行属于经常战乱、外汇管制等落后国家,则有必要调查开证银行的信用是否良好,是否存在恶意拒付等不良记录。

二、职业判断与实务操作

针对子任务引例分析如下:

在本例中,为了确保交易的安全和顺利收汇,出口商浙江新宁贸易有限公司应该对进口商澳大利亚 FIFY 进口公司开来的信用证认真审核,即使信用证的内容与合同内容大致相符,但也必须详细审核信用证所列的条件,一旦发现问题,应及时通知进口商修改信用证。具体审核要点包括信用证的类型、信用证的详细信息是否有误、信用证的有效期、开证银行的信用、是否存在“软条款”等。

子任务二　了解信用证审核的常见问题

子任务引例

广东 ETIN 电子有限公司与美国 ABC 贸易有限公司达成一项关于机电产品的合同交易。合同约定由中国银行广东分行开立信用证,受益人是 ABC 贸易有限公司,开证申请人为广东 ETIN 电子有限公司。中国银行广东分行根据开证申请人的要求在4月5日开立了信用证,并通过中国银行纽约分行通知受益人。4月7日,广东 ETIN 电子有限公司收到了受益人审核信用证后的修改意见,认为存在很多与合同不符的地方。

请回答:

审核信用证的常见问题是什么?

一、知识认知

(一)信用证审核过程中的常见问题

1. 信用证的性质

(1)信用证未生效或有限制生效的条款。

(2)信用证为可撤销的。

2. 信用证有关期限

(1)信用证中没有到期日(有效期);若信用证没有有效期,则该信用证是无效的。

(2)到期地点在国外。

(3)信用证的到期日和装运期有矛盾。

(4)装运期、到期日或交单期规定与合同不符。

(5)装运期或有效期的规定与交单期矛盾。

(6)交单期限过短。信用证有规定时按规定执行。若无规定,则交单的期限不应晚于装运日后的21天。

3. 信用证当事人

(1)开证申请人公司名称或地址与合同不符。

(2)受益人公司名称或地址与合同不符。

4. 信用证金额货币、币别

(1)信用证号码有矛盾。

(2)信用证金额不够(不符合合同、未达到溢短装要求)。

(3)金额大小写不一致。

(4)信用证货币币种与合同规定不符。

5. 信用证中的汇票

(1)付款期限与合同规定不符。

(2)没有将开证行作为汇票的付款人。

6. 信用证中的运输条款

(1)分批规定与合同规定不符。

(2)转运规定与合同规定不符。

(3)装运港口与合同规定或成交条件不符。

(4)目的地不符合同或成交条件。

(5)装运期限与合同规定不符。

7. 信用证中的货物描述条款

(1)货物品名规格不符。

(2)货物数量不符,货物包装有误。

(3)单价、贸易术语错误。

(4)使用术语与条款有矛盾。

(5)货物单价数量与总金额不吻合。

8. 信用证中所规定的单据

(1)发票种类不当,商业发票要求领事签证。

(2)提单收货人一栏的填制要求不当。

(3)正本提单全部或部分直寄客户。

(4)产地证明出具机构有误(国外机构或无授权机构);缺失必要单据,如保险单、保险金额与合同不符等。

9. 信用证中的附加条款

(1)要求装船后 1/3 正本提单直接寄送给买方。

(2)要求出具国外商检机构的检验证书作为付款的前提条件。

(3)要求提供与合同不一致的单据。

(4)在 FOB 成交术语的基础上,要求提供保险单。

10. 信用证中的适用惯例版本

检查有关信用证是否受国际商会丛刊第 600 号《跟单信用证统一惯例解释通则》的约束。

(二)信用证审核的必要性

信用证是国际贸易中使用最普遍的付款方式。其特点是受益人(通常为出口人)在提供了符合信用证规定的有关单证的前提下,开证行承担第一付款责任,其性质属于银行信用。应该说在满足信用证条款的情况下,利用信用证付款既安全又快捷。但必须特别注意的是信用证付款方式强调"单单相符、单证相符"的"严格符合"原则,如果受益人(通常为出口人)提供的文件有错漏,不仅会产生的额外费用,而且还会遭到开证行的拒付,对安全、及时收汇带来很大的风险。事先对信用证条款进行审核,对于不符合出口合同规定或无法办到的信用证条款及时提请开证人(通常为进口方)进行修改,可以大大避免今后不符合信用证规定情况的发生。

二、职业判断与实务操作

针对子任务引例分析如下:

在实际信用证业务操作中,开证银行会经常退回与信用证规定不符的单据,由此造成出口方议付失败,不能正常收汇的情况。绝大多数不符点是很小的细节问题,这些不符点都是可以通过前期审核进行修改的。从该案例可知,作为受益人的美国 ABC 贸易有限公司在收到来证后,可对信用证当事人的具体信息、信用证的类别、信用证的各项合同条款、附加条款、所需文件进行逐一排查，通过对照合同的相关内容认真逐条仔细检查，发现了与合同不符的地方，这样可以及早发现错误采取相应的补救措施。

任务二　掌握修改信用证的操作流程

任务描述

当开证行开立完信用证后，若发现信用证与合同不符或出现人为疏忽造成的错误等问题，开证申请人和受益人均有权利要求开证行修改信用证。作为信用证的受益人，基于交易双方立场的不同，出口方需认真审核进口方经由开证行开来的信用证，必须非常谨慎地分析和审核信用证与合同规定是否相符，在发现不符点的地方，需及时与进口方洽谈信用证修改问题，由进口方向原开证银行提交信用证修改申请书以保障自身的合法利益。本任务具体包括：一是掌握修改信用证的基本流程，二是掌握信用证修改申请函的缮制。

任务分析

通过修改信用证基本流程的理解，掌握信用证修改的注意事项。

任务实施

子任务一　掌握修改信用证的基本流程

子任务引例

广州依米璐鞋业出口公司与西班牙 MANGO 进出口有限公司签订了一份出口皮鞋的合同，合同金额为 2 万美元，采用的支付方式为 Swift 跟单不可撤销即期信用证，西班牙大西洋银行根据西班牙 MANGO 进出口有限公司的开证请求开立了信用证，广州依米璐鞋业出口公司在审核信用证时发现了多个问题，准备发一封信用证修改函给进口方申请改证。

请回答：

信用证修改的基本流程是什么？

一、知识认知

（一）信用证修改的基本流程

1. 出口方申请修改信用证

出口方根据合同规定并结合《UCP600》规定审核信用证，如有不符合要求的内容，受益人应及时向开证申请人（买方）提出修改意见，由开证申请人向开证行提交信用证修改申请书。

2. 开证行履行修改信用证

进口方如果同意修改,则应及时向原开证行递交信用证修改书。开证行审核同意后,会向信用证通知行发一份信用证修改书。信用证修改书一旦发出则不可撤销。

3. 原通知行通知修改信用证

原开证行修改信用证后将信用证修改书发送至原通知行。通知行收到修改书后会核实信用证的表面真实性,核实后将其转达给受益人。

4. 修改信用证生效

若受益人同意接受此修改通知书,则信用证的修改正式生效。若受益人拒绝接受修改通知书上的内容,需及时将修改通知书退回通知行,并附上拒绝修改的意见,那信用证的当次修改无效。

(二)信用证修改的注意事项

修改信用证应注意以下几点:

(1)出口方若对信用证有异议,必须一次性提出异议避免多次改证的情况。

(2)对于不可撤销信用证中任何条款的修改,需征得信用证当事人的同意后才能生效。

(3)对信用证的修改必须是明确的,不能含糊。

(4)在审核信用证时必须审慎,发现不符点要及时检查是否符合修改要求。

(5)对于修改后的内容只能全部接受,不能部分接受修改内容。

(6)信用证的修改必须通过原开证行的同意且出具信用证修改书。进口商个人出具的修改申请书没有法律效力。

(7)修改信用证的费用一般是由责任方承担。

二、职业判断与实务操作

针对子任务引例分析如下:

根据此例,广州依米璐鞋业公司(出口方)在审核信用证后需要进行修改,则应发邮件、电话或电报等方式告知西班牙 MANGO 进出口有限公司(进口方)信用证存在的问题,提出修改意见。此时,进口方同意后将填制好信用证修改申请书并提交西班牙大西洋银行(开证行)申请改证。开证行审核同意后会出具信用证修改书并转交给原通知银行。通知银行收到信用证修改书,审核其表面真实性后交予出口方。若出口方同意信用证修改书上的全部内容,则意味着信用证正式修改并具备法律效力。

子任务二　掌握信用证修改函的缮制

子任务引例

佛山娃娃屋玩具出口公司与日本 GIEE 进出口有限公司签订了一份出口数量为 1 000 套娃娃屋玩具的合同,合同金额为 12 488. 58 美元,签订合同后由日本 GIEE 进出口有限公司开立 Swift 电开信用证,当佛山娃娃屋玩具出口公司审核完信用证,发现开证申请人地址、金额、议付地点、保险、包装信息等存在不符点。

请回答：

如果你是该笔合同的外贸业务员，请问应该如何向进口方表明要修改信用证？

一、知识认知

(一)信用证修改函样例

Dear Mr. Brist,

We have received your L/C No. YIS072910 issued by HANG SENG BANK for the amount of USD12488. 58 covering DOLL HOUSES TOYS.

On perusal, we find that the L/C have some discrepancies. Please amend the L/C as follows:

(1) The address of Applicant is wrong, so please amend it to read "No. 98, XILU ROAD, NANHAI DISTRICT, FOSHAN, GUANGDONG PROVINCE, CHINA".

(2) The total amount is incorrect, so please amend it to read "SAY US DOLLAR TWELVE THOUSAND FOUR HUNDRED EIGHTY-EIGHT AND CENTS FIFTY-EIGHT ONLY".

(3) We couldn't accept "the place of negation is in Japan", so please amend it to read "In China".

(4) Insurance is to be covered for 110% of invoice value, so the words "FOR FULL INVOICE VALUE PLUS 110%" are to be replaced by "FOR FULL INVOICE VALUE PLUS 10%".

(5) The words "PACKED IN WOODEN CASES OF ONE EACH" to be replaced by "PACKED IN CARTONS OF ONE SET EACH".

Thank you for your kind cooperation. Please see to it that the L/C amendment reach us before the end of July, falling which we shall not be able to effect punctual shipment.

Yours faithfully.

Sale manager

(二)信用证修改函的书写要点

1. 感谢对方开来信用证

Thanks for your L/C No. XXX dated on XXX covering the goods under contract No. XXX.

2. 列明不符点并说明如何修改

However, we are sorry to find it contains the following discrepancies:

Please delete the clause ...(删除条款)

Pleased amend the ... to ...(修改内容)

The amount should be … not/instead of ...(金额修改)

Please extend the shipment date and the validity of the L/C to ... and ... Respectively.(装运期、信用证有效期修改)

3. 希望尽早收到信用证修改书

Thank you for your kind cooperation. Please see to it that the L/C amendment reach us before XXX, falling which we shall not be able to effect punctual shipment.

二、职业判断与实务操作

针对子任务引例分析如下：

(1)具体的信用证修改函如上样例所述。

(2)修改函的主要内容涵盖三部分，分别是感谢对方开来信用证，详细列明信用证的不符点及修改的解决方案等。最后应表明尽早收到信用证修改书。

任务三　操练审核及修改信用证任务实训

任务描述

通过对审核及修改信用证程序的认知，根据佛山易美贸易有限公司与美国贝佳特贸易有限公司关于毛绒玩具的合同，以美国贝佳特贸易有限公司采购经理的身份，完成以下信用证审核过程及缮制信用证修改函。

通过认真审核信用证发现与合同不符的条款，针对有误的条款向开证申请人美国贝佳特贸易有限公司提出修改意见。

佛山易美贸易有限公司

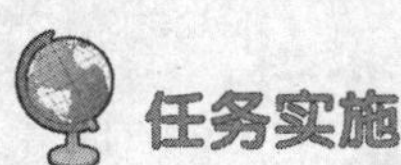

子任务一　信用证改证函任务导入

子任务引例

佛山易美贸易公司与美国贝佳特贸易有限公司达成了一项关于毛绒玩具的交易意向。该项合同的产品是两种毛绒玩具，分别是新潮灰色小熊及长发小猫咪。价格术语为 CIF BOSTON。灰色小熊的成交数量为 1 080 套，每套 16 美元，共 135 个纸箱；长发小猫咪成交的数量为 3 150 件，每件 8 美元，共 105 个纸箱。以即期、不可撤销信用证为付款方式。装运港为中国佛山，目的港为美国波士顿。装船期限为 2013 年 10 月 31 日。以发票金额的 110% 投保中国保险公司的一切险和战争险。

美国贝佳特贸易有限公司于 2013 年 9 月 20 日开来信用证，开证银行为中国银行波士顿分行，通知行为中国银行佛山分行。

请回答：

佛山易美贸易公司在审核开来的信用证中发现了很多不符点，应该如何处理？

一、知识认知

(一)美国贝佳特贸易有限公司开来的信用证(单据样张3.1)

1. LETTER OF CREDIT BY BANK OF CHINA, BOSTON BRANCH

27: Sequence of Total: 1/1

40A: Form of Documentary Credit: IRREVOCABLE

20: Documentary Credit Number: L/C363010

31C: Date of Issue: 130920

31D: Date and Place of Expiry: 131111, BOSTON

50: Applicant:

BEST TRADING CO. , LTD

Rm 110-115, FUNWAY AVENUE, BOSTON, MA, USA

TEL: 1-703-9780901　　FAX: 1-703-9780902

59: Beneficiary-Name & Address:

FOSHAN EMAY TRADING CO. , LTD.

Rm 110-119, NO. 131 DONGFANG ROAD, DONGFANG PLAZA, FOSHAN, CHINA

TEL: 86-757-86682454　　FAX: 86-757-86682453

32B: Currency Code, Amount

Currency: USD (US DOLLAR)

Amount: $42 480,00

39A: Percentage Credit Amt Tolerance: 10/10

41D: Available with … by …-Name & Address: ANY BANK BY NEGOTIATION

42C: Drafts at…: AT SIGHT FOR 100 PCT OF THE INVOICE VALUE

42D: Drawee -Name & Address: HANGSENG BANK BOSTON BRANCH

43P: Partial shipments: ALLOWED

43T: Transshipment: ALLOWED

44A: On Board/Dispatch/Taking charge at/f: FOSHAN PORT, CHINA

44B: For transportation to…: BOSTON, USA

44C: Latest Date of Shipment: 131020

45A: Description of Goods &/or Services

DESCRIPTION OF COMMODITY: 2 ITEMS OF TOTAL 1080 SETS AND 3150 PCS. OF PLUSH TOYS AS PER: APPLICANT'S ORDER NUMBER AND BENEFICIARY'S CONTRACT NUMBER EM20130915

PACKING IN NEUTRAL SEAWORTHY EXPORT CARTONS SUITABLE FOR LONG DISTANCE OCEAN TRANSPORTATION.

SHIPPING MARKS TO READ AS FOLLOWS: **BEST TRADING CO. LTD**

EM20130915

BOSTON

CARTON NO. 1-240

46A: Documents required

THIS DOC. CREDIT IS AVAILABLE BY NEGOTIATION OF BENEFICIARY'S DRAFT(S) AT 45 DAYS AFTER SIGHT

DRAWN ON BANK OF CHINA, BOSTON BRANCH, BOSTON, USA, ACCOMPANIED BY THE FOLLOWING DOCUMENTS:

1) SIGNED COMMERCIAL INVOICE IN TRIPLICATE COPIES INDICATING BENEFICIARY'S CONTRACT NUMBER AND OUR ORDER NO. EM20130915。

2) PACKINGLIST/WEIGHT LIST IN TRIPLICATE COPIES MENTIONING TOTAL MUMBER OF CARTONS, GROSS WEIGHT, NET WEIGHT, AND MEASUREMENTS PER EXPOPT CARTON.

3) 2/3 OF ORIGINAL CLEAN ON-BOARD MARING BILLS OF LADING, PLUS 3 COPIES, MADE OUT: "TO ORDER", AND BLANK ENDORSED MARKED: "FREIGHT PREPAID" SHOWINGAS NOTIFY THE APPLICANT (GIVING FULL NAME, ADDREES AND PHONE NUMBERS).

4) FULL SET 3/3 OF MARING INSURANCE POLICY OR CERTIFICATE, ENDORSED IN BLANK FOR 110 PERCENT FULL CIF VALUE, COVERING INSTITUTE CARGO CLAUSES (A) AND WAR CLAUSES OF INSTITUTE CARGO CLAUSES.

5) CERTIFICATE OF ORIGIN ISSUED BY CHINA COUNCIL FOR THE PROMOTION OF INTERNATIONAL TRADE IN DUPLICATE THAT THE GOODS ARE OF CHINESE ORIGIN.

6) BENEFICIARY'S CERTIFICATE STATING THAT ONE SET OF NON-NEGOTIABLE SHIPPING DOCUMENTS TOGETHER WITH THE 1/3 ORIGINAL B/L HAVE BEEN SENT TO THE APPLICANT BY DHL WITHIN 48 HOURS AFTER SHIPMENT.

7) COPY OF BENEFICIARY'S TELEX/FAX SENT TO APPLICANT (TELEX-NO.: 1-703-9780901 OR FAX-NO.: 1-703-9780902) WITHIN TWO WORKING DAYS AFTER SHIPMENT INDICATING DATE OF DEPARTURE, SHIPPING MARKS, NUMBERS OF L/C, B/L, CONTRACT AND ORDER AS WELL AS NUMBER OF CARTONS TOGETHER WITH THE TOTAL GROSSWEIGHT AND GOODS VALUE.

71B: CHARGES

ALL BANKING CHARDES OUTSIDE THE BOSTON ARE FOR BENEFICIARY'S ACCOUNT.

48: PERIOD FOR PRESENTATION

DOCUMENTS TO BE PRESENTED ULTIMATELY 15 DAYS AFTER THE DATE OF ISSUANCE OF THE RELATIVE TRANSPORT-DOCUMENT(S) BUT WITHIN THE VALIDITY OF THIS DOC. CREDIT.

47A: ADDITIONAL CONDITIONS:

DOCUMENTS TO BE SENT AS FOLLOWS (INSTRUCTION MARKED "X"):

(　　) IN ONE LOT BY REGISTERED AIRMAIL

(　　) IN TWO CONSECUTIVE REGISTERED AIRMAILS

(　　) IN ONE LOT BY INTERNATIONAL COURIER SERVICE

(X) 1ST MAIL BY COURIER SERVICE AND 2ND MAIL BY REGISTERED AIRMAIL

TO: BANK OF CHINA, BOSTON BRANCH

STREET-ADDRESS: Rm110-115, FIVE AVENUE, BOSTON, MA, USA

TEL: 1-703-9780101　　FAX: 1-703-9780102

POSTAL-ADDRESS: P. O. BOX 75509,

1070 AM BOSTON

MA, USA

UPON RECEIPT OF CORRECT DOCUMENTS BY US, WE SHALL COVER THE NEGOTIATING BANK (AS PER THEIR INSTRUCTIONS), IN THE CURRENCY OF THIS DOC. CREDIT ONLY.

PLEASE ADVISE BENEFICIARY, WITHOUT ADDING YOUR CONFIRAMATION.

72: Sender to Receiver Information

THIS DOC. CREDIT IS SUBJECT TO THE UNIFORM CUSTOMS AND PRACTICE FOR DOCUMENTARY CREDITS (REVISION 2007, I. C. C. PUBLICATION NO. 600).

2. 买卖双方签订的合同

佛山易美贸易有限公司

FOSHAN EMAY TRADING CO. ,LTD

中国佛山市东方广场东方路 131 号 110-119 室

Rm 110-119, NO. 131 DONGFANG ROAD, DONGFANG PLAZA, FOSHAN, CHINA

TEL:86-757-86682454　　FAX:86-757-86682453

SALES CONTRACT

销售合同

CONTRACT NO. :EM20130915

合同编号:

DATE:20130915

合同日期:2013 年 9 月 15 日

SIGNED AT:FOSHAN, CHINA

签订地点:中国佛山

SELLER NAME:FOSHAN EMAY TRADING CO. ,LTD

卖方名称:佛山易美贸易有限公司

ADDRESS:中国佛山市东方广场东方路 131 号 110-119 室

地址:Rm 110-119, NO. 131 DONGFANG ROAD, DONGFANG PLAZA, FOSHAN, CHINA

TEL:86-757-86682454　　FAX:86-757-86682453

电话:86-757-86682454　　传真:86-757-86682453

BUYER:BEST TRADING CO. ,LTD

买方名称:贝佳特贸易有限公司

ADDRESS:Rm 110-115, FUNWAY AVENUE, BOSTON, MA, USA

买方地址:美国马萨诸塞洲波士顿芬威大道 110-115 室

TEL:1-703-9780901　　FAX:1-703-9780902

电话:1-703-9780901　　传真:1-703-9780902

THE SELLERS AGREE TO SELL AND THE BUYERS AGREE TO BUY THE UNDER MANTIONED GOODS ACCORDING TO THE TERMS AND CONDITIONS AS STIPULATED BELOW.

兹经买卖双方同意,按以下的货物交易条件签订本合同:

1. DESCRIPTION OF GOODS:货物描述

NAME OF COMMODITY & SPECIFICATION 品名和规格	QUANTITY 数量	UNIT PRICE 单价	TOTAL VALUE 总价
PLUSH TOYS 毛绒玩具 NEW DESIGN BROWN BEAR 新潮灰色小熊 AB007	1 080SETS 1 080 套	USD16. 00 16. 00 美元	USD17,280. 00 17,280. 00 美元
LONG HAIR CAT 长发小猫咪 AB110	3 150PCS 3 150 件	USD8. 00 8. 00 美元	USD25,200. 00 25,200. 00 美元
TOTAL: 合计	4 030UNITS 4 030 单位		USD42,480. 00 42,480. 00 美元

2. PACKING: PACKED IN CARTONS. 8 SETS OF BROWN BEAR (AB007) EACH CARTON, 135CARTONS IN TOTAL; 30PCS OF LONG HAIR CAT(AB110) EACH CARTON, 105 CATTONS IN TOTAL.

包装:灰色小熊1 080套,每8套小熊装一个纸箱,共135个纸箱;长发小猫咪3 150件,每30件装一个纸箱,共105个纸箱.

3. SHIPPING MARKS: WILL BE INDICATED IN THE L/C

唛头:将会在信用证中指定

4. PORT OF SHIPMENT: FOSHAN PORT, CHINA

装船港:佛山港,中国

5. PORT OF DESTINATION: BOSTON, USA

目的港口:波士顿港,美国

6. TIME OF SHIPMENT: BEFORE THE END OF OCTOBER, 2013

装船期限:不迟于2013年10月底

7. TERMS OF PAYMENT: The Buyers shall open with a bank to be accepted by both the Buyers and Sellers an irrevocable transferable letter of credit, allowing partial shipment, transshipment in favor of SELLER and addressed to Sellers payable at sight against first presentation of the shipping document to Opening Bank. The covering letter of credit must reach the Sellers in 30 days before the shipment. The letter of credit should be expired at 21 days after the shipment.

付款条件:买方应通过买卖双方都接受的银行向卖方开出以卖方为受益人的不可撤销,可转让的即期付款信用证并允许分装、转船。信用证必须在装船前30天开到卖方,信用证有效期限延至装运日期后21天在中国到期。

8. INSURANCE: To be covered by SELLER for the full invoice value plus 10% against ALL RISKS AND WAR RISKS. if the Buyers desire to cover for any other extra risks besides aforementioned of amount exceeding the aforementioned limited, the Sellers' approval must be obtained beforehand and all the additional premiums thus incurred shall be for the Buyers' account.

保险:由卖方按发票金额加成10%投保一切险和战争险。如果买方要求加投上述保险或保险金额超出上述金额,必须提前征得卖方的同意;超出保险费由买方承担。

9. DOCUMENTS REQUIRED:

所需单据:

(1) SIGNED COMMERCIAL INVOICE INDICATING THE CONTRACT ORDER, LC NUMBER AND BILL OF LADING NUMBER IN 3 COPIES.

已签章的商业发票一式三份,注明合同号,信用证号,提单号码。

(2) FULL SET 3/3 OF ORIGINAL CLEAN ON BOARD BILL OF LADING MAKE OUT TO ORDER, BLANK ENDORSED AND MARKED "FREIGHT PREPAID".

全套(3/3)正本已装船清洁提单;空白背书,标有"运费预付"。

(3) PACKING LIST IN 3 COPIES.

装箱单一式三份

(4) CERTIFICATE OF ORIGIN ISSUED BY CHINA COUNCIL FOR THE PROMOTION OF INTERNATIONAL TRADE IN 2 COPIES.

由中国国际贸易促进委员会颁发的产地证,一式两份

(5) INSURANCE POLICY ISSUED BY THE PEOPLE'S INSURANCE COMPANY OF CHINA IN 2 COPIES.

由中国人民保险公司出具的保险单一式两份。

10. INSPECTION: The inspection Certificate of Quality in 2 copies issued by CHINA COMMODITY OF ENTRY-EXIT INSPECTION AND QUANTINE BEREAU shall be taken as basis for the shipping quality/Weight.

检验:由中国进出境商品检验检疫局出具的一式两份品质证明书将作为装运品质证明。

11. FORCE MAJEURE: Either party shall not be held responsible for failure or delay to perform all or any part of this agreement due to flood, fire, earthquake, drought, war or any other events which could not be predicted, controlled, avoided or overcome by the relative party. However, the party affected by the event of Force Majeure shall inform the other party of its occurrence in writing as soon as possible and thereafter send a certificate of the event issued by the relevant authorities to the other party within 15 days after its occurrence.

不可抗力:由于水灾、火灾、地震、干旱、战争或协议一方无法预见、控制、避免和克服的其他事件导致不能或暂时不能

全部或部分履行本协议,该方不负责任。但是,受不可抗力事件影响的一方须尽快将发生的事件通知另一方,并在不可抗力事件发生15 天内将有关机构出具的不可抗力事件的证明寄交对方。

12. DISCREPANCY AND CLAIMS: In case discrepancy on quality of the goods is found by the Buyers after arrival of the goods at port of destination , claim may be lodged within 3 0 days after arrival of the goods at port of destination , while for quantity discrepancy, claim may be lodged within 15 days after arrival of the goods at port of destination, being supported by Inspection Certificate issued by a reputable public surveyor agreed upon by both party. The Seller shall, then consider the claim in the light of actual circumstance. For the losses due to natural cause or causes falling within the responsibilities of the Ship-owners or the Underwriters, the Sellers shall not consider any claim for compensation. In case the Letter of Credit not reach the Sellers within the time stipulated in the Contract, or under FOB price terms Buyers do not send vessel to appointed ports or the Letter of Credit opened by the Buyers does not correspond to the Contract terms and the Buyers fail to amend therefore its terms by telegraph within the time limit after receipt of notification by the Sellers, the Sellers shall have right to cancel the contract or to delay the delivery of the goods and shall have also the right to lodge claims for compensation of losses.

异议索赔:品质异议须于货到目的口岸之日起30 天内提出,数量异议须于货到目的口岸之日起15 天内提出,买方需同时提供双方同意的公证行的检验证明。卖方"将根据具体情况解决异议。由自然原因或船方、保险商责任造成的损失,将不予考虑任何索赔,信用证未在合同指定日期内到达卖方,或 FOB 条款下、买方未按时派船到指定港口,或信用证与合同条款不符,买方未在接到卖方通知所规定的期限内电改有关条款时,卖方有权撤销合同或延迟交货,并有权提出索赔。

13. ARBITRATION: All disputes in connection with the contract or the execution thereof, shall be settled amicable by negotiation. In case no settlement can be reached, the case under dispute may then be submitted to the "China International Economic and Trade Arbitration Commission" for arbitration. The arbitration shall take place in China and shall be executed in accordance with the provisional rules of Procedure of the said Commission and the decision made by the Commission shall be accepted as final binding upon both parties for setting the dispute. The fees, for arbitration shall be borne by the losing party unless otherwise awarded.

仲裁:凡因执行本合同所发上的或与合同有关的一切争议,双方应友好协商解决。如果协商不能解决应提交中国国际经济贸易仲裁委员会,根据该委员会的有关仲裁程序暂行规则在中国进行仲裁的、仲裁裁决是终局的,对双方都有约束力。仲裁费用除另有裁决外由败诉一方承担。

14. The terms FOB\CFR\CIF in the contract are based on INCOTERMS 2010 OF THE INTERNATIOAL CHAMBER OF COMMERCE.

本合同使用的 FOB\CFR\CIF 术语系根据《2010 年国际贸易术语解释通则》。

15. This contract is make out in both Chinese and English version. each of the version shall deemed equally authentic. This contract is in 2 copies, will be effective since being signed /sealed by both parties.

本合同用中英文两种文字写成,两种文字均具有同等效力。本合同一式两份,自双方代表签字之日起生效。

16. This contract should be construed in accordance with and governed by THE PEOPLE' S INSURANCE COMPANY OF CHINA.

本合同适用中华人民共和国法律及其管辖。

SELLER: FOSHAN EMAY TRADING CO. LTD

BUYER: BEST TRADING CO. LTD

单据样张 3.1 中国银行波士顿分行信用证

(二)审核过程中发现的不符点

在审核美国贝佳特贸易有限公司开来的信用证后,发现存在以下不符点:

1. 31D:信用证的到期日、到期地点有误,应把 31D:Date and Place of Expiry:131111,BOSTON 修改为 Date and Place of Expiry:131121,CHINA,即信用证的有效期为 2013 年 11 月 21 日,到期地点在中国。

2. 42D:汇票付款人有误,应为中国银行波士顿分行。

3. 44C:装运期限有误,应为 2013 年 10 月 31 日。

4. 46A：所需文件中汇票类型有误，应为即期汇票。

5. 46A：所需文件中第1）项，海运提单份数有误，应该全套3/3均为正本。

6. 保险种类有误，应为投保中国人民保险公司项下的一切险和战争险。

7. 删掉46A：所需文件中的第6）项。

8. 信用证代码48项（48：PERIOD FOR PRESENTATION），交单期限应把15天修改为21天。

二、职业判断与实务操作

针对子任务引例分析如下：

根据美国贝佳特贸易有限公司开来的信用证，佛山易美贸易有限公司经审核发现存在8处不符点。此时，可通过发邮件的方式告知美国贝佳特贸易有限公司（进口方）信用证存在的问题，提出修改意见。进口方同意后将填制好信用证修改申请书并提交中国银行波士顿分行（开证行）申请改证。开证行审核同意后会出具信用证修改书并转交给原通知银行（中国银行佛山分行）。通知银行收到信用证修改书，审核其表面真实性后交予我方。

子任务二　操练信用证修改函的缮制

子任务引例

佛山易美贸易公司与美国贝佳特贸易有限公司达成了一项关于毛绒玩具的交易意向。该项合同的产品是两种毛绒玩具，分别是新潮灰色小熊及长发小猫咪。

请回答：

根据佛山易美贸易公司对信用证的审核意见，请你写一封信用证修改函告知进口方具体的修改方案。

一、知识认知

根据任务引例，佛山易美贸易有限公司的信用证修改函如下：

Dear Mr. Brown,

We have received your L/C No. LC363010 issued by BANK OF CHINA, BOSTON BRANCH for the amount of USD 42480 covering NEW DESIGN BROWN BEAR.

On perusal, we find that the L/C have some discrepancies. Please amend the L/C as follows:

(1) The date and place of expiry is wrong, so please amend it to read "Date and Place of Expiry: 131121, CHINA".

(2) The DRAWEE is incorrect, so please amend it to read "DRAWEE: BANK OF CHINA, BOSTON BRANCH".

(3) Please amend the latest date of shipment to 20th, October, to 31th, October, 2013.

(4) The draft should be sigh draft, so please amend "BENEFICIARY'S DRAFT(S) AT 45 DAYS AFTER SIGHT" to "DRAFT AT SIGHT".

(5) The clause of "2/3 OF ORIGINAL CLEAN ON BOARD MARING BILLS OF LADING"

should be replaced by "FULL SET 3/3 OF ORIGINAL CLEAN ON BOARD MARING BILLS OF LADING".

(6) Insurance is to be covered by ALL RISKS AND WAR RISK OF PICC, so the words "INSTITUTE CARGO CLAUSES (A) AND WAR CLAUSES OF INSTITUTE CARGO CLAUSES" are to be replaced by "ALL RISKS AND WAR RISK OF PICC".

(7) Please delete the clause "BENEFICIARY'S CERTIFICATE STATING THAT ONE SET OF NON-NEGOTIABLE SHIPPING DOCUMENTS TOGETHER WITH THE 1/3 ORIGINAL B/L HAVE BEEN SENT TO THE APPLICANT BY DHL WITHIN 48 HOURS AFTER SHIPMENT."

(8) The time of documents presented should be 21 days.

Thank you for your kind cooperation. Please see to it that the L/C amendment reach us before the end of July, falling which we shall not be able to effect punctual shipment.

Yours faithfully.

Sale manager

二、职业判断与实务操作

针对子任务引例分析如下：

(1)佛山易美贸易有限公司的信用证修正函如上所述。

(2)从该案例可知，当进口方来证与买卖合同不符或意外事件影响合同正常履行时，卖方应该及时致函要求开证申请人指示开证银行修改信用证，避免延误发货期和履行合同的事宜。

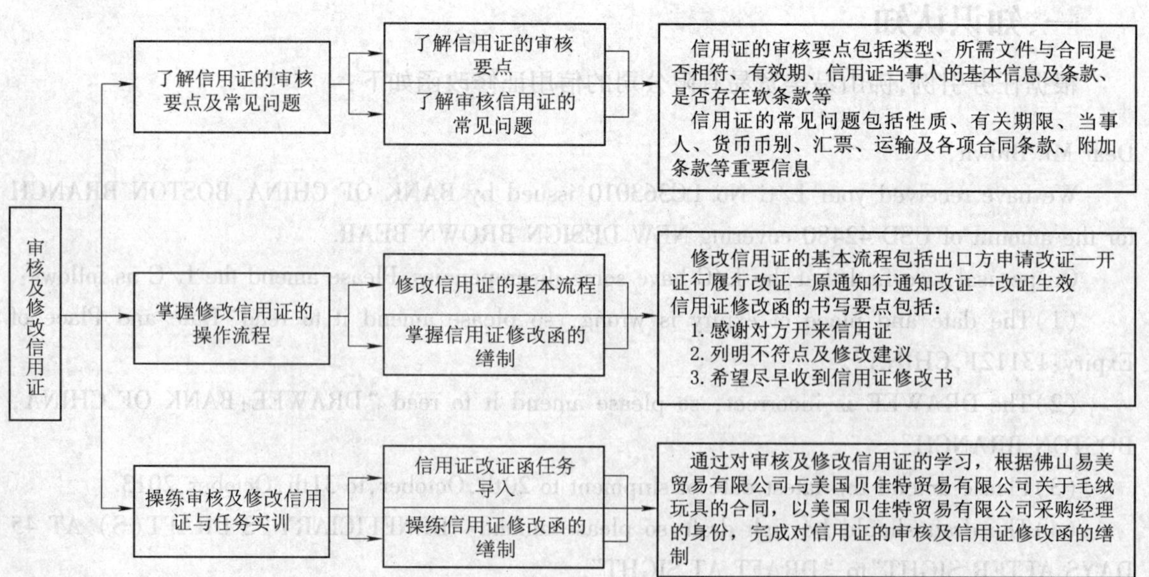

能力训练一　职业判断与选择

一、职业判断能力

1. 根据UCP600规定，对信用证每一个修改书的内容，受益人既可全部接受，也可以部分接受。（　　）

2. 根据UCP600规定，信用证如未规定交单日期，受益人从提单日起任意一日交单都可以。（　　）

3. 根据UCP600规定，如遇法定节假日，信用证到期日，交单日或提单的装运日可以顺延至下一银行工作日。（　　）

4. 修改信用证时不必经过开证行，而直接由申请人修改后交给受益人即可。（　　）

5. 在不可撤销L/C中，任何一方对L/C的修改，均无须经过各当事人的同意。（　　）

6. 对收到的信用证修改通知书应认真进行审核，如发现修改内容有误，受益人有权拒绝接受。（　　）

7. 开证行开出信用证后，经受益人所在地银行（通知行）通知受益人。（　　）

8. 出口方作为信用证的受益人，审证的主要依据是买卖合同以及有关的国际惯例，包括《UCP600》《2010通则》。（　　）

9. 出口方收到信用证后，为避免延误合同履行，应及时分析和审核信用证。（　　）

10. 信用证下开证行付款的唯一依据是受益人按信用证规定提交的单据。（　　）

二、单项职业选择能力

1. 信用证修改通知书的内容在两项以上者，受益人（　　）。

A. 要么全部接受，要么全部拒绝　　B. 可选择接受

C. 必须全部接受　　D. 只能部分接受。

2. 出口商对信用证的审核不包括（　　）。

A. 受益人　　B. 信用证金额

C. 索汇线路　　D. 运输单据

3. 根据《UCP600》规定，信用证必须规定提示单据的有效期限，即（　　）。

A. 提示期　　B. 交单期

C. 装运期　　D. 发货期

4. 一般情况下，发生在开证行所在地的费用由（　　）承担。

A. 受益人　　B. 开证申请人

C. 通知银行　　D. 出口方

5. 通知行应合理审慎地审核信用证的（　　）。

A. 开证金额　　B. 货运单据

C. 提单　　D. 表面真实性

6. 信用证中商品的品名、规格、质量、贸易术语等信息应与（　　）一致。

A. 合同　　B. 开证申请书

C. 形式发票　　　　D. 信用证修改书

7. 信用证审核汇票条款时,应重点注意(　　)。

A. 汇票付款人　　　　B. 汇票日期

C. 汇票号码　　　　D. 汇票收款人

8. 在信用证业务中,银行的责任是(　　)。

A. 只处理单据,不处理货物　　　　B. 处理单据和货物

C. 只处理货物,不处理单据　　　　D. 处理单据,看情况处理货物

9. 出口企业在缮制单据是,应做到(　　)。

A. 单证相符　　　　B. 单证一致

C. 单单相符,单证一致　　　　D. 单据合同一致

10. 信用证修改的费用应由(　　)承担。

A. 进口方　　　　B. 出口方

C. 应按责任归属判定　　　　D. 开证申请人

能力训练二　实务操作

背景资料:

广州意林服装贸易有限公司与加拿大多伦多 ABC 贸易有限公司磋商关于服装出口的交易。请根据以下合同信息,审核加拿大多伦多 ABC 贸易公司开来的信用证。

一、合同信息

广州意林服装贸易有限公司
GUANGZHOU ELIN CLOTHING TRADING CO. LTD
中国广州市广州大道 110-112 号
ADDRESS: RM 110-112, GUANGZHOU REVENUE, GUANGZHOU, CHINA
TEL:86-20-24232445　　FAX:86-20-24232436

SALES CONTRACT

销售合同

CONTRACT NO. :EL20160912
合同编号:EL 2016912
DATE:20160912
合同日期:2016 年 9 月 12 日
SIGNED AT:GUANGZHOU CHINA
签订地点:中国广州

SELLER NAME:GUANGZHOU ELIN CLOTHING TRADING CO. LTD
卖方名称:广州意林服装贸易有限公司
ADDRESS:中国广州市广州大道 110-112 号
地址:RM 110-112, GUANGZHOU REVENUE, GUANGZHOU, CHINA
TEL:86-20-24232445　　FAX:86-20-24232436
电话:86-20-24232445　　传真:86-20-24232436
BUYER:ABC TRADING CO. ,LTD, CANADA
买方名称:加拿大 ABC 贸易有限公司
ADDRESS:48 WOODGARDEN CRESCENT, TORONTON, ONTARIO, CANADA
买方地址:加拿大安大略省多伦多长木公园新月城 48 号
TEL:1-514-3964455　　FAX:1-514-3964451
电话:1-514-3964455　　传真:1-514-3964451

续表

THE SELLERS AGREE TO SELL AND THE BUYERS AGREE TO BUY THE UNDER MANTIONED GOODS ACCORDING TO THE TERMS AND CONDITIONS AS STIPULATED BELOW.

兹经买卖双方同意,按以下的货物交易条件签订本合同:

1. DESCRIPTION OF GOODS:货物描述

NAME OF COMMODITY & SPECIFICATION 品名和规格	QUANTITY 数量	UNIT PRICE 单价	TOTAL VALUE 总价
WOMEN SWEATER 女式毛衣	1,000PCS 1 000 件	USD20.00 20.00 美元	USD20,000 20 000 美元
WOMEN SKIRT 女式裙子	2,000PCS 2000 件	USD15.00 15.00 美元	USD30,000 30 000 美元
TOTAL 合计	3 000PCS 3 000 件		USD50,000 共 50 000 美元

2. PACKING:PACKED IN CARTONS. 20 PCS OF EACH CARTON,50 CARTONS IN TOTAL;40 PCS OF WOMEN SKIRT EACH CARTON,50 CATTONS IN TOTAL.

包装:每 20 件女式毛衣装一个纸箱,共 50 个纸箱;每 40 件女式裙子装一个纸箱,共 50 个纸箱.

3. SHIPPING MARKS:WILL BE INDICATED IN THE LC

唛头:将会在信用证中指定

4. PORT OF SHIPMENT: HUANGPU PORT,GUANGZHOU,CHINA

装船港:广州黄埔港,中国。

5. PORT OF DESTINATION: TORONTON,CANADA

目的港口:多伦多港,加拿大。

6. TIME OF SHIPMENT: BEFORE THE END OF OCTOBER,2016

装船期限:不迟于 2016 年 10 月底。

7. TERMS OF PAYMENT:The Buyers shall open with a bank to be accepted by both the Buyers and Sellers an irrevocable transferable letter of credit, allowing partial shipment, transshipment in favor of SELLER and addressed to Sellers payable at sight against first presentation of the shipping document to Opening Bank. The covering letter of credit must reach the Sellers in 30 days before the shipment. The letter of credit should be expired at 21 days after the shipment.

付款条件:买方应通过买卖双方都接受的银行向卖方开出以卖方为受益人的不可撤销,可转让的即期付款信用证并允许分装、转船。信用证必须在装船前30 天开到卖方,信用证有效期限延至装运日期后21 天在中国到期。

8. INSURANCE: To be covered by SELLER for the full invoice value plus 10% against ALL RISKS AND WAR RISKS. if the Buyers desire to cover for any other extra risks besides aforementioned of amount exceeding the aforementioned limited, the Sellers' approval must be obtained beforehand and all the additional premiums thus incurred shall be for the Buyers' account.

保险:由卖方按发票金额加成10% 投保一切险和战争险。如果买方要求加投上述保险或保险金额超出上述金额,必须提前征得卖方的同意;超出保险费由买方承担。

9. DOCUMENTS REQUIRED:

所需单据:

(1) SIGNED COMMERCIAL INVOICE INDICATING THE CONTRACT ORDER, LC NUMBER AND BILL OF LADING NUMBER IN 3 COPIES.

已签章的商业发票一式三份,注明合同号,信用证号,提单号码。

(2) FULL SET 3/3 OF ORIGINAL CLEAN ON BOARD BILL OF LADING MAKE OUT TO ORDER,BLANK ENDORSED AND MARKED "FREIGHT PREPAID".

全套(3/3)正本已装船清洁提单;空白背书,标有"运费预付"。

(3) PACKING LIST IN 3 COPIES.

装箱单一式三 份。

(4) CERTIFICATE OF ORIGIN ISSUED BY CHINA COUNCIL FOR THE PROMOTION OF INTERNATIONAL TRADE IN 2 COPIES.

续表

由中国国际贸易促进委员会颁发的产地证,一式两份。

(5) INSURANCE POLICY ISSUED BY THE PEOPLE'S INSURANCE COMPANY OF CHINA IN 2 COPIES.

由中国人民保险公司出具的保险单一式两份。

10. INSPECTION: The inspection Certificate of Quality in 2 copies issued by CHINA COMMODITY OF ENTRY-EXIT INSPECTION AND QUANTINE BEREAU shall be taken as basis for the shipping quality/Weight.

检验:由中国进出境商品检验检疫局出具的一式两份品质证明书将作为装运品质证明。

11. FORCE MAJEURE: Either party shall not be held responsible for failure or delay to perform all or any part of this agreement due to flood, fire, earthquake, drought, war or any other events which could not be predicted, controlled, avoided or overcome by the relative party. However, the party affected by the event of Force Majeure shall inform the other party of its occurrence in writing as soon as possible and thereafter send a certificate of the event issued by the relevant authorities to the other party within 15 days after its occurrence.

不可抗力:由于水灾、火灾、地震、干旱、战争或协议一方无法预见、控制、避免和克服的其他事件导致不能或暂时不能全部或部分履行本协议,该方不负责任。但是,受不可抗力事件影响的一方须尽快将发生的事件通知另一方,并在不可抗力事件发生15天内将有关机构出具的不可抗力事件的证明寄交对方。

12. DISCREPANCY AND CLAIMS: In case discrepancy on quality of the goods is found by the Buyers after arrival of the goods at port of destination, claim may be lodged within 30 days after arrival of the goods at port of destination, while for quantity discrepancy, claim may be lodged within 15 days after arrival of the goods at port of destination, being supported by Inspection Certificate issued by a reputable public surveyor agreed upon by both party. The Seller shall, then consider the claim in the light of actual circumstance. For the losses due to natural cause or causes falling within the responsibilities of the Ship-owners or the Underwriters, the Sellers shall not consider any claim for compensation. In case the Letter of Credit not reach the Sellers within the time stipulated in the Contract, or under FOB price terms Buyers do not send vessel to appointed ports or the Letter of Credit opened by the Buyers does not correspond to the Contract terms and the Buyers fail to amend therefore its terms by telegraph within the time limit after receipt of notification by the Sellers, the Sellers shall have right to cancel the contract or to delay the delivery of the goods and shall have also the right to lodge claims for compensation of losses.

异议索赔:品质异议须于货到目的口岸之日起30天内提出,数量异议须于货到目的口岸之日起15天内提出,买方需同时提供双方同意的公证行的检验证明。卖方将根据具体情况解决异议。由自然原因或船方、保险商责任造成的损失,将不予考虑任何索赔,信用证未在合同指定日期内到达卖方,或FOB条款下、买方未按时派船到指定港口,或信用证与合同条款不符,买方未在接到卖方通知所规定的期限内电改有关条款时,卖方有权撤销合同或延迟交货,并有权提出索赔。

13. ARBITRATION: All disputes in connection with the contract or the execution thereof, shall be settled amicable by negotiation. In case no settlement can be reached, the case under dispute may then be submitted to the "China International Economic and Trade Arbitration Commission" for arbitration. The arbitration shall take place in China and shall be executed in accordance with the provisional rules of Procedure of the said Commission and the decision made by the Commission shall be accepted as final binding upon both parties for setting the dispute. The fees, for arbitration shall be borne by the losing party unless otherwise awarded.

仲裁:凡因执行本合同所发上的或与合同有关的一切争议,双方应友好协商解决。如果协商不能解决应提交中国国际经济贸易仲裁委员会,根据该委员会的有关仲裁程序暂行规则在中国进行仲裁的、仲裁裁决是终局的,对双方都有约束力。仲裁费用除另有裁决外由败诉一方承担。

14. The terms FOB\CFR\CIF in the contract are based on INCOTERMS 2010 OF THE INTERNATIOAL CHAMBER OF COMMERCE.

本合同使用的FOB\CFR\CIF术语系根据《2010年国际贸易术语解释通则》。

15. This contract is make out in both Chinese and English version. each of the version shall deemed equally authentic. This contract is in 2 copies, will be effective since being signed /sealed by both parties.

本合同用中英文两种文字写成,两种文字均具有同等效力。本合同一式两份,自双方代表签字之日起生效。

16. This contract should be construed in accordance with and governed by THE PEOPLE'S INSURANCE COMPANY OF CHINA.

本合同适用中华人民共和国法律及其管辖。

SELLER: ×××　　　　BUYER: ×××

二、信用证信息

27:Sequence of Total:1/1

40A:Form of Documentary Credit:IRREVOCABLE

20:Documentary Credit Number:/LC140930

31C:Date of Issue:140930

31D:Date and Place of Expiry:141111,CANADA

50:Applicant:

ABC TRADING CO. ,LTD,CANADA;

ADDRESS:48 WOODGARDEN CRESCENT,TORONTON,ONTARIO,CANADA

TEL:1-514-3964455　　FAX:1-514-396-4451

59:Beneficiary-Name & Address:

GUANGZHOU ELIN CLOTHING TRADING CO. LTD

ADDRESS:RM 110-112,GUANGZHOU REVENUE,GUANGZHOU,CHINA

TEL:86-20-24232445　　FAX:86-20-24232436

32B:Currency Code, Amount

Currency:USD (US DOLLAR)

Amount: $ 50000,00

39A:Percentage Credit Amt Tolerance:10/10

41D:Available with ... by ... -Name & Address:ANY BANK BY NEGOTIATION

42C:Drafts at...:AT SIGHT FOR 100 PCT OF THE INVOICE VALUE

42D:Drawee-Name & Address:BANK OF CHINA, BOSTON BRANCH

43P:Partial shipments:ALLOWED

43T:Transshipment:ALLOWED

44A:On Board/Dispatch/Taking charge at/f:GUANGZHOU PORT

44B:For transportation to...:TORONTO,CANADA

44C:Latest Date of Shipment:141020

45A:Description of Goods &/or Services

DESCRIPTION OF COMMODITY: 2 ITEMS OF TOTAL 1080 SETS AND 3150 PCS. OF PLUSH TOYS AS PER: APPLICANT'S ORDER NUMBER AND BENEFICIARY'S CONTRACT NUMBER EM20130915

PACKING IN NEUTRAL SEAWORTHY EXPORT CARTONS SUITABLE FOR LONG DISTANCE OCEAN TRANSPORTATION.

SHIPPING MARKS TO READ AS FOLLOWS:**ABC TRADING CO. LTD**

EL20140912

TORONTO

CARTON NO. 1-100

46A:Documents required

THIS DOC. CREDIT IS AVAILABLE BY NEGOTIATION OF BENEFICIARY'S DRAFT(S) AT 45 DAYS AFTER SIGHT DRAWN ON BANK OF CHINA,BOSTON BRANCH, BOSTON, USA, ACCOMPANIED BY THE FOLLOWING DOCUMENTS:

8) SIGNED COMMERCIAL INVOICE IN QUINTUPLICATE COPIES INDICATING BENEFICIARY'S CONTRACT NUMBER AND OUR ORDER NO. EM20130915。

9) PACKINGLIST/WEIGHT LIST IN TRIPLICATE COPIES MENTIONING TOTAL MUMBER OF CARTONS, GROSS WEIGHT,NET WEIGHT,AND MEASUREMENTS PER EXPOPT CARTON.

10) 2/3 OF ORIGINAL CLEAN ON-BOARD MARING BILLS OF LADING, PLUS 3 COPIES, MADE OUT:"TO ORDER",

AND BLANK ENDORSED MARKED:"FREIGHT PREPAID" SHOWINGAS NOTIFY THE APPLICANT(GIVING FULL NAME, ADDREES AND PHONE NUMBERS).

11) FULL SET 3/3 OF MARING INSURANCE POLICY OR CERTIFICATE, ENDORSED IN BLANK FOR 110 PERCENT FULL CIF VALUE, COVERING INSTITUTE CARGO CLAUSES (A) AND WAR CLAUSES OF INSTITUTE CARGO CLAUSES.

12) CERTIFICATE OF ORIGIN ISSUED BY CHINA COUNCIL FOR THE PROMOTION OF INTERNATIONAL TRADE IN DUPLICATE THAT THE GOODS ARE OF CHINESE ORIGIN.

13) BENEFICIARY'S CERTIFICATE STATING THAT ONE SET OF NON-NEGOTIABLE SHIPPING DOCUMENTS TOGETHER WITH THE 1/3 ORIGINAL B/L HAVE BEEN SENT TO THE APPLICANT BY DHL WITHIN 48 HOURS AFTER SHIPMENT.

14) COPY OF BENEFICIARY'S TELEX/FAX SENT TO APPLICANT (TELEX-NO.:1-514-961-9284 OR FAX-NO.:1-5-961-9284) WITHIN TWO WORKING DAYS AFTER SHIPMENT INDICATING DATE OF DEPARTURE, SHIPPING MARKS, NUMBERS OF LC, B/L, CONTRACT AND ORDER AS WELL AS NUMBER OF CARTONS TOGETHER WITH THE TOTAL GROSSWEIGHT AND GOODS VALUE.

71B: CHARGES

ALL BANKING CHARDES OUTSIDE THE BOSTON ARE FOR BENEFICIARY'S ACCOUNT.

48: PERIOD FOR PRESENTATION

DOCUMENTS TO BE PRESENTED ULTIMATELY 15 DAYS AFTER THE DATE OF ISSUANCE OF THE RELATIVE TRANSPORT-DOCUMENT(S) BUT WITHIN THE VALIDITY OF THIS DOC. CREDIT.

47A: ADDITIONAL CONDITIONS:

DOCUMENTS TO BE SENT AS FOLLOWS (INSTRUCTION MARKED "X"):

(　　) IN ONE LOT BY REGISTERED IRMAIL

(　　) IN TWO CONSECUTIVE REGISTERED AIRMAILS

(　　) IN ONE LOT BY INTERNATIONAL COURIER SERVICE

(X) 1ST MAIL BY COURIER SERVICE AND 2ND MAIL BY REGISTERED AIRMAIL

TO: BANK OF CHINA, TORONTON BRANCH

STREET-ADDRESS: Rm12, WOODGARDENCRESCENT, TORONTO, ONTARIO, CANADA

TEL: 1-514-9781201　　FAX: 1-514-9781202

POSTAL-ADDRESS: P. O. BOX 75509,
TORONTON CANADA

UPON RECEIPT OF CORRECT DOCUMENTS BY US, WE SHALL COVER THE NEGOTIATING BANK (AS PER THEIR INSTRUCTIONS), IN THE CURRENCY OF THIS DOC. CREDIT ONLY.

PLEASE ADVISE BENEFICIARY, WITHOUT ADDING YOUR CONFIRAMATION.

72: Sender to Receiver Information

THIS DOC. CREDIT IS SUBJECT TO THE UNIFORM CUSTOMS AND PRACTICE FOR DOCUMENTARY CREDITS (REVISION 2007, I. C. C. PUBLICATION NO. 600).

请根据以上给予的合同信息,以广州意林服装贸易有限公司的外贸经理身份,审核中国银行多伦多分行信用证。

项目四　备货及缮制商业发票

项目引言

当完成外贸合同签订程序及办理完信用证审核修改等相关环节后，紧接着就是备货及缮制商业发票环节。在一项出口外贸合同中，为避免货不对版等纠纷，货源的准备必须依据合同逐一落实，这也是外贸跟单业务流程中最为关键的环节。在一项出口外贸合同中，商业发票是出口贸易结算单据最重要的核心单据之一。同时，商业发票也是进出口报关缴税的必备单据。通过缮制商业发票，包括商品的单价、总价、唛头、交易数量等具体内容，能够让双方当事人了解整笔交易的具体情况。本项目从外贸业务实际操作角度出发，在熟悉商业发票的格式、具体内容、填制要求等理论基础上，缮制一项具体合同项下的商业发票。

知识目标

1. 了解外贸跟单业务流程及准备货源
2. 了解商业发票的本质和作用
3. 认识商业发票的种类及常见的商业发票
4. 掌握商业发票的格式及缮制内容
5. 操练一项具体合同项下的商业发票缮制

技能目标

1. 掌握外贸跟单业务流程及准备货源
2. 熟练掌握商业发票的规范填写事项
3. 能根据给定的具体合同完成相应商业发票的缮制

任务一 了解外贸跟单及准备货源

任务描述

外贸跟单是根据外贸实践过程中衍生出来的一个细分岗位，即根据一项合同的具体要求，为客户和工厂之间搭建一座桥梁，做好货物生产及交接协调管理工作，把信息及时地在两者之间进行反馈。准备货源在整个外贸出口合同跟单过程中，占据举足轻重的作用。以一项外贸出口合同为例，备货指的是出口企业需要根据合同的具体内容准备出口货源，包括该项合同的商品品名、型号、数量等来进行生产或对外采购。

任务分析

通过对外贸跟单的具体内容、跟单的分类、具体的业务流程的理解，掌握市场上外贸跟单员的具体职责及工作性质。同时，在熟悉准备货源的渠道基础上，掌握寻找外贸货源的途径。

任务实施

子任务一 了解外贸跟单业务流程

子任务引例

3 个月前，小王应聘一个外贸跟单员的职位，合同规定实习期为 3 个月。现在实习期结束后，外贸公司经理需要对小王进行聘用考核，主要考核内容为外贸跟单的具体工作。

请回答：

(1)外贸跟单的工作内容是什么？

(2)如何开展外贸跟单工作？

一、知识认知

(一)外贸跟单的具体内容

外贸跟单是指在进出口业务中，在贸易合同签订后，依据合同和相关单证对货物加工、装运、保险、报检、报关、结汇等部分或全部环节进行跟踪或操作，协助履行贸易合同。

外贸跟单是外贸行业实践过程中产生的一个细分岗位。“跟单”指的是根据企业的外贸合同或一项信用证的要求来跟进此项订单的履行，包括前程、中程和全程跟单。

(二)外贸跟单的分类

外贸跟单按业务进程，可分为前程跟单、中程跟单和全程跟单三大类。

(1)前程跟单是指“跟”到出口货物交到指定出口仓库为止。

(2)中程跟单是指“跟”到装船清关为止。

(3)全程跟单是指“跟”到货款到账,合同履行完毕为止。

外贸跟单按业务性质,可分为外贸跟单和生产订单跟单。

(三)出口跟单业务流程

出口货物跟单是跟单员对履行合同的跟进、它以货,证,船,款为中心,包括备货、催证、改证、租船订仓、(报关、报验、装船)、制单、结汇等环节。

以一项出口外贸合同的跟单业务为例,具体流程如图 4.1 所示。

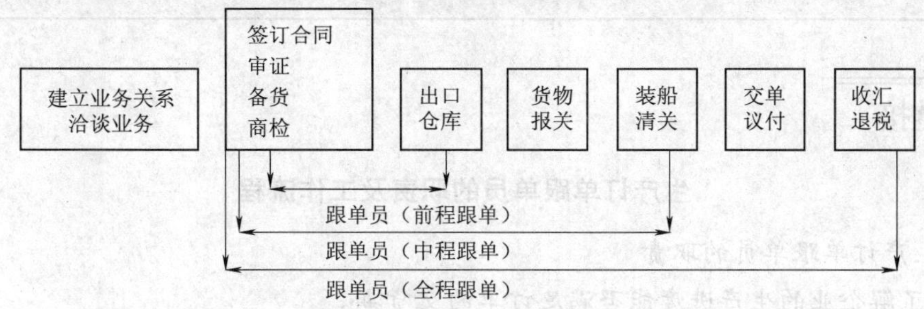

图 4.1　跟单操作业务图

(1)筹备货物:按订单及信用证的要求,按时、按质、按量地备好货物。

(2)催审单证:大多数的支付方式是 L/C。对安全收汇有保障,因它是银行信用。只要所装运货物与信用证条款一致,银行保证付款。跟单员应对以 L/C 为支付方式的合同进行催证,履行审核和修改的跟踪工作。

①催证:货物快完成时,要催证。

②审证:审证是银行和公司的共同职责,但在范围和内容上有所不同。银行从政策面上审,如开证的国家有无贸易往来,开证行的资信等等。公司则审开证人和受益人是否正确,L/C 的货物和金额与合同是否相同,装期,特别条款等。

③改证:审证后发现问题是常事。包装上,总金额,效期,包括拼写错误。一份 L/C,可能有几处问题,我们要一一指出,要求对方一次性修改。

(3)订仓装船:货物备妥,L/C 没问题后,我们就要进入到出货装柜,租船订仓和装船的阶段。按 CFR 和 CIF 成交的,我们负责租船订仓和装船的手续。

出货装柜:跟单员在出货前三四天就要联系出货装柜事。这当中要做的工作有货柜选择,制作装箱单,跟踪装柜等。

①货柜选择:根据货物的不同而选择不同的货柜。常用的有:20 英尺普柜,29 ~ 30 立方米,17.5 吨;40 英尺普柜,58 ~ 61 立方米,22.5 吨;40 英尺高柜,68 ~ 71 立方米,27.5 吨。

②制作装箱单:装箱单着重表现货物的包装情况。应包括出货的品名规格、数量、箱数、毛净重、包装尺码、总体积、箱号、唛头等。

③跟踪装柜:出货前一天通知有关人员并确定出货数量的准确性。协助生产部门安排好人员装柜。货柜到厂后,跟单员要监装,指导货物的摆放。如一个柜内有几种货,每一规格的产品要留一二箱放于货柜尾部用于海关查货用。

(4)制单结汇:是出口货物跟单的最后一个环节。

①制单:货物装船后,跟单员要及时按 L/C,合同或其他单据的内容制作各种单据。要在 L/C 的有效期内将单据送交银行。出口单据主要有:汇票、发票、海关发票、提单、装箱单、产地证、商检证、保险单等。

②结汇:如按 L/C 的规定制作了单据,并及时送交银行以便及时收到货款。单据要求:正确、完整、及时、简明、整洁。

> **【请注意】**
> 跟单员按业务性质分又可分为外贸跟单和生产订单跟单。

知识链接

生产订单跟单员的职责及工作流程

1. 生产订单跟单员的职责

(1)了解企业的生产进度能否满足订单的交货期。

(2)确保产品是否按订单生产。

(3)深入企业的生产车间查验产品的质量与生产进度,发现问题要及时处理。

(4)企业能按订单即时交货及按订单约定的质量交货。

2. 生产订单跟单员的工作流程

(1)下达生产通知书。跟单员接到客户订单后,应将其转化为生产通知单。通知单要明确客户所订产品的名称,规格型号,数量,包装要求,交货期等。

(2)分析生产能力。生产通知单下达后,要分析企业的生产能力。能否按期、按质地交货。如不能应采取什么措施?要不要外包?

(3)制订生产计划:生产计划的制订及实施关系着生产管理及交货的成败。跟单员要协助生管人员将订单及时转化为生产通知单。

(4)跟踪生产进度。

(5)如发现工厂在合同期限内交不了货且无法解决,应及时通知客户协商。

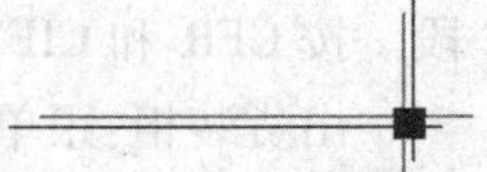

二、职业判断与实务操作

针对上述子任务引例分析如下:

(1)外贸跟单的工作内容是在外贸企业或具有进出口经营权的企业,根据合同签订的具体细节或信用证项下的要求,对各项单证制作、装运、报关、报检等业务流程进行跟踪操作。

(2)开展外贸跟单的前提是具备一定的外语基础能力和沟通能力,了解与掌握相关的行

业知识和情况，特别是要根据相应的跟单分类区别，熟悉外贸前程、中程和全程跟单的具体流程，包括备货、单证准备、装船订舱及结汇等。

子任务二　了解货源的准备

子任务引例

广州某出口公司与澳大利亚进口公司4月5日达成了一项出口毛绒玩具的合同，数量为5 000套毛绒小熊，信用证结算，信用证规定的最晚交货期为5月10日。买方4月11日开来信用证，广州公司马上安排工厂生产。可是临近春节缺乏人手，在5月10日前工厂只能生产出4 000套，还有1 000套缺货，暂时无法解决缺货问题。

请回答：

(1)如何根据合同完成货物准备？

(2)如何解决缺货问题？

一、知识认知

(一)外贸货源的渠道

当办理完外贸合同和审证改证等业务流程后，紧接着就是落实货源和准备货物环节。备货环节是整个外贸交易的重要流程，必须根据合同的具体要求或以信用证为交易的具体条款来落实备货。

目前，以出口企业备货为例，在组织货源时有以下渠道：

1. 生产型外贸企业

该类型企业具备自己的生产工厂，当合同订单签订完毕后，立即自行组织工厂生产，根据合同以及信用证的要求下达具体生产订单，生产订单上必须注明客户的名称、产品的名称、产品的数量、质量要求、生产工艺等具体内容，即按订单生产，务必使最终交付的成品达到合同及信用证要求。

2. 营销型外贸企业

该类型企业没有自己的生产工厂，需要对外采购货物，即根据合同要求，委托别的工厂来生产货物。这类企业对货物的质量要求比较严格，在对工厂签订购货合同时，必须严格以与外商签订的合同为依据，对货物的质量、数量、生产工艺、包装、唛头、交货时间等具体事项详细列明，确保工厂顺利按时按质按量交货，以便最终能顺利地履行出口合同。

(二)缺货的解决方案

当企业生产能力有限或别的因素导致无法预期交货时，这将会出现缺货的情况。以下是相应的解决方案：

(1)马上在当地市场上寻找合适的代工工厂，把部分产品的生产通过外包的方式解决，尽量避免因缺货导致的纠纷。

(2)如若找不到合适的工厂代工生产，则可通过与外商协商分期交货的事宜，尽量把双方的损失降到最低。

【请注意】

作为卖方,在签订合同之前,应对自身的生产能力有充分的认知,尽量避免出现缺货或延迟发货等事宜。因为根据合同约定,如延迟发货或货不对版等问题,买方有权利撤销合同,并可要求卖方进行赔偿。

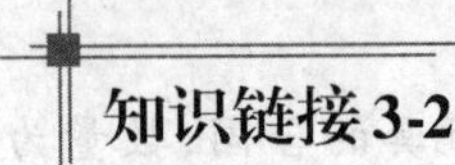

知识链接3-2

外贸卖家货源的来源

中国是世界最大的玩具生产和出口国,占世界玩具市场70%以上的份额。而广东又是全国最大的玩具出口基地,出口金额占全国的70%。以玩具行业为例,以下是寻求玩具厂家的途径:

1. 玩具企业自行生产产品

通过在市场上采购生产玩具的原材料,由自身工厂进行加工生产,自行生产成最终的玩具成品,不需要对外采购成品。

2. 通过外贸B2B网站搜索玩具厂家

当企业不具备货源时,可根据产品的关键字如毛绒玩具、布绒玩具、积木玩具等,通过阿里巴巴国际站、环球资源、中国制造网等大型外贸B2B网站都能寻找到真正的玩具厂家。

3. 通过搜索引擎查找合适的玩具代工工厂

当企业出现缺货时,可根据畅销产品的特点,通过百度、Google等搜索引擎,可以查找出合适的代工工厂寻求合作,解决货源的问题。

4. 小型外贸SOHO公司的货源

外贸SOHO公司指的是在家办公的外贸人,可以是一个人,也可以是一个小型团队的方式。SOHO是英文Small Office and Home Office的缩写。即把办公室放在家里或独自租用一个小办公室,完成整个外贸流程。

在货源方面,大多数的SOHO卖家都会和一些玩具工厂进行合作,对外宣称是工厂的外贸业务员或外贸跟单员。当客户来看厂时,请求工厂加以配合,完成实地考察等环节。

二、职业判断与实务操作

针对子任务引例分析如下:

(1)上述任务引例是一个生产型的外贸企业备货的案例。该则案例说明在签订合同前,没有预估到节假日效应导致的人手安排出现空缺状况,自身的生产能力受到限制从而导致出现缺货的问题。因此,在签订合同后,必须马上根据合同的具体内容,安排工厂生产通知单,尽量先保证4 000套毛绒玩具的正常生产。

(2)同时,针对缺货的1 000套毛绒玩具,有条件的情况下,必须马上增派人手安排生产。如招聘不到人员,即在当地市场寻找合适的代工工厂,通过外包的方式解决。实在难以解决,则应尽量与外商进行协商分期交货等事宜,从而降低双方的损失。

任务二　了解和认识商业发票及其种类

任务描述

商业发票是出口结汇最重要的单据之一，是制作其他单据的基础。一张商业发票将由卖方制作并会列明成交货物的品名、数量、单价、总价、包装等详细信息的清单。同时，它也是发货的价目清单和数量清单，是作为进口国确定征收进口关税的基本资料。

任务分析

通过对商业发票本质、种类的理解，掌握常见商业发票的种类。

任务实施

子任务一　了解商业发票的含义及作用

子任务引例

我国A公司向巴基斯坦B公司以CIF条件出口货物一批，国外来证中单据规定："商业发票一式两份，全套（Full Set）清洁已装船提单注明'运费预付'，做成指示抬头空白背书，保险单一式两份，根据中国人民保险公司2001年1月1日海洋运输货物保险条款投保一切险和战争险。"信用证内并注明"按《UCP600》办理"。A公司在信用证规定的装运期限内将货物装上船，并于到期日前向议付行交单议付，议付行随即向开证行寄单索偿。

请回答：

（1）商业发票的本质和作用是什么？

（2）商业发票需要签字吗？

一、知识认知

（一）商业发票的本质

商业发票，简称发票，指的是销售货物的凭证，具体描述一笔国际订单的全面情况，包括详细列明货物的品名、规格、数量、单价、总价、包装等具体信息，同时可以让进口商及时了解和识别货物归属于哪一张具体的订单。

根据《UCP600》第18条款对商业发票的解释，商业发票必须由受益人出具、必须出具成以申请人为抬头，与信用证的货币相同，无须签名。商业发票上的货物、服务或履约行为的描述应该与信用证的描述一致。

（二）商业发票的作用

（1）为进口商及时了解和掌握装货的具体情况；

(2)是进口商进口报关、海关统计、缴税的原始凭证,纳税依据;进口商在清关时需要向当地海关当局递交出口商发票,海关凭以核算税金,验关放行和统计的凭证之一。

(3)出口商将会根据凭以发票的内容,逐笔登记入账;在货物装运前,出口商需要向海关递交商业发票,作为报关发票,海关凭以核算税金,并作为验关放行和统计的凭证之一。

(4)在不用汇票的情况下,发票可以代替汇票作为付款依据;在即期付款不出具汇票的情况下,发票可作为买方支付货款的根据,替代汇票进行核算。光票付款的方式下,因为没有货运单据跟随,也经常跟随发票,商业发票起着证实装运货物和交易情况的作用。

(5)是制作整套交易单据的基础以及索赔、理赔的凭据。

二、职业判断与实务操作

针对子任务引例分析如下:

(1)商业发票,内容包括商品的名称、规格、价格、数量、金额、包装等是贸易中的买卖双方收付货款和记账的依据,是国际贸易信用证单证之一。商业发票可以让进口商及时了解交易的全面情况,是进口商报关缴税的原始凭证,是出口商的收款凭证。

(2)根据《UCP600》第 18 条关于商业发票的规定,银行可以接受没有受益人签字的商业发票,但是必须商业发票从表面上看,能够被银行认为是受益人所出具的。

子任务二　认识商业发票的种类

子任务引例

广州某出口公司与印度某进口公司 10 月 5 日达成了一项出口塑料玩具的合同,金额为 200 000 美元,信用证结算。来证规定:出口方需提供 2 份领事认证发票(Consular Legalized Invoice)。

请回答:

什么是领事发票?

一、知识认知

商业发票的种类如下所述:

1. 商业发票(Commercial Invoice)

若 L/C 划定为 Invoice(发票)、Commercial Invoice(商业发票)、Shipping Invoice(装运发票)、Trade Invoice(商业发票),一律可按商业发票把握,一般只需将发票名称印为“Invoice”字样。

2. 形式发票(Proforma Invoice)

形式发票,或称预开发票或估价发票,是出口商应进口商要求制作的发票。进口商为了向其本国当局申请进口许可证或请求批准外汇时,一般要求出口商出具一张含有商品名称、单价、规格、支付等条件的形式发票。该类发票不能作为结算单据,且对生意双方无最终约束力。

3. 领事发票(Consular Invoice)

领事发票是出口方按照进口国驻出口国领事馆拟定的固定名目填写并经领事馆签章的发

票。部分拉丁美洲国家规定必需凭领事发票进口,或用以确定货色的原产地,凭以明晰分歧待遇关税;或凭以审定发票售价是否合理,是否存在推销问题。领事发票属官方单证,名目一般相对固定,但有些国家仅要求卖方出具的商业发票上须由该国领事签订,这种发票称为领事签证发票。

4. 海关发票(Customs Invoice)

海关发票是进口国海关政府划定的进口报关必需供给的特命名目的发票,主要是作为估价完税、确定原产地、征收分歧待遇关税或征收反推销税的依据。

5. 证实发票(Certified Invoice)

证实发票是证实所载内容真实、正确的一种发票,证实的内容视进口商的要求而定,如:发票内容真实无误、货色的真实产地、商品品质与合同相符、价钱正确等等。

除此以外,还有样品发票(Sample Invoice)、收妥发票(Receipt Invoice)、寄售发票(Consignment Invoice)等发票。

二、职业判断与实务操作

针对子任务引例分析如下:

该引例是要求出口商出具领事认证发票的案例。

(1)领事发票需证明出口货物的详细情况,为进口国用于防止外国商品的低价倾销,同时可用作进口税计算的依据,有助于货物顺利通过进口国海关。发票使馆认证的申办手续一般是企业提交发票经贸促会认证再由外交部领事司认证处认证,最后再送相应的驻华使馆认证。

(2)对于领事发票各国有不同的规定,如允许出口商在商业发票上由进口国驻出口地的领事签证(Consular Visa),即“领事签证发票”(Consular Legalized Invoice)。出具领事发票时,领事馆一般要根据进口货物价值收取一定费用。这种发票主要为拉美国家所采用。

子任务三　掌握商业发票的格式及缮制内容

子任务引例

小王刚成功应聘上一家企业的外贸跟单员岗位,外贸主管交给小王一份合同,出口方为浙江义乌美斯贸易有限公司,进口方为新西兰 ETTL 有限公司。合同金额为 13 000 美元。现在请你以浙江衣服美斯贸易公司小王的身份,填制一份商业发票。

请回答:

(1)商业发票有统一格式吗?

(2)商业发票的具体内容有什么?

一、知识认知

商业发票没有统一的格式。虽然没有固定的格式,但每个公司会有自己的固定商业发票模板。

(一)商业发票样例(单据样张4.1)

佛山易美贸易有限公司

FOSHAN EMAY TRADING CO. ,LTD

中国佛山市东方广场东方路131号110-119室

Rm 110-119,NO. 131 DONGFANG ROAD,DONGFANG PLAZA, FOSHAN, CHINA

TEL:86-757-86682454　　FAX:86-757-86682453

商业发票

COMMERCIAL INVOICE

TO:DEE CO. LTD LAENDLIWEG6,WUERENLOS, AARGAU,SWITZERLAND	INVOICE NO. :Inv20120701 CONTRACT NO. :EM20120601 L/C NO. :L/C210234

TRANSPORTATION FROM FOSHAN TO AARGAU

MARKS	DESCRIPTION OF GOODS	QUANTITY (SETS)	UNIT PRICE CIF AARGAU	AMOUNT
DEE CO. ,LTD EM20120601 AARGOU,SWITZERLAND C/NO. 1-50	PLUSH DOGS	1 000	USD4. 00	USD4,000. 00
	PLUSH CATS	2 000	USD6. 00	USD12,000. 00
	PLUSH RABBITS	2 500	USD7. 00	USD17,500. 00
TOTAL:		5 500		USD33,500. 00

TOTAL AMOUNT(IN WORDS):SAY US DOLLARS THIRTY THREE THOUSAND AND FIVE HUNDED ONLY.

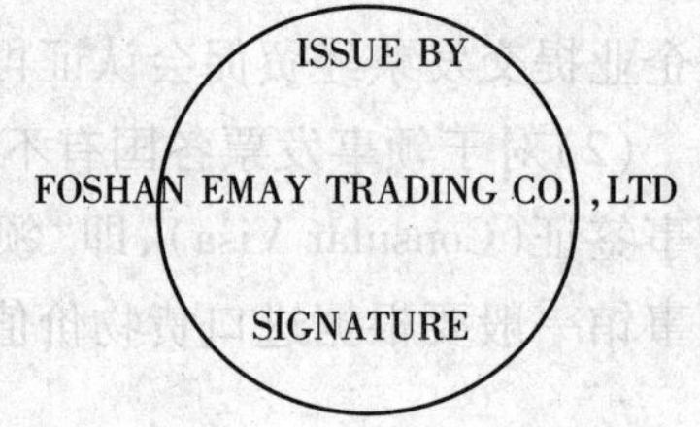

单据样张4.1　商业发票样单

(二)商业发票的具体填制内容

1. 出票人名称、地址及联系方式(Name,Address,Fax,Tel of Issuer)

该栏填写出口方的具体信息,包括名称、地址、传真、电话、电邮等内容。一般来说,出口商会有自己公司固定的模板并提前印制在商业发票的表头位置。需要注意的是,若采用信用证,则出票人的名称应于信用证中的受益人名称一致。

2. 发票名称(Commercial Invoice)

在信用证结算方式下,发票名称应与信用证的规定一致。

3. 抬头人名称、地址及联系方式(To)

抬头人即买方名称,应与信用证中所规定的严格一致。如果信用证没特殊规定,该栏填写开证申请人(进口方)的具体信息,包括名称、地址、传真、电话、电邮等内容。需要注意的是,若采用信用证,则受票人的名称应于信用证中的开证申请人名称一致。

4. **发票号码**(Invoice No.)

发票作为结汇单证最为核心的单据,一般由出口方填制,在实操过程中,发票号码往往与汇票、出口报关单及其他单据号码一致。

5. **合同号码**(Contract No.)

该栏填写合同的具体号码。合同号码应与信用证一致,若一笔交易中存在多个合同,在发票中应逐一列明。

6. **信用证号码**(L/C No.)

该栏根据实际业务中进口方开来的信用证填写。当采用其他支付方式时,此项不填。

7. **运输路线**(Transportation From ... To)

按实际业务填写。若信用证有特殊规定,则依照信用证执行。发票中的运输路线应与合同、信用证、提单内容相一致。

8. **运输标志**(Shipping Marks)

运输标注,俗称唛头,一般来说,唛头由客户名称、合同号、品名、目的港、件数组成。但如果信用证没规定唛头,则需打上 N/M(No Marks)。发票上的唛头应与提单上的唛头一致。信用证结算方式下,作为出口商,必须严格按信用证规定办理,不能擅自更改或刷制唛头。

9. **货物描述**(Description of Goods)

信用证支付方式下,发票的描述应严格按照信用证的规定执行。货物描述一般包括数量、品质、包装等内容。

10. **货物数量**(Quantity)

按实际业务填写。若信用证写明具体的数量,则按信用证规定填写。

11. **单价**(Unit Price)

按实际业务填写。一项交易的单价包括计价货币、具体单价、计量单位、贸易术语四部分。

12. **总价**(Amount)

按实际业务填写。若信用证有规定,按规定填写。

13. **大写金额**(Amount in Words)

填写该栏时,必须注意与小写金额一致,以 SAY 开始,ONLY 结束。例:SAY US DOLLARS TWO HUNDRED ONLY。

14. **签章**(Signature)

根据《UCP600》第 18 条关于商业发票的规定,银行可以接受没有受益人签字的商业发票,但是必须商业发票从表面上看,能够被银行认为是受益人所出具的。商业发票的盖章一般会在发票的右下角加盖公章和负责人的签字。

二、职业判断与实务操作

针对子任务引例分析如下:

(1)商业发票没有统一的格式。每个公司会有自己的固定模板。即使没有统一格式,但商业发票上的具体内容大同小异。

(2)商业发票的具体内容包括载明出票人和抬头人的详细信息、发票号码、信用证号码、合同号码、唛头、货物描述、单价、总价等。

任务三　操练商业发票缮制与任务实训

任务描述

商业发票是外贸单证中的一张核心单证，是制作其他单证的基础。商业发票的填制内容包括出票人、抬头人的具体信息、发票号码、信用证号码、合同号码、货物描述、单价、总价、唛头、装运信息等。

任务分析

通过对商业发票格式及缮制内容的认知，根据佛山易美贸易有限公司与美国贝佳特贸易有限公司签订的关于毛绒玩具的出口合同，以佛山易美贸易有限公司跟单员的身份，完成以下商业发票的填制。

任务实施

子任务一　商业发票任务导入

子任务引例

佛山易美贸易公司与美国贝佳特贸易有限公司达成了一项关于毛绒玩具的出口合同。该项合同的产品是两种毛绒玩具，分别是新潮灰色小熊及长发小猫咪。灰色小熊的成交数量为1 080套，每套为USD16.00；长发小猫咪成交的数量为3 150件，每套USD8.00。

请回答：

(1)请分别计算灰色小熊和长发小猫咪总价？

(2)该合同项下商业发票的填制内容是什么？

一、知识认知

(一)实训任务合同分析

根据佛山易美贸易有限公司与美国贝佳特贸易有限公司达成的合同，可知下列商业发票的基本信息：

(1)抬头人信息：BEST TRADING CO. ,LTD;

Rm 110-115,FUNWAY AVENUE,BOSTON,MA,USA

TEL:1-703-9780901　　FAX:1-703-9780902.

(2)发票号码：Inv20131012　发票日期：2013. 10. 12。

(3)合同号码：EM20130915。

(4)信用证号码：LC361010。

(5)运输路线:佛山港口至美国波士顿港口。

(6)成交数量及价格信息信息:

灰色小熊的成交数量为 1 080 套,单价为 USD16.00;

长发小猫咪成交的数量为 3 150 件,单价为 USD8.00。

(二)实训任务信用证分析

根据美国贝佳特贸易有限公司开来的信用证条款,明确了商业发票的填制规定,即"SIGNED COMMERCIAL INVOICE IN TRIPLICATE COPIES INDICATING BENEFICIARY'S CONTRACT NUMBER AND OUR ORDER NO. EM20130915"。

因此,在制作商业发票必须满足"商业发票一式三份,在该单据中注明受益人合同号 EM20130915。"

在商业发票的具体填制时,除了信用证规定需注明合同号码,由于存在新潮灰色小熊和长发小猫咪两种货物,因此,需要分别计算这两种货物的总价。

根据上述信息,可知新潮灰色小熊、长发小猫咪的基本信息填写如下:

MARKS	DESCRIPTION OF GOODS	QUANTITY	UNIT PRICE CIF BOSTON	AMOUNT
BEST TRADING CO. LTD EM20130915 BOSTON CARTON NO. 1-240	NEW DESIGN BROWN BEAR LONG HAIR CAT	1080SETS 3150PCS	USD16.00 USD8.00	USD17 280.00 USD25 200.00

二、职业判断与实务操作

针对子任务引例分析如下:

(1)任务引例涉及对佛山易美贸易有限公司商业发票的填制。从与美国贝佳特贸易有限公司签订的合同来分析,新潮灰色小熊的成交数量为 1 080 套,每套 16 美元,总价为 17,280 美元;长发小猫咪的成交数量为 3 150 件,每件 8 美元,总价为 25 200 美元。

(2)商业发票的填制内容包括佛山易美有限公司的基本信息、该项合同编号 EM20130915、发票编号 Inv20131012、信用证号码 L/C363010、小熊和小猫咪的单价、分别列明两种货物的总价和唛头等信息。信用证若有特别规定,必须严格按照规定来列明。

子任务二 操练商业发票的缮制

子任务引例

佛山易美贸易公司与美国贝佳特贸易有限公司达成了一项关于毛绒玩具的出口合同。该项合同的产品是两种毛绒玩具,分别是新潮灰色小熊及长发小猫咪。根据实训任务的分析,操练商业发票的缮制。

请回答:

(1)根据合同和信用证信息,操练商业发票的缮制。

(2)填写商业发票需要注意哪些事项?

一、知识认知

(一)实训任务商业发票的缮制

根据佛山易美贸易有限公司与美国贝佳特贸易有限公司达成的毛绒玩具合同交易,通过分析合同及信用证的信息,缮制商业发票如单据样张4.2所示。

佛山易美贸易有限公司
FOSHAN EMAY TRADING CO. ,LTD
中国佛山市东方广场东方路131号110-119室
Rm 110-119,NO. 131 DONGFANG ROAD,DONGFANG PLAZA, FOSHAN, CHINA
TEL:86-757-86682454　　FAX:86-757-86682453

商业发票
COMMERCIAL INVOICE

TO:BEST TRADING CO. ,LTD
Rm 110-115,FUNWAY AVENUE,BOSTON,MA,USA
TEL:1-703-9780901　　FAX:1-703-9780902

INVOICE NO. :Inv20131012
DATE:20131012
CONTRACT NO. :EM20130915
L/C NO. :L/C361010

TRANSPORTATION FROM FOSHAN TO BOSTON

MARKS	DESCRIPTION OF GOODS	QUANTITY (SETS)	UNIT PRICE CIF BOSTON	AMOUNT
BEST TRADING CO. LTD EM20130915 BOSTON CARTON NO. 1-240	NEW DESIGN BROWN BEAR AB007	1 080	USD16. 00	USD17 280. 00
	LONG HAIR CAT AB110	3 150	USD8. 00	USD25 200. 00
TOTAL		4 230UNITS		USD42 480. 00

TOTAL AMOUNT:SAY US DOLLARS FORTY TWO THOUSAND AND FOUR HUNDRED EIGHTY ONLY.

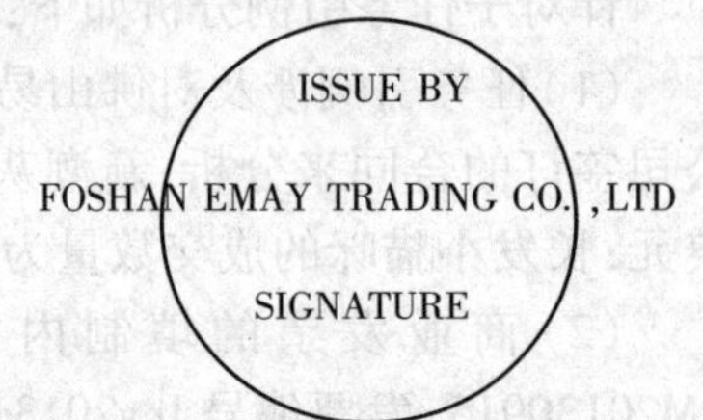

单据样张4.2　填制商业发票

(二)商业发票缮制的注意事项

(1)在实际业务中,常常出现一张发票中有多种货号的货物内容,要求在缮制发票时,格式整齐。每一货号的货物内容和总数排列有序,应该做到横排是每一货号的货物内容,竖排是各货号货物内容的总和。

(2)单价和总值是发票的重点,特别要注意发票金额不超过信用证金额,发票的货币要与信用证相一致。

(3)商品名称及规格。必须与合同和信用证一致。如果信用证方式下制单,应特别注意以下几点:

①发票的品名不能超出信用证的内容。货名不能遗漏和随便减缩。如果来证货物名称写的详细具体,应照抄。

②要正确缮制中文和外文品名。来证品名开错时，如果是实质性问题，应及时修改。如果是次要问题，可采用照抄并加注括号的办法，但严格来说，这也是单证不符，最好还是修改信用证。

(4)出票日不能迟于装运日

①如果发票的货物涉及不止一个合约的，发票上显示合约号必须包括全部合约，在 L/C 方式下，必须标明 L/C 的号码。

②发票抬头为信用证的申请人名称地址，如果信用证有指定其他抬头人，按来证规定制单，如果该证已被转让，则银行可接受由第二受益人提交的以第一受益人为抬头的发票。

二、职业判断与实务操作

针对子任务引例分析如下：

(1)任务引例涉及对佛山易美贸易有限公司商业发票的填制。根据与美国贝佳特贸易有限公司的合同及信用证信息，该合同项下的商业发票具体填制内容如单据样张 4.2 所示。

(2)商业发票的注意事项包括若采用信用证为结算方式，那填制内容必须完全符合信用证的规定；商业发票的出票日期不能晚于装运日；单价和总价的大小金额必须满足信用证规定的总额；如合同及信用证对商业发票有特殊规定，则必须在单据中显示出来。

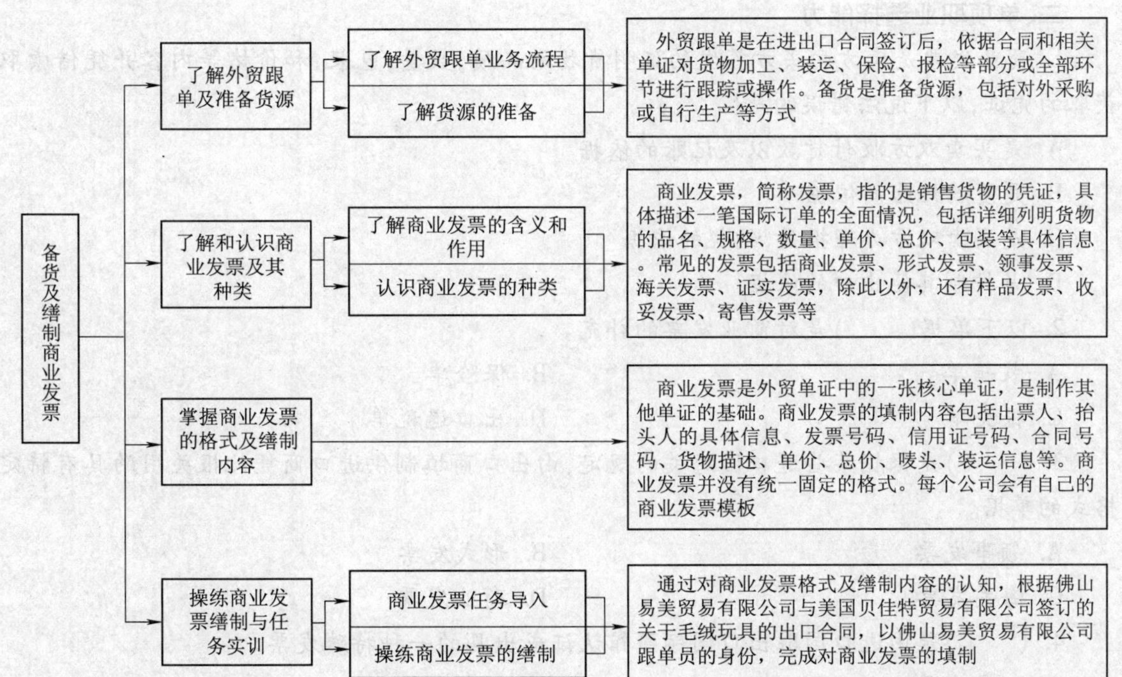

能力训练一　职业判断与选择

一、职业判断能力

1. 商业发票是交易的证明文件。（　）

2. 商业发票是买卖双方完成报关、清关、缴税的凭证。（　）

3. 商业发票是出口商缮制其他单据的依据。（　）

4. 商业发票是整套外贸单证中最为核心的单据，其他结汇单据需以此为基础制作。（　）

5. 信用证方式下，发票金额可以适当超过信用证的金额。（　）

6. 信用证方式下，发票的货物描述应于合同一致，与信用证的描述可以略有差异。（　）

7. 发票的包装、数量及重量应与信用证一致，可与别的单证有细微的差别。（　）

8. 信用证支付方式下，信用证若规定数量允许有一定百分比的增减幅度，发票金额不能超出此比例。（　）

9. 根据《UCP600》规定，发票的商业品名不得使用统称，必须严格按照信用证规定填写，商业发票可以不签字。（　）

10. 非信用证方式下，货物的描述应与合同规定一致。（　）

二、单项职业选择能力

1. 商业发票是卖方向买方签发的证明货物的品质，数量，包装，和价格等内容并凭借索取获取的凭证，以下说法错误的是（　）。

A. 是买卖双方收付货款以及记账的依据

B. 是货物记账的依据

C. 是买卖双方办理报关，纳税的依据

D. 是控制其他出口的依据。

2. 以下单据（　）是对商业发票的补充。

A. 装箱单　　B. 保险单

C. 报关单　　D. 出口退税单

3.（　）是根据某些进口国海关的规定，由出口商填制供进口商凭此报关用的具有特定格式的单据。

A. 领事发票　　B. 形式发票

C. 海关发票　　D. 商业发票

4.（　）是由进口国驻出口国领事馆认证或出具的一种特殊发票。

A. 证实发票　　B. 形式发票

C. 海关发票　　D. 领事发票

5. (　　)是预开发票,是卖方应卖方要求,拟定报价、规格、商品名称等信息作为一种非正式的发票。

A. 形式发票　　B. 商业发票

C. 收妥发票　　D. 样品发票

6. 下列(　　)不是商业发票的作用。

A. 是进出口报关完税必不可少的单据　　B. 是全套单据的核心

C. 是结算货款的依据　　D. 是物权凭证

7. 来证规定"COMMBINED INVOICE IS NOT ACCEPTABLE",下面正确的是(　　)。

A. 接受商业发票　　B. 不接受商业发票

C. 不接受联合发票　　D. 不接受双重发票

8. 一般情况下,商业发票的金额应与(　　)一致。

A. 合同金额　　B. 信用证金额

C. 保险金额　　D. 实际发货金额

9. 来证规定 SIGNED COMMERCIAL INVOICE IN TRIPLICATE, EACH ITEM IS LABELED"MADE IN CHINA,以下正确的是(　　)。

A. 卖方签署商业发票一式三份,每件商品标注"中国制造"

B. 买方签署商业发票一式两份,每件商品标注"中国制造"

C. 卖方签署商业发票一式两份,每件商品标注"中国制造"

D. 买方签署商业发票一式两份,每件商品标注"中国制造"

10. 以下(　　)单据是进口商报关、清关、缴税的依据。

A. 装箱单　　B. 发票

C. 汇票　　D. 原产地证书

能力训练二　实务操作

背景资料:

广州意林服装贸易有限公司与加拿大多伦多 ABC 贸易有限公司签订了一份关于服装出口的合同。请根据以下合同及包装基本信息,以广州意林服装贸易有限公司的制单员身份,缮制一份商业发票。

一、合同信息

GUANGZHOU ELIN CLOTHING TRADING CO. LTD

RM 110-112, GUANGZHOU REVENUE, GUANGZHOU, CHINA

TEL:86-20-24232445　　FAX:86-20-24232436

SALES CONTRACT　　NO. EL20140912

SELLER NAME: GUANGZHOU ELIN CLOTHING TRADING CO. LTD

ADDRESS: RM 110-112, GUANGZHOU REVENUE, GUANGZHOU, CHINA

TEL:86-20-24232445　　FAX:86-20-24232436

BUYER:ABC TRADING CO. ,LTD,CANADA;
ADDRESS:48 WOODGARDEN CRESCENT,TORONTON,ONTARIO,CANADA
TEL:1-514-3964455　　　　　　　　FAX:1-514-396-4451

THE SELLERS AGREE TO SELL AND THE BUYERS AGREE TO BUY THE UNDERMANTIONED GOODS ACCORDING TO THE TERMS AND CONDITIONS AS STIPULATED BELOW.

NAME OF COMMODITY & SPECIFICATION	QUANTITY	UNIT PRICE	TOTAL VALUE
WOMEN SWEATER (EL5550) SKIRT(EL5551)	1 000PCS 2 000PCS	USD20. 00 USD15. 00	USD 20 000 USD30 000
TOTAL	3 000PCS		USD50 000

PACKING:PACKED IN CARTONS,20PCS IN ONE CARTON OF WOMEN SWEATER; 40PCS IN ONE CARTON OF SKIRT

SHIPPING MARKS:

ABC TRADING CO. LTD
EL20140912
TORONTO
CARTON NO. 1-100

PORT OF SHIPMENT:HUANGPU PORT,GUAGNZHOU,CHINA

PORT OF DESTINATION:TORONTO,CANADA

TIME OF SHIPMENT:BEFORE THE END OF OCTOBER,2014

二、其他信息

发票号码:Inv20161007　发票日期:2016. 10. 07

信用证号码:L/C342423

请根据以上给予的合同信息、包装及相关信息,以广州意林服装贸易有限公司的制单员身份,缮制一份商业发票。

项目五　缮制装箱单

项目引言

当完成外贸合同签订程序及办理完信用证审核修改等相关环节后，紧接着就是缮制装箱单环节。通过缮制装运单据中的装箱单，包括包装件数、规格、重量、唛头等的填制，可以让买方迅速掌握产品的包装及到货数量。本项目从外贸跟单业务流程及准备货源角度出发，在熟悉装箱单的作用、种类、规范格式等理论基础上，缮制一项具体合同项下的装箱单。

知识目标

1. 认识装箱单作用及种类
2. 掌握装箱单的格式及缮制内容

技能目标

1. 能够规范填写装箱单
2. 能根据给定的具体合同完成相应装箱单的缮制

任务一　认识包装单据种类及装箱单

任务描述

装箱单是包装单据中非常重要的一张单据，同时也是发票的补充单据。通过一张装箱单，可以明确买卖双方约定的包装事宜的细节，包括成交货物的数量、毛重、净重、唛头的刷制等内容。装箱单的缮制也便于国外买方所在地的海关对货物进行检查和核对，以便于完成清关手续。

任务分析

通过对装箱单的含义认知，了解装箱单的特点，进而明确装箱单对买卖双方及其办理当地货物清关的作用。

任务实施

子任务一 认识包装单据的种类

子任务引例

小王成功应聘上一家企业的外贸跟单员岗位，外贸主管让小王负责跟踪处理一份与美国客户签订的合同。合同要求出具装箱单、重量单以及数量证书等包装单据。但小王只了解装箱单，对包装单据一窍不通，他想了解包装单据的内容，装箱单与包装单据之间的联系。

请回答：

(1)什么是包装单据?

(2)装箱单与包装单据的区别是什么?

一、知识认知

包装单据主要是对商业发票的补充，记录和列明包装情况的单据，同时也是一项比较重要的货运单据。特别是进口地海关验货及核对货物、公正行检验的依据之一，用以了解包装件号内的具体内容和包装情况。

除谷物、煤炭、矿砂、铝矿等散装产品外，为了避免货物在运输过程中出现受损情况，大多数的商品均需采用适当的装运包装出口。为了使买方及海关稽查人员能充分了解货物的包装数量、方式、规格、重量等信息，有必要在包装单据中加以注明。

根据不同商品有不同的包装单据，常用的有以下几种：

1. **装箱单**(Packing List)

这是使用最普遍的包装单据，用以表明包装货物的名称、规格、数量、唛头、箱号、件数、重量及包装情况。当采用信用证作为结算方式时，应当在信用证条款中，详细注明包装单据的名称。同时包装单据上也应当显示商品的货号、色号、尺寸搭配、毛净重及包装的尺码等。

2. **重量单**(Weight List/Weight Memo)

重量单也是磅码单，用以说明商品每箱毛重、净重及总重量、皮重、总件数、唛头的情况。

3. **尺码单**(Measurement List)

用以说明货物的体积尺码和总尺码。如果这批货物不是统一尺码，即应逐步列出不同规格项目的尺码和总尺码。

4. **规格单**(Specification List)

用以说明包装规格的清单，包括不同商品的包装方式、重量、体积等。

5. 中性包装单(Neutral Packing List)

在一项外贸合同中,如存在中间商参与交易,比如转口贸易或转卖于第三方,则往往要求出口商使用中性包装。中性包装单是单据中无须显示收货人和签发人的名字,不签字不盖章。只需填写货物名称、包装规格、包装重量、包装材料、毛重和净重等基本信息。

6. 其他包装单据

如包装说明(Packing Specification)、详细包装单(Detailed Packing List)、包装提要(Packing Summary)、重量证书(Weight Certificate)、磅码单(Weight Memo)、尺码单花色搭配单(Assortment List)等。

知识链接 5-1

包装单据缮制的注意事项

(1)当采用信用证结算时,包装单据的名称必须与信用证的规定严格一致。如来证说明需提供装箱单(Packing List)和重量单(Weight List)时,则必须填写这两张单据,且详细列明信用证规定包装的材料,包装方式和具体的件数。

(2)毛重和净重应具体列明每件的毛净重,同时附上总重和总净重,且与发票和其他运输单据相一致。若涉及进出口配额等限制时,与出口许可证的数字相符。

(3)当信用证来证规定需详细列明包装的具体方式时,如每件打装一个纸盒,每十打装一个纸箱,则需在装箱单列明具体的纸箱数目,具体的包装方式。

(4)如遇进口商需要对货物进行转售第三方时,需根据进口商的要求来填写装箱单的具体内容。

(5)为了符合信用证不接受联合单据的要求,可以利用装箱单分别冠以重量单,尺码单的单据,一次缮制,按照信用证规定的份数分别提供给银行。

二、职业判断与实务操作

根据子任务引例分析如下:

(1)任务引例涉及对包装单据的认知。该则案例说明在出口货物时需要提供详细的包装单据,提供具体的包装方式、包装材料等情况。而不同的货物会涉及不同的包装单据制作。

(2)装箱单是最常用的包装单据之一。在实际操作中,进口商来证时经常会在信用证条款中注明需提供装箱单作为卖方交货的一项单据,同时装箱单也是进口商清关的必备单据。

子任务二　认识装箱单

子任务引例

小李辞掉了英语翻译助理的工作,应聘了一家外贸公司的跟单员岗位。外贸主管王某刚与澳大利亚悉尼的客户签订了一份出口 1 000 套餐具的合同,生产通知单已交由工厂安排。他希望小李跟踪后续的事宜,包括装箱单和商业发票的填制。但小李对装箱单一窍不通,他想了解装箱单的内容及作用。

请回答:

(1)什么是装箱单?

(2)装箱单具备什么作用?

一、知识认知

(一) 装箱单的含义

装箱单(Packing List)又称包装单、码单,是用以说明货物包装细节的清单。装箱单的作用主要是补充发票内容,详细记载包装方式、包装材料、包装件数、货物规格、数量、重量等内容,便于进口商或海关等有关部门对货物的核准。

【请注意】

装箱单所列的各项数据和内容必须与提单等单据的相关内容一致,还要与货物实际情况相符。

(二)装箱单的特点

对于不同特性的货物,进口商可能对某一或某几方面(例如包装方式、重量、体积、尺码)比较关注,因此希望对方重点提供某一方面的单据。

它包括不同名称的各式单据,例如 Packing List、Weight List、Measurement List、Packing Note and Weight Note,它们的制作方法与主要内容基本一致。装箱单着重表示包装情况,重量单着重说明重量情况,尺码单则着重商品体积的描述。

它们均具有以下特点:

(1)装箱单、重量单和尺码单为了保持与发票一致,在号码和日期两栏与发票完全相同。

(2)装箱单、重量单和尺码单一般不显示收货人、价格、装运情况,对货物描述一般都使用统称概述。

(3)装箱单着重表现货物的包装情况,从最小包装到最大包装的包装材料,包装方式一一列明。而对于重量和尺码内容,一般只体现累计总额。重量单在装箱单的基础上,详细表示货物的毛重、净重、皮重等。

(4)装箱单、重量单和尺码单的制作要以信用证、合同、备货单、出货单为凭据。

(5)如果信用证上要求在装箱单、重量单和尺码单上填写一些特殊条款,应照办。

(三)装箱单的作用

(1)补充商业发票内容之不足,便于买方对进口商品包装及数量的了解和掌握。

(2)作为国外买方清点货物和交接货物的依据。

(3)作为货物离港或到港时,供海关检查和核对货物的凭证。

(4)作为商检机构或公证机构查验和复验货物的参考资料。

(5)作为缮制商业发票时计价的基本资料。

(6)作为完成后续跟单环节的补充单据。

知识链接 5-2

电子装箱单的作用

1. 给港口码头带来的好处

以前纸质装箱单都是随车由司机带到码头道口,再由道口的工作人员输入各自计算机系统内。由于码头不能事先得到这方面资料,影响箱子的进场安排,也影响道口通行速度。采用 EDI 传输可使码头在车到之前及时得到装箱单信息,车到后道口只要作简单确认即可,便于码头安排进场作业,道口通行能力也大大加快,使码头获得极大的经济效益。

2. 给货主带来的好处

电子装箱单的实施,推动了出口舱单电子化的顺利实现,提高了外贸运作效率、缩短了货主的出口时间、避免了因单证不符而造成货主出口退税的延误。

3. 给船舶代理带来的好处

电子装箱单的实施,使船舶代理可以根据码头提供的已进电子装箱单、理货提供的反映箱子实际装船情况的装船报告和出口船图,及时缮制出口舱单并交给船公司。

4. 改善了口岸的整体形象

电子装箱单的运作为出口部分提供了数据,可带动整个出口一条线的 EDI 运作,不但可以加速出口运输进程,更重要的是加快口岸与国际接轨的进程,改善了口岸形象。

【请注意】

当采用信用证进行交易结算时,装箱单的内容及种类必须与信用证规定的严格一致。包括装箱单的名称、抬头及所需的包装单据份数等。

二、职业判断与实务操作

针对子任务引例分析如下:

(1)任务引例涉及对装箱单的认知。该则案例说明在从事外贸跟单或与外贸相关的工作时,必须对相应的单证非常熟悉才能顺利开展工作。装箱单是对货物的品名、包装情况、净重、毛重、唛头等做出详细的描述。根据该则案例，装箱单必须要详细列明这1 000套餐具的包装材料及包装件数、餐具净重、包装后的餐具毛重、这批货物的唛头等。

(2)当缮制好该合同项下的装箱单时，则可作为后续商业发票的缮制，作为货物清单交予买方清点货物的依据。同时，当该批餐具到达澳大利亚悉尼海关时，装箱单可作为核查货物及缴纳关税的凭证。

子任务三　掌握装箱单的格式和缮制内容

子任务引例

小陈所在的民营企业准备开拓外贸业务。由于小陈的销售能力强，并且英语沟通能力过硬，因此，公司决定让小陈来独立管理外贸业务。通过努力，小陈获得了第一笔订单，但现在遇到了要填制装箱单作为出口货物的单据。由于公司没有制作外贸单证的经验，小陈想知道装箱单的具体格式以及填制内容。

请回答：

(1) 装箱单是否有统一的格式？

(2) 装箱单的填制内容是什么？

一、知识认知

(一)装箱单的格式

目前，越来越多的进口商提高了对货物交货的要求，表现在具体业务操作时，他们会要求提供一份关于货物相关方面的装箱单。但由于外贸的出口货物种类繁多，不同的货物要求填写的内容不尽相同，因此很难做到每一个外贸公司均采用统一的装箱单。

尽管装箱单格式不统一，但基本的包装情况必须涵盖以下具体内容：

1. 合同基本信息

包括出口商名称地址、装箱单名称及号码、合同编号、发票编号、信用证编号等基本信息。

2. 装箱单详细信息

包括合同项下货物的包装件数、货物描述、净重、毛重、体积、包装合计、总包装件数、唛头等详细信息。

3. 缮制装箱单的公司签章及证明语句。

当装箱单签字盖章后，该装箱单才具有法律效力。如信用证规定，缮制装箱单必须加以注明产地时，则应按信用证规定执行。

可参照单据样张5.1装箱单的格式。

佛山易美贸易有限公司

FOSHAN EMAY TRADING CO. ,LTD

中国佛山市东方广场东方路131号110－119室

Rm 110-119,NO. 131 DONGFANG ROAD,DONGFANG PLAZA,FOSHAN,CHINA

TEL:86-757-86682454 FAX:86-757-86682453

装 箱 单

PACKING LIST

PACKING LIST NO. :Inv20120701

DATE:2012. 07. 01

TO:DEE CO. LTD
LAENDLIWEG6,WUERENLOS,
AARGAU,SWITZERLAND
TRANSPORTATION FROM FOSHAN TO

CONTRACT NO. :EM20120601
INVOICE NO. :Inv20120701
L/C NO. :L/C210234
AARGAU

C/NO.	DESCRIPTION OF GOODS	QUANTITY(SETS)	N. W(KGS)	G. W(KGS)	MEAS(M^3)
1-20	PLUSH DOGS	1 000	3/60	4/80	0.3/6
20-30	PLUSH CATS	2 000	4/40	5/50	0.4/4
31-50	PLUSH RABBITS	2 500	2/40	3/60	0.5/10
TOTAL:50 CTNS		5 500	140	190	20

SHIPPING MARKS:
DEE CO. ,LTD
EM20120601
PLUSH TOYS
AARGOU,SWITZERLAND
C/NO. 1-50

TOTAL PACKAGES:SAY FIFTY CARTONS ONLY.

ISSUE BY
FOSHAN EMAY TRADING CO. LTD
SIGNATURE

单据样张5.1 装箱单格式

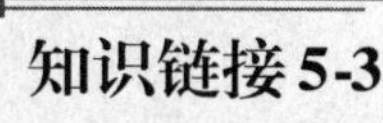

知识链接5-3

电子装箱单实用知识

1. 谁应该发送电子装箱单

所有经营海运出口集装箱业务(包括内贸)的货代企业或其委托的集装箱场站必须提前将出口重箱的电子装箱单经港口EDI中心发送到集装箱码头、理货、海关和国检,所有出口重箱(包括内贸)一律凭电子装箱单方可进港。具体要求是:外拖箱由货代或预录站发送电子装箱单;在集装箱场站装箱的集装箱由货代或货代委托集装箱场站发送电子装箱单。

2. 电子装箱单对货代和集装箱场站有什么要求

货代公司以及集装箱场站的管理软件必须能生成电子装箱单报文。

3. 实行装箱单电子化后是否取消纸面装箱单

暂时还不能取消纸面装箱单,将来会逐步过渡到以电子装箱单为主、纸面装箱单为辅。

4. 如何更改电子装箱单数据

电子装箱单内容发生更改,如果该集装箱还未进港,发送方可按规定格式制作电子装箱单更改报文,通过 EDI 中心发送给相关方;如果该集装箱已进港,发送方须以书面形式向理货和装船码头提出更改,理货在接受更改后,生成更改电子装箱单报文,通过 EDI 中心发送给相关方。

5. 哪些错误可以到改单处改单

到改单处改单的前提条件是纸面和电子的箱号一致。以纸面装箱单数据为准,只能改船名、航次、提单号、危险品信息、温度、卸货港 、箱型、尺寸、铅封号等信息。

(二)装箱单的缮制内容

装箱单的作用是明显的,一方面它能说明货物的包装细节,补充发票内容,更重要的是,它详细记载货物的包装信息、货物品质规格等内容,能更便于有关部门核准校对货物。所以,有必要具体规定装箱单相关内容,以便提高效率。在实务操作中,装箱单虽然无统一格式,各出口企业的装箱单大致相同。其主要内容和缮制方法如下:

1. 出口企业名称和地址(Exporter's Name And Address)

该项内容应与商业发票内容一致。出口商会提前把自己的名称、地址、联系方式印刷在单据的信头位置。在具体操作时一般会填写卖方的具体信息。如若采用信用证的方式,必须注意与信用证中规定的受益人一致。

2. 装箱单名称(Packing List)

单据名称通常用英文粗体标出。在实际使用中,为避免产生"单证不符"造成交单议付麻烦,当信用证规定包装单据的名称时,应与信用证要求的名称严格相符。倘若信用证未作规定,可自行选择。

3. 装箱单编号(Packing List No.)

装箱单编号与发票号码相一致。

4. 装箱单抬头人(To)

如有信用证规定,按规定填写。如没有特殊规定,则填写进口商的名称。与商业发票的内容一致。

5. 合同编号(Contract No.)

填写该批货物合同的具体编号。

6. 发票编号(Invoice No.)

填写该批货物的发票编号。

7. 装箱单日期(Date)

出单日期填写发票签发日,不得早于发票日期,但可晚于发票日期 1 至 2 天。

8. 信用证号码(L/C No.)

填写该项合同的信用证号码。

9. 运输路线(Transportation From…To…)

填写该项合同的运输路线,详细列明从装运港到目的港的路线。

10. 包装号码(C/No.)

填写该批货物的包装号码,详细叙述起止号码。如遇不同货号的货物,则需按顺序重新编号。例:合同规定两种货物,用纸箱包装,第一种货物为 10 箱;第二种货物为 20 箱。那 C/NO. 栏应填写为第一种货物从 1 开始编号,以 10 结尾;第二种货物以 11 开始编号,以 30 结尾,以此类推。

11. 货物描述(Description Of Goods)

货物描述必须与信用证相符。如没有信用证规定,则一般填写商品的品名和规格。

12. 数量(Quantity/Qty)

数量填写实际件数,如品质规格不同应分别列出,并累计其总数。

13. 净重(Net Weight /N. W)

净重填写每件货物的实际重量并计其总量。

14. 毛重(Gross Weight/G. W)

毛重填入包括包装在内的每件货物的重量,规格不同要分别列出,并累计其总量。

15. 体积/尺码(Measurement/MEAS)

该栏填写每件包装的体积,并标明总尺码。

16. 总计(Total)

该栏的填写是对整个合同项下货物的总毛重、总净重、总数量、总体积进行简单的汇总。

17. 唛头(Shipping Mark)

与发票的唛头相一致。如信用证已规定具体的唛头,则必须严格与信用证一致。

18. 总包装件数(Total Packages)

该栏填写合同项下的纸箱总数。必须用英文大写来填写。例:总纸箱为 200 箱,则应填写 TOTAL PACKAGES:SAY TWO HUNDRED CARTONS ONLY。

19. 签章(Signature)

出单人签章应与商业发票相符,如果信用证规定中性包装,此栏可不填。

知识链接 5-4

信用证中对装箱单填制的规定(中英文对照)

1. Separate packing list must be in full details required.

装箱单必须作详细的缮制。

2. Combined of packing list is not acceptable.

提供装箱单不能是联合格式的装箱单。

3. Packing list showing gross and net weights expresses in kilos of each type of goods

required.

装箱单以千克计量,标明货物的毛重和净重。

4. Packing list in 3 copies should be manual signed by the beneficiaries.

装箱单一式三份,由受益人手签。

5. Packing list details the complete inner packing specification and contents of each package.

装箱单说明货物内部的包装规格及内容。

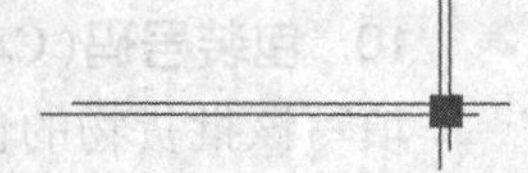

二、职业判断与实务操作

针对子任务引例分析如下:

(1)任务引例涉及对装箱单格式以及缮制内容的认知。在实务操作中,由于外贸出口货物种类繁多,因此,装箱单并没有统一的格式。不同的公司会采用不同的装箱单模板。小陈可根据自身公司的货物特点,在涵盖基本的包装内容下,自行拟定一套合适的装箱单模板。

(2) 装箱单的填制内容包括出口商的基本信息、合同编号、发票编号、装箱单编号及日期、包装件数、货物描述、净重、毛重、货物包装总计、装箱单出具人盖章等信息。如信用证有特别规定,必须严格按照规定来填写装箱单以避免单证不符的麻烦。

任务二　操练装箱单缮制与任务实训

任务描述

装箱单是外贸单证中比较重要的一张单据,是对商业发票的补充。装箱单的填制内容包括出口商的基本信息、合同编号、发票编号、装箱单编号及日期、包装件数、货物描述、净重、毛重、货物包装总计、装箱单出具人盖章等信息。

任务分析

通过对装箱单格式及缮制内容的认知,根据佛山易美贸易有限公司与美国贝佳特贸易有限公司签订的关于毛绒玩具的出口合同,以佛山易美贸易有限公司跟单员的身份,完成以下装箱单的填制。

子任务一　装箱单任务导入

子任务引例

佛山易美贸易公司与美国贝佳特贸易有限公司达成了一项关于毛绒玩具的出口合同。该项合同的产品是两种毛绒玩具,分别是新潮灰色小熊及长发小猫咪。灰色小熊的成交数量为1 080套,每8套小熊装一个纸箱,共135个纸箱;每箱的净重是6 KGS,毛重是8.5 KGS,每个纸箱的体积是48 cm×64 cm×60 cm;长发小猫咪成交的数量为3 150件,每30件装一个纸箱,共105个纸箱,每箱的净重是8.5 KGS,毛重是11 KGS,每个纸箱的体积是70 cm×65 cm×52 cm。

请回答:

(1) 请分别计算灰色小熊和长发小猫咪总净重和总毛重。

(2) 该合同项下装箱单的填制内容是什么?

一、知识认知

(一) 实训任务合同分析

根据佛山易美贸易有限公司与美国贝佳特贸易有限公司达成的合同,可知下列装箱单的基本信息:

(1)抬头人信息:BEST TRADING CO. ,LTD;

Rm 110-115,FUNWAY AVENUE,BOSTON,MA,USA

TEL:1-703-9780901　FAX:1-703-978-0902.

(2)发票号码:Inv20131012　发票日期:2013. 10. 12。

(3)合同号码:EM20130915。

(4)信用证号码:L/C361010。

(5)运输路线:佛山港口至波士顿港口。

(6)包装信息:

灰色小熊的成交数量为1 080套,每8套小熊装一个纸箱,共135个纸箱;每箱的净重是6 KGS,毛重是8.5 KGS,每个纸箱的体积是48 cm×64 cm×60 cm;

长发小猫咪成交的数量为3 150件,每30件装一个纸箱,共105个纸箱,每箱的净重是8.5 KGS,毛重是11 KGS,每个纸箱的体积是70 cm×65 cm×52 cm。

(二) 实训任务信用证分析

根据美国贝佳特贸易有限公司开来的信用证条款,明确了装箱单的填制规定,即"PACKING/WEIGHT LIST IN TRIPLICATE COPIES MENTIONING TOTAL MUMBER OF CARTONS,GROSS WEIGHT,NET WEIGHT,AND MEASUREMENTS PER EXPOPT CARTON."

因此,在制作装箱单必须满足"装箱单/重量单一式三份,在该单据中注明纸箱总数,以及每个出口纸箱的毛重、净重和体积。"

在装箱单的具体填制时,除了信用证规定需注明每个出口纸箱的毛重、净重及体积时,还需注明纸箱总数;并且有必要分别对小熊和小猫咪进行纸箱总毛重、总净重做简单的汇总。由于存在灰色小熊和长发小猫咪两种货物,因此,纸箱数这一栏 C/NO. 需要对货物进行按顺序排列。

根据上述信息,可知灰色小熊的基本信息填写见表 5.1。

表 5.1　灰色小熊基本信息

C/NO.	DESCRIPTION OF GOODS	QUANTITY(SETS)	N. W(KGS)	G. W(KGS)	MEAS(M^3)
1-135	NEW DESIGN BROWN BEAR AB007	1 080	6.00/810.00	8.50/1 147.50	0.18/24.30

根据上述信息,可知长发小猫咪的基本信息填写见表 5.2。

表 5.2　长发小猫咪基本信息

C/NO.	DESCRIPTION OF GOODS	QUANTITY(PCS)	N. W(KGS)	G. W(KGS)	MEAS(M^3)
136-240	LONG HAIR CAT AB110	3 150	8.50/892.50	11.00/1 155.00	0.23/24.80

二、职业判断与实务操作

针对子任务引例分析如下:

(1)任务引例涉及对佛山易美贸易有限公司装箱单的填制。从与美国贝佳特贸易有限公司签订的合同来分析:可知灰色小熊的总毛重是 1 147.5 KGS,总净重是 810 KGS,总体积是 24.3 立方米;长发小猫咪的总毛重是 1 155 KGS,总净重是 892.5 KGS,总体积是 24.8 立方米。

(2) 装箱单的填制内容包括佛山易美有限公司的基本信息、该项合同编号 EM20130915、发票编号 Inv20131012、装箱单编号及日期 Inv20131012、小熊和小猫咪的包装件数、分别列明两种货物的纸箱净重、毛重等信息。信用证有特别规定,必须严格按照规定来列明每个纸箱的毛重、净重和体积。

子任务二　操练装箱单的缮制

子任务引例

佛山易美贸易公司与美国贝佳特贸易有限公司达成了一项关于毛绒玩具的出口合同。该项合同的产品是两种毛绒玩具,分别是新潮灰色小熊及长发小猫咪。根据实训任务的分析,操练装箱单的缮制。

请回答:

(1) 根据合同和信用证信息,操练装箱单的缮制。

(2) 填写装箱单需要注意哪些事项?

一、知识认知

(一) 实训任务装箱单的缮制

根据佛山易美贸易有限公司与美国贝佳特贸易有限公司达成的毛绒玩具合同交易,通过

分析合同及信用证的信息,缮制如下的装箱单(单据样张 5.2):

佛山易美贸易有限公司

FOSHAN EMAY TRADING CO. ,LTD

中国佛山市东方广场东方路 131 号 110-119 室

Rm 110-119,NO. 131 DONGFANG ROAD,DONGFANG PLAZA,FOSHAN,CHINA

TEL:86-757-86682454 FAX:86-757-86682453

装箱单

PACKING LIST

TO:BEST TRADING CO. ,LTD
Rm 110-115,FUNWAY AVENUE,BOSTON,MA,USA
TEL:1-703-9780901 FAX:1-703-9780902

PACKING LIST NO. :Inv20131012
DATE:20131012
CONTRACT NO. :EM20130915
INVOICE NO. :Inv20131012
L/C NO. :L/C361010

TRANSPORTATION FROM FOSHAN TO BOSTON

C/NO.	DESCRIPTION OF GOODS	QUANTITY	N. W(KGS)	G. W(KGS)	MEAS(M^3)
1-135	NEW DESIGN BROWN BEAR AB007	1 080 SETS	6.00/810.00	8.50/1 147.50	0.18/24.30
136-240	LONG HAIR CAT AB110	3 150 PCS	8.50/892.50	11.00/1 155.00	0.23/24.80
TOTAL:240 CTNS		4 230 UNITS	1 702.50	2 302.5	49.10

SHIPPING MARKS:
BEST TRADING CO. LTD
EM20130915
BOSTON
CARTON NO. 1-240

TOTAL PACKAGES:SAY TWO HUNDRED AND FORTY CARTONS ONLY.

ISSUE BY
FOSHAN EMAY TRADING CO. ,LTD
SIGNATURE

单据样张 5.2 装箱单填制

(二) 装箱单缮制的注意事项

(1)在填制装箱单时,有些出口公司的装箱单模板已提前印制重量清单 Weight Memo"及重量单"Weight List"在信头上。即把两种单据的名称印在一起,若来证仅要求出具 Weight List 时,应将 Weight Memo 的名称删去以满足信用证要求。

(2)装箱单上所列的内容,应与发票及其他单据的内容一致。包括装箱单上的纸箱总件数和重量单上的总重量,应与发票、提单上的总件数或总数量相一致。

(3)装箱单着重表现货物的包装情况,因此装箱单的填制内容必须与货物的包装内容完全一致。

(4)如信用证要求装箱单及重量单分别开列时,应按来证办理,提供两套单据。

(5)在实际操作上,有些进口商需要转让单据给第三方时,会要求出口商出具中性包装清单(Neutral Packing List)时,即不显示收货人、价格和货物描述时,不注明受益人的名称。当信用证要求出具中性包装清单时,按来证要求操作。

(6)当信用证规定装箱单上注明"PACKING IN EXPORT CARTONS SUITABLE FOR LONG DISTANT TRANSPORTATION(适用于长途运输的出口纸箱包装)"等,应在装箱单和发票中摘抄这段话。

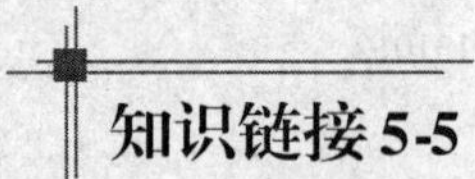

知识链接 5-5

信用证对装箱单规定的实例分析

(1)某信用证对装箱单内容规定为:"PROVIDE IN TWO ORIGINAL PACKING LISTS SHOWING GOODS SHOULD PACKED IN 50 IRON DRUMS, EACH IRON DRUM IS 200 L, IN TOTAL 17 PALLETS, PACKED WITH PLASTIC FOILS TRAPPED TIGHTLY AROUND THE DRUMS AND PALLETS."

根据来证要求,作为出具装箱单的出口商必须提供两份正本,装箱单上显示货物装 50 个 200 升的铁桶,共 17 个托盘,打好托盘和铁桶后需使用抗拉塑料薄膜予以紧固。

(2)某信用证要求:"PACKING/WEIGHT LIST IN TRIPLICATE SHOWING: TOTAL NUMBER OF PACKAGES, GROSS WEIGHT, NET WEIGHT, MEASUREMENT OF EACH CARTON. PACKING LIST AND PACKING MUST BE NEUTRAL, FORBIDDEN TO SHOW THE ORIGIN PLACE."

根据来证要求,出口商应提供装箱单/重量单一式三份,单据上标明:总件号、每个纸箱的净重、毛重和体积。同时装箱单及包装上为中性包装,不能显示原产地。

二、职业判断与实务操作

针对子任务引例分析如下:

(1)任务引例是涉及佛山易美贸易有限公司装箱单的填制。根据与美国贝佳特贸易有限公司的合同及信用证信息,该合同项下的装箱单的具体填制内容见上述单据样张 4.2。

(2)装箱单的注意事项包括单据名称以及填制内容必须完全符合信用证的规定;装箱单上一般不应显示货物的单价和总价;装箱单的内容应与发票、提单等其他单据相一致。若来证要求中性包装,则不应显示出口商的名称、产地、货物描述等信息。如合同及信用证对装箱单有特殊规定,则必须在单据中显示出来。

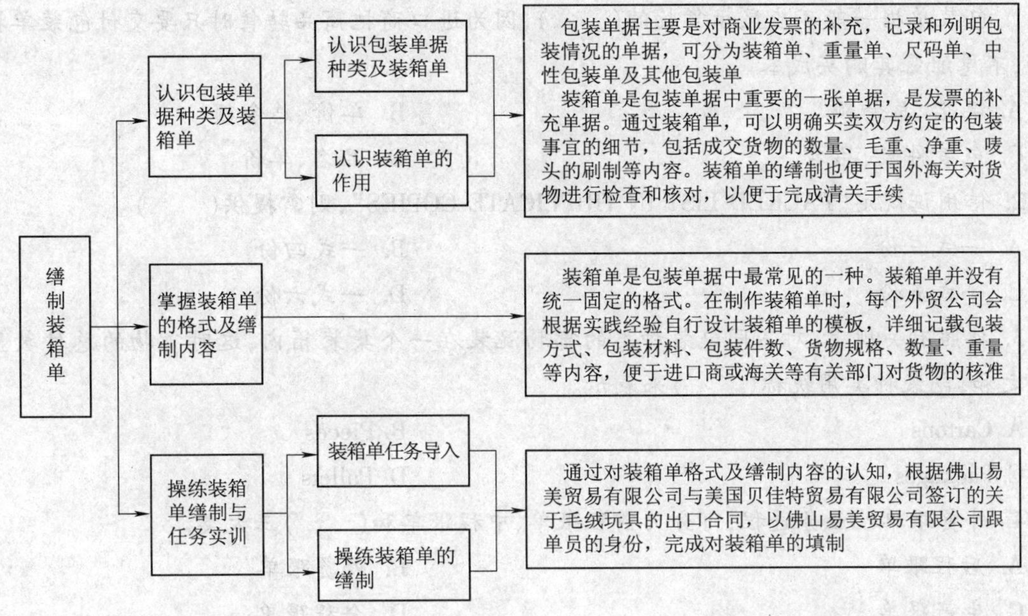

能力训练一　职业判断与选择

一、职业判断能力

1. 信用证要求 PACKING LIST TO BE MADE OUT IN NEUTRAL FORM，则装箱单中不能显示出具人名称。 (　　)

2. 信用证规定装箱单必须描述详细货物的品名，型号，而制单员认为只需填写商品品名。 (　　)

3. 装箱单的主要作用是对商业发票的补充，便于海关查验货物。 (　　)

4. 信用证规定商业发票中必须填写唛头，制单员认为不需要在装箱单中也填制此唛头。 (　　)

5. 装箱单具有统一的格式，制单员需根据固定的格式填写。 (　　)

6. 装箱单中不需要填写进口商的名称。 (　　)

7. 装箱单中不需要显示货物的毛重和净重、体积等信息。 (　　)

8. 外贸跟单是在进出口合同签订后，依据合同和相关单证对货物加工、装运、保险、报检等部分或全部环节进行跟踪或操作。 (　　)

9. 装箱单所列的各项数据和内容不需要与提单等单据的相关内容一致。 (　　)

10. 在实际使用中，为避免产生“单证不符”造成交单议付麻烦，当信用证规定包装单据的名称时，应与信用证要求的名称严格相符。 ( )

二、单项职业选择能力

1. 包装单据一般不应显示货物的( )，因为进口商把商品转售时只要交付包装单据和货物，不愿泄露其购买成本。

A. 品名、总金额　　B. 单价、总金额

C. 包装件数、品名　　D. 品名、单价

2. 信用证规定“PACKED LIST IN TRIPLICATE COPIES”，则需提供( )。

A. 一式三份　　B. 一式四份

C. 一式五份　　D. 一式六份

3. 按照有关规定，对不同包装种类的货物混装在一个集装箱内，这时货物的总件数显示数字之和，包装种类用统称( )来表示。

A. Cartons　　B. Pieces

C. Packages　　D. Pallets

4. 外贸跟单按业务进程，可分为前程跟单、中程跟单和( )三大类。

A. 后程跟单　　B. 外贸跟单

C. 生产跟单　　D. 全程跟单

5. 来证规定“PACKING LIST SHOWING GROSS WEIGHT AND NET WEIGHT EXPRESSES IN EACH CARTON OF GOODS REQUIREDS”。装箱单需显示 ( )。

A. 每箱的毛重和净重　　B. 总重和净重

C. 毛重和净重　　D. 总毛重和净重

6. 在填写装箱单时，必须以( )注明总包装数量。

A. 英文大写　　B. 英文小写

C. 中文大写　　D. 中文小写

7. 如信用证没特殊规定，装箱单的签发人为( )。

A. 出口商　　B. 进口商

C. 不填　　D. 出口银行

8. 中性包装单是单据中不需要显示( )。

A. 签发人和收货人的名称　　B. 货物名称、包装条件

C. 包装种类　　D. 包装数量

9. 在实际业务中，重量单用以说明( )细节。

A. 货物重量　　B. 货物品名

C. 货物重量及货物品名　　D. 货物重量及体积

10. 以下( )单据是进口商清点货物和接收货物的依据。

A. 装箱单　　B. 发票

C. 汇票　　D. 原产地证书

能力训练二　实务操作

背景资料:

广州意林服装贸易有限公司与加拿大多伦多 ABC 贸易有限公司签订了一份关于服装出口的合同。请根据以下合同及包装基本信息,以广州意林服装贸易有限公司的制单员身份,缮制一份装箱单。

一、合同信息

GUANGZHOU ELIN CLOTHING TRADING CO. LTD

RM 110-112, GUANGZHOU REVENUE, GUANGZHOU, CHINA

TEL:86-20-24232445　　FAX:86-20-24232436

SALES CONTRACT　　NO. EL20160912

SELLER NAME:GUANGZHOU ELIN CLOTHING TRADING CO. LTD

ADDRESS:RM 110-112, GUANGZHOU REVENUE, GUANGZHOU, CHINA

TEL:86-20-24232445　　FAX:FAX:86-20-24232436

BUYER:ABC TRADING CO. ,LTD, CANADA

ADDRESS:48 WOODGARDEN CRESCENT, TORONTON, ONTARIO, CANADA

TEL:1-514-3964455　　FAX:1-514-396-4451

THE SELLERS AGREE TO SELL AND THE BUYERS AGREE TO BUY THE UNDERMANTIONED GOODS ACCORDING TO THE TERMS AND CONDITIONS AS STIPULATED BELOW.

NAME OF COMMODITY & SPECIFICATION:

NAME OF COMMODITY & SPECIFICATION	QUANTITY	UNIT PRICE	TOTAL VALUE
WOMEN SWEATER (EL5550) SKIRT(EL5551)	1 000 PCS 2 000 PCS	USD 20.00 USD 15.00	USD 20 000 USD 30 000
TOTAL	3 000 PCS	USD 50 000	

PACKING: PACKED IN CARTONS, 20 PCS IN ONE CARTON OF WOMEN SWEATER; 40 PCS IN ONE CARTON OF SKIRT;

SHIPPING MARKS:

ABC TRADING CO. LTD
EL20160912
TORONTO
CARTON NO. 1-100

PORT OF SHIPMENT: HUANGPU PORT, GUAGNZHOU, CHINA

PORT OF DESTINATION: TORONTO, CANADA

TIME OF SHIPMENT: BEFORE THE END OF OCTOBER, 2016

二、包装具体信息

女式毛衣的成交数量为 1 000 件,每 20 件装一个纸箱,共 50 个纸箱;每箱的净重是 10 KGS,毛重是 11 KGS,每个纸箱的体积是 44 cm×64 cm×61 cm。

裙子成交的数量为2 000件，每40件装一个纸箱，共50个纸箱，每箱的净重是6 KGS，毛重是7 KGS，每个纸箱的体积是55 cm×65 cm×51 cm。

三、其他信息

发票号码：Inv20141007　　发票日期：2016. 10. 07

信用证号码：L/C342423

请根据以上给予的合同信息、包装及相关信息，以广州意林服装贸易有限公司的制单员身份，缮制一份装箱单。

项目六 装运货物及缮制托运单证

项目引言

国际货运代理是国际贸易对外出口的一个重要环节,其中海洋运输是应用最多最广泛的运输方式。为了保证进出口货物的安全交接,在整个运输过程中需要编制各种单据。这些单证各有其特定的用途,彼此之间又有相互依存的关系。它们既把船、港、货各方联系在一起,又能分清各自的权利和业务。本项目将学习国际货运代理的主要方式以及货运单证的填写,使学生达到能够顺利运出一票业务的能力要求。

知识目标

1. 了解国际货运的主要方式与类别
2. 了解海运出口货物运输的流程及基础知识
3. 熟悉国际货运单证的主要内容

技能目标

1. 能够根据货物交货期、数量和交货地点等因素来合理安排装船并及时出运
2. 能够根据给定的出口信息完成装运单证的填写

任务一 了解国际货物运输方式

任务描述

国际货运运输就是在国家与国家、国家与地区之间的运输。从一国来说,就是对外贸易运输,简称外贸运输。它涉及国际关系问题,是一项政策性很强的涉外活动,且呈现中间环节很

多、涉及面广、情况复杂多变、时间性强、风险较大等特点。只有了解了国际货运的主要方式才能彻底熟悉这种重要的出口方式。具体任务为:了解国际货物运输方式,了解国际货物运输类型及特点。

任务分析

通过对国际贸易运输的含义的认知,了解国际贸易运输分类和特点,进而明确国际货物运输对买卖双方进出口货物的作用。

任务实施

子任务一　了解国际货物运输方式

子任务引例

小明是刚刚毕业的国贸专业的大学生,他想进入国际货代这个行业工作,但是在学校他所掌握的有关于货代方面的知识有限。

请回答:为了准备面试,小明需要了解什么信息?

一、知识认知

(一)国际货物运输的概念

国际货物运输所涉及的运输方式是多种多样的,是实现进口商品、暂时进口商品、转运物资、过境物资、邮件、国际捐赠和援助物资、加工装配所需物料、部件以及退货等从一国(或地区)向另一国(或地区)运送的物流活动,属于国际物流范畴。在国际货物运输中,涉及的运输方式很多,其中包括海洋运输、铁路运输、航空运输、河流运输、邮政运输、公路运输、管道运输、大陆桥运输及由各种运输方式组合的国际多式联运等。

(二)国际货物运输的特点

国际货物运输是国家与国家、国家与地区之间的运输,与国内货物运输相比,它具有以下几个主要特点。

1. 国际货物运输涉及国际关系问题,是一项政策性很强的涉外活动

国际货物运输是国际贸易的一个组成部分,在组织货物运输的过程中,需要经常同国外发生直接或间接的广泛的业务联系,这种联系不仅是经济上的,也常常会涉及国际间的政治问题,是一项政策性很强的涉外活动。因此,国际货物运输既是一项经济活动,又是一项重要的外事活动,这就要求我们不仅要用经济观点去办理各项业务,而且要有政策观念,按照我国的对外政策的要求从事国际运输业务。

2. 国际货物运输是中间环节很多的长途运输

国际货物运输是国家与国家、国家与地区之间的运输,一般来说,运输的距离都比较长,往往需要使用多种运输工具，通过多次装卸搬运，要经过许多中间环节，如转船、变换运输方式等，经由不同的地区和国家，要适应各国不同的法规和规定。如果其中任何一个环节发生问题，就会影响整个运输过程，这就要求我们作好各个环节的组织安排工作，避免在某环节上出现脱节现象，给运输带来损失。

3. 国际货物运输涉及面广，情况复杂多变

国际货物运输涉及国内外许多部门，需要与不同国家和地区的货主、交通运输、商检机构、保险公司、银行或其他金融机构、海关、港口以及各种中间代理商等打交道。同时，由于各个国家和地区的法律、政策规定不一，贸易、运输习惯和经营做法不同，金融货币制度的差异，加之政治、经济和自然条件的变化，都会对国际货物运输产生较大的影响。

4. 国际货物运输的时间性强

按时装运进出口货物，及时将货物运至目的地，对履行进出口贸易合同，满足商品竞争市场的需求，提高市场竞争能力，及时结汇，都有着重大意义。特别是一些鲜活商品、季节性商品和敏感性强的商品，更要求迅速运输，不失时机地组织供应，才有利于提高出口商品的竞争能力，有利于巩固和扩大销售市场。因此，国际货物运输必须加强时间观念，争时间、抢速度、以快取胜。

5. 国际货物运输的风险较大

由于在国际货物运输中环节多，运输距离长，涉及的面广，情况复杂多变，加之时间性又很强，在运输沿途国际形势的变化、社会的动乱，各种自然灾害和意外事故的发生，以及战乱、封锁禁运或海盗活动等，都可能直接或间接地影响到国际货物运输，以至于造成严重后果，因此，国际货物运输的风险较大。为了转嫁运输过程中的风险损失，各种进出口货物和运输工具，都需要办理运输保险。

二、职业判断与实务操作

针对子任务引例分析如下：

国际货物运输是货物出口的桥梁环节，小明有心进入这个行业的话一定要对国际货物运输的概念以及特点做准备，因为进入这个行业以后可能会面临时间紧、风险大等问题，在处理这些事情的时候一定要有好的心理准备，这是一个国际货代行业工作人员应具备的基本素质。

子任务二　了解国际货物运输类型及特点

子任务引例

佛山美新公司的小李有一批10 000张窗帘要在2016年的6月30日前出口到美国洛杉矶，他需要找到一家合适的货运代理公司，并且选择安全性较高、性价比最高的运输方式出口。

请回答：最合适小李的货物的货运方式是哪一种？

一、知识认知

(一)国际货物运输的分类

在国际货物运输中,涉及的运输方式很多,其中包括海洋运输、铁路运输、航空运输、河流运输、邮政运输、公路运输、管道运输、大陆桥运输以及由各种运输方式组合的国际多式联运等。国际运输服务公司的经营,多以某一种或多种运输方式联运为主,较常见的是海运或空运,并辅以其他运输方式,从而实现服务范围较大化覆盖。

(二)国际货物运输的特点

1. 海洋运输

在国际货物运输中,运用最广泛的是海洋运输(Ocean Transport)。海上运输的经营方式主要有班轮运输和租船运输两大类。班轮运输又称定期船运输,租船运输又称不定期船运输。目前,海运量在国际货物运输总量中占 80% 以上。海洋运输之所以被如此广泛采用,是因为它与其他国际货物运输方式相比,主要有下列明显的优点:

(1)通过能力大。海洋运输可以利用四通八达的天然航道,它不像火车、汽车受轨道和道路的限制,故其通过能力很大。

(2)运量大。海洋运输船舶的运输能力,远远大于铁路运输车辆。如一艘万吨船舶的载重量一般相当于 250 ~ 300 个车皮的载重量。

(3)运费低。按照规模经济的观点,因为运量大,航程远,分摊于每货运吨的运输成本就少,因此运价相对低廉。

海洋运输虽有上述优点,但也存在不足之处。例如,海洋运输受气候和自然条件的影响较大,航期不准确,而且风险较大。此外,海洋运输的速度也相对较低、时间较长。

知识链接 6-1

班轮运输的介绍

班轮运输是海洋运输的一种方式,是指船舶按公布的船期表在确定航线上,以公布的挂靠港顺序,有规则地从事航线上各港间的货物运输。班轮运输适合于货流稳定、货种多、批量小的杂货运输。班轮运输的船舶类型主要包括传统杂货船、集装箱船、滚装船、载驳船、冷藏船等。它的特点如下:

(1)具有"四固定"的特点,即是固定航线、固定港口、固定船期和相对固定的费率。这是班轮运输的最基本特征。

(2)班轮运价内包括装卸费用,即货物由承运人负责配载装卸,承托双方不计滞期费和速遣费。

(3)承运人对货物负责的时段是从货物装上船起,到货物卸下船止,即"船舷至船舷"(Rail to Rail)或"钩至钩"(Tackle to Tackle)。

(4)承运双方的权利义务和责任豁免以签发的提单为依据,并受统一的国际公约的制约。

2. 铁路运输

在国际货物运输中，铁路运输(Rail Transport)是仅次于海洋运输的主要运输方式，海洋运输的进出口货物，也大多是靠铁路运输进行货物的集中和分散。

铁路运输有许多优点，一般不受气候条件的影响，可保障全年的正常运输，而且运量较大，速度较快，有高度的连续性，运转过程中可能风险也较小。办理铁路货运手续比海洋运输简单，而且发货人和收货人可以在就近的始发站(装运站)和目的站办理托运和提货手续。

3. 航空运输

航空运输(Air Transport)是一种现代化的运输方式，它与海洋运输、铁路运输相比，具有运输速度快、货运质量高且不受地面条件的限制等优点。因此，它最适宜运送急需物资、鲜活商品、精密仪器和贵重物品。

4. 公路运输

公路运输(Road Transportation)是一种现代化的运输方式，它不仅可以直接运进或运出对外贸易货物，而且也是车站、港口和机场集散进出口货物的重要手段。

5. 内河运输

内河运输(Inland Water Transportation)是水上运输的重要组成部分，它是连接内陆腹地与沿海地区的纽带，在运输和集散进出口货物中起着重要的作用。

6. 邮包运输

邮包运输(Parcel Post Transport)是一种较简便的运输方式。各国邮政部门之间订有协定和合约，通过这些协定和合约，各国的邮件包裹可以相互传递，从而形成国际邮包运输网。由于国际邮包运输具有国际多式联运和"门到门"运输的性质，加之手续简便、费用也不高，故其成为国际贸易中普遍采用的运输方式之一。

7. 管道运输

管道运输(Pipeline Transport)是用管道作为运输工具的一种长距离输送液体和气体物资的运输方式，是一种专门由生产地向市场输送石油、煤和化学产品的运输方式，是统一运输网中干线运输的特殊组成部分。管道运输不仅运输量大、连续、迅速、经济、安全、可靠、平稳以及投资少、占地少、费用低，并可实现自动控制。

8. 国际多式联运

国际多式联运(International Multimodal Transport)又称国际联合运输(International Combined Transport)，是在集装箱运输的基础上产生和发展起来的一种综合性的连贯运输方式。它一般以集装箱为媒介，把各种单一的运输方式有机地结合起来，组成一种国际性的连贯运输。

二、职业判断与实务操作

针对子任务引例分析如下：

最合适小李的货物的货运方式是海洋运输，因为小李所在公司的这批货物数量较大，且路程较长，选择海洋运输的话价格会比较便宜，且装载能力又强。而且佛山去美国的港口可以经深圳或者广州出口，海洋运输十分方便，都有固定的班轮，安全性也较高。

任务二 认识海洋运输货物的托运流程

任务描述

海洋货物运输的托运是一项流程性的操作，所涉及的环节多，覆盖面广、细节多。因此在这个环节往往会委托货代公司来完成整项业务的操作，但是委托公司也要予以相应的配合，特别是一些有关的票据信息要能够及时和正确地提供给货代公司。

任务分析

通过对海洋货物托运流程的学习，能够熟练地处理有关托运的各项票据和各个托运环节的工作交接。

任务实施

子任务一 认识海洋运输托运流程

子任务引例

广州大华国际货代公司接到了来自广州方方贸易进出口公司的货物托运委托，预计10月15号之前有一批衣服要运往日本的大阪，在大华公司工作的小张负责这一票业务，要求要及时地按照客户的要求完成货物的托运工作。

请回答：

(1)请问小张应该如何办理这批货物的出运呢？

(2)小张要和哪些部门、哪些环节打交道？

一、知识认知

海洋运输托运操作流程如下：

1. 接受货主询价

(1)海运询价。需掌握发货港至各大洲/各大航线常用的及货主常需服务的港口价格；主要船公司的船期信息；需要时应向询价货主问明一些类别信息，如货名、危险级别等。

(2)陆运询价。需掌握各大主要城市公里数和拖箱价格；各港区装箱价格；报关费、商检、动植检收费标准。

(3)不能及时提供的，需请顾客留下电话、姓氏等联系要素，以便在尽可能短的时间内回复货主。

2. 接受货主委托

接受货主委托后(一般为传真件)需明确的重点信息：船期、件数、箱型、箱量、毛重、体积、

付费条款、货主联系方法、做箱情况等有关货运委托的详细信息。

3. 订舱

(1) 缮制委托书(十联单)。制单时应最大程度保证原始托单的数据正确、相符性,以减少后续过程的频繁更改。

(2) 加盖公司订舱章订舱。需提供订舱附件的(如船公司价格确认件),应一并备齐方能去订舱。

(3) 取得配舱回单:获取船名、航次、提单号信息。

4. 做箱

(1) 门到门。填妥装箱计划中需要的要素有:做箱时间、船名、航次、关单号、中转港、目的港、毛重、件数、体积、门点、联系人、电话等要素,先于截关日(船期前两天)1 ~2 天排好车班。

(2) 内装。填妥装箱计划中:船期船名航次、关单号、中转港、目的港、毛重、件数、体积、进舱编号等要因,先于截关日(船期前两天)1 ~2 天排好车班。

(3) 取得两种做箱方法所得的装箱单(CLP)。

5. 报关

(1) 了解常出口货物报关所需资料:合同、发票、装箱单等。

(2) 备妥报关委托书,报关单、手册、发票、装箱单、核销单和其他所需资料,于截关前一天通关。

6. 提单确认和修改

(1) 咨询顾客提单的发放形式,以下是实操中的常用方式。

①电放方式:顾客需提供正本"电放保函"(留底),后出具公司"保函"到船公司办理电放手续。

②预借方式:顾客需提供正本"预借保函"(留底),后出具公司"保函"到船公司办理预借手续。

③倒签方式:顾客需提供正本"倒签保函"(留底),后出具公司"保函"到船公司办理倒签。此种情况下,多半是签发 HOUSE B/L(即货代提单)。

④分单方式:为确保退税,应等船开以后 3 ~4 天将候舱单送达海关,再将一票关单拆成多票关单。

⑤并单方式:应等船开以后 3 ~4 天(候舱单送达海关,以保证退税),再将多票关单合成一票关单。

⑥异地放单方式:须经船公司同意,并取得货主保函和异地接单之联系人、电话、传真、公司名、地址等资料方可放单。

请注意:除电放提单外,预借、倒签、分单、并单、异地放单必须经过船公司的同意方可放单。

(2) 依据原始资料,传真于货主确认,并根据回传确立提单正确内容。

7. 签单

(1) 查看每张正本提单是否都签全了证章。

(2) 是否需要手签。

8. 航次费用结算

(1) 海运费。预付(Freight Prepaid)及到付(Freight Collect)。

(2)陆运费。包括订舱,报关(包括返关之前已经报关的费用),做箱(内装/门到门)。

其他应考虑的费用:冲港费/冲关费、商检、动植检、提货费、快递费、电放、更改费等。

9. **提单、发票发放**(提单样本)

(1)货主自来取件的,需签收。

(2)通过 EMS 和快递送达的,应在名址单上标明诸如:提单号、发票号、核销单号、许可证号、配额号等要素以备日后查证。

10. **应在一个月内督促航次费用的清算并及时返还货主的核销退税单**

11. **海关退税有问题的,需更改并要提供如下资料**

(1)报关数据正确、舱单不正确的。经预录后的(海关返还的)报关单复印件;场站收据复印件(十联单的第七联即黄联);提单正本复印件两张;装箱单(Container Load Plan)复印件;更正单(三联、正本)。

(2) 短装(多报少出)、溢装(少报多出)。船开 5 天(工作日)内没能及时更正的:先缴纳罚款金 3 000 ~ 5 000 元;货主重新提供的发票、装箱单(Packing List)、报关单、提单副本复印件(加盖提单副本确认章。)

船开 5 天(工作日)内更改的:提单副本复印件(加盖提单副本确认章)正本、正确的报关单。

以出口为例,货运代理的业务流程如图 6.1 所示。

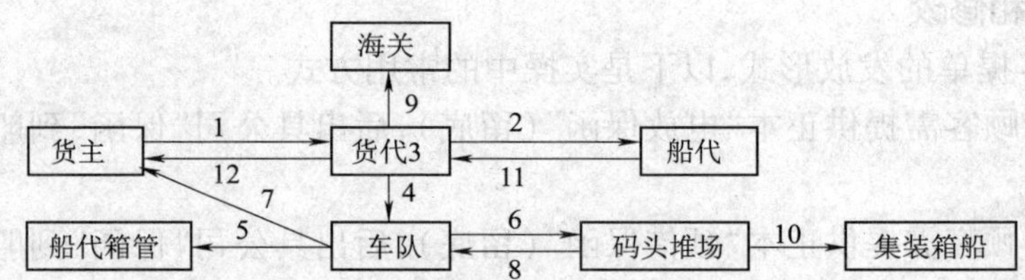

图 6.1　货运代理业务流程(出口为例)

1 -货运委托;2 -订舱;3 -拼箱;4 -委托陆运装箱;5 -用箱申请;6 -提空箱;7 -装箱;8 -重箱进堆场;9 -报关;10 -装船;11 -总提单签发;12 -分提单签发

二、职业判断与实务操作

针对子任务引例分析如下:

(1)小张需要根据客户的委托,详细审核客户提供的出口票据,然后进行订舱、做箱、拖车、报关报检、装船等一系列的工作,及时地在客户的要求时间内把货物装运上船。

(2)在这票业务中小张需要打交道的部门有码头、车队、船公司、海关、出入境检验检疫局。

子任务二　认识海运托运单的作用

子任务引例

小王所在公司的部门主管张经理说:"今天我们要和客户签订合同,正式建立合同关系,接下来你要全权负责这批货物的出口托运事宜,请把给客户的海运托运单准备好。"

请回答：

(1)请阐述海运托运单的重要性。

(2)海运托运单填写过程中要注意什么问题？

一、知识认知

(一)海运托运单的概念

海运托运单(英文缩写 B/N)是由托运人填写并盖章确认的，专门用于委托船公司或其代理人承运而缮制的一种表单，表单上列有出运后缮制提运单所需要的各项内容，并印有“托运人证实所填内容全部属实并愿意遵守承运人的一切运输章程”的文字说明，如单据样张 6.1 所示。

海运出口托运单

BOOKING NOTE

托运人：
Shipper ______________________

编号： ______________　船名
No.　　　　　　　　　　S/S ______________

目的港：
For ______________________

<table>
<tr><td rowspan="2">标记及号码
Marks & Nos.</td><td rowspan="2">件数
Quantify</td><td rowspan="2">货名
Description of goods</td><td colspan="2">重量(公斤)
Weight(Kilos)</td></tr>
<tr><td>净
Net</td><td>毛
Gross</td></tr>
<tr><td></td><td></td><td></td><td></td><td></td></tr>
<tr><td></td><td></td><td></td><td></td><td></td></tr>
<tr><td colspan="3">共计件数(大写)
Total Number of Packages Writing</td><td colspan="2">运费付款方式</td></tr>
<tr><td>运费计算</td><td colspan="2"></td><td>尺码
Measurement</td><td></td></tr>
<tr><td>备注</td><td colspan="4"></td></tr>
<tr><td>抬头</td><td></td><td>可否转船</td><td>可否分批</td><td></td></tr>
<tr><td>通知</td><td></td><td>装期</td><td>效期</td><td>提单张数</td></tr>
<tr><td></td><td></td><td>金额</td><td colspan="2"></td></tr>
<tr><td>收货人</td><td></td><td>银行编号</td><td>信用证号</td><td></td></tr>
</table>

制单　　月　　日

单据样张 6.1　海运托运单

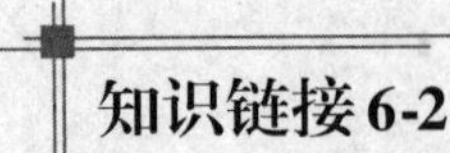

知识链接6-2

电子托运单的概念

利用电信技术，承运人将船期表和其他订舱信息和数据如港口、船期、航期、载货量、舱位、箱量、停泊码头等，放在公共数据中心，作为各托运人网上订舱的操作平台，为各托运人跨国家（地区）、跨公司、跨部门地查阅、选择、订舱提供了方便。

托运人可以在自己的办公地将托运单的电子数据报文通过终端申报方式发送到船公司的计算机系统，船公司或其代理人收到电子托运单数据后，根据船舶载货量和具体托运内容来安排舱位，一旦船公司确认订舱后，便发送“接受订舱”的电子回执给托运人，并进一步将确定的船名、航次、关单号和船舶动态等信息数据发送给托运人，完成电子托运单订舱的全部手续。电子托运单订舱是未来我国实现“无纸化贸易运输”的发展方向。

（二）海运托运单的内容和缮制规范

（1）托运人：填写托运人的全称、街名、城市、国家名称、电话、传真号。可以是货主，也可以是其贸易代理人或是货运代理。在信用证方式下一般是信用证的受益人。

（2）收货人：收取货物的人。

①如果是实际收货人，可填写全称、地址等，表示此提单为记名提单，不可以转让。

②如果是指示提单，可以填写“TOORDER”或“TOORDER OF SHIPPER”，信用证下，凭银行指示，这种提单通过背书可以转让。

不可以写两个收货人，如有第二收货人，填写在通知人栏内。

（3）通知人：信用证下，为开证申请人，即实际的收货人。可以填写第二收货人。

（4）装运港：填写实际货物装运的港口全称。

（5）卸货港：填写实际货物被卸离船舶的最终港口全称，对于信用证方式结算的交易，按信用证中规定的卸货港填写。

（6）目的地：填写货物最终的交货地的城市名称或地区名称。

（7）货物名称和包装种类：必须与信用证或合同规定货物相符，与实际货物的名称、规格、型号、成分等都相一致。

（8）箱数与件数：填写装入集装箱内货物的外包装件数或集装箱个数。件数要写出小写和大写。如果不同包装种类的货物混合在一个集装箱内，包装种类显示“件数”（Packages）。

（9）运费（Freight）：应注明是运费预付（Freight Prepaid）还是运费到付（Freight Collect）。

(10)总毛重、总净重及总体积(Total Gross Weight、Total Net Weight、Total Measurement):按实际填写。

二、职业判断与实务操作

针对子任务引例分析如下:

(1)海运托运单是具有合同属性的一种单证,如果掉以轻心,则很容易导致自己的货物运输遭遇各种问题,严重的还会使得出口商今后的经营受到影响。

(2)海运托运单填写过程中一定要与客户提供的外贸合同、发票、装箱单等为依据,要填写规范,内容准确。

任务三　掌握装运单证的格式及缮制内容

任务描述

装运单据是在租船装运过程之中所用到的各种单据,这些单据是货物从货主开始一直交接上船的过程中,所需要用到的凭证,借以明确货物已经完成交接工作,可以开始下一个装运环节。

任务分析

了解装运单证的主要格式,并且能够熟练地对装货单和收货单进行填制,单据交接过程如果出现问题也有及时发现的能力。

任务实施

子任务一　掌握装运单证的格式

子任务引例

假设你是广州华艾建材有限公司的外贸业务员,已经找了一家货代公司协助货物的出运,你需要及时掌握货物的装运环节。

请回答:

(1)如何知道货物可以开始装货了?

(2)如何知道货物已经装船完毕,要拿到什么凭证?

一、知识认知

(一)装运单证的概念

在国际货物买卖中,装运单据具有十分重要的作用。它们是买方提取货物、办理报关手续、转售货物以及向承运人或保险公司请求赔偿所必不可少的文件。按照国际贸易惯例,在绝大多数情况下,卖方都有义务向买方提交有关货物的各种单据。在国际贸易业务中,当买卖合同采用跟单信用证或交单付款(D/P)的支付方式时,都是以卖方交单(特别是提单)作为买方支付货款的对流条件(Concurrent Condition)。装运单据是在租船装运过程之中所用到的各种单据,一般有托运单、装货单和收货单三种。

(1)托运单是指托运人(发货人)根据买卖合同和信用证内容填写的向承运人或其代理人办理货物托运的单证。

(2) 装货单(俗称下货纸)是接受托运人提出装运申请的船公司或外轮代表公司签发给托运人,凭以命令船长将承运货物装船的单据。

(3) 收货单是船公司签发给托运人的表明货物已装妥的临时收据。托运人凭收货单向外轮代理公司交付运费并换取正式提单。

(二)装货单和收货单的格式

1. 装货单

装货单是接受了托运人提出装运申请的船公司签发给托运人的用以命令船长将承运的货物装船的单据。它既能用作装船的依据,又是货主用以向海关办理出口货物申报手续的主要单据之一,所以又叫关单。它的主要作用如下:

(1)装货单是承运人确认承认货物的证明。承运人签发装货单,即表明已办妥托运手续,承运人已同意承运单上所列货物,装货单一经签订,运输合同即告成立。

(2)装货单是海关对出口货物进行监管的单证。托运人凭装货单及其他有关单证,办理出口报关手续,海关核准出口,即在装货单上加盖海关放行章。

(3)装货单是承运人通知码头仓库或装运船舶接货装船的命令。托运人将装货单连同货物送交承运人指定的仓库或船舶,理货人员按积载计划由装卸工人分票装船后,即将实装货物数量、装舱部位及装船日期填写在装货单上,交船方留存备查。

对于托运人来讲,它是办妥货物托运的证明。对船公司或其代理来讲是通知船方接受装运该批货物的指示文件。其联数有 10 联、12 联、7 联不等。这里以 10 联格式为例,说明场站收据的组成情况:第一联,货方留底;第二联,集装箱货物托运单(船代留底);第三、四联,运费通知单(1)、(2);第五联,装货单场站收据副本(关单);第六联,场站收据副本——大副联;第七联,场站收据(正本);第八联,货代留底;第九、十联,配舱回单(1)、(2)。装货单如单据样张 6.2 所示。

＊＊船务代理公司

＊＊SHIPPING AGENT COMPANY

装货单

<u>SHIPPING ORDER</u>　　S/O NO.

船名　　　　目的港

S/S　For

托运人

Shipper

收货人

Consignee

通知

Notify

兹将下列完好状况之货物装船并签署收货单据。

Received on board the under mentioned goods apparent in good order and condition and sign the accompanying receipt for the same.

标记及号码 Marks & Nos.	件数 Quantity	货名 Description of Goods	毛/净重量(千克) Weight in Kilos		尺码 Measurement 立方公尺 CBM
			Net	Gross	
共计件数(大写) Total Number of Packages in Writing					

日期　　　　时间

Date　　　　Time

装入何舱

Stowed

实收

Received

理货员签名　　　　经办员

Tallied By　　　　Approved By

单据样张6.2　装货单

2. **收货单**(单据样张6.3)

收货单指某一票货物装上船后，由船上大副(Chief Mate)签署给托运人的，作为证明船方已收到货物并装上船的凭证。所以又称大幅收据或大副收单。托运人取得了经大副签署的收货单后，可以凭此向船公司或其代理人换取已装船通知。大副签署收货单时，会认真检查货物的外表情况、货物标志、数量短缺、货物数量等情况。如果出现货物外表情况不良、标志不清、有水渍、油渍、数量短缺、货物损坏等情况，大副会将这些情况记录在收货单上。此记载被称为“大副批注”。它的主要作用如下：

(1)收货单是船方已收到该票货物并已装上船的证明(又称“大副收据”)。

(2)收货单是划分承运人、托运人双方责任的重要依据。

(3)收货单是据以换取已装船提单的凭证。

＊＊船务代理公司

＊＊SHIPPING AGENT COMPANY

收货单

MATES RECEIPT　　S/O NO.

船名　　　　　　　　目的港
S/S For

托运人
Shipper

收货人
Consignee

通知
Notify

兹将下列完好状况之货物装船并签署收货单据。

Received on board the under mentioned goods apparent in good order and condition and sign the accompanying receipt for the same.

标记及号码 Marks & Nos.	件数 Quantity	货名 Description of Goods	毛/净重量(千克) Weight in Kilos		尺码 Measurement 立方公尺 CBM
			Net	Gross	
共计件数(大写) Total Number of Packages in Writing					

日期　　　　　　　　时间
Date　　　　　　　　Time

装入何舱
Stowed

实 收
Received

理货员签名　　　　　大 副
Tallied By　　　　　Chief Officer

单据样张 6.3　收货单

二、职业判断与实务操作

针对子任务引例分析如下：

(1)需要拿到提出装运申请的船公司所签发的装货单,凭借此单据命令船长将承运的货物进行装船。

(2)装船后需要拿到船上大副签发的收货单,该收货单是大副根据理货单上所签注的日期、件数及舱位,并与装货单进行核对后的收货单。

子任务二 掌握相关装运单证的缮制内容

子任务引例

假设你是广州华艾建材有限公司的外贸业务员，已经找了一家货代公司协助货物的出运，装运前拿到了船公司提供的装货单，装船后拿到了船上大副签发的收货单，你需要对这两份单证进行核对。

请回答：你怎么核对这两个单证是否正确？重点内容是什么？

一、知识认知

(一)装运单的内容和缮制规范

(1)编号和日期。装货单上一般注明两个编号，一个为装货单号码(S/O#)，这个编号是该批货物运输的唯一编号，以后大副签发的收货单(大副收据)和船公司签发的提单都使用这一编号；另一个编号为海关编号(Customs Ves. #)，该编号与发票号码一致。日期为装货单签发日期。

(2)船名(S. S.)和航次(Voy.)。如需转船，一般以符号"/"间隔列出第一程船与第二程船的船名。如为预订船只，装船时发生变化，则在装船后按照实际船名和航次在单据上作相应修改。

(3)装往地点(Destination)。一般为目的港名称，而不是最终目的地名。如需转运，以符号"/"间隔表示出目的港和转运港的地点；如目的港为选择港，一般在港名前或者后加注"Option"字样。

(4)装入何舱(Stowed)。该栏在货物实际装船后由船方或者理货公司填写，指货物所装的具体舱位，以便装卸和整理。如果货物装在甲板上，该栏填写舱面。

(5)实收(Received)。此栏列明了货物实际装船的总的包装件数。它是船公司最终签发提单的依据。如果此栏的数字与件数栏所列明的数字不同，出口人必须据此修改有关的报关数据。装货单中的托运人、收货人、被通知人、唛头、件数、货物描述、重量、体积等内容，参见发票、提单等有关内容。

(二)收货单的内容和缮制规范

(1)编号和日期。收货单的编号与装货单上的编号是一致的。日期为收货完毕日期。

(2)船名(S. S.)和航次(Voy.)。如需转船，一般以符号"/"间隔列出第一程船与第二程船的船名。如为预订船只，装船时发生变化，则在装船后按照实际船名和航次在单据上作相应修改。

(3)装往地点(Destination)。一般为目的港名称，而不是最终目的地名。如需转运，以符号"/"间隔表示出目的港和转运港的地点；如目的港为选择港，一般在港名前或者后加注"Option"字样。

(4)装入何舱(Stowed)。该栏由船方或者理货公司填写，指货物所装的具体舱位，以便装卸和整理。如果货物装在甲板上，该栏填写舱面。

(5)实收(Received)。此栏列明了货物实际装船的总的包装件数。它是船公司最终签发提单的依据。如果此栏的数字与件数栏所列明的数字不同,出口人必须据此修改有关的报关数据。装货单中的托运人、收货人、被通知人、唛头、件数、货物描述、重量、体积等内容,参见发票、提单等有关内容。

二、职业判断与实务操作

针对任务引例分析如下:

重点要核对的内容是船名航次、目的地、货物的具体信息和装船舱的时间,并且要有船公司或者理货公司的盖章。

子任务三 了解装运通知的基本知识

子任务引例

我国某公司按CFR术语与英国A客户签约成交,合同规定保险由买方自理。我方于9月1日凌晨2点装船完毕,受载货轮于当日下午起航。因9月1、2日是周末,我方未及时向买方发出装船通知。3日上班收到买方急电称:货轮于2日下午4时遇难沉没,货物灭失,要求我方赔偿全部损失。试分析此案例。

请回答:

此案例,我方是否需要赔偿?

一、知识认知

(一)了解装运通知的含义

装运通知又称declaration of shipment或notice of shipment,是出口商向进口商发出货物已于某月某日或将于某月某日装运某船的通知。装运通知的作用在于方便买方购买保险或准备提货手续,这项通知,大多以电报方式为之,然也有用航邮方式的。在装运货物后,按照国际贸易的习惯做法,发货人应立即(一般在装船后3天内)发送装运通知给买方或其指定的人,如卖方未及时发送上述装运通知给买方而使其不能及时办理保险或接货,卖方就应负责赔偿买方由此而引起的一切损害或损失。

(二)装运通知的主要内容

1. 单据名称

一般表述为:Shipping/Shipment Advice, Advice of shipment等,也有人将其称为Shipping Statement/Declaration,如信用证有具体要求,从其规定。

2. 通知对象

应按信用证规定,具体讲可以是开证申请人、申请人的指定人或保险公司等。

3. 通知内容

主要包括所发运货物的合同号或信用证号、品名、数量、金额、运输工具名称、开航日期、启运地和目的地、提运单号码、运输标志等,并且与其他相关单据保持一致,如信用证提出具体项目要求,应严格按规定出单。此外通知中还可能出现包装说明、ETD(船舶预离港时间)、ETA(船舶预抵港时间)、ETC(预计开始装船时间)等内容。

4. 制作和发出日期

日期不能超过信用证约定的时间，常见的有以小时为准(Within 24/48 Hours)和以天(Within 2 Days After Shipment Date)为准两种情形，信用证没有规定时应在装船后立即发出，如信用证规定"Immediately After Shipment"(装船后立即通知)，应掌握在提单后三天之内发出。

5. 签署

一般可以不签署，如信用证要求"Certified Copy of Shipping Advice"，通常加盖受益人条形章。

二、职业判断与实务操作

针对子任务引例分析如下：

按照CFR条件达成的交易，卖方需要特别注意的问题是，货物装船后必须及时向买方发出装船通知，以便买方办理投保手续。如果货物在运输途中遭受损失或灭失，由于卖方未发出通知而使买方漏保，那么卖方就不能以风险在船舷转移为由免除责任。

任务四 操练装运单证缮制与任务实训

任务描述

国际货物运输是国际贸易的重要中转环节，在这个环节中装运单证起到了重要的交接作用，其中托运单、装货单、收货单是三项主要的票据，它要填制的信息内容涵盖托运人、收货人、商品信息等。

任务分析

通过对装运单证格式及缮制内容的认知，根据佛山易美贸易有限公司与美国贝佳特贸易有限公司签订的关于毛绒玩具的出口合同，以佛山易美贸易有限公司跟单员的身份，完成以下装运单证的填制。

任务实施

子任务一 装运单证任务导入

子任务引例

佛山易美贸易有限公司与美国贝佳特贸易有限公司达成了一项关于毛绒玩具的交易意向。该项合同的产品是两种毛绒玩具，分别是新潮灰色小熊及长发小猫咪。价格术语为CIF

BOSTON。灰色小熊的成交数量为 1 080 套,每套 16 美元,共 135 个纸箱;长发小猫咪成交的数量为3 150件,每件 8 美元,共 105 个纸箱。以即期、不可撤销信用证为付款方式。装运港为中国佛山,目的港为美国波士顿。装船期限为 2015 年 10 月 31 日。佛山易美贸易有限公司将此次的运输工作委托给了 AAA 货代公司,并且预定了中国远洋运输集团有限公司的班轮 ZH2356,001W。

请回答:

(1)请阐述海运托运的具体流程。

(2)根据给予的信息缮制装运单证。

一、知识认知

(一)实训任务装运基本信息

实训任务的基本信息来源于合同与信用证的内容,并补充了有关国际货物运输相关的部分信息。

(1)出口商(发货人)基本信息:FOSHAN EMAY TRADING CO. ,LTD

Rm 110-119,NO. 131 DONGFANG ROAD,DONGFANG PLAZA,FOSHAN,CHINA

TEL:86-757-86682454　　FAX:86-757-86682453.

(2)进口商(通知人)基本信息:BEST TRADING CO. ,LTD

Rm 110-115,FUNWAY AVENUE,BOSTON,MA,USA

TEL:1-703-9780901　　FAX:1-703-9780902.

(3)收货人信息:TO ORDER。

(4)合同号码:EM20150915　合同日期:2015 年 9 月 15 日　装运日期: 20151028。

(5)装运港:佛山港　目的港:美国波士顿港 装运期限:不晚于 2015 年 10 月底。

(6)船名:ZH2356,001W。

(7)包装信息:灰色小熊的成交数量为 1 080 套,单价为 16 美元每套;每 8 套小熊装一个纸箱,共 135 个纸箱;每箱的净重是 6 KGS,毛重是 8.5 KGS,每个纸箱的体积是 48 cm × 64 cm × 60 cm;长发小猫咪成交的数量为 3 150 件,单价为 8 美元每套,每 30 件装一个纸箱,105 个纸箱,每箱的净重是 8.5 KGS,毛重是 11 KGS,每个纸箱的体积是 70 cm × 65 cm × 52 cm。

(8)唛头:

BEST TRADING CO. LTD

EM20150915

BOSTON

CARTON NO. 1-240.

(9)运费:预付。

(10)可否转船:允许。

(11)可否分批:允许。

(12)信用证号:L/C363010。

(13)提单张数:3 张清洁提单。

(二) 实训任务分析

要将货物运输至国外,需要注意很多环节的工作,这些环节的交接都是由单据来完成的,并且这些单据上的内容都要求要做到完全的一致,与客户提供的合同和发票的信息相关。还有一些和运输有关的信息需要货代或者船公司的相互配合。

二、职业判断与实务操作

针对子任务引例分析如下:

(1)海运拖运是流程性的工作,佛山易美贸易有限公司要顺利将货物运输到美国的波士顿,需要 AAA 货代公司的配合,首先需要与 AAA 货代公司签订拖运委托书,然后 AAA 货代公司联系车队将货物运输到码头,并且找报关行进行报关报检,通过海关和商检的放行之后,货物才可以最终装上货船,佛山易美贸易有限公司缴费后能够获得中国远洋运输(集团)船公司提供的提单,把提单寄给美国贝佳特贸易有限公司,等货物到达波士顿后就可以顺利的提取货物了。

(2)该项装运单证的缮制请参看“子任务二”。

子任务二 操练装运单证的缮制

子任务引例

佛山易美贸易有限公司与美国贝佳特贸易有限公司达成了一项关于毛绒玩具的交易意向。该项合同的产品是两种毛绒玩具,分别是新潮灰色小熊及长发小猫咪。价格术语为 CIF-BOSTON。灰色小熊的成交数量为 1 080 套,每套 16 美元,共 135 个纸箱;长发小猫咪成交的数量为 3 150 件,每件 8 美元,共 105 个纸箱。装运港为中国佛山,目的港为美国波士顿。装船期限为 2015 年 10 月 31 日。易美贸易公司将此次的运输工作委托给了 AAA 货代公司,并且预订了中国远洋运输集团公司的班轮 ZH2356,航次为 001W。

请练习:

(1)佛山易美贸易有限公司与 AAA 货代公司签订的托运单证。

(2)中国远洋运输集团船公司签发给佛山易美贸易有限公司的装货单和收货单。

一、知识认知

(一) 实训任务托运单的缮制

根据佛山易美贸易有限公司与 AAA 货代公司磋商的具体信息,缮制如单据样张 6.4 所示的托运单。

中国远洋运输(集团)有限公司托运单

China Ocean Shipping(Group) Company

BOOKING NOTE

托运人:
Shipper　FOSHAN EMAY TRADING CO.,LTD

编号:　　船名
No.　　S/S　ZH2356

目的港:
For　BOSTON,USA

<table>
<tr><td rowspan="2">标记及号码
Marks & Nos.</td><td rowspan="2">件数
Quantify</td><td rowspan="2">货名
Description of Goods</td><td colspan="2">重量(千克)
Weight(Kilos)</td></tr>
<tr><td>净
Net</td><td>毛
Gross</td></tr>
<tr><td rowspan="2">BEST TRADING CO. LTD
EM20150915
BOSTON
CARTON NO. 1-240</td><td>135</td><td>NEW DESIGN BROW BEAR
AB007</td><td>810 KGS</td><td>1 147.5 KGS</td></tr>
<tr><td>105</td><td>LONG HAIR CAT
AB110</td><td>892.5 KGS</td><td>1 155 KGS</td></tr>
<tr><td colspan="3" rowspan="2">共计件数(大写)
Total Number of Packages in Writing
TWO HUNDRED AND FORTY CARTONS ONLY.</td><td colspan="2">运费付款方式</td></tr>
<tr><td colspan="2">PREPAID</td></tr>
</table>

<table>
<tr><td rowspan="2">运费计算</td><td colspan="3" rowspan="2"></td><td>尺码
Measurement</td><td colspan="3">49.726 2 M³</td></tr>
<tr><td></td><td colspan="3"></td></tr>
<tr><td>备注</td><td colspan="7"></td></tr>
<tr><td>抬头</td><td></td><td>可否转船</td><td>ALLOWED</td><td>可否分批</td><td colspan="3">ALLOWED</td></tr>
<tr><td rowspan="2">通知</td><td rowspan="2"></td><td>装期</td><td>BEFORE THE END OF OCTOBER,2015</td><td>效期</td><td></td><td>提单张数</td><td>3</td></tr>
<tr><td>金额</td><td colspan="5"></td></tr>
<tr><td>收货人</td><td>TO ORDER</td><td>银行编号</td><td></td><td>信用证号</td><td colspan="3">L/C363010</td></tr>
</table>

制单　月　日

单据样张 6.4　托运单样例

(二)实训任务装货单和收货单的缮制

根据中国远洋运输(集团)公司的装货要求,缮制如单据样张6.5,单据样张6.6所示的装货单和收货单。

中国远洋运输(集团)公司装货单

China Ocean Shipping(Group)Company

SHIPPING ORDER S/O NO.

船名 S/S ZH2356　　目的港 For BOSTON, USA

托运人 Shipper FOSHAN EMAY TRADING CO. ,LTD

收货人 Consignee TO ORDER

通知 Notify BEST TRADING CO. ,LTD

兹将下列完好状况之货物装船并签署收货单据。

Received on board the under mentioned goods apparent in good order and condition and sign the accompanying receipt for the same.

标记及号码 Marks & Nos.	件数 Quantity	货名 Description of Goods	毛/净重量(千克) Weight In Kilos Net (KGS)	Gross (KGS)	尺码 Measurement 立方公尺 CBM
BEST TRADING CO. LTD EM20150915	135	NEW DESIGN BROW BEAR	810	1 147.5	24.3
BOSTON CARTON NO. 1-240	105	LONG HAIR CAT	892.5	1 155	24.8
共计件数(大写) Total Number of Packages in Writing	TWO HUNDRED AND FORTY CARTONS ONLY.				

日期 Date 20151028　　时间 Time

装入何舱 Stowed

实收 Received 240

理货员签名 Tallied By　　经办员 Approved By

单据样张6.5 装货单样例

中国远洋运输(集团)公司收货单

China Ocean Shipping(Group)Company

MATES RECEIPT　　S/O NO.

船名
S/S　ZH2356

目的港
For　BOSTON,USA

托运人
Shipper　FOSHAN EMAY TRADING CO. ,LTD

收货人
Consignee　TO ORDER

通知
Notify　BEST TRADING CO. ,LTD

兹将下列完好状况之货物装船并签署收货单据。

Received on board the under mentioned goods apparent in good order and condition and sign the accompanying receipt for the same.

标记及号码 Marks & Nos.	件数 Quantity	货名 Description of Goods	毛/净重量(千克) Weight In Kilos		尺码 Measurement 立方公尺 CBM
			Net (KGS)	Gross (KGS)	
BEST TRADING CO. LTD EM20150915 BOSTON CARTON NO. 1-240	135	NEW DESIGN BROW BEAR	810	1 147.5	24.3
	105	LONG HAIR CAT	892.5	1 155	24.8
共计件数(大写) Total Number of Packages in Writing		TWO HUNDRED AND FORTY CARTONS ONLY.			

日期
Date　20151028

时间
Time

装入何舱
Stowed

实收
Received　240

理货员签名
Tallied By

大副
Chief Officer

单据样张 6.6　收货单样例

二、职业判断与实务操作

针对子任务引例分析如下:

佛山易美贸易公司与 AAA 货代公司签订的托运单证见单据样张 6.4、船公司签发给佛山易美贸易公司的装货单和收货单如单据样张 6.5、单据样张 6.6 所示,在填写单据的过程中要参考外贸合同和信用证的基本内容,需要把托运人、收货人、通知人、货物描述、船运信息等填完整。

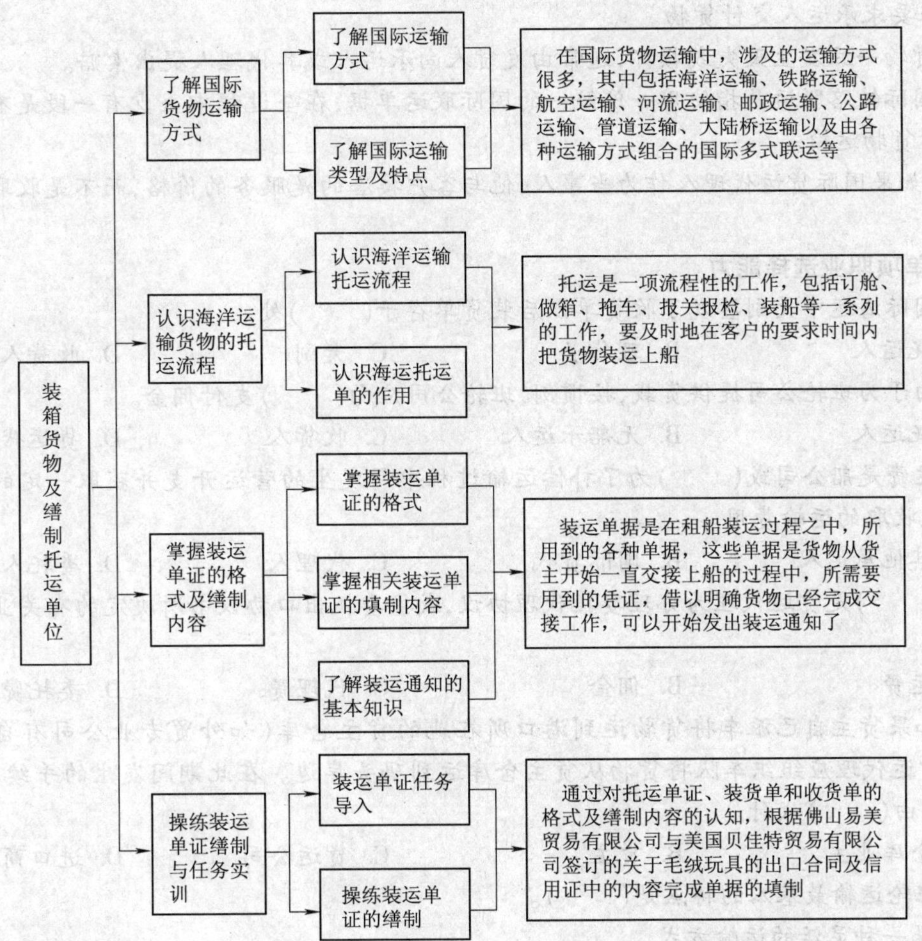

能力训练一　职业判断与选择

一、职业判断能力

1. 联运和多式联运是同样的运输方式。 （　　）

2. 海运单虽然是物权凭证，但不得转让。 （　　）

3. 托运单又称为“关单”或“下货纸”，收货单又称为“大副收据”。 （　　）

4. 如果货方代理人的名称出现在提单上的发货人栏内，则必须同时注明该代理人名称和发货人名称，但不需要指明该代理人是该发货人的代理。 （　　）

5. 多式联运中由承运人出具的各种承运单据是承运人与货主之间的运输合同的证明，它具有有价证券的性质。 （　　）

6. 凡由货主自理装箱，将整箱货直接送到装船港码头堆场，或直接从卸船港将整箱货运走的情况下，货主除仍需支付码头搬运费外，不再向承运人支付内陆运输费。 ( )

7. 海运单虽然是一种不可转让的单证，但也必须由发货人转让给收货人，以便收货人以此为凭证要求承运人交付货物。 ( )

8. 货物一旦发生灭失或损坏，通常由发货人向承运人或其代理人提出索赔。 ( )

9. 国际铁路联运是指使用一份统一的国际联运单据，在全过程中至少有一段是有铁路负责的国际货物运输。 ( )

10. 如果国际货运代理人作为当事人，他与客户接洽的是服务的价格，而不是收取代理手续费。 ( )

二、单项职业选择能力

1. 国际海运中大副签发了收货单以后装货单存于( )处。

A. 托运人　B. 理货长　C. 大副　D. 收货人

2. 由于为班轮公司提供货载，按惯例，班轮公司应向( )支付佣金。

A. 托运人　B. 无船承运人　C. 收货人　D. 货运代理人

3. 运费是船公司或( )为了补偿运输过程中所发生的营运开支并获取一定的合理利润向货主收取的运输费用。

A. 其他承运人　B. 国际货代　C. 代理人　D. 委托人

4. ( )是货运代理为办理委托代理协议，或按委托出口协议书所决定的有关业务而收取的报酬。

A. 运费　B. 佣金　C. 代理费　D. 委托费

5. 如果货主自己派车将货物运到港口所在地的货主仓库(如外贸专业公司有自己的仓库)，则货运代理应组织车队将货物从货主仓库运到码头岸边。在此期间发生的手续费、市内运费等均由( )代付。

A. 仓库业主　B. 货主　C. 货运公司　D. 进口商

6. 班轮运输最基本的特点是( )。

A. 是一种灵活的运输方式

B. 班轮公司和货主之间的权利、义务及责任豁免均以签发的提单条款为依据

C.“四固定”

D.“一负责”

7. 完整的海运进口业务，从( )开始，包括安排装船、安排运输、代办保险，直至货物运到我国港口后的卸货，接运报关报检，转运等业务。

A. 国外接货　B. 国内接货　C. 接货　D. 收到货物

8. ( )指为托运人安排货物运输并以自己的名义签发提单，但本身不经营船舶的公共承运人。

A. 承运人　B. 委托人　C. 无船承运人　D. 船主

9. 国际公路运输的特点决定了它最适合于( )运输。

A. 长途　B. 中途　C. 短途　D. 中长途

10. 货运单证的( )是区分或确定货运事故责任方的原始依据，特别是在装货或卸货时。

A. 批注　B. 规格　C. 金额　D. 数据

能力训练二 职业判断与实务操作

背景资料：

广州意林服装贸易有限公司与加拿大多伦多 ABC 贸易有限公司签订了一份关于服装出口的合同。请根据以下合同及包装基本信息，以广州意林服装贸易有限公司的制单员身份，与新华货代公司签订一份委托货代的托运单，并订立中信船务公司的货船，请缮制一份托运单、装货单和收货单。

一、合同信息

GUANGZHOU ELIN CLOTHING TRADING CO. LTD

RM 110-112, GUANGZHOU REVENUE, GUANGZHOU, CHINA

TEL: 86-20-24232445　　FAX: 86-20-24232436

SALES CONTRACT　　NO.: EL20160912

SELLER NAME: GUANGZHOU ELIN CLOTHING TRADING CO. LTD

ADDRESS: RM 110-112, GUANGZHOU REVENUE, GUANGZHOU, CHINA

TEL: 86-20-24232445　　FAX: FAX: 86-20-24232436

BUYER: ABC TRADING CO., LTD, CANADA

ADDRESS: 48 WOODGARDEN CRESCENT, TORONTON, ONTARIO, CANADA

TEL: 1-514-3964455　　FAX: 1-514-3964451

THE SELLERS AGREE TO SELL AND THE BUYERS AGREE TO BUY THE UNDER MENTIONED GOODS ACCORDING TO THE TERMS AND CONDITIONS AS STIPULATED BELOW:

NAME OF COMMODITY & SPECIFICATION	QUANTITY	UNIT PRICE	TOTAL VALUE
WOMEN SWEATER (EL5550) SKIRT(EL5551)	1 000 PCS 2 000 PCS	USD 20.00 USD 15.00	USD 20 000 USD 30 000
TOTAL	3 000 PCS		USD 50 000

PACKING: PACKED IN CARTONS, 20 PCS IN ONE CARTON OF WOMEN SWEATER; 40 PCSIN ONE CARTON OF SKIRT

SHIPPING MARKS:

ABC TRADING CO. LTD

EL20160912

TORONTO

CARTON NO. 1-100

PORT OF SHIPMENT: HUANGPU PORT, GUAGNZHOU, CHINA

PORT OF DESTINATION: TORONTO, CANADA

TIME OF SHIPMENT: BEFORE THE END OF OCTOBER, 2016

二、包装具体信息

女式毛衣的成交数量为 1 000 件，每 20 件装一个纸箱，共 50 个纸箱；每箱的净重是

10 KGS,毛重是 11 KGS,每个纸箱的体积是 44 cm×64 cm×61 cm。

裙子成交的数量为 2 000 件,每 40 件装一个纸箱,共 50 个纸箱,每箱的净重是 6 KGS,毛重是 7 KGS,每个纸箱的体积是 55 cm×65 cm×51 cm。

三、其他信息

发票号码:Inv20161007　发票日期:2016. 10. 07

信用证号码:L/C342423

运费:预付

可否转船:允许

可否分批:允许

装运日期:20161027

船名:ZX88473069

请根据以上给予的合同信息、包装及相关信息,以广州意林服装贸易有限公司的制单员身份,缮制一份托运单、装货单、收货单。

项目七　办理出入境货物检验检疫单证

项目引言

出口方应在规定的时间和地点内对出口货物办理相关的出境商品检验检疫单证。根据《商检法》的规定，如进出口货物属于法定检验的范围，则需根据国家相关法律向依法设置的商检机构，对指定的进出口商品实施强制性检验，未经检验或检验不合格的出口商品不准出口。本项目在熟悉出入境货物检验检疫流程等理论基础上，缮制一项具体出口货物合同项下的出境货物报检单。

知识目标

1. 熟悉入境货物检验检疫内容及报检流程
2. 熟悉出境货物检验检疫内容及报检流程
3. 掌握出入境货物报检单的格式及缮制内容
4. 掌握一项具体合同项下的出境货物报检单的缮制内容及要求

技能目标

1. 熟练掌握出境货物报检单的规范填写事项
2. 能根据给定的具体合同完成相应出境货物报检单的缮制

任务一　了解和认识出入境货物检验流程

任务描述

出入境货物检验是指国家依法设立的商检机构根据相关的国家法律法规或根据国际贸易

当事人的申请，依据一定的标准对进出口商品的品质、重量、规格、数量、包装等情况及装运条件进行检验、鉴定和管理，以维护国家利益或国际贸易当事人的合法权益。

任务分析

通过对出入境货物检验检疫的流程认知，了解出入境商品检验检疫的相关规定，掌握货物报检单的内容及填写规范。

任务实施

子任务一　了解和认识出入境货物检验检疫基础知识

子任务引例

广州元佑复合橡胶有限公司向美国WILE橡胶出口公司进口了四款复合橡胶，合同价值10万美元，海关商品编号分别为4005100000、4005200000、4005910000、4005990000。根据2016年《中华人民共和国进出口税则》和贸易管制目录调整情况，国家质量监督检验检疫总局对《出入境检验检疫机构实施检验检疫的进出境商品目录》对这四款复合橡胶作了相关调整，增设进境检验检疫监管要求“A”，按照《复合橡胶通用技术规范》(GB/T31357-2014)有关标准，实施进境检验检疫。复合橡胶是法定检验的范围，调整后海关的监管条件为“A”，即货物在进境时需凭检验检疫局签发的进口通关单通关。

请回答：

(1)什么是法定检验？

(2)我国出入境商品法定检验的范围有哪些？

一、知识认知

(一)出入境商品检验检疫的作用

出入境商品检验是指国家依法设立的商检机构根据相关的国家法律法规或根据国际贸易当事人的申请，依据一定的标准对进出口商品的品质、重量、规格、数量、包装等情况及装运条件进行检验、鉴定和管理，以维护国家利益或国际贸易当事人的合法权益。

对出入境商品进行检验检疫，主要有以下作用：

(1)针对入境商品，实施检验检疫可保证入境商品的质量，可防止动植物以及危害人类的病虫害及传染病源输入，阻止低劣过期等有危害人身安全的商品进入国内，维护国家的权益和保障人类的健康。

(2)针对出境商品，实施检验检疫可以符合国际上的有关规定，提高出境商品的质量，提高在国际市场上的声誉和市场竞争力。

(3)若买卖双方产生关于产品质量、数量、包装等交易纠纷时，检验证书可作为双方解决

争议和理赔的凭证。

（二）出入境商品法定检验的范围

法定检验是指检验检疫机构根据国家法律法规，对规定的进出口商品或有关的检验检疫项目实施强制性检验或检疫。列入《出入境检验检疫机构实施检验检疫的进出境商品目录》的进出境商品，须经出入境检验检疫机构实施检验检疫和监管，进出口商品收/发货人或代理人须持出入境检验检疫机构签发的《入境货物通关单》和《出境货物通关单》向海关办理进出口手续。法定检验范围如下：

（1）列入《出入境检验检疫机构实施检验检疫的进出境商品目录》（以下简称《目录》）的进出口商品；

（2）对出口食品和食品原料的卫生检验；

（3）对出口危险货物包装容器的性能鉴定和使用鉴定；

（4）对装运出口易腐烂变质食品、冷冻品的船舱、集装箱等运载工具的适载检验；

（5）对有关国际条约规定须经商检机构检验的进出口商品的检验；

（6）对其他法律、行政法规规定必须经商检机构检验的进出口商品的检验。

（三）检验检疫机构

商检机构是指依据客户的委托或相关法律法规对出入境货物进行检验检疫、公证鉴定和管理的机构。商检机构可分为官方、非官方机构。

（1）官方商检机构。官方商检机构是由国家或地方政府依法设立的对出入境货物实施强制性检验检疫的机构。主管我国出入境商品检验检疫、动植物检疫、国境卫生检疫的商检机构是中国质量监督检验检疫总局。目前国际上比较著名的官方商检机构有美国粮谷检验署、美国食品药物管理局（FDA）、法国国家实验室检测中心、日本通商产业检查所等。

（2）非官方商检机构。非官方商检机构是由私人、同业公会或协会开设的检验机构。如美国保险人实验室（UL）、瑞士日内瓦通用鉴定公司、英国劳合氏公证行、日本海事鉴定协会、香港天祥公证化验行等民间或社团检验机构。

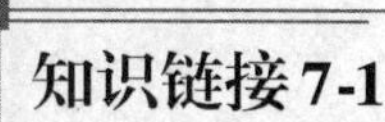

知识链接7-1

商检机构的三项基本任务

按我国《商品检验法》规定，我国商检机构基本任务有三项。

1. 法定检验、商检机构依据国家的法律、行政法规的规定，对进出口商品实施强制性的检验

按规定属于法定检验的出口商品，未经检验合格，不准进口；属于法定检验的进口商品，未经检验者，不准销售、使用。实施法定检验的商品由《商检机构实施检验的进出口商品种类表》和其他法律法规加以规定。

2. 公证鉴定

应国际贸易关系人的申请，商检机构以公证人的身份，办理规定范围内的进出口商品的检验鉴定业务，出具证明，作为当事人办理有关事务的有效凭证。比如品质、数量证明；残损鉴定和海损鉴定；车、船、飞机和集装箱的运载鉴定；普惠制产地证。

3. 实施监督管理

商检机构通过行政管理手段,对进出口商品有关企业的检验部门和检验人员进行监督管理;对生产企业的质量体系进行评审;对进出口商品进行抽查检验等,是我国商检机构对进出口商品执行检验把关的重要手段。

(四)出入境商品报检及单证准备

出入境商品报检指的是出入境商品的有关当事人(收发货人及其代理人)根据法律法规,对法定检验的出入境商品,向检验机构申请检验检疫或鉴定、配合检验、支付相关费用、取得检验单或公证证明的手续。

针对出境商品的报检,报检时需准备合同、信用证、装箱单、发票等有关单证。若凭样品成交的合同则需提供确认的样品进行报验。

针对入境商品的报检,报检人员应向检验检疫部分提供合同、发票、箱单、提单和到货通知单等单证。如需申请品质检验,则应提供国外的品质证书、检验标准等资料。

二、职业判断与实务操作

针对子任务引例分析如下:

(1)任务引例涉及对法定检验的认知。该则案例说明在对出入境货物报检时,必须非常清楚货物是否属于强制性法定检验的范畴。法定检验是指商检机构根据国家法律法规,对规定的进出口商品或有关的检验检疫项目实施强制性的检验或检疫。

(2)根据《中华人民共和国进出口商品检验法》规定,法定检验只能由出入境检验检疫机构实施。属于法定检验的出口商品,未经检验合格的,不准出口;属于法定检验的进口商品,未经检验的,不准销售、使用。实施法定检验的范围包括列入必须实施检验的进出口商品目录的商品,法律法规规定的强制性进出口商品或检验项目。具体范围可参照上文解释。

子任务二　熟悉出入境商品报检流程

子任务引例

深圳爱丽化妆品进出口公司从美国进口一批化妆品,合同价值为20 000美元,货物准备从深圳盐田港进境,运输工具已抵达深圳盐田港。

请回答:该公司应如何办理货物的进境报检手续?

一、知识认知

(一)出境商品报检流程

1. 出境商品报检的范围

(1)国家法律、行政法规规定必须由出入境检验检疫机构实施检验检疫的;

(2)列入《种类表》内的出境货物;

(3)其他法律、行政法规规定需经检验检疫机构检验出证的货物;

(4)对外贸易合同约定由检验检疫机构检验的货物;

(5)有关国际条约规定须经检验检疫机构检验、检疫的货物。

2. 出境报检的流程

我国出口商品检验的程序,主要包括4个环节:报检资格认定、申请报检、检验、签证与放行。

(1)报检资格认定。

①报检单位首次报检时须持本单位营业执照和批准证书办理登记备案手续,取得报检单位代码。其报检人员经检验检疫机构培训合格后领取《报验员证》,凭证报检。

②代理报检单位须按规定办理注册登记手续,其报检人员经检验检疫机构培训合格后领取《代理报检员证》,凭证办理代理报检手续。

③代理报检的,须向检验检疫机构提供委托书,委托书由委托人按检验检疫机构规定的格式填写。

(2)申请报检。

①应施行出口检验的商品,报检人应于出口前,详细填写《出境货物报检单》,每份出境货物报检单仅限填报一个合同、一份信用证的商品。对同一合同、同一信用证,但标记号码不同者,应分别填写相应的报检单。

②除了报检单,还应同时提交有关的单证和资料,如双方签订的外贸合同与合同附件、信用证、商业发票、装箱单以及厂检单、出口商品运输包装性能检验等必要的单证,向商品存放所在地的检验机构申请检验,缴交检验费。

(3)检验。检验机构在审查上述单证符合要求后,受理该批商品的报检。

①抽样:检验机构接受报检之后,及时派员赴货物堆存地点进行现场检验、鉴定。现场检验一般采取国际贸易中普遍使用的抽样法(个别特殊商品除外)。抽样时,要根据不同的货物形态,按照规定的方法和一定的比例,在货物的不同部位抽取一定数量的、能代表全批货物质量的样品(标本)供检验之用。报检人应提供存货地点情况,并配合检验人员做好抽样工作。

②检验:检验机构首先应当认真研究申报的检验项目,确定检验内容,仔细审核合同(信用证)中关于品质、规格、包装的规定,弄清检验的依据,确定检验标准、方法;然后使用从感官到化学分析、仪器分析等各种技术手段,对出口商品进行检验。检验的形式有商检自检、共同检验、驻厂检验和产地检验等。

(4)签证与放行。检验检疫机构对检验合格的商品签发《出境货物通关单》与相应的检验检疫证书,出口企业即凭此在规定的有效期内报关出口。经检验检疫不合格的,签发《出境货物不合格通知单》。

a. 凡列入《目录》内的出口商品,经检验合格后签发通关单(或在《出口货物报关单》上加盖放行章,以代替通关单)。

b. 凡合同、信用证规定由检验部门检验出证的,或国外要求签发检验证书的,根据规定签发所需证书;不向国外提供证书的,只发通关单。

c.《目录》以外的出口商品,应由检验机构检验的,经检验合格发给证书与通关单后,方可出运。出口商品的报检人对检验检疫机构做出的检验结果有异议的,可以向原检验机构或者其上级检验机构以至国家商检部门申请复验,由受理复验的检验机构或国家商检部门及时做出复验结论。

3. 出境商品报检时限与地点

(1)出境商品应在规定的时间内办理报检业务,报检时限如下:

①出境货物最迟应在出口报关或装运前7天报检,对于个别检验检疫周期较长的货物,应留有相应的检验检疫时间;

②需隔离检疫的出境动物在出境前60天预报,隔离前7天报检;

③出境观赏动物应在动物出境前30天到出境口岸检验检疫机构报检;

④出入境的运输工具应在出境前向口岸检验检疫机关报检或申报。

(2)出境商品应在商品所在地检验检疫机构办理报检业务。

①法定检验检疫货物,除活动物需由口岸检验检疫机构检验检疫外,原则上应实施产地检验检疫,在产地检验检疫机构报检;

②法律法规允许在市场采购的货物应向采购地的检验检疫机构办理报检手续;

③异地报关的货物,在报关地检验检疫机构办理换证报检。实施出口直通放行制度的货物除外。

(二)入境商品报检流程

1. 入境商品报检范围

(1)国家法律、行政法规规定必须由出入境检验检疫机构实施检验检疫的;

(2)对外贸易合同约定须凭检验检疫机构签发的证书进行结算的;

(3)有关国际条约规定必须经检验检疫的;

(4)国际贸易关系人申请的其他检验检疫、鉴定工作。

2. 入境报检流程

根据我国现行《中华人民共和国进出口商品检验法实施条例》和其他相关法规的规定,列入法定检验范围的进口商品必须按规定由国家质量监督检验检疫总局施行强制性检验。需要实施检验的商品必须检验合格领得证书后,才能办理通关提货。对不属于法定检验的进口商品,检验机构可以抽样检验并实施监督管理。

(1)报检。应施行进口检验的商品,由进口商填具《入境货物报检单》,并备齐有关进口证件,向进口港所在地的检验机构申请检验,缴交检验费。

(2)取样。依规定按国家标准取样,在未检验通过之前,非经获准不得移动货品。

(3)检验。必须经检验检疫机构检验的进口商品以外的进口商品的收货人,发现进口商品质量不合格或残损短缺,需要由检验检疫机构出证索赔的,应当向检验检疫机构申请检验出证;对重要的进口商品和大型的成套设备,收货人应该依据对外贸易合同约定在出口国装运前进行预检验、监造或者监装,检验检疫机构根据需要可以派出检验人员参加。

(4)发证。经检验合格的商品,发给《入境货物通关单》,供报检人办理海关的通关手续。

3. 入境商品报检时限与地点

(1)报检时限。

①输入微生物、人体组织、生物制品、血液及其制品或种畜、禽及其精液、胚胎、受精卵的,应当在入境前30天报检。

②输入其他动物的,应当在入境前15天报检。输入上述以外的动物产品在入境时报检。

③输入植物、种子、种苗及其他繁殖材料的,应当在入境前7天报检。

④入境货物需要对外索赔出证的,应在索赔有效期前不少于20天向到货口岸或者货物到

达地的检验检疫机构报检。

(2)报检地点。

①审批、许可证等有关证件中规定检验检疫地点的,在规定的地点报检。

②大宗散装商品,易腐烂变质商品,废旧物品及在卸货时发现包装破损、重/数量短缺的商品,必须在卸货口岸检验检疫机构报检。

③需结合安装调试进行检验的成套设备、机电仪产品以及在口岸开件后难以恢复包装的商品,应在收货人所在地检验检疫机构报检并检验。

④其他入境货物,应在入境前或入境时向报关地检验检疫机构报检。

⑤入境的运输工具及人员应在入境前或入境时向入境口岸检验检疫机构申报。

⑥对于符合直通式放行条件的企业,可以根据报关地的选择,在口岸检验检疫机构或者目的地检验检疫机构报检。

知识链接 7-2

电子报检相关知识

1. 开通电子报检业务的条件

(1)报检人在商检局登记备案或注册登记。

(2)合格的报检员。

(3)软硬件条件。

(4)电子业务开户。

2. 申请电子报检应提供

"电子报检登记申请表";"电子业务开户登记表";登记备案或登记注册证明复印件。

3. 申报

终端软件平台报检和浏览器报检。

4. 电子报检的工作流程

报检、施检、计收费、放行。

(1)审单原则:先机审后人审。两审通过后,准备现场施检。

(2)电子报检成功后,持打印的纸质报检单现场报检、施检。

(3)计收费:电子审单系统自动完成。

5. 电子报检应注意的问题

(1)如实报检,并与随附单证保持一致。

(2)合同或信用证对商检有特殊条款和要求的,要在申请中提出。

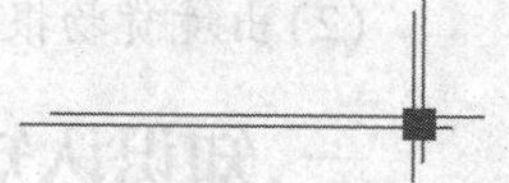

二、职业判断与实务操作

针对子任务引例分析如下:

(1)子任务引例涉及对进口化妆品的报检。进口化妆品是法定检验货物,必须要提供《进出口化妆品标签审核证书》或《标签审核受理证明》后方可报检。

(2)深圳爱丽化妆品进出口公司应持合同、发票、装箱单、提单、入境货物报检单等主要单证及进口前由国家质量监督检验检疫总局签发的进口化妆品标签审核证书等在口岸卸货向深圳检验检疫局申请检验,缴纳检验费用。若检验合格,则深圳检验检疫局会签发入境货物通关单,以供报检人办理入境报关手续。

任务二　掌握出入境货物报检单的格式和缮制内容

任务描述

报检单的填制是办理报检手续最为基础的工作,也是最重要的环节。根据我国法律法规的规定,有关当事人应在规定的时间内如实向检验检疫机构申报,并填写《出境货物报检单》或《入境货物报检单》,且内容需真实、清楚、准确、齐全。报检单中所申报的各项内容必须与实际进出口货物相符,特别是品名、数量、价格、原产地、用途等信息。

任务分析

通过学习出入境货物报检单的格式,掌握出入境报检单的缮制内容,完成具体的出境报检单业务实操。

任务实施

子任务一　掌握出境货物报检单的缮制

子任务引例

江苏某企业出口一批熟瓜子,在填写出境货物报检单时,报检人填写的品名为“SUNFLOWER SEED”。

请回答:

(1)若报检单上品名填写“SUNFLOWER SEED”,这样操作是否有歧义?若有歧义,该笔交易报检单的品名应该如何正确填写?

(2)出境货物报检单的填制内容及需准备什么资料?

一、知识认知

《出境货物报检单》(单据样张7.1)在填写时,所列各栏必须填写完整、准确、清晰,栏目内容确实无法填写的以“＊＊＊”表示,不得留空,具体的填制内容及填写规范如下:

(1)报检单位:指向检验检疫机构申报检验、检疫、鉴定业务的单位;报检单应加盖公章。

(2)报检单位登记号:指在检验检疫机构的报检注册登记号。

(3)发货人:指本批货物贸易合同中的卖方名称或信用证中的受益人名称,如需要出具英文证书的,填写中英文。

(4)收货人:指本批出境货物贸易合同中或信用证中的买方名称,如需要出具英文证书的,填写中英文。

(5)货物名称:按外贸合同、信用证上所列名称及规格填写。

(6)H. S. 编码:指货物对应的当年海关《商品分类及编码协调制度》中的代码,填写 8 位或 10 位数。

(7)产地:指货物的生产/加工地,填写省、市、县名。

(8)数/重量:填写报检货物的数/重量,重量一般以净重填写,如填写毛重,或以毛重作净重则需注明。

(9)货物的总值:按本批货物合同或发票上所列的总值填写(以美元计),如同一报检单报检多批货物,需列明每批货物的总值。(注:如申报货物总值与国内、国际市场价格有较大差异,检验检疫机构保留核价权力)

(10)包装数量及种类:指本批货物运输包装的数量及种类。

(11)运输工具名称号码:填写货物实际装载的运输工具类别名称(如船、飞机、货柜车、火车等)及运输工具编号(船名、飞机航班号、车牌号码、火车车次)。报检时,未能确定运输工具编号的,可只填写运输工具类别。

(12)贸易方式:A、一般贸易;B、三来一补;C、边境贸易;D、进料加工;E、其他贸易。

(13)货物存放的地点:指本批报检货物存放的地点。

(14)合同号:指贸易双方就本批货物出境而签订的贸易合同、订单或形式发票的编号。

(15)信用证号:指本批货物所对应的信用证编号。

(16)用途:指本批货物出境用途,如种用、食用、奶用、观赏或演艺、伴侣、实验、药用、饲用、加工等。

(17)发货日期:按本批货物信用证或合同所列的出境日期填写。

(18)输往国家(地区):指贸易合同中买方(进口方)所在国家或地区。

(19)许可证/审批单号:对国家已实施《出口商品质量许可证制度目录》下的出口货物和其他已实行许可制度、审批制度管理的货物,报检时填写出口质量许可证编号或审批单编号。

(20)启运地:指装运本批货物离境的交通工具的启运口岸/地区城市名称。

(21)到达口岸:指装运本批货物的交通工具最终抵达目的地停靠的口岸名称。

(22)生产单位注册号:指生产/加工本批货物的单位在检验检疫机构的注册登记编号。

(23)集装箱规格、数量及号码:填写装载本批货物的集装箱规格(如 40 英尺、20 英尺等)以及分别对应的数量和集装箱号码全称。

(24)合同、信用证订立的检验检疫条款或特殊要求:指贸易合同或信用证中贸易双方对本批货物特别约定而订立的质量、卫生等条款和报检单位对本批出境货物的其他检验检疫特别要求。

(25)标记及号码:按出境货物运输包装的实际标记填写,如没有标记,填 N/M,标记填写不下时可用附页填报。

(26)随附单据:按实际提供的单据,在对应的窗口打“√”。

(27)需要证单名称:按需要检验检疫机构出具的证单,在对应的窗口打“√”,并应注明所需证单的正副本数量。

(28)报检人郑重声明:必须有报检人的亲笔签名。

(29)领取证单:由领证人在领证时填写实际领证日期并签名。

二、职业判断与实务操作

针对子任务引例分析如下:

(1)任务引例中的报检单品名若填写“SUNFLOWER SEED”,很容易引起歧义,因为报检人忽略了产品的加工状态,会让人误以为是葵花种子。如果是葵花种子,则应按动植物检疫工作来办理报检手续。报检单位应及时联系买方,把品名更改为 ROASTED AND SALTED SUNFLOWER SEED(烘焙的盐孜葵花瓜子)。

(2)出境货物报检单的主要填制内容包括收发货人、货物名称、H.S. 编码、产地、货物总值、包装种类、合同号、运输工具名称、贸易方式、到达口岸等,具体的填制规范可参照上文所述。出境货物的报检人或代理报检人需提供以下资料:

①填制完整的《出境货物报检单》(如单据样张 7.1 所示)。

②对外贸易合同(收货确认书或函电)、发票、装箱单、信用证等有关单证。报检快件时,应提供报检单及总运单、每一快件的分运单、发票等有关单证。

③加工贸易的出口货物,应审核是否提供海关加工贸易手册、电子账册的打印件或其他证明贸易方式的材料。

④属于代理报检的,应提交有《代理报检委托书》正本及其他单据。

中华人民共和国出入境检验检疫

出境货物报检单

报检单位(加盖公章):1　　　　　　　　　　　　　　　　　　＊＊编号:

报检单位登记号:　2　　　　联系人:　　　　　　电话:　　　　　　报检日期:

发货人	(中文)	3			
	(外文)				
收货人	(中文)	4			
	(外文)				
货物名称(中/外文) 5	H.S. 编码 6	产地 7	数/重量 8	货物总值 9	包装种类及数量 10
运输工具名称号码	11	贸易方式	12	货物存放地点	13
合同号	14	信用证号	15	用途	16
发货日期	17	输往国家(地区)	18	许可证/审批号	19
启运地	20	到达口岸	21	生产单位注册号	22
集装箱规格、数量及号码	23				

续表

<table>
<tr><td>合同、信用证订立的检验检疫条款或特殊要求</td><td>标 记 及 号 码</td><td colspan="2">随附单据(划"√"或补填)</td></tr>
<tr><td>24</td><td>25</td><td>□合同
□信用证
□发票
□换证凭单
□装箱单
□厂检单</td><td>□包装性能结果单
□许可/审批文件
26</td></tr>
<tr><td colspan="3">需要证单名称(划"√"或补填)27</td><td>＊检验检疫费</td></tr>
<tr><td>品质证书　__正__副
重量证书　__正__副
数量证书　__正__副
兽医卫生证书　__正__副
健康证书　__正__副
卫生证书　__正__副
动物卫生证书　__正__副</td><td colspan="2">植物检疫证书　__正__副
熏蒸/消毒证书　__正__副
出境货物换证凭单　__正__副
通关单</td><td>总金额（人民币元）
计费人
收费人</td></tr>
<tr><td colspan="2">报检人郑重声明：28
1. 本人被授权报检。
2. 上列填写内容正确属实，货物无伪造或冒用他人的厂名、标志、认证标志，并承担货物质量责任。
签名：______</td><td colspan="2">领 取 证 单 29
日期
签名</td></tr>
<tr><td colspan="2">注：有"＊"号栏由出入境检验检疫机关填写</td><td colspan="2">◆国家出入境检验检疫局制</td></tr>
</table>

单据样张 7.1　出境货物报检单

子任务二　掌握入境货物报检单的缮制

子任务引例

湖南常德兴华有限公司 2012 年 1 月从韩国进口一批毛椰子油，进口报检时，在《入境货物报检单》用途一栏中选择了"食用"，结果在检验检疫后续监管中出现了一系列的问题。口岸检验检疫机构对这批商品进行检验时采用的标准是"食用"，结果显示该批毛椰子油达不到食用标准，并做出要求"退运"的决定。

请回答：

(1) 为什么货物会安排"退运"？

(2) 该笔案例的启示是什么？

一、知识认知

入境货物报检单（单据样张 7.2）的内容及填写规范如下所述：

(1) 报检单位：指货物入境前，向检验检疫机构申报检验、检疫、鉴定业务的单位；报检单应加盖公章。

＊编号：由检验检疫机构报检受理人员填写，前 6 位为检验检疫局机关代码，第 7 位为报

检类代码,第 8、9 位为年代码,第 10 至 15 位为流水号。

(2)报检单位登记号:报检单位在检验检疫机构登记的号码。

(3)联系人:报检人员姓名。电话:报检人员的联系电话。

(4)报检日期:检验检疫机构实际受理报检的日期。

(5)收货人:外贸合同中的收货人。应中英文对照填写。

(6)发货人:外贸合同中的发货人。应中英文对照填写。

(7)货物名称(中/外文):进口货物的品名,应与进口合同发票名称一致,如为废旧货物应注明。

(8)H. S. 编码:进口货物的商品编码。以当年海关公布的商品税则编码分类为准。

(9)原产国(地区):该进口货物的原产国家或地区。

(10)数/重量:以商品编码分类中标准数/重量为准,并应注明数/重量单位。

(11)货物总值:入境货物的总值及币种,应与合同、发票或报关单上所列的货物总值一致。

(12)包装种类及数量:货物实际运输包装的种类及数量,如是木质包装还应注明材质及尺寸。

(13)运输工具名称号码:运输工具的名称和号码。

(14)合同号:对外贸易合同、订单或形式发票的号码。

(15)贸易方式:该批货物进口的贸易方式。

(16)贸易国别(地区):进口货物的贸易国别。

(17)提单/运单号:货物海运提单号或空运单号,有二程提单的应同时填写。

(18)到货日期:进口货物到达口岸的日期。

(19)启运国家(地区):货物的启运国家或地区。

(20)许可证/审批号:需办理进境许可证或审批的货物应填写有关许可证号或审批号。

(21)卸毕日期:货物在口岸的卸毕日期。

(22)启运口岸:货物的启运口岸。

(23)入境口岸:货物的入境口岸。

(24)索赔有效期至:对外贸易合同中约定的索赔期限。

(25)经停口岸:货物在运输中曾经停靠的外国口岸。

(26)目的地:货物的境内目的地。

(27)集装箱规格、数量及号码:货物若以集装箱运输应填写集装箱的规格、数量及号码。

(28)合同订立的特殊条款以及其他要求:在合同中订立的有关检验检疫的特殊条款及其他要求应填入此栏。

(29)货物存放地点:货物存放的地点。

(30)用途:本批货物的用途。自以下 9 个选项中选择:①种用或繁殖②食用③奶用④观赏或演艺⑤伴侣动物⑥试验⑦药用⑧饲用⑨其他。

(31)随附单据:在随单据的种类前划"√"或补填。

(32)标记及号码:货物的标记号码,应与合同、发票等有关外贸单据保持一致。若没有标记号码则填"N/M"。

(33)外商投资财产:由检验检疫机构报检受理人员填写。

(34)检验检疫费:由检验检疫机构计费人员核定费用后填写。

(35)报检人郑重声明及签名:该栏是对被授权报检及填写内容的真实性做出声明,并由持有报检员证的报检人员手签。

(36)领取证单:报检人在领取检验检疫机构出具的有关检验检疫证单时填写领证日期及领证人姓名。

报检人要认真填写《入境货物报检单》,内容应按合同、国外发票、提单、运单上的内容填写,报检单应填写完整、无漏项,字迹清楚,不得涂改,且中英文内容一致,并加盖申请单位公章。

二、职业判断与实务操作

针对子任务引例分析如下:

(1)任务引例是由于报检员对货物不熟悉,对其实际用途不了解,造成错误填报。在实际操作中,口岸检验检疫机构会根据报检单位的要求对这批商品进行检验时采用的标准是"食用",结果显示该批毛椰子油达不到食用标准,因此,会要求企业"退运"。

(2)填报用途时,应填写本批货物的实际用途。根据实际情况,依照"用途代码表"选择填写种用或繁殖、奶用、食用、伴侣动物、观赏或演艺、药用、饲用、介质土、实验、食品包装材料、食品添加剂、食品加工设备、食用容器、其他。当选择"其他"用途时,尽量应在报检单中填写具体的用途。

中华人民共和国出入境检验检疫

入境货物报检单

报检单位(加盖公章):　　　　　　　　　　　　＊编号:1

报检单位登记号:2　　联系人:3　　电话　　报检日期:　年　月　日　4

收货人	(中文)	5		企业性质(划"√")	□合资□合作□外资
	(外文)				
发货人	(中文)	6			
	(外文)				
货物名称(中/外文)	H. S. 编码	原产国(地区)	数/重量	货物总值	包装种类及数量
7	8	9	10	11	12
运输工具名称号码	13			合同号	14
贸易方式	15	贸易国别(地区)	16	提单/运单号	17
到货日期	18	启运国家(地区)	19	许可证/审批号	20
卸毕日期	21	启运口岸	22	入境口岸	23
索赔有效期至	24	经停口岸	25	目的地	26
集装箱规格、数量及号码	27				
合同订立的特殊条款以及其他要求	28			货物存放地点	29
				用途	30
随附单据(划"√"或补填)		标记及号码		＊外商投资财产(划"√")33	□是□否

续表

□合同 □发票 □提/运单 □兽医卫生证书 □植物检疫证书 □动物检疫证书 □卫生证书 □原产地证 □许可/审批文件	□到货通知 □装箱单 □质保书 □理货清单 □磅码单 □验收报告 31	32	＊检验检疫费 34	
			总金额 （人民币元）	
			计费人	
			收费人	
报检人郑重声明:35 1. 本人被授权报检。 2. 上列填写内容正确属实。 签名:________			领取证单　36	
			日期	
			签名	

注:有“＊”号栏由出入境检验检疫机关填写　　◆国家出入境检验检疫局制

单据样张 7.2　入境货物报检单

任务三　操练出境货物报检单缮制与任务实训

任务描述

我国自2000年1月1日起对出口货物实施“先报检,后报关”的检验检疫货物通关制度,对列入《目录》范围内的出入境货物,一律凭检验检疫机构签发的货物通关单办理海关手续。报检是当事人向检验检疫机构申报检验、检疫和鉴定,以获准出入境或取得销售使用的合法凭证及证明的法定程序和手续。

任务分析

通过对出境货物报检单格式及缮制内容的认知,根据佛山易美贸易有限公司与美国贝佳特贸易有限公司签订的关于毛绒玩具的出口合同,以佛山易美贸易有限公司跟单员的身份,完成以下出境货物报检单的填制。

任务实施

子任务一　出境货物报检单任务导入

子任务引例

佛山易美贸易有限公司与美国贝佳特贸易有限公司达成了一项关于毛绒玩具的出口合同。该项合同的产品是两种毛绒玩具,分别是新潮灰色小熊及长发小猫咪。灰色小熊的成交数量为 1 080 套，共 135 个纸箱；长发小猫咪成交的数量为 3 150 件，共 105 个纸箱。

请回答：

(1)请分析如何操作该笔交易的具体报检过程？

(2)请问佛山易美贸易有限公司报检应提供什么资料？

一、知识认知

根据佛山易美贸易有限公司与美国贝佳特贸易有限公司达成的合同，可知下列出境货物报检的基本信息：

(1)收货人：BEST TRADING CO. ,LTD

Rm 110-115,FUNWAY AVENUE,BOSTON,MA,USA

TEL:1-703-9780901　　FAX:1-703-978-0902.

(2)发货人：佛山易美贸易有限公司　FOSHAN EMAY TRADING CO. LTD.

(3)货物名称：PLUSH TOYS　毛绒玩具。

(4)H. S. 编码：9503002100。

(5)产地：佛山。

(6)数量：灰色小熊的成交数量为 1 080 套；长发小猫咪成交的数量为 3 150 件。

(7)货物总值：共 42 480 美元整。

(8)包装种类及数量：共 240 纸箱。

(9)合同号码：EM20130915。

(10)信用证号码：L/C361010。

(11)货物存放地点：佛山。

(12)输往国家(地区)：美国。

(13)起运地：佛山。

(14)标记及号码：

BEST TRADING CO. LTD

EM20130915

BOSTON

CARTON NO. 1-240.

二、职业判断与实务操作

针对子任务引例分析如下：

(1)任务引例涉及对佛山易美贸易有限公司的报检流程。根据《商检法》的规定，该笔产品属于法定检验的产品，海关监管条件为 AB，即需凭检验检疫局签发的出口通关单通关，因此，该公司应在规定的时间内就该批出口货物向佛山检验检疫部门办理出境货物通关报检业务，并向佛山出入境检验检疫局申请签发的品质证书。

(2)报检应提供的资料：出境货物报检单、合同、信用证(必要时)、发票、装箱单、出口玩具产品质量许可(注册登记)证书、出口玩具质量合格符合性声明、质量检验记录单、出入境货物包装性能检验结果单、报检委托书(必要时)。

子任务二　完成出境货物报检单的缮制

子任务引例

佛山易美贸易公司与美国贝佳特贸易有限公司达成了一项关于毛绒玩具的出口合同。该项合同的产品是两种毛绒玩具，分别是新潮灰色小熊及长发小猫咪。根据实训任务的分析，操练出境货物报检单的缮制。

请回答：

(1)根据合同和信用证信息，完成出境货物报检单的缮制。

(2)填写出境货物报检单需要注意哪些事项？

一、知识认知

(一)实训任务出境货物报检单的缮制

根据佛山易美贸易有限公司与美国贝佳特贸易有限公司达成的毛绒玩具合同交易，通过分析合同及信用证的信息，缮制如样张7.3所示的《出境货物报检单》。

(二)出境货物报检单缮制的注意事项

(1)"货物名称"填写时应注意与合同、发票一致，名称不得含糊。

(2)"H.S.编码"填写时应填写报检货物的8位税则号列以及第9、10位附加编码。同时，应与货物报关申报的编码一致。

(3)"数/重量栏"应注明本批货物的单位，重量一般填写净重。对于H.S.编码对应的第计量单位必须输入，且不得对计量单位进行修改。

(4)"包装种类"应写明运输包装的种类和数量，同时应写清楚包装的材质。若没有相对应的包装种类，选填"其他"。

(5)"标记和号码"应注意与合同、发票、装箱单及提单的内容保持一致。当采用电子报检时，图形不方便录入。若没有标记及号码，填写"N/M"，不能以＊＊＊代替。

中华人民共和国出入境检验检疫
出境货物报检单

报检单位(加盖公章)：佛山易美贸易有限公司　　　＊＊编号：

报检单位登记号：　　联系人：李大为　　电话：86682454　　报检日期：2013年10月15日

发货人	(中文)	佛山易美贸易有限公司			
	(外文)	FOSHAN EMAY TRADING CO.,LTD			
收货人	(中文)	美国贝佳特贸易有限公司			
	(外文)	BEST TRADING CO.,LTD			
货物名称(中/外文)	H.S.编码	产地	数/重量	货物总值	包装种类及数量
毛绒玩具　灰色小熊	9503002100	佛山市	1 080套	17 280美元	135纸箱
毛绒玩具　长发小猫咪	9503002100	佛山市	3 150件	25 200美元	105纸箱

续表

运输工具名称号码	船舶	贸易方式	一般贸易	货物存放地点	＊＊＊
合同号	EM20130915	信用证号	L/C361010	用途	其他
发货日期	＊＊＊	输往国家(地区)	美国	许可证/审批号	
启运地	佛山口岸	到达口岸	波士顿	生产单位注册号	
集装箱规格、数量及号码	20'×2				

合同、信用证订立的检验检疫条款或特殊要求	标记及号码	随附单据(划"√"或补填)	
＊＊＊	BEST TRADING CO. LTD EM20130915 BOSTON CARTON NO. 1-240	√合同 √信用证 √发票 □换证凭单 √装箱单 √厂检单	√包装性能结果单 □许可/审批文件

需要证单名称(划"√"或补填)				＊检验检疫费	
√品质证书	1 正 1 副	植物检疫证书	__正__副	总金额 (人民币元)	
重量证书	__正__副	熏蒸/消毒证书	__正__副		
数量证书	__正__副	出境货物换证凭单	__正__副		
兽医卫生证书	__正__副	通关单		计费人	
健康证书	__正__副				
卫生证书	__正__副			收费人	
动物卫生证书	__正__副				

报检人郑重声明:	领取证单	
1. 本人被授权报检。 2. 上列填写内容正确属实,货物无伪造或冒用他人的厂名、标志、认证标志,并承担货物质量责任。 签名:李大为	日期	
	签名	
注:有"＊"号栏由出入境检验检疫机关填写	◆国家出入境检验检疫局制	

单据样张 7.3　出境货物报检单填制

二、职业判断与实务操作

针对子任务引例分析如下:

(1)任务引例涉及对佛山易美贸易有限公司《出境货物报检单》的填制。根据与美国贝佳特贸易有限公司的相关信息,该合同项下的《出境货物报检单》的具体填制内容见上述单样张 7.3所示。

(2)《出境货物报检单》的注意事项:在填写报检单时,应谨慎对待货物的品名、规格型号、价格、数量及重量、原产地、用途、标价及号码、合同与信用证订立的特殊条款及其他要求等相关内容的缮制,以免给检验检疫机构的审单、实施检验检疫、出证工作带来不必要的麻烦。

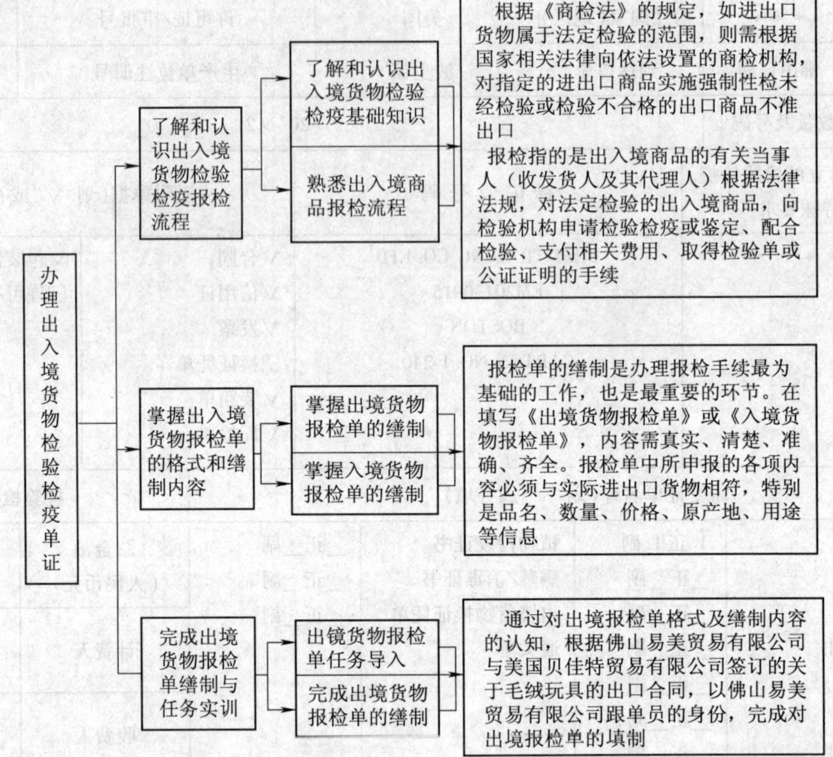

能力训练一　职业判断与选择

一、职业判断能力

1. 商检机构对《出入境检验检疫机构实施检验检疫的进出境商品目录》以外的进出口商品不能实施检验。（　　）

2. 根据国家相关法律，商检机构对指定的进出口商品实施强制性检验，未经检验或检验不合格的出口商品可以出口。（　　）

3.《出境货物报检单》的“启运口岸”一栏填写货物离境的口岸。（　　）

4.《出境货物报检单》中“合同、信用证订立的检验检疫条款或特殊要求”一栏中，若没有则填写“N/M”。（　　）

5. 入境货物需要对外索赔出证的，应在索赔有效期前不少于10天向到货口岸或者货物到达地的检验检疫机构报检。（　　）

6. 出境货物最迟应在出口报关或装运前5天报检，对于个别检验检疫周期较长的货物，

应留有相应的检验检疫时间。 ( )

7. 异地报关的货物，在报关地检验检疫机构办理换证报检。 ( )

8. 检验检疫机构对检验合格的商品签发《出境货物通关单》与相应的检验检疫证书，出口企业即凭此在规定的有效期内报关出口。经检验检疫不合格的，签发《出境货物不合格通知单》。 ( )

9. 若买卖双方产生关于产品质量、数量、包装等交易纠纷时，检验证书可作为双方解决争议和理赔的凭证。 ( )

10.《出境货物报检单》的"标记及号码"一栏应按货物运输包装的标记填写，没有标记的可以不填或填制订单。 ( )

二、单项职业选择能力

1. 我国质量主管部门是( )。

A. 国家发改委　　B. 商务部　　C. 国家质检总局　　D. 国家工商总局

2. 填制报检单时，对于无法填写或无须填写的栏目，应当填制为( )。

A. 无　　B. blank　　C. ＊＊＊　　D. N/M

3. 报检人必须按规定认真如实填写出入境报检单，每份报检单只限填报( )商品。

A. 一种　　B. 二种　　C. 三种　　D. 四种

4. 我国出口商品检验的程序，主要包括4个环节：( )、申请报检、检验、签证与放行。

A. 报检　　B. 报检资格认定　　C. 办证　　D. 抽样检验

5. 北京某公司从法国进口一批货物，途径神户后从天津口岸入境，在天津口岸清关。天津口岸进行必要的检疫处理，再将货物运至背景，在北京进行检验检疫再分销到长春和沈阳。该公司或其代理人应向( )的检验检疫机构申领《入境货物通关单》。

A. 沈阳　　B. 北京　　C. 长春　　D. 天津

6. 西安某公司从南非进口一批大理石板材，在上海港入境并办理完结关手续后，运至兰州销售使用。该批货物在报检单上"入境口岸"应填( )。

A. 西安　　B. 上海　　C. 兰州　　D. 南非

7.《出境货物报检单》的报检日期一栏应填写( )。

A. 出境货物检验检疫完毕的日期　　B. 检验检疫机构实际受理报检的日期

C. 出境货物的发货日期　　D. 报检单的填制日期

8. 在出境货物报检单数/重量一栏，重量一般填写( )。

A. 净重　　B. 毛重　　C. 皮重　　D. 以毛作净

9. 入境货物检验检疫的一般工作程序是：报检后先( )，再( )。

A. 检验检疫，放行通关　　B. 放行通关，检验检疫

C. 放行，检疫　　D. 检疫，放行

10. 出境货物检验检疫的一般工作程序是：报检后先( )，再( )。

A. 放行通关，检验检疫　　B. 检验检疫，放行通关

C. 通关，检疫　　D. 检疫，通关

能力训练二 实务操作

背景资料：

广州意林服装贸易有限公司与加拿大多伦多 ABC 贸易有限公司签订了一份关于服装出

口的合同。请根据以下合同及包装基本信息,以广州意林服装贸易有限公司的制单员身份,缮制出境货物报检单。

合同信息如下:

1. 发货人:GUANGZHOU ELIN CLOTHING TRADING CO. ,LTD

地址:RM 110-112,GUANGZHOU REVENUE,GUANGZHOU,CHINA

电话:86-20-24232445　　传真:86-20-24232436

2. 收货人:ABC TRADING CO. ,LTD,CANADA;

地址:48 WOODGARDEN CRESCENT,TORONTO,ONTARIO,CANADA

电话:1-514-3964455　　传真:1-514-3964451

3. 货物名称:女式毛衣　裙子

4. H. S. 编码:6110300000　6204520000

5. 产地:佛山

6. 数量:女式毛衣的成交数量为 1 000 件;裙子成交的数量为 2 000 条

7. 货物总值:共 50 000 美元整

8. 包装种类及数量:共 100 纸箱

9. 合同号码:EL20160912

10. 信用证号码:L/C342423

11. 货物存放地点:广州

12. 输往国家(地区):美国

13. 起运地:广州黄埔港

14. 标记及号码:

ABC TRADING CO. ,LTD

EL20160912

TORONTO

CARTON NO. 1-100

请根据以上给予的合同信息、报检单相关信息,以广州意林服装贸易有限公司的制单员身份,缮制一份《出境货物报检单》。

项目八 办理检验证书实务

项目引言

进出口商品检验是货物交接过程中不可缺少的一个环节。作为一笔出口业务，当报检单位填制完出境货物报检单后，检验检疫部门受理该公司申报的报检业务后，将按照检验后程序展开工作，并在完成各项工作环节后出具出境货物通关单或相关检验证书。经检验合格的，检验检疫机构发给检验证书，出口方即可报关出运；检验不合格的，可申请一次复验，复验仍不合格的，不得出口。

知识目标

1. 认识检验证书的基本内容及种类
2. 掌握出入境货物通关单的格式及缮制内容
3. 掌握一项具体合同项下的出境货物通关单及品质证书的缮制内容及要求

技能目标

1. 熟练掌握出境货物通关单的规范填写事项
2. 能根据给定的具体合同完成相应出境货物通关单及品质证书的缮制

任务一 了解和认识检验证书的基本内容

任务描述

出入境货物检验是指国家依法设立的商检机构根据相关的国家法律法规或根据国际贸易当事人的申请，依据一定的标准对进出口商品的品质、重量、规格、数量、包装等情况及装运条件进行检验、鉴定和管理,以维护国家利益或国际贸易当事人的合法权益。

任务分析

通过了解检验证书的本质和作用,认识检验证书的内容和种类,掌握出境货物通关单的内容及填写规范。

任务实施

子任务一　了解和认识检验证书的本质和作用

子任务引例

南京泰迪玩具有限公司准备出口一批塑料玩具至加拿大,合同金额为 24 000 美元,为了避免双方在品质上的纠纷,在签订合同时,买方提出要对产品的质量出具一份由 SGS 检测公司出具的品质证书。根据此背景,完成以下问题。

请回答:

(1)什么是品质证书?

(2)目前市场哪些机构可以出具品质证书?

一、知识认知

(一)检验证书的含义

检验证书(Inspection Certificate)是检验机构对进出口商品进行检验、鉴定后签发的书面证明文件。此外,在交易中如果买卖双方约定由生产单位或使用单位出具检验证明,则该证明也可起到检验证书的作用。

在国际贸易中,由国家设置的检验机构或由经政府注册的、独立的第三者身份的鉴定机构,对进出口的商品的质量、规格、卫生、安全、检疫、包装、数量、重量、残损以及装运条件、装运技术等所进行的检验、鉴定和监督管理工作。进出口商品检验是货物交接过程中不可缺少的一个环节。经检验合格的,发给检验证书,出口方即可报关出运;检验不合格的,可申请一次复验,复验仍不合格的,不得出口。

(二)检验证书的作用

检验证书关系到有关各方的经济责任和权益,其作用表现为:

(1)作为卖方所交付货物的品质、重量、数量、包装及卫生条件等是否符合合同规定的依据。如品质证书、消毒证书、卫生检验证书等。

(2)作为买方对合同条款提出异议、拒收货物、要求赔偿的凭证。如对数量条款有异议时,可出示数量/重量证书或残损检验证书等。

(3)作为卖方向银行议付货款的单据之一。

(4)作为出口国和进口国海关验放的有效证件,如出入境通关单、出境货物换证凭单。

(5)作为证明货物在装卸、运输中实际状况、明确责任归属的依据。如货载衡量检验证书、船舱检验证书等。

商品检验证书起着公证证明的作用,是买卖双方交接货物、结算货款和处理索赔、理赔的主要依据,也是通关纳税、结算运费的有效凭证。

二、职业判断与实务操作

针对子任务引例分析如下:

(1)任务引例涉及对品质证书的认知。品质证书是出口商品交货结汇和进口商品结算索赔的有效凭证;法定检验商品的证书,是进出口商品报关、输出输入的合法凭证。

(2)品质证书的签发主要有两种方式:一种是出口商/生产厂出具的"品质证书"。其中列明与客户约定的货物品质、规格项目,数据根据工厂检验结果,下面是出口商/生产厂签章。这种证书不是很正规,特别是工厂不具备相关检测能力时,检验数据可信度不强。另外一种是第三方检验机构出具的"品质证书",如 SGS 检测机构。这种证书是比较规范的,货物要经第三方检验机构检验,一般根据抽样标准抽取代表性样品,然后进行检验。货物外观、尺寸等可现场检验的即在现场完成,检测项目工厂可以完成的,可以进行监督测试。

子任务二 认识检验证书的内容和种类

子任务引例

深圳爱丽化妆品进出口公司从美国进口一批化妆品,合同价值为 20 000 美元,在这笔订单中,我方要求提供 SGS 公司签发的质量检验报告以确保买方所交货物的品质,并以 SGS 的检测报告作为异议索赔的依据。

请回答:

该公司应如何办理 SGS 签发的质量检验报告?

一、知识认知

商检机构在对进出口商品实施检验检疫或鉴定后,根据检验标准得出实际的检验结果。若检验合格,则签发检验证书。在实际业务中,常见的检验证书见表 8.1。

表 8.1 品质证书一览表

英文名称	中文名称	用　途
INSPECTION CERTIFICATE OF QUALITY	品质检验证书	根据不同行业的标准,运用各种检测手段,对进出口商品的规格、等级、质量进行检测后所出具的书面证明
INSPECTION CERTIFICATE OF WEIGHT	重量检验证书	根据不同计重方法证明进出口商品的重量的书面证明

续表

英文名称	中文名称	用途
INSPECTION CERTIFICATE OF QUANTITY	数量检验证书	根据不同计量方法证明进出口商品数量的书面证明
SANITARY INSPECTION CERTIFICATE	卫生检验证书	是证明可供人类食用的出口动物产品、食品等经过卫生检验或检疫合格的证件。适用于肠衣、罐头、冻鱼、冻虾、食品、蛋品、乳制品、蜂蜜等，是对外交货、银行结汇和通关验放的有效证件
VETERINARY INSPECTION CERTIFICATE	兽医检验证书	出口动物产品经过检疫、检验合格的官方证明文件。该证书适用于冻肉禽、禽畜肉的罐头、肠衣、皮、毛、绒、鬃等商品，由主任兽医签发，是对外交货、银行结汇、进口国通关的重要证件
INSPECTION CERTIFICATE OF FUMIGATION	熏蒸证书	用于证明出口粮谷、油籽、豆类、皮张等商品，以及包装用木材与植物性填充物等，已经过熏蒸灭虫的证书
INSPECTION CERTIFICATE OF DISINFECTIONS	消毒证书	是证明出口动物产品经过消毒处理，保证安全卫生的证件。适用于猪鬃、马尾、皮张、山羊毛、羽毛、人发等商品
INSPECTION CERTIFICATE OF DAMAGED CARGO	残损检验证书	是证明进口商品残损情况的证件。适用于进口商品发生残、短、渍、毁等情况；可作为受货人向发货人或承运人或保险人等有关责任方索赔的有效证件
INSPECTION CERTIFICATE ON CARGO WEIGHT & MEASUREMENT	货载衡量检验证书	是证明进出口商品的重量、体积吨位的证件。可作为计算运费和制订配载计划的依据
INSPECTION CERTIFICATE ON TANK/HOLD	船舱检验证书	证明承运出口商品的船舱清洁、密固、冷藏效能及其他技术条件是否符合保护承载商品的质量和数量完整与安全的要求。可作为承运人履行租船契约适载义务，对外贸易关系方进行货物交接和处理货损事故的依据
CERTIFICATE OF VALUE	价值证明书	作为进口国管理外汇和征收关税的凭证。在发票上签盖商检机构的价值证明章与价值证明书具有同等效力
CERTIFICATE OF CONFORMITY	符合性证书或一致性证书	出口沙特、伊朗等中东地区的货物，进口国海关需要进口商提供经承认的国际认证公司对该批货物出具的符合性证书

二、职业判断与实务操作

针对子任务引例分析如下：

(1)如果客户要求的是商检局的出口商检证书，是由工厂向所在地的检验检疫机关申请办理，检验检疫机关会派人到生产企业查看(详询当地检验检疫部门)。由于品质证书的出证需要检验检疫部门下厂检验，对有卫生、安全等要求的还需抽样送检，因此，企业应在出货出口

之前留出足够的时间,以免耽误出口。具体也可咨询工厂所在的代理报检单位。

(2)如果客户要求的是工厂自检或者第三方检验证书,则请与客户详细沟通。该案例要求出具 SGS 公司签发的检测报告。SGS 公司即通用公证行创建于 1878 年,是目前世界上最大、资格最老的民间第三方从事产品质量控制和技术鉴定的跨国公司。1991 年,瑞士通用公证行与中国标准技术开发公司共同投资建立了通标标准技术服务有限公司。具体操作则是联系该检测机构,把样品送至 SGS 公司在当地的分支机构进行检测,缴纳费用后,SGS 公司检测后会出具最终的检验报告。

任务二　掌握出境货物通关单及品质证书的缮制内容

任务描述

中国企业出口国外的某些商品在出口报关的时候,除了需要提供相应的箱单发票,陆运单据,相关合同,报关单,核销单据等,有时候还需要提供相关商检报告给海关审核,如果出口企业没办法提供相应的商检报告,如《出境货物通关单》,则无法对该商品进行出口操作,海关将不会放行。

任务分析

通过学习《出境货物通关单》的格式,掌握《出境货物通关单》的缮制内容,完成具体的出境货物通关业务实操。

任务实施

子任务一　掌握出境货物通关单的缮制

子任务引例

浙江新欣矿砂进出口贸易公司签订了一份出口 2 000 公吨硫化锑的合同,货物已到达装运口岸。

请回答:

(1)请问卖方需要提供《出境货物通关单》吗?

(2)如需提供《出境货物通关单》,具体的流程该如何操作?

一、知识认知

(一)货物通关单的含义

货物通关单(Customs Clearance of Exit Commodities),可分为入境货物通关单(监管代码为 A)和出境货物通关单(监管代码为 B),是指国家质量监督检验检疫总局授权的出入境检验检疫机构依法对列入《检验检疫法检目录》,以及虽未列入《检验检疫法检目录》,但国家有关法律、行政法规明确由出入境检验检疫机构实施检验检疫的出境货物及特殊物品等签发的进出口货物发货人或其代理人已办理报检手续的证明文书。

通俗来说,货物通关单是一份由中国出入境检验检疫局出具的给企业作为相关进出口货物符合国家检验检疫标准的一份证书,只有相关进出口产品符合国家检验检疫局的检测标准,获得通关证书的货物才能顺利通关放行。

每一个进出口产品对应相关的海关编码,即税则号 H. S. CODE,只要将这个 10 位数字的编码输入相关查询网站,就能判定该商品是否为法检商品以及相关的监管条件。监管证件代码见表 8.2。

表 8.2　监管证件代码表

监管证件代码	监管证件名称	监管证件代码	监管证件名称
1	进口许可证	O	自动进口许可证(新旧机电产品)
2	两用物项和技术进口许可证	P	固体废物进口许可证
3	两用物项和技术出口许可证	Q	进口药品通关单
4	出口许可证	R	进口兽医通关单
5	纺织品临时出口许可证	S	进出口农药登记证明
6	旧机电产品禁止进口	T	银行调运现钞进出境许可证
7	自动进口许可证	U	合法捕捞产品通关证明
8	禁止出口商品	W	麻醉药品进出口准许证
9	禁止进口商品	X	有毒化学品环境管理放行通知单
A	入境通关单	Y	原产地证明
B	出境通关单	Z	进口音像制品批准单或节目提取单
D	出/入境货物通关单(毛坯钻石用)	c	内销征税联系单
E	濒危物种允许出口证明书	e	关税配额外优惠税率进口棉花配额
F	濒危物种允许进口证明书	h	核增核扣表
G	两用物项和技术出口许可证(定向)	q	国别关税配额证明
H	港澳 OPA 纺织品证明	r	预归类标志
I	精神药物进(出)口准许证	s	适用 ITA 税率的商品用途认定证明
J	金产品出口证或人总行进口批件	t	关税配额证明
K	深加工结转申请表	v	自动进口许可证(加工贸易)
L	药品进出口准许证	x	出口许可证(加工贸易)
M	密码产品和设备进口许可证	y	出口许可证(边境小额贸易)

(二)《出境货物通关单》(单据样张 8.1)的适用范围

(1)列入《检验检疫法检目录》的出境货物。

(2)对外经济技术援助物资及人道主义紧急救灾援助物资。

(3)其他未列入《检验检疫法检目录》,但国家有关法律、行政法规明确由出入境检验检疫机构负责检验检疫的出境货物及特殊物品等。

(三)《出境货物通关单》的格式和缮制内容

(1)编号:由检验检疫机构报检受理人员填写。

(2)发货人:填写中英文对照的发货人,并与合同、信用证所列的卖方一致。

(3)收货人:与合同、信用证所列的买方一致,若预检报检、产地报检口岸换证等的收货人不确定的时候,该栏可填写＊＊＊。

(4)合同号:对外贸易合同、订单或形式发票的号码。

(5)输往国家或地区:根据出境货物报检单如实填写。

(6)标记及号码:即填写运输标志,简称唛码,通常由一个简单的几何图形和一些文字构成,唛码内容包括收货人代号或名称、合同号、目的地、原产国(地区)、最终目的国(地区)、目的港或中转港和件数号码等信息。

(7)运输工具名称及号码:填写运输工具的名称和号码。

(8)发货日期:与报检单填写内容相一致。

(9)集装箱规格及数量:与报检单填写内容一致,当预检报检时,可暂时填写"＊＊＊"。

(10)货物名称及规格:与报检单填写内容一致,当写完货物名称或规格后,在空白处填上"＊＊＊",并写上"(以下空白)"。

(11)H. S. 编码:与报检单填写内容一致,当写完编码后,在空白处填上"＊＊＊",并写上(以下空白)。

(12)申报总值:为防止伪造单据,当填写完毕货物总值时,在空白处填上"＊＊＊",并写上(以下空白)。

(13)数/重量、包装数量及种类:与报检单填写内容一致,当写完编码后,在空白处填上"＊＊＊",并写上(以下空白)。

(14)证明:货物经检验检疫合格后,通关单会明确标注"上述货物业经检验检疫,请海关予以放行"的字样,同时写上通关单的有效期,并由检验检疫部门人员手签姓名并加盖检验检疫部门专用章生效。

(15)备注:该处可加注需要证明的事项。若没有备注时,可以填写"＊＊＊"。

二、职业判断与实务操作

针对子任务引例分析如下:

(1)任务引例中的硫化锑产品,通过查询 H. S. 编码,得知编码为2830902000,监管条件为B,即货物在出口时需提供《出境货物通关单》。只有获得《出境货物通关单》,货物在正式报关时才能顺利通关放行,出境货物报关单如单据样张 8. 2 所示。

(2)针对该出口案例,由于硫化锑是法检产品,应先检验检疫后,再放行通关。该笔订单的报检人浙江新欣矿砂进出口贸易公司,应在规定的时间内持相关单证到当地的检验检疫机构报检;检验检疫机构审核完有关单证,符合要求的受理报检并计费,然后转施检部门实施检验检疫。经检验检疫合格,检验检疫机构出具《出境货物通关单》供报检人在海关办理通关手续。

对于产地和报检地不一致的货物,报检人应向产地检验检疫机构报检,产地检验检疫机构对货物检验检疫合格后,出具《出境货物换证凭单》或将电子信息传至口岸检验检疫机构并出具《出境货物换证凭条》,报检人凭产地检验检疫机构签发的《出境货物换证凭单》或《出境货物换证凭条》向口岸检验检疫机构报检。口岸检验检疫机构验证或核查货证合格后,出具《出境货物通关单》；对于检验检疫不合格的货物，检验检疫机构签发《出境货物不合格通知单》，不准出口。

中华人民共和国出入境检验检疫
出境货物通关单

1. 编号：

2. 发货人			6. 标记及号码
3. 收货人			
4. 合同号/信用证号		5. 输往国家或地区	
7. 运输工具名称及号码		8. 发货日期	9. 集装箱规格及数量
10. 货物名称及规格	11. H. S. 编码	12. 申报总值	13. 数/重量、包装数量及种类
14. 证明 上述货物业经检验检疫，请海关予以放行。 本通关单有效期至： （检验检疫专用章） 签字：××× 日期： 年 月 日			
15. 备注			

单据样张 8.1 出境货物通关单

中华人民共和国出入境检验检疫
出境货物通关单

编号：310051208412183000

1. 发货人 江苏舜天盛泰贸易有限公司 ＊＊＊			5. 标记及号码 N/M
2. 收货人 ＊＊＊ ＊＊＊			
3. 合同号/信用证号 8KSTE810065/＊＊＊		4. 输往国家或地区 巴西	
6. 运输工具名称及号码 船舶＊＊＊		7. 发货日期 2008.09.21	8. 集装箱规格及数量 ＊＊＊
9. 货物名称及规格 丝棉印花布 ＊＊＊ （以下空白）	10. H. S. 编码 5007109029 ＊＊＊ （以下空白）	11. 申报总值 ＊58968 美元 ＊＊＊ （以下空白）	12. 数/重量、包装数量及种类 ＊23 400 米 ＊400 塑料薄膜袋 （以下空白）

续表

<table>
<tr><td>13. 证明

上述货物业经检验检疫，请海关予以放行。
本通关单有效期至：二〇〇八年十月十日
签字：　　　　　　　　　　日期：2008 年 09 月 16 日</td></tr>
<tr><td>14. 备注</td></tr>
</table>

单据样张 8.2　出境货物报关单样例

子任务二　掌握品质证书的缮制

子任务引例

湖南常德兴华有限公司于 2012 年 1 月与阿尔及利亚某公司签订了一份合同，采用信用证结算方式，信用证中规定作为卖方必须提供《CERTIFICATE OF QUALITY》(品质证书)和《CERTIFICATE OF CONFORMITY》(符合性/统一性证书)作为清关使用。

请回答：

(1)如何出具阿尔及利亚公司要求的品质证书?

(2)该案例的启示是什么?

一、知识认知

(一)品质证书的含义

品质证书是证明进出口商品的规格、等级、质量、标准等实际情况的书面文件。

(二)品质证书的具体内容(单据样张 8.3)

(1)证书名称和编号：若采用信用证作为结算方式，并以提供《QUALITY CERTIFICATE》作为信用证条款时，应严格按信用证规定办理。

(2)发货人(Consignor)：一般填写出口商或信用证中的受益人。

(3)收货人(Consignee)：一般填写进口商或信用证中的开证申请人。收货人可填写"＊＊＊"或"空白抬头 TO ORDER"，除非信用证中有特殊规定。

(4)品名(Description of Goods)：按信用证的规定填写或按发票填写。在填写具体的品名时，为避免纠纷，必须保持发票、信用证、汇票、提单等单据所列的品名一致。

(5)标记及号码(Marks & No.)：按合同规定的唛头填写，若没有唛头，可填写"N/M"，若信用证中已指定唛头，则应与信用证的内容相一致。

(6)报检数量/重量(Quantity/Weight Declared)：该栏内容与发票一致，散装货物填写"IN BULK"。

(7)包装种类及数量(Number and Type of Package)：该栏内容与装箱单、提单一致。

(8)运输工具(Means of Conveyance)：该栏填写运输方式和运输工具的名称。若不确定具体的运输工具，可直接填写运输方式。

(9)检验结果(Results of Inspection):这是品质证书最重要的部分。买方不接受含有对货物品质、包装、规格不利陈述的检验证书。因此,该部分是对货物进行检验检疫的结果,表示送检货物的实际品质。

(10)备注(Remark):用于增加合同、信用证号码及其他事项。

(11)签证地点(Place of Issue):填写检验检疫的地点,一般为卖方所在的装运地。

(12)签证日期(Date of Issue):填写检验检疫的日期。签证日期一般不能晚于提单签发日期。

(13)授权签字人(Authorized Officer):填写检验检疫官员的中文拼音。

(14)签名(Signature):填写检验检疫官员的手签名字。

(15)印章(Official Signature):由检验检疫部门加盖公章。

中华人民共和国出入境检验检疫

ENTRY-EXIT INSPECTION AND QUARANTINE

OF THE PEOPLES REPUBLIC OF CHINA

正本

ORIGINAL

编号:

QUALITY CERTIFICATE

发货人 Consignor		
收货人 Consignee		
品名 Description of Goods		标记及号码 Mark & No.
报验数量/重量: Quantity/Weight Declared		
包装种类及数量: Number and Type of Packages		
运输工具: Means of Conveyance		
检验结果: Results of Inspection:		

印章(检验局章)Official Signature	签发地点 Place of Issue	签发日期 Date of Issue
	授权签字人 Authorized Officer	签名 Signature

我们已尽所知和最大能力实施上述检验,不能因我们签发本证书而免除买方或其他方面根据合同和法律所承担的产品质量责任和其他责任。

All inspections are carried out conscientiously to the best of our knowledge and ability. This certificate does not in any respect absolve the seller and other related parties from his contractual and legal obligations especially when product quality is concerned.

单据样张 8.3　品质证书

(三)信用证中商品检验证书的条款示例

(1) INSPECTION CERTIFICATE OF QUALITY AND WEIGHT ISSUED BY CHINA COMMODITY INSPECTION BUREAU.

该条款指定由中国商品检验局签发质量和重量检验证书。

(2) INSPECTION REPORT OF QUALTY ISSUED BY SGS COMPANY, STATED THE

QUALITY CONFORM WITH THE CONTRACT.

该条款要求由 SGS 公司开出质量检测报告，并注明品质符合合同规定。

二、职业判断与实务操作

针对子任务引例分析如下：

(1)任务引例是关于阿尔及利亚公司需要品质证书才能办理清关。从 2009 年 3 月份开始，阿尔及利亚央行要求所有进口商需向银行出具进口商品质量检验证书才可办理外汇汇出业务，该证书应由企业以外的相关权力部门出具。根据阿尔及利亚总理新近颁布的政令，阿尔及利亚央行已致函各商业银行，规定今后所有进口商需向银行出具进口商品质量检验证书，方可办理外汇汇出业务。湖南常德兴华有限公司去当地的商检局出具，且在信用证交单期限内解决。

(2)这个案例的启示是若采用信用证结算方式，必须提前对检验证书有所了解。对于某些国家而言，品质检验证书是进出口商品报关、输出输入的合法凭证或前提条件。

任务三　操练出境货物通关单的缮制与任务实训

任务描述

检验证书，是出口商品交货结汇和进口商品结算索赔的有效凭证；法定检验商品的证书，是进出口商品报关、输出输入的合法凭证。

任务分析

通过对出境货物通关单格式及品质证书缮制内容的认知，根据佛山易美贸易有限公司与美国贝佳特贸易有限公司签订的关于毛绒玩具的出口合同，以佛山易美贸易有限公司跟单员的身份，完成以下《出境货物通关单》的填制。

任务实施

子任务一　出境货物通关单任务导入

子任务引例

佛山易美贸易有限公司与美国贝佳特贸易有限公司达成了一项关于毛绒玩具的出口合同。该项合同的产品是两种毛绒玩具，分别是新潮灰色小熊及长发小猫咪。灰色小熊的成交数量为 1 080 套，共 135 个纸箱；长发小猫咪成交的数量为 3 150 件，共 105 个纸箱。来证规定需要开具由中国商检局签发的品质证书以证明货物的品质。

请回答：

(1)如何获取《出境货物通关单》？

(2)请问佛山易美贸易有限公司办理品质证书的流程是什么?

一、知识认知

根据佛山易美贸易有限公司与美国贝佳特贸易有限公司达成的合同,可知下列出境货物办理《出境货物通关单》的基本信息:

(1)收货人:BEST TRADING CO. ,LTD;

RM 110-115,FUNWAY AVENUE,BOSTON,MA,USA

TEL:1-703-9780901　　FAX:1-703-978-0902。

(2)发货人:佛山易美贸易有限公司 FOSHAN EMAY TRADING CO. ,LTD.

(3)货物名称:PLUSH TOYS 毛绒玩具。

(4)H. S. 编码:9503002100。

(5)产地:佛山。

(6)数量:灰色小熊的成交数量为 1 080 套;长发小猫咪成交的数量为 3 150 件。

(7)货物总值:共 42 480 美元整。

(8)包装种类及数量:共 240 纸箱。

(9)合同号码:EM20130915。

(10)信用证号码:L/C361010。

(11)货物存放地点:佛山。

(12)输往国家(地区):美国。

(13)起运地:佛山。

(14)标记及号码:

BEST TRADING CO. ,LTD
EM20130915
BOSTON
CARTON NO. 1-240.

二、职业判断与实务操作

针对子任务引例分析如下:

(1)任务引例涉及对佛山易美贸易有限公司申领出境货物通关单的流程。出境货物通关单是对出境的货物进行检验,检验过程中需要检验部门发出的通关单才能通过。由于毛绒玩具是法检产品,应先检验检疫后,再放行通关。佛山易美贸易有限公司应在规定的时间内持发票、装箱单、销售合同先申请报检,经检验检疫部门检疫后,若检验结果为合格,则可出具《出境货物通关单》以供报关使用。

(2)佛山易美贸易有限公司持厂检单、发票、装箱单、合同、样品向所在地佛山的检验检疫机构申请办理检验,商检局会对送来的样品进行抽样检验,经检验合格后,会出具一份品质证书。一般来说,收费是货值的千分之一点五加上证书费。

子任务二 完成出境货物通关单的缮制

子任务引例

佛山易美贸易公司与美国贝佳特贸易有限公司达成了一项关于毛绒玩具的出口合同。该项合同的产品是两种毛绒玩具，分别是新潮灰色小熊及长发小猫咪。根据实训任务的分析，完成《出境货物通关单》的缮制。

请回答：

(1)根据合同和信用证信息，完成《出境货物通关单》的缮制。

(2)填写《出境货物通关单》需要注意哪些事项？

一、知识认知

根据佛山易美贸易有限公司与美国贝佳特贸易有限公司达成的毛绒玩具合同交易，通过分析合同及信用证的信息，缮制如单据样张8.4所示的出境货物通关单。

中华人民共和国出入境检验检疫
出境货物通关单

编号:470800211113849347

<table>
<tr><td colspan="3">发货人
佛山易美贸易有限公司
FOSHAN EMAY TRADING CO. ,LTD
收货人
美国贝佳特贸易有限公司
BEST TRADING CO. ,LTD</td><td rowspan="2">标记及号码
BEST TRADING CO. ,LTD
EM20130915
BOSTON
CARTON NO. 1-240</td></tr>
<tr><td colspan="2">合同号/信用证号
EM20130915/LC361010</td><td>输往国家或地区
美国</td></tr>
<tr><td colspan="2">运输工具名称及号码
船舶＊＊＊</td><td>发货日期
＊＊＊</td><td>集装箱规格及数量
＊＊＊</td></tr>
<tr><td>货物名称及规格
毛绒玩具
灰色小熊
＊＊＊
长发小猫咪
＊＊＊
(以下空白)</td><td>H. S. 编码

9503002100
＊＊＊
9503002100
＊＊＊
(以下空白)</td><td>申报总值
＊42 480
＊＊＊

(以下空白)</td><td>数/重量、包装数量及种类

＊1 080 套
＊135 箱
＊3 150 件
＊105 箱
(以下空白)</td></tr>
<tr><td colspan="4">证明
上述货物业经检验检疫，请海关予以放行。
本通关单有效期至：二〇一三年十二月十五日
(检验检疫专用章)
签字：××× 日期：2013 年 10 月 16 日</td></tr>
<tr><td colspan="4">备注</td></tr>
</table>

单据样张8.4 《出境货物通关单》缮制

二、职业判断与实务操作

针对子任务引例分析如下：

(1)任务引例涉及对佛山易美贸易有限公司《出境货物通关单》的填制。根据与美国贝佳特贸易有限公司的相关信息，该合同项下的《出境货物通关单》的具体填制内容见上述单据样张 8.4。

(2)《出境货物通关单》是出口报关的一项重要监管证件，出口企业和报关单位要仔细审核的重点放在商品的名称、归类、数量、总值、通关单对应的合同是否与整份单证相同。审核通关单上的品名、金额要求与装箱单、发票等数据是否相符，同时合同号码、目的国等细节方面的数据也应当一致，申报时务必仔细核查各项内容，确保通关单等随附单证"对号"入座。

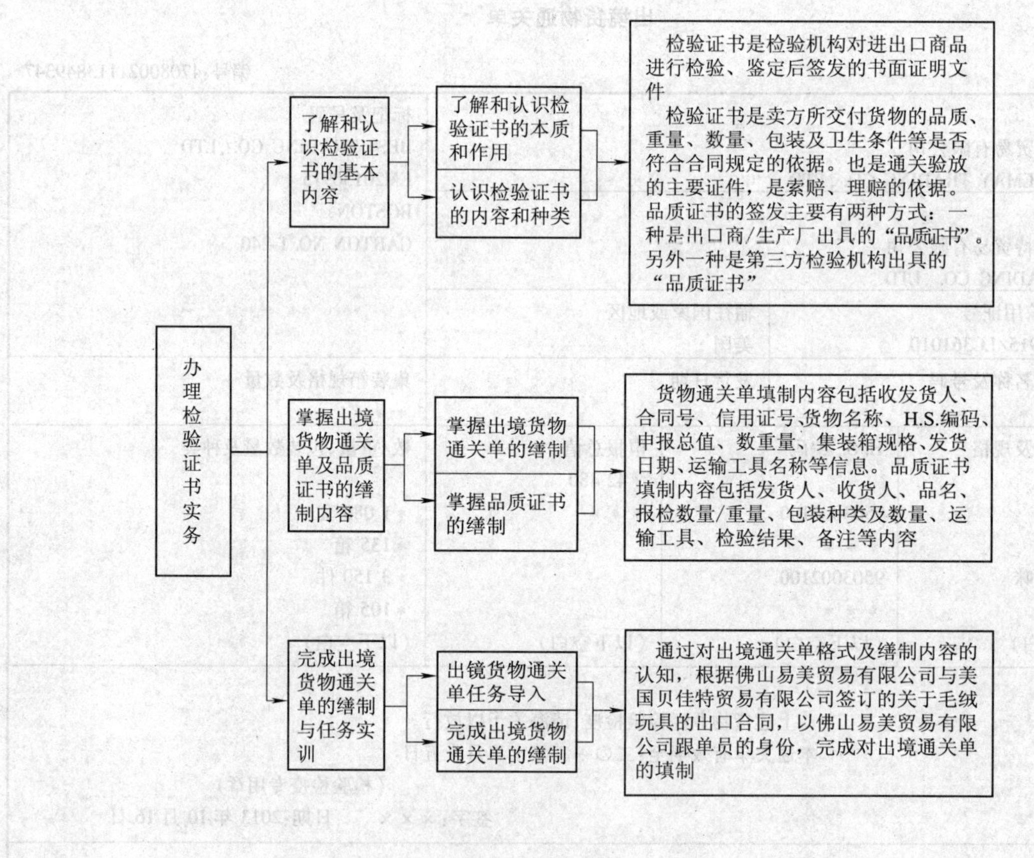

能力训练一　职业判断与选择

一、职业判断能力

1. 检验证书是商品交接、货款结算和结汇的重要凭证。（　　）

2. 通关单是法定检验的进出口商品检验检疫合格后，由商检机构签发的放行通知单。（　　）

3. 数量证书是证明进出口商品的质量、规格、等级等实际情况的证明文件。（　　）

4. 若信用证对检验结果有明确规定，则检验证书显示的结果需符合信用证的检验要求。（　　）

5. 检验证书不可以作为银行议付和出口收汇的依据。（　　）

6. 检验证书可以作为计算运费的凭证。（　　）

7. 根据货物流向的不同，货物通关单分为出境货物通关单和入境货物通关单。（　　）

8. 数量证书是根据不同计量方法证明进出口商品的数量的书面证明。（　　）

9. 若买卖双方产生关于产品质量、数量、包装等交易纠纷时，检验证书可作为双方解决争议和理赔的凭证。（　　）

10.《出境货物通关单》的“标记及号码”一栏应按货物运输包装的标记填写，没有标记的可以不填或填制订单。（　　）

二、单项职业选择能力

1. 对产地检验检疫、口岸报关出境的货物，由产地检验检疫机构出具（　　），口岸检验检疫机构经验证或核查货证合格后，换发（　　）。

A. 出境货物通关单，出境货物换证凭单

B. 出境货物换证凭单，出境货物通关单

C. 品质证书，出境货物通关单

D. 品质证书，出境货物换证凭单

2.（　　）是指作为进口国管理外汇和征收关税的凭证。在发票上签盖商检机构的价值证明章与价值证明书具有同等效力。（　　）。

A. 价值证明书　　B. 品质证书

C. 重量证书　　D. 数量证书

3.（　　）是证明承运出口商品的船舱清洁、密固、冷藏效能及其他技术条件是否符合保护承载商品的质量和数量完整与安全的要求。可作为承运人履行租船契约适载义务，对外贸易关系方进行货物交接和处理货损事故的依据。

A. 消毒检验证书　　B. 卫生检验证书

C. 船舱检验证书　　D. 数量证书

4.（　　）是证明可供人类食用的出口动物产品、食品等经过卫生检验或检疫合格的证件。适用于肠衣、罐头、冻鱼、冻虾、食品、蛋品、乳制品、蜂蜜等，是对外交货、银行结汇和通关验放的有效证件。

A. 消毒检验证书　　B. 卫生检验证书

C. 船舱检验证书　　D. 数量证书

5. 以下哪项不属于残损检验证书(　　)。

A. 积货鉴定书　　B. 水尺计重证书

C. 载损鉴定证书　　D. 船口鉴定证书

6. (　　)是证明本批货物经检验后的实际品质。

A. 检验结果　　B. 检验报告

C. 检验标准　　D. 检验品质

7.《出境货物通关单》合同号/信用证号这一栏,若没有信用证,应填写(　　)。

A. 无　　B. N/M

C. * * *　　D. × × ×

8. 在《出境货物通关》单数/重量一栏,为防止单据伪造,应在栏目内容填写完毕后,填写(　　)。

A. * * *　　B. × × ×

C. 以下空白　　D. 留空

9. 品质证书中关于收货人一栏,除非信用证另有规定,该栏一般可以用(　　)表示。

A. 以下空白　　B. × × ×

C. * * *　　D. 留空

10. 品质证书的签证日期应为(　　)。

A. 实际检验日期　　B. 申请检验日期

C. 提单签发日　　D. 装运日期

能力训练二　实务操作

背景资料:

广州意林服装贸易有限公司与加拿大多伦多 ABC 贸易有限公司签订了一份关于服装出口的合同。请根据以下合同及包装基本信息,以广州意林服装贸易有限公司的制单员身份,缮制出境货物通关单。

合同信息如下:

1. 发货人:GUANGZHOU ELIN CLOTHING TRADING CO. ,LTD

地址:RM 110-112,GUANGZHOU REVENUE,GUANGZHOU,CHINA

电话:86-20-24232445　　传真:86-20-24232436

2. 收货人:ABC TRADING CO. ,LTD,CANADA

地址:48 WOODGARDEN CRESCENT,TORONTO,ONTARIO,CANADA

电话:1-514-3964455 传真:1-514-3964451

3. 货物名称:女式毛衣 裙子

4. H. S. 编码:6110300000 6204520000

5. 产地:佛山

6. 数量:女式毛衣的成交数量为 1 000 件;裙子成交的数量为 2 000 条

7. 货物总值:共 50 000 美元整

8. 包装种类及数量:共 100 纸箱

9. 合同号码:EL20160912
10. 信用证号码:L/C342423
11. 货物存放地点:广州
12. 输往国家(地区):美国
13. 起运地:广州黄埔港
14. 标记及号码:

ABC TRADING CO. ,LTD
EL20160912
TORONTO
CARTON NO. 1-100

请根据以上给予的合同信息、报检单相关信息,以广州意林服装贸易有限公司的制单员身份,缮制一份出境货物通关单。

项目九　办理原产地证书实务

项目引言

在国际贸易的单证操作中，买方往往会要求卖方提供原产地证书。原产地证(Certificate of origin)又称一般产地证书，是原产地证书的一种。产地证明可用以证明有关出口货物和制造地的一种证明文件，是货物在国际贸易行为中的“原籍”证书。本项目在学习原产地证书的内容和种类的基础上，重点掌握一般原产地证书(Certificate of origin)及普惠制原产地证书(Gsp Certificate of origin)的格式和具体的缮制内容。

知识目标

1. 认识原产地证书的基本内容及种类
2. 掌握一般原产地证书的格式及缮制内容
3. 掌握普惠制原产地证书的格式和缮制内容

技能目标

1. 熟练掌握一般原产地证书的规范填写事项
2. 能根据给定的具体合同完成相应的一般原产地证书的缮制

任务一　了解和认识原产地证书的基本内容

任务描述

原产地证是证明出口货物在中国生产和制造的证明文件，优惠原产地证是根据进口国要求而出具的能证明出口货物原产于出口国，并能使货物享受优惠关税待遇的证明性文件。

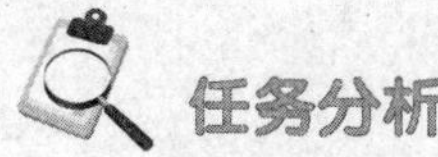

通过了解原产地证书的本质和作用,认识原产地证书的内容和种类,掌握一般原产地证书的内容及填写规范。

子任务一 了解和认识原产地证书的本质和作用

子任务引例

2012 年8 月潍坊检验检疫局检验检疫人员收到山东检验检疫局通关处转发的发货人为潍坊某公司的东盟原产地证的退证查询邮件。经检验检疫人员认真核对,该证书为伪造证书,证书第一栏发货人为潍坊辖区内某贸易公司,但公司地址显示为塞舌尔共和国的境外地址,未显示该贸易公司的实际地址,证书第十二栏签证人员的手签笔迹和签证印章均属伪造。检验检疫人员在调查过程中,于2012 年9 月又收到山东检验检疫局通关处转发的发货人为该公司的另一份东盟原产地证的退证查询函,案件细节与前类似。潍坊检验检疫局检验检疫人员对该公司涉嫌伪造、买卖和使用虚假原产地证的行为进行了立案,并派员进行调查。经过调查发现:该公司于2012 年6 月向印度尼西亚同一客户出口三批硅酸钠,分别为400 吨、100 吨和500 吨,货值分别为90 400 美元、22 600 美元和113 000 美元。出口时由于国外客户要求提供中国东盟原产地证,而该公司一直未在潍坊检验检疫局办理过原产地证企业注册,经咨询检验检疫机构无法签发发货人为境外公司的东盟原产地证,于是该公司业务人员就在网上通过QQ 联系办理假原产地证。

该公司负责人承认了上述违法事实,称因为公司业务人员法律意识淡薄,业务知识匮乏,导致了违法行为的发生。鉴于该公司积极配合调查,并主动交代其他违法事实,潍坊检验检疫局对该公司做出了处以30 000 元罚款的处罚。

请回答:

(1)什么是原产地证书,该案存在什么违法行为?

(2)这一案例反映在国际贸易中存在的什么问题?

一、知识认知

(一)原产地证书的含义

原产地证书(Certificate of origin)是出口商应进口商要求而提供的、由公证机构或政府或出口商出具的证明货物原产地或制造地的一种证明文件。

原产地证书是各国根据相关的原产地规则所签发的证明商品原产地,来自货物的生产或制造地的一种具有法律效力的证明文件,也是商品进入国际贸易领域的"护照",证明商品的经济国籍所用。

(二)原产地证书的作用

原产地证书关系到有关各方的经济责任和权益,其作用表现为:

(1)证明出口货物符合货物原产地规则的凭据。

(2)确定产品关税待遇,提高市场竞争力的重要工具。

世界上大多数国家,对从不同国家进口的商品,均使用不同的税率,而关税方面的差别待遇是根据货物的原产地决定的,秘鲁共和国政府自由贸易协定原产地证书则是各国海关据以征收关税和实施差别待遇的有效凭证。

(3)证明产品内在品质或结汇的依据。

在国际贸易中,FORM F 证书还起到证明商品内在品质、提高商品竞争力的作用。

(4)进行贸易统计的依据

各国海关都承担对进出口货物进行统计的职责,原产地证书则是海关借以对进口货物进行统计的重要依据。

(5)货物进口国实行有差别的数量控制,进行贸易管理的工具

世界各国根据其贸易政策,为保护本国工业生产和国际贸易竞争需要,往往对某些货物实行限制,制定一些进口货物数量控制措施。在实际国际贸易过程中,原产地证书是进口国政府实行进口管理和对不同国家产品征收差别关税时需要审查的一种极为重要的证明文件。在产品出口前应当及时向当地机构申请产地证业务,以避免货到申请导致货物未能及时清关。

(三)原产地证书的申请

根据我国的相关规定,企业不得晚于货物报关出运前三日向签证机构申请办理原产地证书,并严格按照签证机构的要求,真实、完整、正确地填写以下相关资料:

(1)一份《中华人民共和国出口货物原产地证书/加工装配证明书申请书》;

(2)一式四份《中华人民共和国原产地证明书》;

(3)一份出口货物商业发票副本;

(4)签证机构认为必要的其他相关证明文件。

二、职业判断与实务操作

针对子任务引例分析如下:

(1)原产地证书是证明出口货物在中国生产和制造的证明文件,优惠原产地证书是根据进口国要求而出具的能证明出口货物原产于出口国,并能使货物享受优惠关税待遇的证明性文件。该公司购买使用伪造检验检疫证书的事实确凿;该案中该公司业务人员通过网络购买了三份假原产地证书并在其上加盖了公司印章和自己的签名,构成了伪造原产地证书的违法行为。我国现行法律法规规定,“伪造国家机关公文”是指无制作权的人,冒用名义非法制作国家机关公文的行为,该案同时具备了伪造证书的违法情节。

(2)中国东盟优惠原产地证书属于检验检疫机构签发的检验证单,该案中该公司伪造、买卖和使用虚假原产地证书的违法行为,违反了《商检法》和《商检法实施条例》的相关规定。这一案件反映出在国际贸易中存在以下问题:

一是个别企业法律意识淡薄，在对外贸易中存在侥幸心理，受经济利益驱使，不惜铤而走险。经了解，该公司之所以在塞舌尔注册，是因为在塞舌尔注册公司不需要缴纳任何税项，可以合理、合法避税，同时注册资金不用到位，无外汇管制，募集资金容易，不必每年递交公司账目。东盟原产地证书签发要求发货人必须是中国东盟成员国境内的发货人，该公司为逃避外汇管制而受利益驱使，明知无法通过正常的渠道办理其要求的发货人为境外公司的东盟原产地证，就铤而走险盲目通过网络办理所谓的"正版东盟原产地证书"。

二是个别公司的业务人员外贸知识匮乏，不了解外贸证书的办理流程，随意相信网上办理证件的公司和个人，认为原产地证可以买卖。一定程度上也反映了目前国内市场假证泛滥成灾，严重影响了我国的国际声誉，扰乱了正常的国际贸易秩序。

子任务二　认识原产地证书的内容和种类

子任务引例

广东某企业拟申报进口原产于新加坡的奶粉并申请享受中国—东盟自由贸易区优惠税率，并向海关提交优惠原产地证书及其他相关商业单证。经单证审核，海关发现该企业提交的其他商业单证均真实有效、符合海关要求，相关优惠原产地证书的安全特征亦与总署备案资料一致，但该证书抬头印有"REPUBLIC OF SINGAPORE PREFERENTIAL CERTIFICATE OF ORIGIN"字样，并非常见的"ASEAN-CHINA FREE TRADE AREA PREFERENTIAL TARIFF CERTIFICATE OF ORIGIN"，亦无"FORM E 及 ISSUED IN(COUNTRY)"的相关字样。

请回答：

该票货物能否享受协定税率？

一、知识认知

(一)原产地证书的主要内容

(1)进出口商的名称及地址(Exporter and Consignee Full Name and Address)。

(2)运输方式及路线(Means of Transport and Route)。

(3)商品唛头和编号(Marks and Numbers of Packages)。

(4)商品名称、数量和重量(Number and King of Packages;Description of Goods)。

(5)H. S. 编码(H. S. Code)。

(6)证明文字(Certification)等。

(二)原产地证书的分类

根据签发机构的不同，原产地证书可以分为以下三种。

1. 商检机构出具的原产地证书

如：中华人民共和国检验检疫局(CIQ)出具的普惠制原产地证书(Gsp Form A)以及一般原产地证书(Certificate of Origin)

2. 国家商会出具的原产地证书

如：中国国际贸易促进委员会(CCPIT)出具的一般原产地证书。

3. 出口商或生产商出具的原产地证明书

在实际业务中,主要依据合同或信用证的来证要求来出具相应的原产地证书。若出口货物至普惠制国家,客户一般都会要求出口商出具普惠制原产地证书。在国家贸易中,出口商习惯于开立由贸促会出具的一般原产地证明书。

(三)常见的原产地证书类型

在实际业务中,常见的原产地证书见表 9.1。

表 9.1　常见的原产地证书类型

英文名称	中文名称	用　　途
CERTIFICATE OF ORIGIN(简称 C/O)	原产地证书	证明货物原产于某一特定国家或地区,享受进口国正常关税(最惠国)待遇的证明文件
GSP CERTIFICATE OF ORIGIN	普惠制原产地证书	具有法律效力的我国出口产品在给惠国享受在最惠国税率基础上进一步减免进口关税的官方凭证
FORM B	亚太贸易协定原产地证书	2006 年 9 月 1 日起签发《亚太贸易协定》原产地证书。可以签发《亚太贸易协定》原产地证书的国家有:韩国、斯里兰卡、印度、孟加拉 4 个国家。降税幅度从 5% 到 100% 不等
FORM E	中国—东盟自由贸易区优惠原产地证明书	由国家出入境检验检疫局签发。凡符合中国—东盟自由贸易区优惠关税的有关规定,只要签发了 FORM E 证书,相当于有了一个“经济护照”,该批货物就能够享受更优惠的进口国关税待遇,平均减税幅度可达 5%
FORM F	中国—智利自由贸易区优惠原产地证明书	自 2006 年 10 月 1 日起,各地出入境检验检疫机构开始签发《中国—智利自由贸易区优惠原产地证明书》(FORM F),该日起对原产于我国的 5 891 个 6 位税目产品关税降为零。智利的进口商从我国进口时,凭借此证可享受不同程度的关税优惠待遇
EEC	纺织品专用产地证	专用于需要配额的纺织类产品,是欧共体进口国海关控制配额的主要依据,由商务部签发

二、职业判断与实务操作

针对子任务引例分析如下:

(1)新加坡与中国签有两个自由贸易协定,一是以东盟成员国身份签署的中国—东盟全面经济合作框架协议,二是以其独立身份签订的中国—新加坡自由贸易协定,不同的协定项下受惠产品清单、采用的原产地标准及证书格式各有差异。

(2)按照《中华人民共和国海关 < 中华人民共和国与东南亚国家联盟全面经济合作框架协议 > 项下进出口货物原产地管理办法》(以下简称“海关总署令第 199 号”)第十三条第(一)款以及《中华人民共和国海关进出口货物优惠原产地管理规定》(以下简称“海关总署令第 181 号”)第十五条规定,应当向海关提交中国—东盟自由贸易区项下的优惠原产地证书。经审核,该企业提交的原产地证书确系新加坡方面的原产地证书授权机构签发,证书格式为中国—新加坡自由贸易协定项下原产地证书格式。但应当注意的是,上述案例的相关进口货物尽管其新加坡原产资格并无疑问,但因进口商申请适用中国—东盟自由贸易区而非中国—新加坡自由贸易协定税率、必须向海关提交中国—东盟自由贸易区项下的原产地证书。鉴此,可以判断相关货物不适用中国—东盟自由贸易区协定税率。

任务二　掌握原产地证书的格式和缮制内容

任务描述

中国企业出口国外的某些商品在出口报关的时候，除了需要提供相应的箱单发票、陆运单据、相关合同、报关单、核销单据等，有时候还需要提供相关商检报告给海关审核的，如果出口企业没办法提供相应的商检报告例如《出境货物通关单》，则无法对该商品进行出口操作，海关将不会放行。

任务分析

通过学习原产地证书的格式，掌握原产地证书的缮制内容，完成具体的原产地证书业务实操。

任务实施

子任务一　掌握一般原产地证书的缮制

子任务引例

浙江新欣矿砂进出口贸易公司签订了一份出口 2 000 公吨硫化锑的合同，货物已到达装运口岸，合同规定要求浙江新欣矿砂进出口贸易公司出具由中国出入境商品检验检疫局签发的一般原产地证书作为结汇的单据之一。

请回答：

请问卖方如何办理由中国商检局签发的一般原产地证书？

一、知识认知

（一）一般原产地证书申请书的内容及缮制

一般原产地证书申请书（单据样张 9.1）的填制如下：

（1）申请单位（盖章）：填写申请单位的全称并加盖公章。

（2）注册号：填写申请单位在检验检疫局产地证签证部门注册的号码。

（3）证书号：此栏由签证机构填写。

（4）企业名称：填写申请企业的名称、地址和联系电话。

（5）发票号：填写申报的商品相对应的发票号码。

（6）商品名称：填写商品的中英文名称，注意要与商业发票、合同上的名称相一致。

（7）H. S. 税目号：根据《商品编码统一协调制度》查找该商品的 H. S. 编码，应与报关单相一致。

(8)商品 FOB 值:填写该批货物的 FOB 货值,并换算成美元。

(9)最终目的港国家/地区:填写货物的最终到达的国家或地区。

(10)拟出运日期:填写预计出运的时间。

(11)转口国(地区):若不存在转口国,可留空;若商品需转口,则按实际情况填写转口国家或地区。

(12)贸易方式和企业性质:根据该批货物的成交方式,在对应的位置上打"√"。

(13)包装数量或毛重或其他数量:根据货物的实际情况填写。

(14)证书种类:在相应的位置上勾选"一般原产地证书"或"加工装配证明书"。

(15)申请单位盖章:手签申请人的名字,并加盖申请单位公章。

一般原产地证明书/加工装配证明书

申请书

申请单位(盖章)　　　　　　　　　　　　　　　　　　　　　　　　证书号:

注　册　号:

申请人郑重声明:

本人是被正式授权代表出口单位办理和签署本申请书的。

本申请书及普惠制产地证格式 A 所列内容正确无误,如发现弄虚作假,冒充格式 A 所列货物,擅改证书,自愿接受签证机关的处罚并负法律责任。现把有关情况申报如下:

<table>
<tr><td colspan="2">企业名称</td><td colspan="2"></td><td colspan="1">发票号</td><td colspan="1"></td></tr>
<tr><td colspan="2">商品名称</td><td colspan="2"></td><td>H.S.税目号
(以八位数码计)</td><td></td></tr>
<tr><td colspan="2">商品(FOB)总值(以美元计)</td><td colspan="2"></td><td>最终目的港国家/地区</td><td></td></tr>
<tr><td colspan="2">拟出运日期(以提单日期为准)</td><td colspan="2"></td><td>转口国(地区)</td><td></td></tr>
<tr><td colspan="6">贸易方式和企业性质(请在适用处划"√")</td></tr>
<tr><td colspan="2">一般贸易 C</td><td colspan="2">灵活贸易 L</td><td colspan="2">其他贸易方式 Q</td></tr>
<tr><td>国有企业</td><td>三资企业</td><td>国有企业</td><td>三资企业</td><td>国有企业</td><td>三资企业</td></tr>
<tr><td></td><td></td><td></td><td></td><td></td><td></td></tr>
<tr><td colspan="2">毛重,包装数量或其他数量</td><td colspan="4"></td></tr>
<tr><td colspan="1">原产地标准:
(划"√")</td><td colspan="5">1. 本项商品完全国产,未使用任何进口原材料。
2. 本项商品含进口成分。＿＿＿＿＿＿
(含进口成分的商品,须提交"含进口成分产品加工工序成本明细单"。)</td></tr>
<tr><td colspan="6">现提交中国出口商业发票副本一份,一般原产地证明书/加工装配证明书一正三副,以及其他附件＿＿＿份,请给予审核签证。
申请人说明:
申请人(签名):
电话:
日期:　　年　　月　　日</td></tr>
</table>

单据样张 9.1　一般原产地证书申请书

(二)一般原产地证书(单据样张9.2)的格式和缮制内容

ORIGINAL

<table>
<tr><td colspan="3">2. Exporter</td><td colspan="2" rowspan="3">1. Certificate No.

CERTIFICATE OF ORIGIN
OF
THE PEOPLE'S REPUBLIC OF CHINA</td></tr>
<tr><td colspan="3">3. Consignee</td></tr>
<tr><td colspan="3">4. Means of Transport and Route</td></tr>
<tr><td colspan="3">5. Country / Region of Destination</td><td colspan="2">6. For Certifying Authority Use Only</td></tr>
<tr><td>7. Marks and Numbers of Packages</td><td>8. Number and Kind of Packages; Description of Goods</td><td>9. H. S. Code</td><td>10. Quantity or Weight</td><td>11. Number and date of invoices</td></tr>
<tr><td colspan="3">12. Declaration by The Exporter
The undersigned hereby declares that the above details and statements are correct, that all the goods were produced in China and that they comply with the Rules of Origin of the People's Republic of China.

Place and date, signature and stamp of authorized signatory</td><td colspan="2">13. Certification
It is hereby certified that the declaration by the exporter is correct.

Place and date, signature and stamp of certifying authority</td></tr>
</table>

单据样张9.2　一般原产地证书

(1)产地证书的编号(Certificate NO.):此栏不得留空,否则证书无效。

(2)出口方(Exporter):填写出口公司的详细地址、名称和国家(地区)名。若经其他国家或地区转口时,则需在出口商后面填写VIA转口商名称、地址和国家。

(3)收货人(Consignee):填写最终收货人名称、地址和国家(地区)名。一般填写外贸合同中的买方。若采用信用证作为结算,则收货人这一栏应与提单通知人一致。若信用证规定收货人留空,则应填写"TO ORDER"或"TO WHOM IT MAY CONCERN",该栏不得留空。

(4)运输方式和路线(Means of Transport and Route):填写装运港、目的港和运输方式。若存在转运,还需写明转运地。例如:通过海洋运输,从上海港起航,经香港转运至加拿大多伦多港,应填写为:"FROM SHANGHAI TO TORONTO BY VESSEL VIA HONGKONG"

(5)目的地国家(地区)(Country/Region of Destination):与合同、装箱单、发票中的最终目的港(地区)相一致,不能填中间商的名称。

(6)签证机构用栏(For Certifying Authority Use Only):由签证机构在签发后发证、补发证书或加注其他声明使用。此栏不填。

(7)运输标志及号码(Marks and Numbers of Packages):填写该批货物的唛头,若无唛头,填写"N/M"。

(8)商品描述、包装数量及种类(Number and Kinds of Packages):填写具体的商品名称,不能使用笼统的表述,如玩具 TOYS、食物 FOOD 等。包装数量及种类应与信用证及其他单据严格一致。散装货物应加注"IN BULK"字样。当填写完毕后,要打上结束的符号(* * * *),以防无故增加内容。

(9)商品编码(H. S. Code)。此栏填写的 H. S. 编码必须与报关单一致。若同一批货物存在多种商品且 H. S. 编码不同,则应全部填写相应的税目号。

(10)数量或重量(Quantity or Weight)。填写出口货物的具体数量、重量及商品的计量单位。

(11)发票号码及日期(Number and Date of Invoice)。填写商业发票号码及日期。该栏不能留空。年月日要使用英文表述。

(12)出口方声明(Declaration by The Exporter)。填写出口人的名称、申报地点及日期,由已在签证机构注册的人员签名并加盖有中英文的印章。

(13)签证机构签字、盖章(Certification)。填写签证地点、日期。签证机构审核后会在该栏签名,并盖签证印章。

二、职业判断与实务操作

针对子任务引例,中国出入境商品检验检疫局签发的原产地证书流程如下:

1. 企业注册登记

出口企业(或公司)需要申办产地证的,须提前一个月向中国出入境商品检验检疫局申请办理注册登记手续;申请时提交营业执照、审批机关的批件、企业章程等资料复印件,并按要求填写有关注册表格。已注册的企业每年须到检务处办理年审手续。

2. 新产品注册

已注册的企业(或公司)在办理新产品注册时,须提前十天按要求填写申请表和《含进口成分明细单》,异地货源的须附《异地调查结果单》。

3. 申请原产地证

申请单位应于货物装运前 5 天通过电子申报方式申请办理原产地证。办理普惠制(或一般)原产地证签证时,必须提交产地证申请书、正式出口商业发票的副本以及其他必要的证件。含进口成分的商品,须提交《含进口成分产品成本明细单》。

4. 签发原产地证

申报无误的,普惠制证书一个半工作日签发,一般原产地证书一个工作日签发。需要到申请单位或工厂进行调查的,不受工作日时间限制。

5. 注意事项

(1)申请单位的证书手签人员应是该单位的法人代表或由法人代表指定的人员。该人员须经培训后,经考试合格方能在证书上签字。

(2)产地证企业申领人员,须经培训取得《产地证申领员证》方可申请和领取产地证。

(3)申请单位和人员应据实申报出口产品的原材料情况,积极配合做好下厂调查工作。申请重发、后发以及更改证书须按规定办理,不得伪造,变造证书,不得擅自涂改,加添证书内容,否则视情节轻重依法处理。

子任务二 掌握普惠制原产地证书的缮制

子任务引例

我国某橡胶出口企业A与泰国某进口贸易有限公司B达成了一笔L/C交易,证中有关单据的条款规定:"正本提单一份,商业发票一式三份,以及由商检局出具的普惠制原产地证书Form A ,所有单据除发票外不得表示发货人或受益人的地址。"A公司按L/C要求进行装运后,便向当地商检机构申请出具普惠制原产地证书Form A,但商检机构却要求在普惠制原产地证书Form A上发货人地址一栏不得留空。

这样,A公司不得不电告B公司:"由于我商检机构强制规定普惠制原产地证书上的发货人栏必须表明发货人的名称和详细地址,请立即将原L/C中的条款改为:"所有单据除发票、普惠制原产地证书以外,不得表示发货人或受益人地址。"不久,B公司即回电称:"该普惠制原产地证书系我方提供给另外的客户,并非我方所需要,所以难以改正。如果你方不在原产地证书中表示你方的真实详细地址,而是虚构一个地址,则我方可考虑修改L/C。"接电后,A公司考虑到货物已发运,如果拒绝接受B方的要求和建议,将会承担运费的损失。另外也以为虚构原产地证书中的发货人的地址,不会影响最终的结汇。于是,A公司接受了B公司的要求,同时,B公司也如约将原L/C中的单据条款改为:"除发票、普惠制原产地证书外,所有单据不得表示发货人或受益人的地址。"

一切似乎进展顺利,A公司将制好的全套单据交议付行又寄至开证行。但开证行当即提出了单据中的不符点:"你第×××号L/C项下的单据经审核发现发票上受益人的地址与原产地证书中发货人的地址不符,故而构成单单不符,我行无法付款,请速告单据处理意见。"A公司得到消息后,才意识到原来公司里的单证员习惯了按固定的发票格式制单,忽略了将发票发货人真实详细的地址改为虚构的地址,而此时想再置换发票已为时过晚。最终,A公司不得不与B公司商议降价处理此笔货物,才了结了此案。

请回答:本案例的教训是什么?

一、知识认知

(一)普惠制原产地证书申请书(单据样张9.3)的缮制

(1)申请单位(盖章):填写申请单位的全称并加盖公章。

(2)注册号:填写申请单位在检验检疫局产地证签证部门注册的号码。

(3)生产单位:填写生产该批货物企业的名称。

(4)生产单位联系人电话:填写生产该批货物企业的联系人电话。

(5)商品名称:填写商品的中英文名称,注意要与商业发票、合同上的名称相一致。

普惠制产地证明书申请书

申请单位(盖章)　　　　　　　　　　　　　　　　　　　　　　　　证书号:

注　册　号:

申请人郑重声明:

本人是被正式授权代表出口单位办理和签署本申请书的。

本申请书及普惠制产地证格式A所列内容正确无误,如发现弄虚作假,冒充格式A所列货物,擅改证书,自愿接受签证机关的处罚并负法律责任。现把有关情况申报如下:

<table>
<tr><td>生产单位</td><td colspan="3"></td><td colspan="2">生产单位联系人电话</td><td colspan="2"></td></tr>
<tr><td>商品名称
(中英文)</td><td colspan="3"></td><td colspan="2">H. S. 税目号
(以八位数码计)</td><td colspan="2"></td></tr>
<tr><td>商品(FOB)总值(以美元计)</td><td>发票号</td><td colspan="3">最终销售国</td><td colspan="3">证书种类"√"</td></tr>
<tr><td></td><td></td><td colspan="3"></td><td colspan="2">加急证书</td><td>普通证书</td></tr>
<tr><td colspan="4">货物拟出运日期(以提单日期为准)</td><td colspan="4"></td></tr>
<tr><td colspan="8">贸易方式(请在适用处划"√")</td></tr>
<tr><td>一般贸易C</td><td>灵活贸易L</td><td colspan="2">零售业务Y</td><td colspan="2">展卖商品M</td><td colspan="2">其他Q</td></tr>
<tr><td></td><td></td><td colspan="2"></td><td colspan="2"></td><td colspan="2"></td></tr>
<tr><td colspan="3">毛重,包装数量或其他数量</td><td colspan="5"></td></tr>
<tr><td colspan="8">原产地标准:
本项商品系在中国生产,完全符合该给国方案规定,其原产地情况符合以下第______条;
(1)"P"(完全国产,未使用任何进口原料);
(2)"W"其H. S. CODE号为______________(含进口成分);
(3)"F"(对加拿大出口产品,其进口成分不超过产品出厂价值的40%)。
(4)"Y"%
本批产品系:1. 直接运输从____________到____________;
2. 转口运输从____________中转国地区________到________。</td></tr>
<tr><td colspan="4">申请人说明:</td><td colspan="4">申请人(签名):
电话:
日期:　　　年　　月　　日</td></tr>
<tr><td colspan="8">现提交中国出口商业发票副本一份,普惠制产地证明书格式A(FORM A)一正二副,以及其他附件________份,请给予审核签证。
注:凡含有进口成分的商品,必须按要求提交"含进口成分受惠商品成本明细单"。</td></tr>
</table>

单据样张9.3　普惠制原产地证明书申请书

(6)H. S. 税目号:根据《商品编码统一协调制度》查找该商品的H. S. 编码,应与报关单相一致。

(7)商品FOB值:填写该批货物的FOB货值,并换算成美元。

(8)发票号:填写该批货物的发票号码。

(9)最终销售国:填写货物的最终销售国家或地区名称。

(10)证书种类:根据实际情况,在加急证书/普通证书备选项中,打"√"。

(11)货物拟出运日期:填写预计出运的时间。

(12)贸易方式和企业性质:根据该批货物的成交方式,在对应的位置上打"√"。

(13)包装数量或毛重或其他数量:根据货物的实际情况填写。

(14)原产地标准:根据货物生产的实际情况在相应的位置上勾选"P"或"W"或"F"或"Y"等。

(15)本批产品系(运输状况):填写装运港(装运地)和目的港(目的地)的名称;若存在转运情况,则还需填写转运港的名称。

(16)申请单位盖章:手签申请人的名字,并加盖申请单位公章。

(17)备注:用于表明申请普惠制原产地证书所提交的附件。

(二)普惠制原产地证书(单据样张 9.4)的缮制

1. 出口方名称、地址、国家[Goods Consigned from (Exporter's Business Name, Address, Country)]

填写出口公司的详细地址、名称和国家(地区)名。若经其他国家或地区转口时,则需在出口商后面填写 VIA 转口商名称、地址和国家。

2. 收货人名称、地址、国家[Goods Consigned to (Consignee's Name, Address, Country)]

填写最终收货人名称、地址和国家(地区)名。一般填写外贸合同中的买方。若采用信用证作为结算,则收货人这一栏应与提单通知人一致。若信用证规定收货人留空,则应填写"TO ORDER"或"TO WHOM IT MAY CONCERN",该栏不得留空。

3. 运输方式和路线(Means of Transport and Route)

填写装运港和目的港、运输方式。若存在转运,还需写明转运地。

4. 签证机构用栏(For Certifying Authority Use Only)

由签证机构在签发后发证、补发证书或加注其他声明使用。此栏不填。

5. 商品项目号(Item Number)

若存在多种不同种类的商品,则需用数字表明顺序编号,如 1、2、3 等。

6. 运输标志及号码(Marks and Numbers of Packages)

填写该批货物的唛头,若无唛头,填写 N/M。

7. 商品描述、包装数量及种类(Number and kind of packages)

包装数量及种类应与信用证及其他单据严格一致。散装货物应加注"IN BULK"字样。当填写完毕后,要打上结束的符号(* * * *),以防无故增加内容。另外,填报包装件数和种类需用英文和阿拉伯数字标示,例:

SAY TOTAL TWO HUNDRED AND FORTY(240)CARTONS.

8. 原产地标准[Origin Criterion(See Notes Overleaf)]

原产地标准指的是出口货物具备原产资格所应具备的条件。通常在原产地证书上会有专门的栏目,用专门的字母或符号来表示。该栏填写原产地标准代码,这是海关最为关注的核心项目。可根据具体情况并见表 9.2 原产地标准代码表如实填报。

表 9.2 原产地标准代码表

出口国家	填报代码	原产地标准
所有给惠国家	P	完全原产
欧盟、瑞士、日本、挪威	W + H. S. CODE	含有进口成分，但符合加工标准，货物运往欧盟成员国、挪威、瑞士和日本，在字母下面标上产品的 H. S. 税目号。例如："W" 96. 01
加拿大	G	货物运往加拿大，含有进口成分，实施全球性原产地累计条款
加拿大	F	货物运往加拿大，含有进口成分（占产品出厂价的 40% 以下）
美国	Z	货物运往美国，实施原产地区域性累计。在字母下面标上本国成分占产品出厂价的百分比率。例如："Z"35%
独联体国家，东欧国家	Y + 进口成分比例	货物运往独联体国家和东欧国家，在字母下面标上进口成分占产品离岸价的百分比率。例如："Y"38%

<table>
<tr><td colspan="3">1. Goods Consigned from (Exporter's Business Name, Address, Country)</td><td colspan="3" rowspan="2">Reference No.

GENERALIZED SYSTEM OF PREFERENCES
CERTIFICATE OF ORIGIN
(Combined declaration and certificate)
FORM A
Issued in <u>THE PEOPLE'S REPUBLIC OF CHINA</u>
(country)
See Notes overleaf</td></tr>
<tr><td colspan="3">2. Goods Consigned to (Consignee's Name, Address, Country)</td></tr>
<tr><td colspan="3">3. Means of Transport and Route</td><td colspan="3">4. For Certifying Authority Use Only</td></tr>
<tr><td>5. Item Number</td><td>6. Marks and Numbers of Packages</td><td>7. Number and Kind of Packages; Description of Goods</td><td>8. Origin Criterion (See Notes Overleaf)</td><td>9. Gross Weight or Other Quantity</td><td>10. Number and Date of Invoices</td></tr>
<tr><td colspan="3">11. Certification
It is hereby certified, on the basis of control carried out, that the declaration by the exporter is correct.

Place and date, signature and stamp of certifying authority</td><td colspan="3">12. Declaration by The Exporter
The undersigned hereby declares that the above details and statements are correct, that all the goods were produced in
----
(country)
and that they comply with the origin requirements specified for those goods in the Generalized System of Preferences for goods exported to
----
(importing country)

Place and date, signature and stamp of authorized signatory</td></tr>
</table>

单据样张 9.4 普惠制原产地证书

9. 毛重或其他数量(Gross Weight or Other Quantity)

填写出口货物的具体数量、重量及商品的计量单位。

10. 发票号码及日期(Number and Date of Invoice)

填写商业发票号码及日期。该栏不能留空。年月日要使用英文表述。

11. 签证机构签字、盖章(Certification)

填写签证地点、日期。签证机构审核后会在该栏签名,并盖签证印章。

12. 出口方声明(Declaration by The Exporter)

填写出口人的名称、申报地点及日期,由已在签证机构注册的人员签名并加盖有中英文的印章。

二、职业判断与实务操作

针对子任务引例分析如下:

任务引例是关于本案的外贸单证员犯的错误。单单一致是 L/C 业务的基本要求,制单时一定要十分细致地处理。这一案例的启示是若采用信用证结算方式,必须提前对检验证书有所了解。对于某些国家而言,品质检验证书是进出口商品报关、输出输入的合法凭证或前提条件。

1. 在不熟悉法规和规定的情况下不能贸然操作

案例中的 A 公司审证时,未对 L/C 中规定的“原产地证书不能标明发货人或受益人地址”条款给予足够的注意和重视。在此情况下,如果对我国商检机构出证的规定不熟,单证人员应事先就此问题向我国的商检机构详细询问和调查,以确保出口单证能够满足 B 公司 L/C 的要求。

2. 修改出口单证时不能顾此失彼

本案中 B 方要求 A 方不在除发票以外的单据中表示受益人地址,是因为除发票以外的所有单据必须由 B 公司交给其另外的客户,而发票则可以由 B 公司自留。相对而言,发票对 B 公司来说是次要的,但当 L/C 修改后增加了普惠制原产地证书并虚构发货人地址后,A 公司单证员却忽略了发票与原产地证书发货人地址的一致,忘记将发票中的真实地址修改为虚构地址,这就为以后的单证不符埋下了隐患,为 B 公司胁迫 A 公司降价处理货物留下了口实。

3. 慎重对待进口商虚构地址的要求

制单工作是维护贸易各方权利和义务的重要环节,不仅要符合国际商业惯例,也要符合国际贸易中的有关法律和法规。因此,单证工作必须做到:正确、完整、及时、整洁。而不应当接受任何一方违背事实、弄虚作假的要求。如果途中作假,将极易造成单证不符,给出口合同的履行带来不必要的麻烦,甚至会引起意想不到的重大损失。商业发票是货物单据中的核心单据,其他单据是以其为中心填制的。如果产地证中有关发货人地址与商业发票中的同一栏地址不一样,肯定属于单单不符,在 L/C 条件下,是很难保证正常结汇的。案中 A 公司虽然使其单据虚构发货人的地址符合 L/C 的要求,但却不可能与实际情况及其买卖合同的内容相符,最终存在着不良隐患。

任务三　操练一般原产地证书的缮制任务实训

任务描述

原产地证书是贸易关系人交接货物、结算货款、索赔理赔、进口国通关验收、征收关税的有效凭证，它还是出口国享受配额待遇、进口国对不同出口国实行不同贸易政策的凭证。

任务分析

通过对一般原产地证书缮制内容的认知，根据佛山易美贸易有限公司与美国贝佳特贸易有限公司签订的关于毛绒玩具的出口合同，以佛山易美贸易有限公司跟单员的身份，完成以下一般原产地证书的填制。

任务实施

子任务一　一般原产地证书任务导入

佛山易美贸易有限公司与美国贝佳特贸易有限公司达成了一项关于毛绒玩具的出口合同。该项合同的产品是两种毛绒玩具，分别是新潮灰色小熊及长发小猫咪。灰色小熊的成交数量为1 080套，共135个纸箱；长发小猫咪成交的数量为3 150件，共105个纸箱。美国贝佳特贸易有限公司来证规定需要开具由中国商检局签发的品质证书以证明货物的品质。

请回答：

(1)如何获取一般原产地证明？

(2)请问佛山易美贸易有限公司办理原产地证明的流程是什么？

一、知识认知

根据佛山易美贸易有限公司与美国贝佳特贸易有限公司达成的合同，可知下列出境货物办理出境货物通关单的基本信息：

(1)收货人：BEST TRADING CO. ,LTD

RM 110-115,FUNWAY AVENUE,BOSTON,MA,USA

TEL:1-703-9780901FAX:1-703-978-0902.

(2)发货人:佛山易美贸易有限公司 FOSHAN EMAY TRADING CO,LTD.

(3)货物名称:PLUSH TOYS 毛绒玩具。

(4)H. S. 编码:9503002100。

(5)产地:佛山。

(6)数量:灰色小熊的成交数量为 1 080 套;长发小猫咪成交的数量为 3 150 件。

(7)货物总值:共 42 480 美元整。

(8)包装种类及数量:共 240 纸箱。

(9)合同号码:EM20130915。

(10)信用证号码:L/C361010。

(11)货物存放地点:佛山。

(12)输往国家(地区):美国。

(13)起运地:佛山。

(14)标记及号码:

BEST TRADING CO. ,LTD
EM20130915
BOSTON
CARTON NO. 1-240.

(15)一般原产地证书申请书:FS10/14009/023。

(16)一般原产地证书号:CCPIT 201310134。

(17)产地证申领注册号:14009。

(18)商品 FOB 总值:37 955 美元。

(19)拟出运日期:2013. 10. 28。

二、职业判断与实务操作

针对子任务引例分析如下:

(1)任务引例涉及对佛山易美贸易有限公司办理一般原产地证书的流程。根据合同和信用证条款“由中国国际贸易促进委员会签发的产地证书一式两份”。因此,佛山易美贸易有限公司应提交贸促会签发一般原产地证书作为顺利结汇的依据。

(2)佛山易美贸易有限公司应准备好资料向中国国家贸易促进委员会申请签发原产地证书,填写一般原产地证书申请书,并提交商业发票副本一份,填写一套完整一般原产地证书及其他所需文件。

子任务二　操练一般原产地证书申请书和一般原产地证书的缮制

子任务引例

佛山易美贸易公司与美国贝佳特贸易有限公司达成了一项关于毛绒玩具的出口合同。该项合同的产品是两种毛绒玩具，分别是新潮灰色小熊及长发小猫咪。根据实训任务的分析，完成一般原产地证书申请书和一般原产地证书的缮制。

请回答：填写一般原产地证书需要注意哪些事项？

一、知识认知

根据佛山易美贸易有限公司与美国贝佳特贸易有限公司达成的毛绒玩具合同交易，通过分析合同及信用证的信息，缮制如单据样张 9.5 和单据样张 9.6 所示的一般原产地证书申请书和一般原产地证书。

一般原产地证明书/加工装配证明书

申请书

申请单位（盖章）：佛山易美贸易有限公司　　　　证书号：FS10/14009/023

注　册　号：14009

申请人郑重声明：

本人是被正式授权代表出口单位办理和签署本申请书的。

本申请书及普惠制产地证格式 A 所列内容正确无误，如发现弄虚作假，冒充格式 A 所列货物，擅改证书，自愿接受签证机关的处罚并负法律责任。现把有关情况申报如下：

<table>
<tr><td colspan="2">企业名称</td><td colspan="2">佛山易美贸易有限公司</td><td>发票号</td><td>EM20130915</td></tr>
<tr><td colspan="2">商品名称</td><td colspan="2">毛绒玩具
PLUSH TOYS</td><td>H. S. 税目号
（以八位数码计）</td><td>9503002100</td></tr>
<tr><td colspan="2">商品（FOB）总值（以美元计）</td><td colspan="2">42 480</td><td>最终目的港国家/地区</td><td>美国</td></tr>
<tr><td colspan="2">拟出运日期（以提单日期为准）</td><td colspan="2">2013. 10. 28</td><td>转口国（地区）</td><td>* * *</td></tr>
<tr><td colspan="6">贸易方式和企业性质（请在适用处划“√”）</td></tr>
<tr><td colspan="2">一般贸易 C</td><td colspan="2">灵活贸易 L</td><td colspan="2">其他贸易方式 Q</td></tr>
<tr><td>国有企业</td><td>三资企业</td><td>国有企业</td><td>三资企业</td><td>国有企业</td><td>三资企业</td></tr>
<tr><td></td><td>√</td><td></td><td></td><td></td><td></td></tr>
<tr><td colspan="2">毛重，包装数量或其他数量</td><td colspan="4">240 纸箱</td></tr>
<tr><td colspan="2">原产地标准：
（划“√”）</td><td colspan="4">1. 本项商品完全国产，未使用任何进口原材料。____√____
2. 本项商品含进口成分。________________
（含进口成分的商品，须提交“含进口成分产品加工工序成本明细单”。）</td></tr>
<tr><td colspan="6">现提交中国出口商业发票副本一份，一般原产地证明书/加工装配证明书一正三副，以及其他附件______份，请给予审核签证．
申请人说明：

申请人（签名）：李大为
电话：86682454
日期：2013 年 10 月 22 日</td></tr>
</table>

单据样张 9.5　一般原产地证书申请书

ORIGINAL

<table>
<tr><td colspan="3">1. Exporter
FOSHAN EMAY TRADING CO. ,LTD
RM 110 - 119, NO. 131 DONGFANG ROAD, DONGFANG PLAZA, FOSHAN, CHINA</td><td colspan="3" rowspan="2">Certificate No. CCPIT 201310134

**CERTIFICATE OF ORIGIN
OF
THE PEOPLE'S REPUBLIC OF CHINA**</td></tr>
<tr><td colspan="3">2. Consignee
BEST TRADING CO. ,LTD;
RM 110 - 115, FUNWAY AVENUE, BOSTON, MA, USA</td></tr>
<tr><td colspan="3">3. Means of Transport and Route
FROM FOSHAN TO BOSTON BY VESSEL</td><td colspan="3" rowspan="2">5. For Certifying Authority Use Only</td></tr>
<tr><td colspan="3">4. Country / Region of Destination
USA</td></tr>
<tr><td>6. Marks and Numbers
BEST TRADING CO. , LTD EM20130915
BOSTON
CARTON NO. 1-240</td><td colspan="2">7. Number and Kind of Packages; Description of Goods
PLUSH TOYS
SAY TOTAL TWO HUNDED AND FORTY (240) CARTONS.
* * * * * * * * * * * * * * * * * * *</td><td>8. H. S. Code
9503002100</td><td>9. Quantity
4 230 UNITS</td><td>10. Number and Date of Invoices
Inv20131012
2013. 10. 12</td></tr>
<tr><td colspan="3">11. Declaration by the exporter
The undersigned hereby declares that the above details and statements are correct, that all the goods were produced in China and that they comply with the Rules of Origin of the People's Republic of China.

FOSHAN 2013. 10. 22 李大为

Place and date, signature and stamp of authorized signatory</td><td colspan="3">12. Certification
It is hereby certified that the declaration by the exporter is correct.

FOSAHN　2013. 10. 22

Place and date, signature and stamp of certifying authority</td></tr>
</table>

单据样张 9. 6　一般原产地证书

二、职业判断与实务操作

针对子任务引例分析如下：

(1)子任务引例涉及对佛山易美贸易有限公司一般原产地证书申请书和一般原产地证书的填制。根据与美国贝佳特贸易有限公司的相关信息，该合同项下的具体填制内容如上述单样张9.5及9.6所示。

(2)在填写一般原产地时的注意事项。

①一般原产地证以英文形式签发，除唛头外不得出现中文等其他国家文字；

②一般原产地证中不得出现ON BEHALF (OF)的字样。

(3)出现与中国台湾有关地址只能写TAIWAN, CHINA或TAIPEI, CHINA或TAIWAN PROVINCE OF CHINA，不得出现TAIPEI, TAIWAN或R. O. C字样。

办理原产地证书实务

- 了解和认识原产地证书的基本内容
  - 了解原产地证书的本质和作用
  - 认识原产地证书的内容和种类
  - 原产地证书是证明出口货物在中国生产和制造的证明文件，优惠原产地证书是根据进口国要求而出具的能证明出口货物原产于出口国，并能使货物享受优惠关税待遇的证明性文件。原产地证书根据签发机构的不同可分为商检机构、商会、制造商或出口商签发。根据国际协定对原产地证书的分类，可分为FORM A，FORM E，FORM F，FORM B，C.O证书
- 掌握原产地证书的格式及缮制内容
  - 掌握一般原产地证书的缮制
  - 掌握普惠制原产地证书的缮制
  - 一般原产地证书填制内容包括出口商、收货人、运输方式和路线、运抵国、唛头、包装件数、货物描述、商品编码、数量或重量、发票等信息。普惠制原产地证书填制内容包括进出口商名称地址国家、运输方式和路线、商品项目号、唛头和包装数量、原产地标准、发票号码等内容
- 完成一般原产地证书的缮制任务实训
  - 一般原产地证书任务导入
  - 完成一般原产地证书申请书及证书的缮制
  - 通过对一般原产地证书格式及缮制内容的认知，根据佛山易美贸易有限公司与美国贝佳特贸易有限公司签订的关于毛绒玩具的出口合同，以佛山易美贸易有限公司跟单员的身份，完成对一般原产地证书的填制

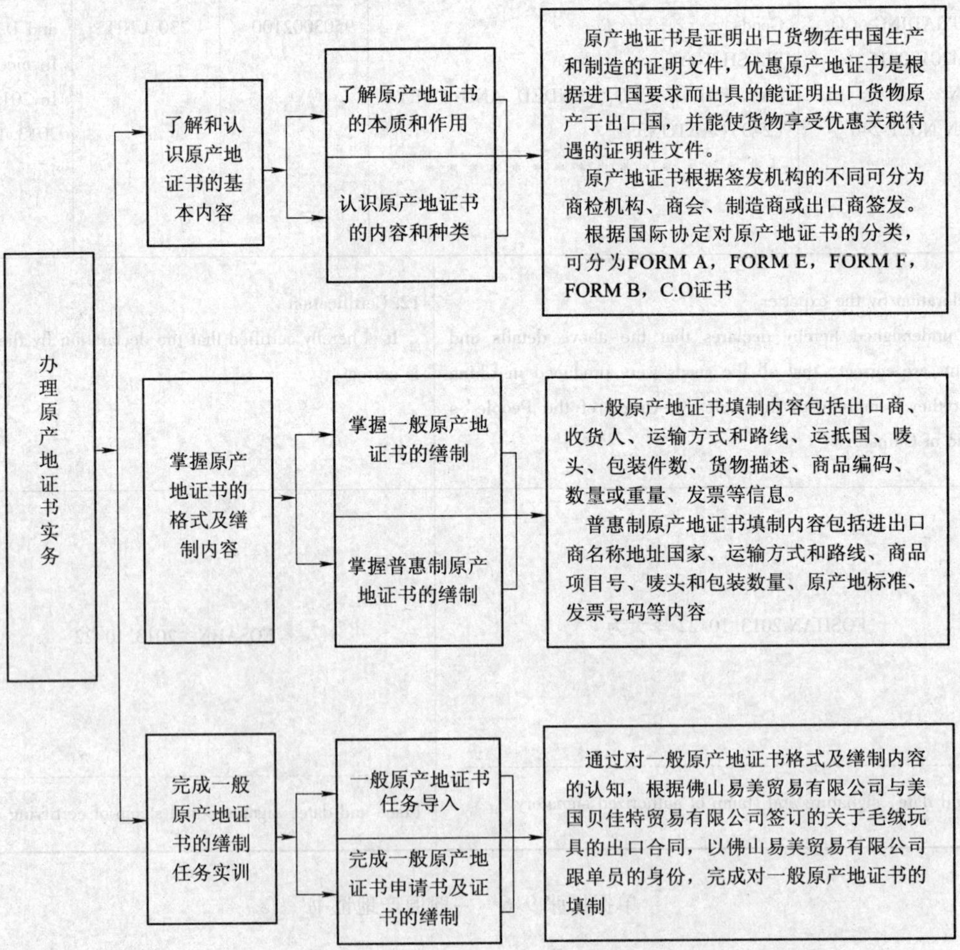

能力训练一　职业判断与选择

一、职业判断能力

1. 所有出口到智利的产品都可以申领中国智利自贸区优惠原产地证书。 (　　)

2. 原产地证书是出口国或地区根据原产地规则和有关要求签发的,明确指出该证中所列货物原产于某一特定国家(地区)的书面文件。 (　　)

3. 企业要申请某种产品的 FORM A 证书,该产品必须符合进口给惠国的原产地标准。 (　　)

4. 在检验检疫局申请 FORM A 证书的企业,如出现更名、搬迁、终止协议、企业性质发生变化,应该及时通知该局。 (　　)

5. 根据签发者的不同,原产地证书可以分为 3 类。 (　　)

6. 制造商或出口商可以出具原产地证明书。 (　　)

7. 海关具备出具原产地证书的权利。 (　　)

8. 一般原产地证书是证明出口商品的生产或制造符合《中华人民共和国出口货物原产地规则》的一种法律文件。 (　　)

9. 原产地证书是进口国海关实施差别关税的依据。 (　　)

10. 我国某贸易商把进口布料剪裁缝制为服装再出口至日本,因为布料是进口的所以不能申请办理《普惠制产地证》即 FORM A。 (　　)

二、单项职业选择能力

1. 根据我国有关规定,出口企业最迟于货物出运前(　　)向签证机构申请办理原产地证书。

A. 一天　　B. 两天　　C. 三天　　D. 四天

2. 在《一般原产地证书》中在商品名称栏目填完后,在下面一行加上(　　)表示填写结束。

A. * * * * * * *　　B. 。。。。。　　C. + + + + + + +　　D. ————

3. FORM E 证书是属于(　　)证书。

A. 专用原产地　　B. 普遍关税优惠原产地

C. 加工装配　　D. 区域性优惠原产地

4. 欧洲经济共同体纺织品专用产地证,简称(　　)产地证。

A. DCO　　B. FORM A　　C. FORM F　　D. EEC

5. 普惠制原产地证证书,简称(　　)产地证。

A. DCO　　B. FORM A　　C. FORM F　　D. EEC

6. 一般原产地证证书,简称(　　)产地证。

A. C/O　　B. FORM A　　C. FORM F　　D. EEC

7. 中国—东盟自由贸易区优惠原产地证明书,简称(　　)产地证。

A. FORM E　　B. FORM A

C. FORM F　　D. EEC

8. 中国—智利自由贸易区优惠原产地证明书,简称(　　)产地证。

A. FORM E　　B. FORM A

C. FORM F　　D. EEC

9. 我国发证机构一般规定,企业申请原产地证书时不需要提供已经缮制的(　　)文件。

A.《一般原产地证明书申请单》　　B.《中华人民共和国原产地证明书》

C. 出口商业发票　　D. 装箱单

10. 我国签发原产地证书的机构包括(　　)

A. 中华人民共和国海关　　B. 出入境检验检疫局 CIQ

C. 中国国际贸易促进委员会 CCPIT　　D. 中国商务部 MOFTEC

能力训练二　实务操作

背景资料:

广州意林服装贸易有限公司与加拿大多伦多 ABC 贸易有限公司签订了一份关于服装出口的合同。请根据以下合同及包装基本信息,以广州意林服装贸易有限公司的制单员身份,缮制一般原产地证书。

合同信息如下:

(1)发货人:GUANGZHOU ELIN CLOTHING TRADING CO. ,LTD

地址:RM 110-112,GUANGZHOU REVENUE,GUANGZHOU,CHINA

电话:86-20-24232445　　传真:86-20-24232436

(2)收货人:ABC TRADING CO. ,LTD,CANADA

地址:48 WOODGARDEN CRESCENT,TORONTO,ONTARIO,CANADA

电话:1-514-3964455　　传真:1-514-3964451

(3)货物名称:女式毛衣 裙子

(4)H. S. 编码:6110300000 6204520000

(5)产地:佛山

(6)数量:女式毛衣的成交数量为 1 000 件;裙子成交的数量为 2 000 条

(7)货物总值:共 50 000 美元整

(8)包装种类及数量:共 100 纸箱

(9)合同号码:EL20160912

(10)信用证号码:L/C342423

(11)货物存放地点:广州

(12)输往国家(地区):美国

(13)起运地:广州黄埔港

(14)标记及号码:

ABC TRADING CO. ,LTD

EL20160912

TORONTO

CARTON NO. 1-100

(15)一般原产地证书申请书:GZ12/12008/010

(16)产地证申领注册号:12008

(17)商品 FOB 总值:42 800 美元

(18)拟出运日期:2014. 10. 28

(19)一般原产地证书:CCPIT

请根据以上给予的合同信息、报检单相关信息,以广州意林服装贸易有限公司的制单员身份,缮制一份一般原产地证书。

项目十　投保实务及投保单证的缮制

项目引言

进出口货物运输路途遥远，运输过程中可能遭受各种风险，风险给从事国际贸易的买卖双方都会造成不同程度的损失，国际贸易中投保是对进出口货物在运输过程中受到的各种风险损失采取一种社会互助性质的补偿方法，尽可能使货物在运输过程中的损失得到最大限度的补偿。在投保前了解货物运输保险的内容，了解货物保险的责任范围，投保时选择合适的险种以及正确缮制投保单是国际贸易投保实务中极为重要的环节。在了解国际货物运输保险的基础上，结合所进出口货物的特点及运输途中自然环境特点选择合适的险种进行有效投保，才能有效抵消风险带来的全部或部分损失，并且实现投保成本最小化。

知识目标

1. 了解国际货物运输保险的基本内容
2. 掌握国际货物运输保险的责任范围
3. 了解国际货物运输的投保流程
4. 掌握投保单的内容和缮制
5. 操练投保单缮制

技能目标

1. 根据合同等相关资料缮制保险单据
2. 根据各险种的承保范围选择适当的险种

任务一　了解国际货物运输保险的内容

任务描述

国际货物运输保险属于财产保险，具有保险所具有的一般要素，保险的当事人和保险的基本原则是保险的基本内容，了解国际货物运输保险的相关知识能够帮助我们更好地理解保单的内容，正确填制投保单。

任务分析

通过了解保险的来源和原则理解国际货物运输保险的作用和意义，深入体会到国际货物运输保险的重要性，熟悉国际货运保险的类别。

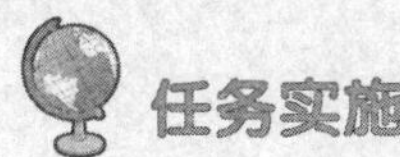

任务实施

子任务一　了解国际货物运输保险的来源和作用

子任务引例

小王刚成功应聘上一家企业的外贸跟单员岗位，外贸主管让小王负责跟踪处理一份与美国客户签订的合同。合同要求出保险单。但小李没有接触过保险单，他想知道投保货物运输保险有什么作用。

请回答：

(1)保险单是不是所有进出口贸易所必要的单据？

(2)对于进出口货物投保的目的是什么？

一、知识认知

(一)国际货物运输保险的起源和发展

国际货物买卖中出口货物从卖方所在国运至买方所在国要进行长途运输和装卸，货物有可能由于各种原因遭受损失，为了在货物受损后收货人能获得相应的经济补偿，国际货物运输保险应运而生。国际货物运输保险，是以对外贸易货物运输过程中的各种货物作为保险标的的保险，由保险人同被保险人双方订立保险合同，经被保险人缴付约定的保险费，当货物在国际运输途中遭受保险事故所致的损失，由保险人负责经济补偿的。外贸货物的运送有海运、陆运、空运以及通过邮政送递等多种途径。国际货物运输保险的种类以其保险标的的运输工具种类相应分为四类：海洋运输货物保险、陆上运输货物保险、航空运输货物保险、邮包保险。

(二)国际货物运输保险的作用

国际货物运输保险的作用有以下几方面：

(1)及时补偿在国际运输中的货物因自然灾害事故而遭受的经济损失，有利于商品在各国之间顺利流通。

(2)对于企业来说，把不定的灾害事故损失变为固定的运输保险费支出，并将此项费用计入生产或营业成本,从而增强企业经营的财务稳定性,完善经济核算制。

(3)有利于促进货物运输的安全防损工作,投保之前保险公司会对提单进行审核,对本身处于不安全运输状态或不完善防损状态的货物的投保不予承保。

(4)有利于完善运输部门的运输负责制,保障货主利益,减少货物运输中的赔偿纠纷。

(5)有利于维护企业和国家在对外贸易中的信誉,增加外汇收入,节省外汇支出。

【请注意】

保险的法律效力都适用于国际货物运输保险。

二、职业判断与实务操作

针对子任务引例分析如下:

(1)基于国际贸易中货物运输的风险较大,货物安全性需要保障,货物丢失或受损不仅使贸易商双方遭受重要经济损失,还会引起买卖双方的纠纷,所以在国际贸易中必须要对货物投保,办理投保的人取决于采用哪种贸易术语,比如在FOB和CFR术语下是买方投保,在CIF下则是卖方投保。对货物投保后保险公司会出具保险单给投保人。

(2)国际货物运输保险的目的就是为了能及时补偿在国际运输中的货物因自然灾害事故而遭受的经济损失,有利于商品在各国之间顺利流通。

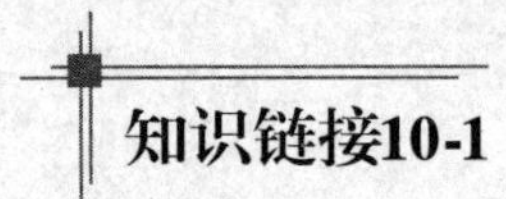

货物运输保险险种的特点

1. 被保险人的多变性

承保的运输货物在运送保险期限内可能会经过多次转卖,因此最终保险合同保障受益人不是保险单注明的被保险人,而是保单持有人(Policy Holder)。

2. 保险利益的转移性

保险标的转移时,保险利益也随之转移。

3. 保险标的的流动性

货物运输保险所承保的标的,通常是具有商品性质的动产。

4. 承保风险的广泛性

货物运输保险承保的风险,包括海上、陆上和空中风险,自然灾害和意外事故风险,动态和静态风险等。

5. 承保价值的定值性

承保货物在各个不同地点可能出现的价格有差异,因此货物的保险金额可由保险双方按约定的保险价值来确定。

6. 保险合同的可转让性

货物运输保险的保险合同通常随着保险标的、保险利益的转移而转移,无须通知保险人,也无须征得保险人的同意。保险单可以用背书或其他习惯方式加以转让。

7. 保险利益的特殊性

货物运输的特殊性决定在货运险通常采用"不论灭失与否条款",即投保人事先不知情,也没有任何隐瞒,即使在保险合同订立之前或订立之时,保险标的已经灭失,事后发现承保风险造成保险标的灭失,保险人也同样给予赔偿。

8. 合同解除的严格性

货物运输保险属于航次保险,《保险法》《海商法》规定,货物运输保险从保险责任开始后,合同当事人不得解除合同。

子任务二　了解国际货物运输保险的基本内容

子任务引例

B公司与A公司签订了一份设备购买合同,约定总价款851 108美元,以FOB加拿大渥太华为贸易条件,合同签订后,B公司与保险公司签订了保险合同,被保险人为B公司,投保险种为一切险,保险金额为978 774美元。贸易条件为EX-work;自ottawa,canada运输至中国湖北武汉。11月15日,B公司支付保费32 417元,收到保险公司收据,11月16日,被保险货物在渥太华一仓库被盗,12月21日,B公司向保险公司提出索赔。

请回答:

保险公司应不应该赔偿B公司损失,理由是什么?

一、知识认知

(一)国际货物运输保险的当事人

国际货物运输保险的当事人主要有三方。

(1)保险人(Insurer):也称承保人,指以自己名义签发保单并承诺对保险单项下货物发生承保责任范围的损失负赔偿责任的人。

(2)被保险人(Insured):也称投保人,是指与保险人签订保险合同,并按照保险合同支付保险费,当保险单项下货物发生承保责任范围的损失时凭保险单有权向保险人索赔的人。

(3)投保人(Applicant):也称要保人、保单持有人。投保人和保险人签订保险合同并负有缴付保险费义务的人,一般来说投保人就是被保险人,合同生效后为被保险人。投保人也可以代替被保险人办理投保手续,受益人则是被保险人。

(二)国际货物运输保险的基本原则

1. 保险利益原则

保险利益是被保险人对保险标的所具有的合法利害关系,投保人对保险标的应当具有保险利益,投保人对保险标的不具有保险利益的,保险合同无效。

2. 最大诚信原则

国际货物运输保险合同的当事人应以诚实信用为基础订立和履行保险合同,主要体现在订立合同时的告知义务和履行合同时的保证义务上。

3. 损失补偿原则

在保险事故发生而使保险人遭受损失时，保险人必须在责任范围内对被保险人所受的实际损失进行补偿。同时，保险补偿受到一定限制，赔偿金额不能超过规定的限额。

4. 近因原则

保险人对由其承保危险近因所致的任何损失均负赔偿责任，但对非由其承保危险近因所致的任何损失，均不负赔偿责任。

（三）国际货物运输保险的条款

（1）中国人民保险公司的《海洋运输货物保险条款》（简称 CIC）。CIC 条款规定中国海运保险分为基本险和附加险两大类，其中基本险包括：平安险（F. P. A）、水渍险（W. A or W. P. A）、一切险（A. R.），基本险可单独投保，附加险不能单独投保，只有在投保基本险基础上才能加保。

（2）英国伦敦保险协会制定的《协会货物条款》在国际保险市场上比较通用的保险条款是伦敦保险协会条款（简称 ICC）。ICC 条款包括六种险别，即：ICC（A）、ICC（B）、ICC（C）、战争险、罢工险、恶意损害险。其中前三种险别的责任范围分别类似于我国（CIC）条款中的三种基本险，可以单独投保。其他三种险别都属于附加险，但是战争险和罢工险也可以单独投保。

在投保国际货物运输保险时，如果合同和信用证没有特别规定，投保人可任意选择两种条款中的一种条款，一般国内的企业采用 CIC 条款，国际多采用 ICC 条款。

二、职业判断与实务操作

针对子任务引例分析如下：

此案中合同约定的贸易条件是 FOB 加拿大渥太华，货物在渥太华装船后货物的风险才发生转移，在此之前货物的风险由卖方承担，因此本案中 B 公司购买的货物在海外运输公司仓库被盗时，B 公司对货物不具有可保利益。保险合同载明工厂交货，工厂交货对于判定投保人对保险标的是否具有可保利益没有法律意义。所以保险公司不会赔偿公司的损失，理由就是 B 公司作为投保人对于所投货物没有可保利益。

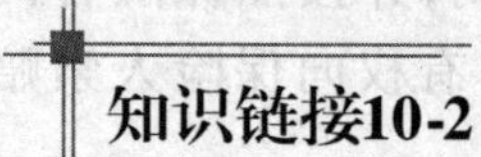
知识链接10-2

国际货物运输保险投保应注意事项

1. 认真填写投保书

（1）亲自填写“投保书”，要保书上有关告知事项应如实告知；不隐瞒不遗漏，以确保投保后的权益。

《保险法》第十六条规定：订立保险合同，保险人应当向投保人说明保险合同的条款内容，并可以就保险标的或者被保险人的有关情况提出询问，投保人应当如实告知。

投保人故意隐瞒事实，不履行如实告知义务的，或者因过失未履行如实告知义务足以影响保险人决定是否同意承保或者提高保险费率的，保险人有权解除保险合同。

投保人故意不履行如实告知义务的，保险人对于保险合同解除前发生的保险事故，不承担赔偿或者给付保险金的责任，并不退还保险费。

投保人因过失未履行如实告知义务，对保险事故的发生有严重影响的，保险人对于保险合同解除前发生的保险事故，不承担赔偿或者给付保险金的责任，但可以退还保险费。

(2)投保书上"投保人(签章)"栏应亲自签名或盖章，并请被保险人于"被保险人(签章)"栏亲自签名或盖章。

2. 索取首期缴费收据

在保险公司未签发保险单前，连同投保书一起缴付首期保险费时，应向业务员索取保险公司出具的保费暂收收据或保费收据。为确保你投保的权益，最好不要收取业务员以个人或任何他人的名义出具的收条。

3. 索取保单并认真审查保单内容

填写投保单并缴纳首期保险费后一个月内(特殊情况除外)，将收到正式保险单。收到保险单后，要务必进行认真审核，发现错漏之处，要求业务员及时交保险公司更正。如确认保单无误，填妥保单回执交业务员带回公司以确保投保人的权益。

任务二　认识国际货物保险的责任范围及投保流程

任务描述

投保前要根据货物自身属性、运输途中的气候特点以及出发地和目的地的特点选择搭配合适的险种，不同的险种承保风险不同。

任务分析

通过对货物保险险别和各险别承保范围的了解，选择合适的险种进行投保

任务实施

子任务一　认识国际货物保险的责任范围

子任务引例

小张所在的贸易公司出口一批货物，货物按 CIF 计价，装运前向保险公司按 110% 投平安险，6 月初货物装运上船，6 月 13 日在海上遇到暴风雨，致使一部分货物遭到水渍，损失 20 000 美元。小张代表公司向保险公司索赔。

请回答：保险公司对于 20 000 美元损失应不应该赔付？理由是什么？

一、知识认知

(一)海洋货物运输保险中的风险

在国际货物运输保险中,保险人是按照不同险别包括的风险所造成的损失和费用承担赔偿责任,在保险业务中风险、损失、费用和险别有直接关系。

海洋货物运输保险中风险分为:

(1)海上风险:海上风险分为自然灾害和意外事故。自然灾害是由于自然界变异引起的破坏力量造成的现象,如恶劣气候、雷电、海啸、地震、洪水等。意外事故:由于偶然的、意料之外的原因造成的事故,包括运输工具遭受搁浅、触礁、沉没,船舶与流冰或其他物体碰撞造成的失踪,失火、爆炸等。

(2)外来风险:包括一般外来风险和特殊外来风险。一般外来风险包括偷窃、雨淋、短量、沾污、渗漏、破碎、串味、受潮受热、钩损和锈损。特殊外来风险包括战争、罢工、拒收、交货不到等。

(二)海洋货物运输的损失和费用

国际贸易中海洋运输过程中自然灾害和意外事故可能会对货物和运输工具带来损失,我们根据损失程度的不同把海损分为全部损失和部分损失。

(1)全部损失:指被保险货物遭受全部损失,分为实际全损和推定全损。实际全损指被保险货物完全灭失或完全变质,或货物实际上已不可能归还被保险人。推定全损指货物发生保险事故后,实际全损已经不可避免,或者为了避免发生实际全损所需支付的费用与继续将货物运抵目的地的费用之和超过保险价值。

(2)部分损失:被保险货物的损失没有达到全部损失的程度,分为共同海损和单独海损。共同海损指载货的船舶在海运途中遭遇灾害、事故,威胁到船、货的共同安全,为了解除这种威胁,维护船、货的安全,为了解除船、货的安全或者使航程得以继续完成,由船方有意识地、合理地采取措施所做出的某些特殊牺牲或支出某些额外费用叫共同海损。单独海损指除共同海损以外的,仅由受损者单独负担的部分损失。

被保险货物在运输途中遭遇货运承保内的事故,为了避免或减轻事故给被保险货物带来的损失,往往还会产生其他费用和支出,这些费用和支出主要有两个部分,即施救费用和救助费用。施救费用是指被保险的货物在遭遇保险责任范围内的灾害事故时,被保险人或其代理人为防止损失扩大而采取措施所支出的费用。救助费用是指被保险的货物在遭遇保险责任范围内的灾害事故时,由保险人和被保险人意外的第三者采取救助行为,而向其支付的报酬费用。

(三)中国海洋货物运输保险条款的基本险和附加险

我国海洋货物运输保险条款包括三种基本险:平安险(FPA)、水渍险(WPA 或 WA)和一切险(All Risks)。

平安险承保的是范围包括自然灾害造成的全部损失、意外事故造成的全部损失和部分损失,发生意外事故前后由自然灾害造成的部分损失。

水渍险承保的范围除了平安险承保的范围之外,还包括自然灾害造成的部分损失。

一切险在三种基本险种承保的责任范围最大，除了包括平安险和水渍险承保的责任范围内，一切险对被保险货物在运输过程中由一般外来原因造成的全部或部分损失也负责赔偿。

附加险分为一般附加险和特殊附加险，一般附加险包括偷窃、提货不着险，淡水雨林险，串味险，碰损破碎险；钩损险，锈损险，混杂玷污险，短量险，受潮受热险，渗漏险，包装破损险。特殊附加险包括战争险，罢工险，拒收险，交货不到险，舱面险。

知识链接10-3

ICC(A)(B)(C)险的责任范围

1. I. C. C. (A)险的责任范围

(1)承保"除外责任"各条款规定以外的一切风险所造成的保险标的损失；

(2)承保共同海损和救助费用；

(3)根据运输契约订有"船舶互撞"条款应由货方偿还船方的损失。

2. I. C. C. (B)险的责任范围

I. C. C. (B)险对承保风险的规定采用列明风险的方法，即在条款的首部把保险人所承保的风险一一列出。保险标的物的灭失或损坏可合理地归因于下列任何之一者，保险人予以赔偿：①火灾或爆炸；②船舶或驳船搁浅、触礁、沉没或颠覆；③陆上运输工具的倾覆或出轨；④船舶、驳船或运输工具同除水以外的任何外界物体碰撞；⑤在避难港卸货；⑥地震、火山爆发、雷电；⑦共同海损牺牲；⑧海水、湖水或河水进入船舶、驳船、运输工具、集装箱、大型海运箱或贮存住所；⑨货物在装卸时落海或摔落造成整件的全损。

3. I. C. C. (C)险的责任范围

I. C. C. (C)险对承保风险的规定也采用列明风险的方法，但承保的风险比I. C. C. (A)、(B)险要小得多，它只承保重大意外事故，而不承保自然灾害及非重大意外事故，其具体承保的风险有：①火灾、爆炸；②船舶或驳船触礁、搁浅、沉没或倾覆；③陆上运输工具倾覆或出轨；④船舶、驳船或运输工具同除水以外的任何外界物体碰撞；⑤在避难港卸货；⑥共同海损牺牲；⑦抛货。

二、职业判断与实务操作

针对子任务引例分析如下：

小张公司提出的索赔申请会遭到保险公司的拒绝，每一种险别所承保的风险和损失都是一定的，小张公司所投的是平安险，平安险主要承保自然灾害造成的全部损失、意外事故造成的全部损失和部分损失，发生意外事故前后由自然灾害造成的部分损失。小张公司的货物遭遇暴风雨，这是自然灾害，符合平安险的承保风险范围，但是货物只是损失了一部分，对于自然灾害造成的部分损失平安险是不承保的。因此小张所在的公司不能得到赔偿。

子任务二　认识国际货物的投保流程

子任务引例

小陈是外贸公司的新员工，一天接到经理的下达的任务，去给一批货物投保，经理交给他的合同上显示，这批货物是一批纺织品，合同价格是 CIF 波士顿 23 000 美元，合同要求卖方投的险种是一切险，小陈没有处理过类似事件，对于如何投保不太清楚。

请回答：

(1) 小陈为货物投保的流程是怎样的？

(2) 小陈为货物投保的金额是多少？

一、知识认知

(一) 选定投保方式

进出口货物运输保险的投保方式分为逐笔投保和预约保险两种，进出口企业可以根据业务量的大小和稳定性进行选择。

逐笔投保：按 CIF、CIP 成交的合同，由卖方负责投保，卖方企业一般采用逐笔投保方式向保险公司办理出口货物运输保险。

预约保险：一些专门从事进口业务的企业或进口业务量比较大的企业，为了简化手续可与保险公司事先签订"预约保险合同"。合同中对进口货物投保的险别、保险费率、保险费和赔款的支付方法做出规定。预约保险合同是企业与保险公司之间的正式保险契约，凡属预约保险合同范围内的进口商品一经启运，保险公司即自动按预约保单所订立的条件承保。

(二) 确定保险金额和保险险别

保险金额也可以称为投保金额，是指投保人对保险标的的实际投保金额，是保险公司承担的最高赔偿金额，也是计算保险费的基础。保险金额一般是根据保险价值确定的，保险价值包括货价、运费、保险费以及预期利润。保险金额一般由买卖双方协商确定，如未约定，通常按 CIF 或 CIP 总值加成 10% 计算。保险金额计算公式为

保险金额 = CIF(CIP) 总值 × (1 + 投保加成率)

选择保险险别的依据是，要使货物运输风险达到有效化解，同时保险费用最低，因此要考虑货物属性及运输过程中的各种不同情况。

(三) 选择保险公司办理投保和交付保险费

保险公司的选择方面主要考虑保险公司的经营实力、资金赔偿能力、保险费率高低、理赔处理效率、服务质量等。

保险人填写由保险公司事先设计好内容格式的投保单，并随附发票、海运提单，经保险公司接收后，保险合同即告成立，投保方式也可以通过口头或电话向保险公司申请，获得允诺后保险合同成立，随后补送投保单。

保险费是保险公司经营业务的基本收入，是保险合同生效的前提条件。保险费率高低视货物损失率、赔付率、国际市场保险费水平而定，所以不同货物、不同目的地、不同运输工具、不

同险别的保险费率有差别，保险费的计算公式如下：

保险费 = 保险金额 × 保险费率

(四)取得保险单据及保险单据的转让

投保单经过保险公司审核无误后签发保险单，保险单是保险公司对被保人的承保证明，也是保险公司和被保险人之间的保险契约，具体规定了保险公司和被保险人的权利和义务。

保险单据可以经背书进行转让，无须取得保险人的同意，也无须通知保险人，即使保险标的发生损失后，保险单据仍然可以有效转让。

(五)保险索赔

如果被保险的货物在保险责任有效期内发生属于保险责任范围内的损失，被保险人可向保险公司提出索赔。索赔必须出具保单正本、运输合同、发票、装箱单、重量单、索赔清单、海事报告、检验单、货损货差证明，涉及第三方责任时应提供向第三方请求赔偿的函电或其他单证文件。被保险人提出保险索赔的时效为两年，从货物在最后卸载港全部卸离海轮之日算起，逾期被保险人就丧失了向被保险人提出保险索赔的实体权利。

知识链接10-4

被保险人如何索赔

当被保险的货物遭受损失后，就要尽快通知保险公司，并提供索赔的有关单证，协助保险公司做好有关的工作。

(1)一旦发现被保险的货物受损，应立即采取可能的方式，通知保险人或保单上写明的保险公司在货物目的地(港)的检验理赔代理人，并申请对货损的检验。

(2)向承运人等有关方提出索赔。如被保险人在提货时发现货物的包装有明显的受损痕迹，或整件短少，除向保险公司报损外，还应该立即向承运方、托运人以及海关、港务当局等索取货损货差证明或提出索赔，并保留追偿权利。

(3)货物受损后，作为货方的被保险人，应对受损货物采取应该采取的施救、整理措施，以防止或减少货物损失扩大。

(4)提赔时，应提供必要的索赔单证。向保险公司提供索赔手续后，在等待保险公司最后审定责任，领取赔款的过程中，保险公司发现情况不清，需要被保险人提供补充的，被保险人应及时办理，以免延迟审理的时间。

二、职业判断与实务操作

针对子任务引例分析如下：

(1)小陈所在的公司做的出口业务一般是采取逐笔投保的方式，保险金额在合同和信用证没有明确规定的情况下为 CIF 价的基础上进行 10% 加成，合同规定投保险种为一切险，小陈应按照合同来选择险种。确定了保险金额和险种之后，小陈应选择信誉较好、赔付较快而且保费费率有竞争力的保险公司，向其递交投保单和相关单据，并交付保费，交付保费后可取得保险公司出具的保险单据,保险单是保险公司的承保证明,在发生保险范围内损失时,投保人可凭保险单要求赔偿。

(2)按照10%的加成率计算,小陈所在公司的这笔纺织品出口业务保险金额为23 000×(1+10%)=25 300(美元)

任务三 掌握国际货物投保单及保险单的缮制和申领

任务描述

投保单是由保险公司事先准备,具有统一格式的单据,投保人根据其所列项目进行填写即可,不同的保险公司所缮制的投保单主要内容是一样的。保险单是交付保费后保险公司出具的保险人与被保险人订立保险合同的证明,保险单内容跟投保人填制的投保单内容基本一致。

任务分析

了解保险单据的种类和作用,熟悉投保单和保险单中的内容,掌握投保单的填制方法。

任务实施

子任务一 掌握投保单的内容及缮制规范

小王是外贸公司的新员工,最近新接手一笔出口业务,他在经理的指导下,进行了备货,并向中海集装箱运输股份有限公司订舱,当他得到中海集装箱运输股份有限公司确认订舱的配舱回单后,经理指示他要立即着手制作投保单,小王想知道要制作投保单需要进行哪些准备工作。

请回答:

(1)投保单的格式是否是外贸公司自己制订的?

(2)投保单内容主要有哪些?

一、知识认知

投保单又称"投保书""要保书",即投保人向保险人申请订立保险合同的书面要约。投保单是由保险人事先准备、具有统一格式的单据。投保人必须依照所列项目如实填写,以供保险人决定是否承保或以何种条件、何种费率承保。投保单并非正式合同文本,只是投保人一个要约的申请,还需经过保险公司核保。保险公司审核投保单无误后签发保险单。

(一)投保单样例(单据样张10.1)

PICC 中国人民财产保险股份有限公司

The people insurance(property) company of china. Ltd

货物运输保险投保单 CARGO TRANSPORTATION INSURANCE POLICY

本投保单内容以中文为准。 投保单号:

The interpretation of this Application shall be subject to Chinese version. Application NO.

注意:请您仔细阅读投保单和所附保险条款,尤其是黑体字标注部分的条款内容,并听取保险公司相关人员的说明,如对保险公司相关人员的说明不明白或有异议的,请在填写本投保单之前向保险公司相关人员进行询问,如未询问,视同已经对条款内容完全理解并无异议。请您如实填写本投保单,您所填写的材料将构成签订保险合同的要约,成为保险人核保并签发保险单的依据。除双方另有约定外,保险人签发保险单且投保人向保险人缴清保险费后,保险人开始按约定的险种承保货物运输保险。

投保人 Applicant	1				
投保人地址 Applicant's Add	2			联系人 Contact	
电话 Tel.		传真 Fax.		电子邮箱 E-mail	
被保险人 Insured	3				
合同号码 Contract No.	4	信用证号 L/C No.	5	发票号 Invoice No.	6
标记 Marks & Nos.	包装及数量 Packing & Quantity	货物描述 Description of goods		1. 发票金额 10 Invoice value 2. 保险加成 Value Plus About 11 % 3. 保险金额 12 Insured Value 4. 费率(‰) 13 Rate 5. 保险费 14 Premium	
7	8	9			
装载运输工具: Name of the Carrier		业务编号: Business No.:		赔付地点: 15 Claims Payable At	
起运日期:16 Departure Date		运输路线: Transport routes	自 From Beijing	经 Via	到达(目的地) 17 To(destination)

包装方式:1. 散装 2. 纸箱 3. 罐装 4. 木箱 5. 编织袋 6. 真空袋 7. 桶装 8. 裸装 9. 苫布 10. 其他方式:

装载方式:1. 普通集装箱 2. 冷藏箱 3. 拼箱 4. 整船 5. 舱面 6. 其他方式:

货物项目:1. 精密仪器 是□ 否□ 2. 旧货物 是□ 否□

(此二项投保人如未注明告知,则保险人以全新的、非精密货物承保) 3. 船龄:______年建

承保条件　　投保人可根据投保意向选择投保险别及条款，并划√确认，但保险人承保的险别及适用条款以保险人最终确定 Conditions：18　　并在保险单上列明的险种、条款为准。

进出口海洋运输：□一切险　□水渍险　□平安险　（平安《海洋运输货物保险条款》）

□ ICC(A)　□ ICC(B)　□ ICC(C)　（伦敦协会条款）

进出口航空运输：□航空运输险　□航空运输一切险　（平安《航空运输货物保险条款》）

进出口陆上运输：□陆运险　□陆运一切险　（平安《陆上运输货物保险条款》）

特殊附加险：□战争险　□罢工险　（□平安条款　□伦敦协会条款）

国内水陆运输：□基本险　□综合险　（平安《国内水路、陆路货物运输保险条款》）

国内航空运输：□航空运输险　□航空运输一切险　（平安《航空运输货物保险条款》）

是否放弃或部分放弃向承运人的追偿权利　□是　□否　（如果是，请详细说明）

其他承保条件：

免赔额：

（免赔额的金额和比例以最终保险单为准）

特别约定 Special Conditions：

投保人声明：

1. 保险人已经就本投保单及所附的保险条款的内容，尤其是关于保险人免除责任的条款及投保人和被保险人义务条款向投保人作了明确说明，投保人对该保险条款及保险条件已完全了解，并同意接受保险条款和保险条件的约束。
2. 本投保单所填各项内容均属事实，同意以本投保单作为保险人签发保险单的依据。
3. 保险合同自保险单签发之日起成立。

投保人签字（盖章）　　　　日期

单据样张 10.1　投保单样例

（二）投保单具体填制内容

1. 投保人（Applicant）

填投保人公司名称，出口商投保填出口商公司名称，进口商投保填写进口商公司名称。

2. 投保人地址（Applicant's Add）

填写投保人公司的详细地址。

3. 被保险人（Insured）

被保险人又称保险单的抬头，在 CIF 或 CIP 条件下，出口货物都是由出口商办理投保，因此在信用证无特别规定时或采用托收、汇付等支付方式时填出口商名称。信用证有时也会要求做成空白抬头、以买方名义抬头或者凭某特定方的指示抬头。如信用证规定“Insurance policy made out to order”（保险单做成空白抬头），则被保险人一栏中应填写“To order”。如信用证规定“Insurance policy made out in the name of the buyer…”（保险单做成买方抬头）则被保险人一栏应填写买方名称。如信用证规定“Insurance policy made out to order of …bank”（保险单做成凭开证行的指示抬头）则被保险人栏应先填写受益人名称，然后再填“Held to the order of …bank”。

4. **合同号码**(CONTRACT NO.)

该栏填写合同的具体号码。合同号码应与信用证一致,若一笔交易中存在多个合同,在发票中应逐一列明。

5. **信用证号码**(L/C No.)

该栏根据实际业务中进口方开来的信用证填写。当采用其他支付方式时,此项不填。

6. **发票号码**(Invoice No.)

按照出口方所提供的发票填写,发票号码与汇票、出口报关单及其他单据号码一致。

7. **标记**(Marks & NOs.)

此栏内容应该和发票、提单及其他单据上的标记一致。除非信用证有特别规定,保险公司可采取只填写“As per invoice No * *”。

8. **包装及数量**(Packing&Quantity)

按实际业务填写。若信用证写明具体的数量,则按信用证规定填写。并与发票和运输单据统一蓝内容一致。具体填写方法:一包装件数计价者填件数;以净重计价者填件数和净重;以毛作净者填件数和毛重;散装货填数量后写“In Bulk ”

9. **货物描述**(Description of goods)

信用证支付方式下,发票的描述应严格按照信用证的规定执行。货物描述一般包括数量、品质、包装等内容。

10. **发票金额**(Invoice Value)

按发票实际金额填写。

11. **保险加成**(Value Plus)

由买卖双方协商确定,如合同中无规定,按照国际贸易惯例,保险加成率通常为10% 。

12. **保险金额**(Insured Value)

按信用证规定加成计算,保险金额 = CIF 价 × (1 + 保险加成率),如合同成交价为 CFR 术语,则保险金额 = CFR 货价 × (1 + 保险加成率)/[1 - (1 + 保险加成率) × r],其中 r 为保险费率。如合同按 FOB 术语成交则保险金额 = (FOB 价 + 海运费) × (1 + 保险加成率)/[1-(1 + 保险加成率) × r],保险金额小数点后尾数一律要“进位取整”或“进一取整”,即不管小数部分数字是多少,一律舍去并在整数部分加1,投保使用的货币应该与信用证和发票的货币保持一致。

13. **费率**(Rate)

此栏一般已由保险公司印就“As arranged”,除非信用证另有规定,费率和保险费可以不具体表示。如果信用证要求显示具体报废机保险费率,应征求保险公司同意,如果保险公司不同意,需请申请人改证。

14. **保险费**(Premium)

由“保险费 = 保险金额 × 费率”计算得出。

15. **赔付地点**(Claim Payable at)

严格按照信用证规定填写,如信用证未规定应填目的地或目的港,如信用证规定不止一个目的港或赔付地,应全部填写。

16. 起运日期(Departure Date)

可填"As Per B/L",也可根据提单签发日具体填写,如果提单还未签发可待提单签发后再填。

17. 运输路线(Transportation From…To)

按实际业务填写。若信用证有特殊规定,则依照信用证执行。发票中的运输路线应与合同、信用证、提单内容相一致。提单中只有装运港和目的港,则 via 后不需填写,如果途径转船则应在 via 后填写转运港。

18. 投保条款和险别(Conditions)

按照信用证中保险条款要求选择,中国人民保险公司保险条款和伦敦协会货物险条款两种任选其一,具体保险险别也按信用证规定选择。

二、职业判断与实务操作

针对子任务引例分析如下:

(1)投保单的格式不是外贸公司制定的,是各个保险公司准备好的,具有统一格式的单据,向哪个保险公司投保,就索取这个保险公司的空白投保单进行填制。

(2)投保单的内容主要有所投保货物的发票号码、被保险人的信息、投保申请人的信息,货物包装和数量、货物描述、投保金额和险种、运输工具和开航日期、赔付地点和货币、运输路线。投保单内容关系到保险人做出是否承保的决定以及以何种条件、何种费率承保。

子任务二　掌握保险单据的内容及缮制规范

子任务引例

小李是外贸公司的跟单员,他工作细心,勤于思考。最近小李要为一笔出口业务准备单据,这笔业务的进口商是美国一家公司,CIF 价成交,从花旗银行开来的信用证上显示"Insurance certificate made out to order blank endorsed"。小李对信用证上这个条款不太理解。

请回答:

(1)美国公司开来的信用证要求的保险单据是什么?

(2)此信用证下要求保险单据的抬头人是谁?

一、知识认知

保险单据是保险公司签发的承保凭证,是保险人和投保人签订的保险合同,是保险人的承保证明,是被保险人在发生损失时向保险人索赔的重要依据,又是 CIF、CIP 术语项下出口方向银行要求议付的重要单据。保险公司对投保人填制的投保单和随附的发票和提单审核无误后,以投保单为依据出具保险单或其他保险单据,收取保险费。保险单据的内容与保险合同的基本条款大致相同。

(一)保险单据的形式

1. 保险单(Insurance Policy)

保险单又简称“保单”,是最为重要的一种保险单据,在保险单上记载了被保险人的名称、被保险货物种类、保险金额、保险期限、保险费等保险项目,保险人应进行损失赔偿及保险金如何给付等保险责任内容,除外责任以及附注条件等保险人和被保险人的权利和义务条款。

2. 保险凭证(Insurance Certificate)

保险凭证又称小保单,也是保险合同的证明文件,只记载保险单的正面内容而不记载保险单背面的保险条款,是简化了的保险单。

3. 预约保险单(Open Policy)

如果经常有相同类型货物需要陆续分批装运或定有长期合同,进出口公司往往选择预约投保,在这种情况下保险人和投保人会签订总保险合同,只要是属于合同项下的货物就可自动获得保险人承保,而无须重复填写投保单投保,简化了投保手续。

4. 暂保单(Cover Note)

在保险人和投保人对保险合同的一些条款还未最终确定的情况下,投保人可以要求保险人签发暂保单,他是正式保险单开始前保险合同订立的证明。暂保单内容只包括保险金额、保险费率、被保险货物的描述等基本内容,有效期一般只有30天,正式保险单签发后暂保单即失效。

(二)信用证中保险条款的说明

(1)受益人提交何种保险单据应根据信用证的规定,如信用证规定“Insurance policy or certificate…”或“Insurance policy/certificate …”时,受益人(卖方)可提交保险单或保险凭证,两者择一;信用证规定“Insurance policy... ”时,受益人(卖方)只能提交保险单;信用证规定“Insurance certificate/declaration...”时,受益人(卖方)可以提交保险凭证或保险说明书,也可以用保险单代替保险凭证或保险说明书。

(2)保险单的份数:当信用证没有特别说明保险单分数或者信用证规定“In duplicate/in two folds/in 2 copies”(一式两份或两份或两套)时,可理解为提交一份正本(Original)、一份复联本(Duplicate,此非副本)构成一套完整的保险单。一般PICC出具的保险单一式四份,包括:正本(Original)和复联本(Duplicate)各一份,副本(Copy)两份。

(3)保险单的背书(Endorsed):保险单经被保险人背书后,即随同被保险货物权利的转移而自动转让给受让人。背书方式分为记名背书和空白背书两种,记名背书是在保险单背面注明被保险人的名称和经办人名字后,打上“delivery to … ”或“In the name of …”;空白背书时在保险单背面只注明被保险人名称。如信用证无规定,一般为空白抬头。如果保险单的抬头做成以买方名义抬头或凭某特定方的知识抬头,则受益人无须背书。

(4)保险单的抬头(Insured):信用证要求做成空白抬头,若“Insurance policy or certificate made out to order blank endorsed”,保险单或保险凭证的抬头要做成“to order”。信用证要求做成买方抬头,如“Insurance policy or certificate made out in name of buyer”,保险单或保险凭证的抬头填写买方公司。信用证要求做成凭某特定方的指示抬头,如“Insurance policy or certificate made out to order of * * bank”,在保险单或保险凭证的抬头栏险填写收益人名称,再填写“Held to the order of * * bank ”。

(三)保险单样例及内容(单据样张 10.2)

PICC 中国人民财产保险股份有限公司

The people insurance(property) company of china. Ltd

货物运输保险投保单 CARGO TRANSPORTATION INSURANCE POLICY

被保险人:

Insured:

中国人民财产保险有限公司(以下简称本公司)根据被保险人的要求,及其所缴付约定的保险费,按照本保险单承担险别和背面所载条款与下列特别条款承保下列货物运输保险,特签发本保险单。

This policy of insurance witnesses that the people insurance(property) company of china, Ltd. (hereinafter called "The Company"), at the request of the insured and in consideration of the agreed premium paid by the insured. undertakes to insure the under mentioned goods in transport subject to the conditions of the Policy as per the Clauses printed overleaf and other special clauses attached hereon.

保险货物项目 Description of Goods	包装　单位　数量 Packing　Unit　Quantity	保险金额 Amount Insured

承保险别:

Condition: ________

货物标记

Marks of Goods:

总保险金额:

Total Amount insured: ________

保费　　载运输工具　　开航日期

Premium: ________　Per conveyance S. S: ________　Sig. on or abt: ________

起运港　　目的港

From: ________　To: ________

所保货物,如发生本保险单项下可能引起索赔的话,应立即通知本公司下述代理人查勘。如有索赔,应向本公司提交保险单正本(本保险单共有 2 份正本)及有关文件。如一份正本已用于索赔,其余正本则自动失效。

In the event of loss or damage which may result in a claim under this Policy, immediate notice must be given to the company agent as mentioned here under. Claims, if any, one of the Original Policy which has been insured in 2 Original(s) together with the relevant documents shall be surrendered to the company. If one of the Original Policy has been accomplished, the others to be void.

保险人:

Underwriter:

电话:

Tel: ________

传真:

Fax: ________

地址:

赔款偿付地点

Claim payable at: ________

授权人签字:

签单日期

Authorized Signature ________

Issuing Date: ________

核保人:　　制单人:　　经办人:

单据样张 10.2　保险单样例

知识链接10-5

如何选择国际货物运输保险的险别

在投保时,你总是希望在保险范围和保险费之间寻找平衡点。要做到这一点,首先要对自己所面临的风险做出评估,甄别哪种风险最大、最可能发生,并结合不同险种的保险费率来加以权衡。

多投险种当然安全感会强很多,但保费的支出肯定也要增加。出口商投保时,通常要对以下几个因素进行综合考虑:①货物的种类、性质和特点;②货物的包装情况;③货物的运输情况(包括运输方式、运输工具、运输路线);④发生在港口和装卸过程中的损耗情况等;⑤目的地的政治局势,如在1998年北约空袭南联盟和1999年巴基斯坦政变期间,如果投保战争险,出口商就不必为货物的安全问题而心惊肉跳了。

何时选用一切险?“一切险”是最常用的一个险种。买家开立的信用证也多是要求出口方投保一切险。投保一切险最方便,因为它的责任范围包括了平安险、水渍险和11种一般附加险,投保人不用费心思去考虑选择什么附加险。但是,往往最方便的服务需要付出的代价也最大。郭玉强先生是深圳人保的业务员,从事货物运输保险业务已经有6年时间。他介绍说,就保险费率而言,水渍险的费率约相当于一切险的1/2,平安险约相当于一切险的1/3。

有的货物投保了一切险作为主险可能还不够,还需投保特别附加险。某些含有黄曲霉素的食物,如花生、油菜籽、大米等食品,往往含有这种毒素,会因超过进口国对该毒素的限制标准而被拒绝进口、没收或强制改变用途,从而造成损失,那么,在出口这类货物的时候,就应将黄曲霉素险作为特别附加险予以承保。

主险与附加险灵活使用。目标市场不同,费率亦不同,出口商在核算保险成本时,就不能“一刀切”。如果投保一切险,欧美发达国家的费率可能是0.5%,亚洲国家是1.5%,非洲国家则会高达3.5%。另外,货主在选择险种的时候,要根据市场情况选择附加险,如到菲律宾、印尼、印度的货物,因为当地码头情况混乱,风险比较大,应该选择偷窃提货不着险和短量险作为附加险,或者干脆投保一切险。

预防风险比保险更重要。保险是转移和分散风险的工具。虽然风险造成的损失保险公司会负责理赔,但货主在索赔的过程中费时费力,也是不小的代价,所以,预防风险的意识和在投保的基础上做一些预防措施非常必要。因集装箱的破漏而导致货物受损的案例越来越多。要防止这种风险,一是尽量选择实力强、信誉好的船公司,他们的硬件设备相对会好一些;二是在装货前要仔细检查空柜,看看有无破漏,柜门口的封条是否完好。还要查看是否有异味,推测前一段装了什么货物。如果你现在要装的货是食品或药品,而以前装的是气味浓烈的货物甚至是危险性很高的化工品的话,就可能导致串味,甚至使货物根本不能再使用。

二、职业判断与实务操作

针对子任务引例分析如下:

(1)美国公司开来的信用证要求随附保险凭证。保险凭证(Insurance certificate)是一种简化的保险单,只在正面印刷了承保责任界限和保险公司的保险条款,保险凭证和正式的保险单(Insurance Policy)具有同等的法律效力,所以当信用证要求保险凭证时,小王可以递交保险凭证,也可以递交保险单。

(2)此信用证要求保险凭证是空白抬头,也就是在保险凭证的被保险人一栏中填写"to order",这种空白抬头的保险凭证由出口公司在背面进行空白背书,也就是出口方在背后签名。

任务四 操练投保单和保险单缮制与任务实训

任务描述

保险单是外贸单证不可或缺的组成部分,保险公司出具的保险单是根据投保人向保险公司递交的投保单缮制出来的,所以对于外贸企业来说如实、准确填制投保单至关重要。

任务分析

通过对投保单和保险单格式及缮制内容的认知,根据佛山易美贸易有限公司与美国贝佳特贸易有限公司签订的关于毛绒玩具的出口合同,以佛山易美贸易有限公司跟单员的身份,完成以下投保单的填制。

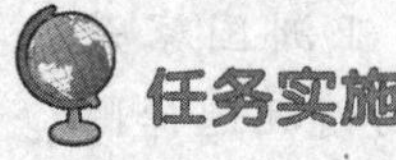

任务实施

子任务一 保险单证任务导入

子任务引例

佛山易美贸易公司与美国贝佳特贸易有限公司达成了一项关于毛绒玩具的交易意向。该项合同的产品是两种毛绒玩具,分别是新潮灰色小熊及长发小猫咪。价格术语为CIF BOSTON。灰色小熊的成交数量为1 080套,每套16美元,共135个纸箱;长发小猫咪成交的数量为3 150件,每件8美元,共105个纸箱。以即期、不可撤销信用证为付款方式。装运港为中国佛山,目的港为美国波士顿。装船期限为2013年10月31日。以发票金额的110%投保中国保险公司的一切险和战争险。

请回答:

(1)请计算此份出口合同的保险金额?

(2)该合同项下投保单的填制内容是什么?

一、知识认知

(一)实训任务合同及运输单据分析

根据佛山易美贸易有限公司与美国贝佳特贸易有限公司达成的合同,可知填制投保单的基本信息:

(1)投保人相关信息:

公司名称:FOSHAN EMAY TRADING CO. ,LTD

地址:Rm 110-119,NO. 131 DONGFANG ROAD,DONGFANG PLAZA,FOSHAN,CHINA

TEL: 86-757-86682454 FAX: 86-757-86682453。

(2)合同号码:EM20130915。

(3)发票号:Inv20131012。

(4)运输路线:佛山港口至波士顿港口。

起运日期:2013 年 10 月 28 日。

运输工具:船舶。

目的地:美国波士顿。

(5)成交数量及价格信息信息:

灰色小熊的成交数量为 1 080 套,单价为 $ 16.00。

长发小猫咪成交的数量为 3 150 件,单价为 $ 8.00。

(6)信用证号:L/C363010。

(7)发票金额:USD 42 480。

(8)加成:10% 。

(9)赔付地点:美国波士顿。

(10)包装方式:纸箱。

(11)装载方式:普通集装箱。

(二)实训任务信用证分析

根据美国贝佳特贸易有限公司开来的信用证条款,明确了投保单的填制规定,即"FULL SET 3/3 OF MARING INSURANCE POLICY OR CERTIFICATE,ENDORSED IN BLANK FOR 110 PERCENT FULL CIF VALUE, COVERING ALL RISKS AND WAR RISKS BY THE PEOPLE INSURANCE COMPANY OF CHINA"。从此条款中我们明确了以下信息:

(1)保单必须满足一式三份。

(2)保险金额是在 CIF 价格基础上加成 10% 。

(3)被保险人是卖方,并由卖方做空白背书。

(4)投保中国人民保险公司的战争险和一切险。

二、职业判断与实务操作

针对子任务引例分析如下:

(1)任务引例涉及对佛山易美贸易有限公司投保单的填制。从贸易合同和信用证内容来看,此份出口合同的金额是合同 CIF 价 ×110% 。

(2)投保单的填制内容包括:①投保人和被保险人佛山易美有限公司的基本信息,该项合同编号为 EM20130915、发票编号为 Inv20131012;②运输相关信息,信用证号码 L/C363010、商品信息、保险金额、保险险种。

子任务二　操练投保单和保险单的缮制

子任务引例

佛山易美贸易公司与美国贝佳特贸易有限公司达成了一项关于毛绒玩具的出口合同。该项合同的产品是两种毛绒玩具,分别是新潮灰色小熊及长发小猫咪。根据实训任务的分析,操练投保单和保险单的缮制。

请回答:

(1)根据合同和信用证信息,操练投保单的缮制。

(2)填写投保单需要注意哪些事项?

一、知识认知

(一)实训任务投保单及保险单的缮制

根据佛山易美贸易有限公司与美国贝佳特贸易有限公司达成的毛绒玩具合同交易,通过分析合同及信用证的信息,缮制投保单(单据样张 10.3)。

PICC 中国人民财产保险股份有限公司

The people insurance(property)company of china. Ltd

货物运输保险投保单 CARGO TRANSPORTATION INSURANCE POLICY

本投保单内容以中文为准。　　投保单号:

The interpretation of this Application shall be subject to Chinese version.　　Application No.

注意:请您仔细阅读投保单和所附保险条款,尤其是黑体字标注部分的条款内容,并听取保险公司相关人员的说明,如对保险公司相关人员的说明不明白或有异议的,请在填写本投保单之前向保险公司相关人员进行询问,如未询问,视同已经对条款内容完全理解并无异议。请您如实填写本投保单,您所填写的材料将构成签订保险合同的要约,成为保险人核保并签发保险单的依据。除双方另有约定外,保险人签发保险单且投保人向保险人缴清保险费后,保险人开始按约定的险种承保货物运输保险。

投保人 Applicant	FOSHAN EMAY TRADING CO. , LTD				
投保人地址 Applicant's Add	Rm 110-119, No. 131 DONGFANG ROAD, DONGFANG PLAZA, FOSHAN, CHINA			联系人 Contact	FOSHAN EMAY TRADING CO. , LTD
电话 Tel.	86-757-86682454	传真 Fax.	86-757-86682453	电子邮箱 E-mail	
被保险人 Insured	FOSHAN EMAY TRADING CO. , LTD				

<table>
<tr><td>贸易合同号
Contract No.</td><td>EM20130915</td><td colspan="2">信用证号
L/C No.　LC363010</td><td colspan="2">发票号
Invoice No.　Inv20131012</td></tr>
<tr><td>标记
Marks & Nos.</td><td>包装及数量
Packing & quantity</td><td colspan="2">保险货物项目
Description of goods</td><td colspan="2" rowspan="2">6. 发票金额
Invoice value USD 42480
7. 加成
Value Plus About 10%
8. 保险金额
Insured Value USD 46 728
9. 费率(‰)
Rate
10. 保险费
Premium</td></tr>
<tr><td>As per Invoice
Inv20131012</td><td>1 080 SETS,
135CARTONS
3 150 SETS
105 CARTONS</td><td colspan="2">NEW DESIGN BROWN BEAR
LONG HAIR CAT</td></tr>
<tr><td colspan="2">装载运输工具：
Name of the Carrier</td><td colspan="2">业务编号：
Business No.：</td><td colspan="2">赔付地点：
Claims Payable At 15</td></tr>
<tr><td colspan="2">起运日期：
Departure Date 28th,October.,2013</td><td colspan="4">运输路线：　自　　　经　　　到达（目的地）
Route From ,FOSHN,CHINA Via To(destination) BOSTON,USA</td></tr>
<tr><td colspan="6">包装方式：1. 散装　2√纸箱　3. 罐装　4. 木箱　5. 编织袋　6. 真空袋　7. 桶装　8. 裸装　9. 苫布　10. 其他方式：
装载方式：1. 普通集装箱　2. 冷藏箱　3. 拼箱　4. 整船　5. 舱面　6. 其他方式：
货物项目：1. 精密仪器　是□　否□　2. 旧货物　是□　否□
（此二项投保人如未注明告知，则保险人以全新的、非精密货物承保）　3. 船龄：____年建</td></tr>
<tr><td colspan="6">承保条件　投保人可根据投保意向选择投保险别及条款，并划√确认，但保险人承保的险别及适用条款以保险人最终确定 Conditions：并在保险单上列明的险种、条款为准。
进出口海洋运输：√ 一切险　□水渍险　平安险　（平安《海洋运输货物保险条款》）
□ ICC(A)　□ ICC(B)　□ ICC(C)　（伦敦协会条款）
进出口航空运输：□航空运输险　□航空运输一切险　（平安《航空运输货物保险条款》）
进出口陆上运输：□陆运险　□陆运一切险　（平安《陆上运输货物保险条款》）
特殊附加险：√战争险　□罢工险　（□平安条款　□伦敦协会条款）
国内水陆运输：□基本险　□综合险　（平安《国内水路、陆路货物运输保险条款》）
国内航空运输：□航空运输险　□航空运输一切险　（平安《航空运输货物保险条款》）
是否放弃或部分放弃向承运人的追偿权利　□是　□否　（如果是，请详细说明）
其他承保条件：　免赔额：
（免赔额的金额和比例以最终保险单为准）</td></tr>
<tr><td colspan="6">特别约定 Special Conditions：</td></tr>
<tr><td colspan="6">投保人声明：
1. 保险人已经就本投保单及所附的保险条款的内容，尤其是关于保险人免除责任的条款及投保人和被保险人义务条款向投保人作了明确说明，投保人对该保险条款及保险条件已完全了解，并同意接受保险条款和保险条件的约束。
2. 本投保单所填各项内容均属事实，同意以本投保单作为保险人签发保险单的依据。
3. 保险合同自保险单签发之日起成立。
投保人签字（盖章）　日期</td></tr>
</table>

单据样张 10.3　投保单样例

根据佛山易美贸易有限公司所填制的投保单，中保财产保险公司出具的保险单如单据样张 10.4 所示。

PICC 中国人民财产保险股份有限公司

The people insurance(property)company of china. Ltd

货物运输保险单 CARGO TRANSPORTATION INSURANCE POLITY

发票号码:Inv20131012　　　　保险单号次:PLY201310192345

被保险人:FOSHAN EMAY TRADING CO. , LTD

Insured:

中国人民财产保险有限公司(以下简称本公司)根据被保险人的要求,及其所缴付约定的保险费,按照本保险单承担险别和背面所载条款与下列特别条款承保下列货物运输保险,特签发本保险单。

This policy of insurance witnesses that the people insurance(property)company of china,Ltd. (hereinafter called"The Company"), at the request of the insured and in consideration of the agreed premium paid by the insured. undertakes to insure the undermentioned goods in transportation subject to the conditions of the Policy as per the Clauses print overleaf and other special clauses attached hereon.

保险货物项目 Description of Goods	包装　单位　数量 Packing　Unit　Quantity	保险金额 Amount Insured
NEW DESIGN BROWN BEAR	1 080 SETS,135CARTONS	USD 46 728.00
LONG HAIR CAT	3 150 SETS 105 CARTONS	

承保险别

Condition

ALL RISKS AND WAR RISK

货物标记

Marks of Goods:

BEST TRADING CO. LTD.

EM20130915;

BOSTON

CARTON NO. 1 - 240

总保险金额:

Total Amount insured:SAY US DOLLARS FORTY SIX THOUSAND SEVEN HUNDRED AND TWENTY EIGHT ONLY.

保费　　　　载运输工具　　　　开航日期

Premium　AS ARRANGED　　Per conveyance S. S　　Sig. on or abt

起运港　　　　目的港

From　FOSHAN,CHINA　　To　BOSTON,USA

所保货物,如发生本保险单项下可能引起索赔的话,应立即通知本公司下述代理人查勘。如有索赔,应向本公司提交保险单正本(本保险单共有2份正本)及有关文件。如一份正本已用于索赔,其余正本则自动失效。

In the event of loss or damage which may result in a claim under this Policy, immediate notice must be given to the company agent as mentioned here under. Claims, if any,one of the Original Policy which has been insured in 2 Original(s) together with the relevant documents shall be surrendered to the company. If one of the Original Policy has been accomplished, the others to be void.

保险人:

Underwriter:PICC Property and Casualty

Company Limited Foshan Branch

电话:(0757)86081356

传真:(0757)86081354

赔款偿付地点　　　　地址:No. 15,Zhongshan Road,Foshan,China

Claim payable at　BOSTON IN USA　　　　授权人签字:

签单日期:2013.10.19　　　　Authorized Signature

核保人:　　　　制单人:　　　　经办人:

单据样张 10.4　保险单样例

(二)投保单和保险单缮制的注意事项

(1)承保险别是投保单的核心内容,填写时应注意保险险别与信用证严格一致。如信用证没有规定具体险别,或只规定“MARINE RISK”“USUAL RISK”或“TRANSPORT RISK”等,则可投保一切险(ALL RISKS)、水渍险(WA 或 WPA)、平安险(FPA)三种基本险中的任何一种。

(2)保险单的抬头和背书应按照信用证要求填写,信用证可以要求填写卖方、买方或者空白抬头,信用证无明确要求时,应做卖方抬头和空白背书。

(3)保险金额应按照合同和信用证规定的价格基数和加成率填制,如信用证无明确规定,一般在 CIF 价基础上加成 10% 计算得出。

(4)赔款偿付地点应严格按照信用证或合同规定填制,如果信用证未具体规定,一般将目的地作为赔付地点,赔款货币为投保保险金额相同的货币。如果信用证规定不止一个目的港或赔付地应全部照打。

(5)投保日期应根据合同和信用证规定,在备妥货物并已确定装运日期和运输工具后,向保险公司投保,保险公司凭投保单出具保险单或保险凭证,投保的日期应不迟于货物装船的日期。

二、职业判断与实务操作

针对子任务引例分析如下:

(1)任务引例涉及对佛山易美贸易有限公司投保单的填制。根据与美国贝佳特贸易有限公司的合同及信用证信息,该合同项下的投保单和保险单填制内容如上述单样张所示。

(2)信用证中对于保险单有明确的要求,注意一定要使投保单的填制符合信用证规定,比如保单必须满足一式三份,投保中国人民保险公司海运货物保险条款的一切险(AR)及战争险(War Risks),保险金额加成率为 10%,被保险人必须填卖方,并由卖方做空白背书。

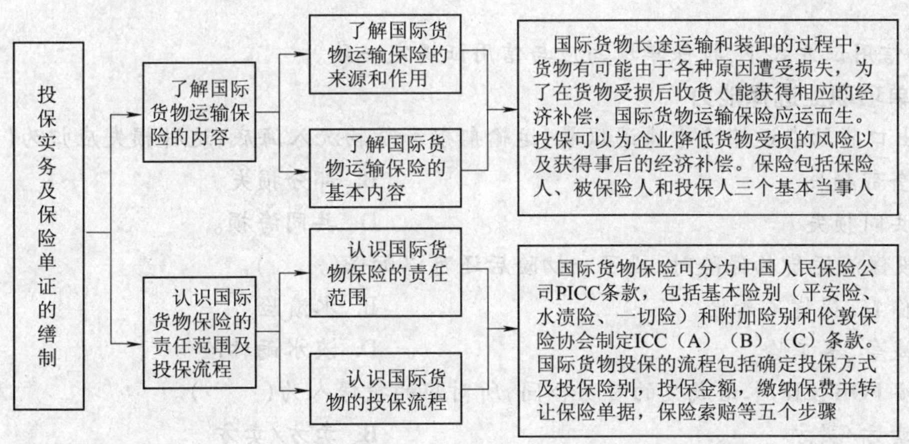

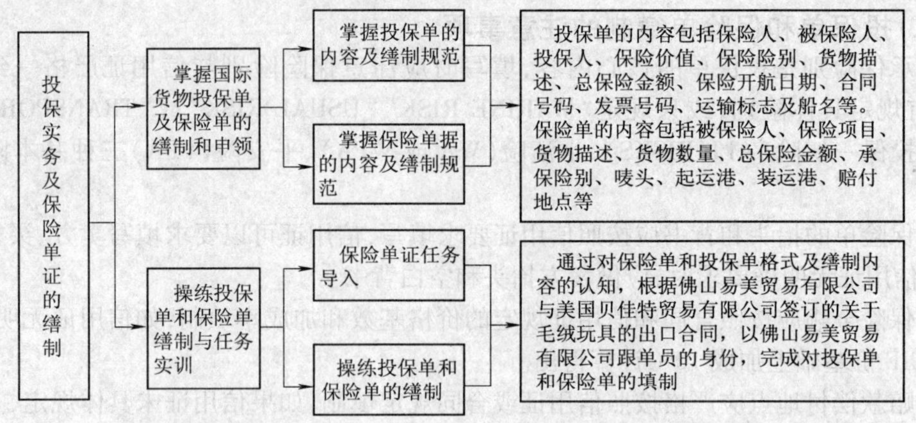

能力训练一　职业判断与选择

一、职业判断能力

1. 国际货物保险单是保险人和投保人签订的保险合同。（　　）
2. 国际货物投保单是投保人向保险人递交的投保申请。（　　）
3. 只有投保单经保险人审核无误后，保险人才能出具保险单或保险凭证。（　　）
4. 计收保险费的公式为保险费＝保险金额×保险。（　　）
5. 托运出口玻璃制品时，被保险人在投保一切险后还应加保破碎险。（　　）
6. 一般外来风险是指由于一般外来原因造成的风险。（　　）
7. 在 CIF 出口业务中，保险单日期不能迟于海运提单日期。（　　）
8. 海运提单转让可以无须事先征得保险人同意。（　　）
9. 水渍险承保的范围除了平安险承保的范围之外，还包括自然灾害造成的部分损失。（　　）
10. 信用证方式下，投保单填写应与信用证规定一致。（　　）

二、单项职业选择能力

1. 出口货物在运输途中遭遇风暴，运输船舶和货物沉入海底，这种损失应归为（　　）。

A. 全部损失　　B. 部分损失
C. 共同损失　　D. 共同海损。

2. 投保海运货物保险时，投了一切险后还可以加保（　　）。

A. 偷窃、提货不着险　　B. 水渍险
C. 战争、罢工险　　D. 淡水雨林险

3. 按 FOB/CIF 术语成交的贸易合同，所对应的投保人为（　　）。

A. 卖方/买方　　B. 卖方/卖方
C. 买方/卖方　　D. 买方/买方

4. 按保险人承保责任范围的大小,下列三种险别依次是(　　)。

A. 平安险、一切险、水渍险　　B. 一切险、水渍险、平安险

C. 一切险、平安险、水渍险　　D. 平安险、水渍险、一切险

5. 下列不能作为保险人与被保险人合同证明的是(　　)。

A. 保险单　　B. 保险凭证

C. 投保单　　D. 保险单证明书

6. INSURANCE POLICY ORCERTIFICATE BLANK ENDORSED 指的是(　　)。

A. 保险单或保险凭证空白背书

B. 保险单或保险凭证无须背书

C. 保险单或保险凭证记名背书

D. 保险单或保险凭证指示记名背书

7. 来证规定"INSURANCE POLICY AT LEAST THREE ORIGINALS AND THREE COPIES",下面正确的是(　　)。

A. 保险单一式三份

B. 保险单至少三份正本,三份副本

C. 保险单提交三套

D. 保险单第三份正本,第三份副本

8. 来证规定"INSURANCE POLICIES FOR 110% FULL CIF INVOICE VALUE COVERING"(　　)。

A. 投保加成率为110%　　B. 保险金额为发票金额的110%

C. 保费为发票金额的10%　　D. 保费为发票金额的110%

9. 来证规定"INSURANCE POLICIES COVERING ALL RISKS AS PER OCEAN MARINE CARGO CLAUSE OF THE PEOPLE'S INSURANCE COMPANY OF CHINA",以下正确的是(　　)。

A. 投保中国人民财产保险公司的一切险

B. 投保中国人民财产保险公司的平安险

C. 投保中国人民财产保险公司的水渍险

D. 投保中共人民财产保险公司的任何险

10. 来证规"INSURANCE POLICIES SHOWING CLAIMS IF ANY PAYABLE IN NEW YORK",以下正确的是(　　)。

A. 保单签发地是纽约　　B. 保险赔付地是纽约

C. 保险目的地是纽约　　D. 保险生效地是纽约

能力训练二　实务操作

背景资料:

广州意林服装贸易有限公司与加拿大多伦多ABC贸易有限公司签订了一份关于服装出口的合同。请根据以下合同及包装基本信息,以广州意林服装贸易有限公司的制单员身份,缮制一份商业发票。

一、合同信息

GUANGZHOU ELIN CLOTHING TRADING CO. LTD

RM 110-112,GUANGZHOU REVENUE,GUANGZHOU,CHINA

TEL:86-20-24232445　　FAX:86-20-24232436

SALES CONTRACT　　NO.:EL20160912

SELLER NAME:GUANGZHOU ELIN CLOTHING TRADING CO. LTD

ADDRESS:RM 110-112,GUANGZHOU REVENUE,GUANGZHOU,CHINA

TEL:86-20-24232445　　FAX:FAX:86-20-24232436

BUYER:ABC TRADING CO. ,LTD,CANADA;

ADDRESS:48 WOODGARDEN CRESCENT,TORONTON,ONTARIO,CANADA

TEL:1-514-3964455　　FAX:1-514-3964451

THE SELLERS AGREE TO SELL AND THE BUYERS AGREE TO BUY THE UNDERMANTIONED GOODS ACCORDING TO THE TERMS AND CONDITIONS AS STIPULATED BELOW.

NAME OF COMMODITY & SPECIFICATION	QUANTITY	UNIT PRICE	TOTAL VALUE
WOMEN SWEATER(EL5550) SKIRT(EL5551)	1 000 PCS 2 000 PCS	USD 20.00 USD 15.00	USD 20 000 USD 30 000
TOTAL	3 000 PCS		USD 50 000

PACKING:PACKED IN CARTONS,20PCS IN ONE CARTON OF WOMEN SWEATER; 40PCS IN ONE CARTON OF SKIRT;

SHIPPING MARKS:

ABC TRADING CO. LTD

EL20160912

TORONTO

CARTON NO. 1-100

PORT OF SHIPMENT:HUANGPU PORT,GUAGNZHOU,CHINA

PORT OF DESTINATION:TORONTO,CANADA

TIME OF SHIPMENT:BEFORE THE END OF OCTOBER. ,2016

二、其他信息

发票号码:Inv20161007　　发票日期:2016. 10. 07

信用证号码:L/C342423

投保险别:一切险和战争险

投保加成:发票金额的10%

请根据以上给予的合同信息,以广州意林服装贸易有限公司的制单员身份,缮制一份投保单。

项目十一　报关实务及报关单证的缮制

项目引言

货物出运前的最后一道步骤是向海关办理出口通关(Export Customs Clearance)。货物或运输工具进出境时,其收发货人或其代理人必须按规定将货物送进海关指定的集装箱场、集装箱集散站或码头仓库,向进出境口岸海关请求申报,交验规定的证件和单据,接受海关人员对其所报货物和运输工具的查验,依法缴纳海关关税和其他由海关代征的税款,然后才能由海关批准货物和运输工具的放行。放行后,出口人方可办理货物出口装船事宜。本项目在掌握报关基本内容的基础上,重点掌握出口货物报关单和进口货物报关单的格式和具体的缮制内容。

知识目标

1. 认识一般进出口货物报关的基本内容
2. 掌握出口货物报关单的格式及缮制内容
3. 掌握进口货物报关单的格式和缮制内容
4. 操练一项具体合同项下的出口货物报关单的缮制

技能目标

1. 熟练掌握出口报关单的规范填写事项
2. 能根据给定的具体合同完成相应出口报关单的缮制

任务一　了解和认识报关操作实务

任务描述

报关是进出口贸易的环节之一,是国家对外经济贸易活动和国际贸易链条中的重要组成部分。报关业务的质量直接关系着进出口货物的通关速度、企业的经营成本和经济效益、海关的行政效率。由于报关活动与国家对外贸易政策法规的实施密切相关,报关业务有着较强的政策性、专业性、技术性和操作性。

任务分析

通过了解一般进出口货物的报关基础知识,掌握一般进出口货物报关操作程序和流程。

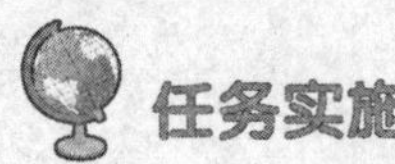

任务实施

子任务一　了解和认识一般进出口货物报关的基础知识

子任务引例

深圳A贸易有限公司(海关编码:445306＊＊＊＊)代理东莞B电子机械设备有限(组织机构代码:6772＊＊＊＊-Y)于2014年4月24日从深圳蛇口港进口小型立式加工中心2台,深圳A贸易有限公司委托深圳HSL报关有限公司代理办理进口报关手续。深圳A贸易有限公司提供的报关随附单证包括代理报关委托书/委托报关协议、贸易合同、发票、装箱单及海运提单;委托人提供的其他信息是该立式加工中心的商品编码为8457.1010。

请回答:

(1)除随附单证外,深圳A贸易有限公司还需办理什么报关单证?

(2)深圳HSL报关有限公司如何办理该货物的进口报关?

一、知识认知

(一)报关的含义

报关是指进出口货物收发货人、进出境运输工具负责人、进出境物品所有人或者他们的代理人向海关办理货物、物品或运输工具进出境手续及相关海关事务的过程,包括向海关申报、交验单据证件,并接受海关的监管和检查等。报关是履行海关进出境手续的必要环节之一。

(二)一般进出口货物的报关范围

所有进出境运输工具、货物、物品都需要办理报关手续。报关的具体范围如下:

1. 进出境货物

主要包括一般进口货物,保税货物,暂时(准)进出口货物,特定减免税货物,过境、转运和通运货物及其他进出境货物。另外,一些特殊货物,如通过电缆、管道输送进出境的水、电等和无形的货物,如附着在货品载体上的软件等也属于报关的对象。

2. 进出境运输工具

指用以载运人员、货物、物品进出境，在国际间运营的各种国内或境外船舶、车辆、航空器和驮畜。

3. 进出境物品

指进出境的行李物、邮递物品和其他物品。以进出境人员携带、托运等方式进出境的物品为行李物品，以邮递方式进出境的物品为邮递物品，其他物品主要包括享有特权和外国机构或人员的公务用品或自用物品以及通过国际速递进出境的部分快件等。

（三）进出口报关前的准备工作

进出口商在报关前须取得报关资格。若没有报关资格，可以委托报关行或其他机构代理报关，同时应准备好进出口货物和报关单证。

（1）基本单证是指与进出口货物直接相关的商业和货运单证，主要包括商业发票、装箱单、提（装）货凭证（或运单、包裹单）、海关签发的进出口货物征免税证明。

（2）特殊单证是指国家有关法律规定实行特殊管制的证件，主要包括配额许可证管理证件和其他各类特殊管理证件，这可以通过货物的 H. S. 编码查询海关的监管条件，从而准备好单证进行报关。

（3）预备单证指供海关认为必要时查阅或收取的单证，包括贸易合同、货物原产地证明、委托单位的工商执照证书、委托单位的账册资料及其他有关单证。

在准备好相关单证后，还需填制进出口货物报关单及其他报关单证。

目前，可采用网上申报、委托 EDI 录入、自行 EDI 录入和终端录入等四种方式将数据录入海关报关系统，即报关单位或报关人将“出口货物报关单”或“进口货物报关单”上申报的数据、内容录入电子计算机，并将数据、内容传送到海关报关自动化系统。

在实际业务操作中，报关单位或报关代理人会采用 QP（Quick Pass）“中国电子口岸客户端——通关系统”进行预报关。它是由中国电子口岸数据中心开发，并提供给申报单位用于向管理部门进行电子申报及办理相关手续的操作客户端。QP 系统具有企业注册管理、加工贸易管理、报关单电子申报等功能，是申报单位与管理部门进行数据沟通的重要平台，能大大提高申报单位通关效率。

二、职业判断与实务操作

针对子任务引例分析如下：

（1）小型立式加工中心，通过查询商品编码为 8457. 1010，其海关监管条件为 AO，即需提供进口货物通关单及自动进口许可证（新旧机电产品），因此企业还需提供“自动进口许可证”。

（2）根据报关委托协议，深圳 HSL 报关有限公司要代理客户办理申报、查验、申请海关证明联等业务。在接受这票代理报关业务后，对深圳 A 贸易有限公司提供的报关随附单证进行齐全有效、一致性审核，并就货物报关有关事项和 A 贸易有限公司进行沟通，进一步确认换取提货单、进口报检等业务，并请企业补充提供“自动进口许可证”和产品说明书等资料，在此基础上填制进口货物报关单草单，经复核后录入报关单电子数据向海关申报，在通过申报、查验、缴税、放行等四个报关步骤后,最终顺利通关。

子任务二　认识一般进出口货物的报关程序

子任务引例

某外贸公司委托天津**报关有限公司代理进口通关,在天津新港海运进口 ABS 树脂 720 包,毛重 36 000 千克。在向海关申报后海关需要对该批货物进行开箱查验,查验方式及内容:机检并称重。海关查验并称重后发现该批货物的实际毛重为 38 000 千克,与实际申报不符。外贸公司表示发货人有可能在发货时未准确称重,同意海关查验结果。

请回答:

(1)该票货物为何不能顺利通关?

(2)如何处理该票货物的后续报关?

一、知识认知

(一)一般货物的出口报关实操流程

1. 获得报关流程

出口报关企业应具备在当地海关、检验检疫局注册备案,有进出口经营权和报检资格。

2. 准备出口报关所需单证

(1)客户就在货物运抵海关监管区后,装货的 24 小时之前,备齐海关所需单证向海关申报。

(2)必备单证:一般情况下,报关应备单证除出口货物报关单外,主要包括:托运单(即下货纸)、报关委托书(若自理报关,则不需提供)、发票一份、贸易合同一份、出口收汇核销单及海关监管条件所涉及的各类证件。

3. 出口申报

出口货物的发货人在根据出口合同的规定,按时、按质、按量备齐出口货物后,即应当向运输公司办理租船订舱手续,准备向海关办理报关手续,或委托专业(代理)报关公司办理报关手续。

4. 配合查验

查验是指海关在接受报关单位的申报并已经审核的申报单位为依据,通过对出口货物进行实际的核查,以确定其报关单证申报的内容是否与实际进出口的货物相符的一种监管方式。

5. 缴纳税费

出口关税是海关根据国家的有关政策、法规对出口货物征收的,主要目的是控制一些商品的盲目出口。目前除少数商品外,大部分货物出口是免征关税的。如出口需缴纳税费的,应及时缴纳税费。

6. 海关放行

海关现场审核货物单证放行后,货主应在海关规定的时间内将货物运至海关监管区内进行验放。如需查验,报关行应及时与海关联系,进行货物查验,验完后需按船公司封指定铅封。不需查验的应及时进行实货放行,将装货单按截关时间送到港区装船。

7. 退税核销

待货物出口，船公司就将出口舱单数据传送海关，海关接收到数据后报关行待海关数据结关后，及时到海关打印退税核销联。货物出口通关手续到此结束。

（二）一般货物的进口报关实操流程

1. 进口货物的申报

进口货物的收、发货人或代理人，在货物进口时，应在海关规定的期限内，按海关规定的格式填写进口货物报关单，随附有关的货运、商业单据，同时提供批准货物进口的证件（装箱单、发票、合同、进口货物报关单、进口货物许可证、检验检疫证、报关报检委托书等），向海关申报。

2. 进口货物的查验

进口货物，除海关总署特准查验的以外，都应接受海关查验。海关查验货物时，要求货物的收、发货人或其代理人必须到场，并按海关的要求负责办理货物的搬移、拆装箱和查验货物的包装等工作。海关认为必要时，可以径行开验、复验或者提取货样、货物保管人应当到场作为见证人。

3. 缴纳税费

根据《海关法》的有关规定，进出口的货物除国家另有规定外，均应征收关税。关税由海关依照海关进出口税则征收。需要征税费的货物，自接受申报 1 日内开出税单，并于缴核税单 2 小时内办结通关手续。

4. 进口货物放行

海关对进口货物的报关，经过审核所提交的报关单据、查验实际货物，并依法办理了征收货物税费手续或减免税手续后，在有关单据上签盖放行章，货物的所有人或其代理人才能提取或装运货物。

货物自运载工具到港后十四日内必须向海关申报。如超过期限海关按日计征滞报金（按货物价值万分之五）超过三个月，海关将作无主货物进行变卖。

（三）进出口货物报关期限

根据《海关法》规定，进口货物的报关期限为自运输工具申报进境之日起 14 日内，由收货人或其代理人向海关报关；转关进口货物除在 14 日内向进境地海关申报外，还须在载运进口货物的运输工具抵达指运地之日起 14 日内向指运地海关报关；超过这个期限报关的，由海关征收滞报金。

出口货物应在货物装入运输工具的 24 小时之前，向海关报关。也就是说，应先报关，后装货。须在报关 24 小时之后，才能将货物装入运输工具。

二、职业判断与实务操作

针对子任务引例分析如下：

（1）海关验货后称重，发现实际货物重量为 38 000 千克，与申报的报关单证不符，因此，该票货物不能顺利通关。

（2）报关公司在向海关申报前，需要确认单单相符，即报关单的毛重为 36 000 千克，与报关单证中的装箱单、提单全部相符，报关单的填报从审核的角度来说，没有错误。但海关验货后的实际重量为38 000千克，与申报的报关单证不符，在确认实际申报的重量确实有误后，收货人或其代理人需要向海关说明重量申报错误的原因并提供准确的单证，在海关认可后才可以办理报关单的修改手续。毛重为运输舱单重要的数据之一，需要先更正进口运输舱单，再办理报关单数据的修改手续。修改毛重时，应同时考虑净重是否也存在申报错误的风险，需要向收货人或其代理人进一步确认。

任务二　掌握进出口报关单的格式和缮制内容

任务描述

进(出)口报关单在对外经济贸易中具有十分重要的法律效力，是货物的收发货人向海关报告其进出口货物实际情况及适用海关业务制度、申请海关审查并放行货物的必备法律文书。因此，申报人对所填报的进(出)口货物报关单的真实性和准确性应承担法律责任。

任务分析

通过了解进(出)口货物报关单的基本内容，掌握缮制进(出)口货物报关单各项内容的注意事项。

任务实施

子任务一　掌握进出口报关单的缮制

子任务引例

报关单号:221020081108124951

经营单位:吉热(上海)商贸有限公司

申报品名:自行车车架等

吉热(上海)商贸有限公司以EXW成交方式进口自行车零件一批，由于报关员的操作习惯，在申报运费时直接按常规运费单价:502/198/2即每吨198美元向海关进行申报。货物完税放行后，海关统计处事后审价，要求收货人提供具体运费及相关费用的发票后发现，在前期换单时支付过相关到付运杂费，故海关据此要求企业补征税款，并以此提供工厂交货后到目的港起卸前的相关运杂费提供量化的资料，同时更改报关单“运费栏”，将货物运至进口港起卸前的相关运杂费一并计入征税。

海关退单提示:价格审核，将相关运杂费计入“运费栏”并更改报关单“运费栏”。

海关处理结果:更改报关单“运费栏”，将到付运费及装运港相关费用共计3 560元人民币计入征税。即更改为:“142/3560/3”。

请回答：

(1)请问海关为什么要求把将相关运杂费计入“运费栏”？

(2)这则案例的启示是什么？

一、知识认知

进出口货物报关单的填制内容如单据样张 11.1、单据样张 11.2 所示。

1. 录入编号

指申报单位或预录入单位对该单位填制录入的报关单的编号，用于该单位与海关之间引用其申报后尚未批准放行的报关单。

报关单录入凭单的编号规则由申报单位自行决定。预录入报关单及 EDI 报关单的预录入编号由接受申报的海关决定编号规则，计算机自动打印。

2. 海关编号

指海关接受申报时给予报关单的编号。海关编号由各海关在接受申报环节确定，应标识在报关单的每一联上。

报关单海关编号为 9 位数码，其中前两位为分关(办事处)编号，第三位由各关自定义，后六位为顺序编号。各直属海关对进口报关单和出口报关单应分别编号，并确保在同一公历年度内，能按进口和出口唯一地标识本关区的每一份报关单。各直属海关的理单岗位可以对归档的报关单另行编制理单归档编号。理单归档编号不得在部门以外用于报关单标识。

3. 进出口口岸

指货物实际进(出)我国关境口岸海关的名称。本栏目应根据货物实际进(出)口的口岸海关选择填报“关区代码表”中相应的口岸海关名称及代码。

加工贸易合同项下货物必须在海关核发的《登记手册》(或分册，下同)限定或指定的口岸与货物实际进出境口岸不符的，应向合同备案主管海关办理《登记手册》的变更手续后填报。

进口转关运输货物应填报货物进境地海关名称及代码，出口转关运输货物应填报货物出境地海关名称及代码。按转关运输方式监管的跨关区深加工结转货物，出口报关单填报转出地海关名称及代码，进口报关单填报转入地海关名称及代码。其他未实际进出境的货物，填报接受申报的海关名称及代码。

4. 备案号

指进出口企业在海关办理加工贸易合同备案或征减、免、税审批备案等手续时，海关给予《进料加工登记手册》《来料加工及中小型补偿贸易登记手册》《外商投资企业履行产品出口合同进口料件及加工出口成品登记手册》(以下均简称《登记手册》)、《进出口货物征免税证明》(以下简称《征免税证明》)或其他有关备案审批文件的编号。一份报关单只允许填报一个备案号。

5. 进口日期/出口日期

进口日期指运载所申报货物的运输工具申报进境的日期。本栏目填报的日期必须与相应的运输工具进境日期一致。

出口日期指运载所申报货物的运输工具办结出境手续的日期。本栏目供海关打印报关单证明联用。预录入报关单及 EDI 报关单均免于填报。

无实际进出境的报关单填报办理申报手续的日期。

中华人民共和国海关进口货物报关单

预录入编号：　　　　　　　　　　　　　　　　海关编号：

进口口岸		备案号		进口日期	申报日期
经营单位		运输方式	运输工具名称		提运单号
收货单位		贸易方式		征免性质	征税比例
许可证号	起运国(地区)		装货港		境内目的地
批准文号	成交方式	运费		保费	杂费
合同协议号	件数	包装种类		毛重(千克)	净重(千克)
集装箱号	随附单据				生产厂家
标记唛码及备注					
项号　商品编号　商品名称、规格型号　数量及单位　原产国(地区) 单价　总价　币制　征免					
税费征收情况					
录入员　录入单位	兹声明以上申报无讹并承担法律责任			海关审单批注及放行日期(签章)	
报关员				审单	审价
	申报单位(签章)			征税	统计
单位地址					
邮编	电话	填制日期		查验	放行

单据样张 11.1　出口货物报关单

中华人民共和国海关进口货物报关单

预录入编号： 海关编号：

进口口岸	备案号	进口日期	申报日期
经营单位	运输方式	运输工具名称	提运单号
收货单位	贸易方式	征免性质	征税比例

许可证号	起运国(地区)	装货港	境内目的地

批准文号	成交方式	运费	保费	杂费
合同协议号	件数	包装种类	毛重(千克)	净重(千克)

集装箱号	随附单据	生产厂家

标记唛码及备注

项号	商品编号	商品名称、规格型号	数量及单位	原产国(地区)	单价	总价	币制	征免

税费征收情况

录入员 录入单位	兹声明以上申报无讹并承担法律责任	海关审单批注及放行日期(签章)
报关员		审单 审价
	申报单位(签章)	征税 统计
单位地址		
邮编	电话 填制日期	查验 放行

单据样张 11.2 进口货物报关单

本栏目为8位数，顺序为年（4位）、月和日各2位。例如，2012年8月10日申报进口一批货物，运输工具的进境日期为2012年8月8日，“进口日期”栏应填报“20120808”。

6. 申报日期

指海关接受进（出）口货物的收、发货人或其代理人申请办理货物进（出）口手续的日期。本栏目在申报时免于填报。

预录入及EDI报关单填报向海关申报的日期，与实际情况不符时，由审单关员按实际日期修改批注。

本栏目为8位数，顺序为年（4位）、月和日各2位。

7. 经营单位

经营单位指对外签订并执行进出口贸易合同的中国境内企业或单位。

本栏目应填报经营单位名称及经营单位编码。经营单位编码为10位数字，由数字和24个英文大写字母组成（I、O除外），指进出口企业在所在地主管海关办理注册登记手续时，海关给企业设置的注册登记编码。

（1）第1~4位为企业注册地区行政区划代码，其中第1、2为表示省、自治区或直辖市，如北京市为11，江苏省为32；第3、4位表示省所辖的市、地区、自治州或其他所辖的县级行政区划，如广州市4401。

（2）第5位为企业注册地经济区划代码。第6位为企业经济类型代码。

（3）第7位为企业注册用海关经营类别代码。

（4）第8~10位为企业注册流水账号。

8. 运输方式

指载运货物进出关境所使用的运输工具的分类。

本栏目应根据实际运输方式按海关规定的“运输方式代码表”（表11.1）选择填报相应的运输方式。

表11.1 运输方式代码表

代码	运输方式名称	代码	运输方式名称	代码	运输方式名称
0	非保税区	6	邮件运输	H	边境特殊海关作业区
1	监管仓库	7	保税区	W	物流中心
2	水路运输	8	保税仓库	X	物流园区
3	铁路运输	9	其他运输	Y	保税港区
4	公路运输	A	全部运输方式	Z	出口加工区
5	航空运输				

9. 运输工具名称

指载运货物进出境的运输工具的名称或运输工具编号。

本栏目填制内容应与运输部门向海关申报的载货清单所列相应内容一致。

一份报关单只允许填报一个运输工具名称。

10. 提运单号

指进出口货物提单或运单的编号。

本栏目填报的内容应与运输部门向海关申报的载货清单所列相应内容一致。

一份报关单只允许填报一个提运单号，一票货物对应多个提运单时，应分单填报。

11. 收货单位/发货单位

收货单位指已知的进口货物在境内的最终消费、使用单位，包括：

(1)自行从境外进口货物的单位。

(2)委托有外贸进出口经营权的企业进口货物的单位。

发货单位指出口货物在境内的生产或销售单位，包括：

(1)自行出口货物的单位。

(2)委托有外贸进出口经营权的企业出口货物的单位。

本栏目应填报收、发货单位的中文名称或其海关注册编码。

加工贸易报关单的收、发货单位应与《登记手册》的“货主单位”一致。

12. 贸易方式(监管方式)

本栏目应根据实际情况，并按海关规定的“贸易方式(监管方式)代码表”(见表11.2)选择填报相应的贸易方式简称或代码。

一份报关单只允许填报一种贸易方式。

表 11.2　贸易方式(监管方式)代码表

代码	监管方式	代码	监管方式	代码	监管方式
0110	一般贸易	0466	加工设备退运	1139	国轮油物料
0130	易货贸易	0500	减免设备结转	1200	保税间货物
0139	旅游购物商品	0513	补偿贸易	1215	保税工厂
0200	料件放弃	0544	保区进料料件	1233	保税仓库货物
0214	来料加工	0545	保区来料料件	1234	保税区仓储转口
0245	来料料件内销	0615	进料对口	1300	修理物品
0255	来料深加工	0642	进料以产顶进	1427	出料加工
0258	来料余料结转	0644	进料料件内销	1500	租赁不满1年
0265	来料料件复出	0654	进料深加工	1523	租赁贸易
0300	来料料件退换	0657	进料余料结转	1616	寄售代销
0314	加工专用油	0664	进料料件复出	1741	免税品
0320	不作价设备	0700	进料料件退换	1831	外汇商品
0345	来料成品减免	0715	进料非对口	2025	合资合作设备
0400	成品放弃	0744	进料成品减免	2225	外资设备物品
0420	加工贸易设备	0815	低值辅料	2439	常驻机构公用
0444	保区进料成品	0844	进料边角料内销	2600	暂时进出货物
0445	保区来料成品	0845	来料边角料内销	2700	展览品
0446	加工设备内销	0864	进料边角料复出	2939	陈列样品
0456	加工设备结转	0865	来料边角料复出	3010	货样广告品 A

续表

代码	监管方式	代码	监管方式	代码	监管方式
3039	货样广告品 B	4239	驻外机构购进	5200	区内边角调出
3100	无代价抵偿	4400	来料成品退换	5300	设备进出区
3339	其他进出口免费	4500	直接退运	5335	境外设备进区
3410	承包工程进口	4539	进口溢误卸	5361	区内设备退运
3422	对外承包出口	4561	退运货物	6033	物流中心进出境货物
3511	援助物资	4600	进料成品退换	9600	内贸货物跨境运输
3611	无偿军援	5000	料件进出区	9639	海关处理货物
3612	捐赠物资	5010	特殊区域研发货物	9700	后续补税
3910	军事装备	5014	区内来料加工	9739	其他贸易
4019	边境小额	5015	区内进料加工货物	9800	租赁征税
4039	对台小额	5033	区内仓储货物	9839	留赠转卖物品
4139	对台小额商品交易市场	5034	区内物流货物	9900	其他
4200	驻外机构运回	5100	成品进出区		

13. 征免性质

指海关对进出口货物实施征、减、免税管理的性质类别。

本栏目应按照海关核发的《征免税证明》中批注的征免性质填报，或根据实际情况按海关规定的“征免性质代码表”（表 11.3）选择填报相应的征免性质简称或代码。

表 11.3　征免性质代码表

代码	征免性质简称	代码	征免性质简称	代码	征免性质简称
101	一般征税	417	远洋渔业	608	陆上石油
118	整车征税	418	国产化	609	贷款项目
119	零部件征税	419	整车特征	611	贷款中标
201	无偿援助	420	远洋船舶	698	公益收藏
299	其他法规	421	内销设备	789	鼓励项目
301	特定区域	422	集成电路	799	自有资金
307	保税区	423	新型显示器件	801	救灾捐款
399	其他地区	499	ITA 产品	802	扶贫慈善
401	科教用品	501	加工设备	803	抗艾滋病药物
402	示范平台用品	502	来料加工	811	种子种源
703	技术改造	503	进料加工	818	中央储备粮油
705	科技开发用品	506	边境小额	819	科教图书
406	重大项目	510	港澳 OPA	888	航材减免
407	动漫用品	601	中外合资	898	国批减免
408	重大科技装备	602	中外合作	997	自贸协定
409	科技重大专项	603	外资企业	998	内部暂定
412	基础设施	605	勘探开发煤层气	999	例外减免
413	残疾人	606	海洋石油		

14. 征免比例/结汇方式

征免比例仅用于"非对口合同进料加工"贸易方式下(代码"0715")进口料、件的进口报关单,填报海关规定的实际应征税比率,例如5%填报5,15%填报15。

出口报关单应填报结汇方式,即出口货物的发货人或其代理人收结外汇的方式。本栏目应按海关规定的"结汇方式代码表"选择填报相应的结汇方式名称或代码见表11.4。

表11.4　给汇方式名称或代码表

代　码	结汇方式名称	代　码	结汇方式名称
1	信汇	6	信用证
2	电汇	7	先出后结
3	票汇	8	先结后出
4	付款交单	9	其他
5	承兑交单		

15. 许可证号

应申领进(出)口许可证的货物,必须在此栏目填报外经贸部及其授权发证机关签发的进(出)口货物许可证的编号,不得为空。

一份报关单只允许填报一个许可证号。

16. 起运国

起运国(地区)指进口货物起始发出的国家(地区)。

运抵国(地区)指出口货物直接运抵的国家(地区)。

对发生运输中转的货物,如中转地未发生任何商业性交易,则起、抵地不变,如中转地发生商业性交易,则以中转地作为起运/运抵国(地区)填报。

本栏目应按海关规定的"国别(地区)代码表"选择填报相应的起运国(地区)或运抵国(地区)中文名称或代码。

无实际进出境的,本栏目填报"中国"(代码"142")。

17. 装货港/指运港

装货港指进出口货物在运抵我国关境前的最后一个境外装运港。

指运港指出口货物运往境外的最终目的港;最终目的港不可预知的,可按尽可能预知的目的港填报。

本栏目应根据实际情况按海关规定的"港口航线代码表"选择填报相应的港口中文名称或代码。

无实际进出境的,本栏目填报"中国境内"(代码"0142")。

18. 境内目的地/境内货源地

境内目的地指已知的进口货物在国内的消费、使用地或最终运抵地。

境内货源地指出口货物在国内的产地或原始发货地。

本栏目应根据进口货物的收货单位、出口货物生产厂家或发货单位所属国内地区,并按海关规定的"国内地区代码表"选择填报相应的国内地区名称或代码。

19. 批准文号

进口报关单本栏目用于填报"进口付汇核销单"编号。

出口报关单本栏目用于填报"出口收汇核销单"编号。

20. 成交方式

本栏目应根据实际成交价格条款按海关规定的"成交方式代码表"(见表 11.5)选择填报相应的成交方式代码。

无实际进出境的,进口填报 CIF 价,出口填报 FOB 价。

表 11.5　成交方式代码表

代　码	结汇方式名称	代　码	结汇方式名称
1	CIF	4	C&I
2	CFR(C&F/CNF)	5	市场价
3	FOB	6	垫仓

21. 运费

本栏目用于成交价格中不包含运费的进口货物或成交价格中含有运费的出口货物,应填报该份报关单所含全部货物的国际运输费用。可按运费单价、总价或运费率三种方式之一填报,同时注明运费标记,并按海关规定的"货币代码表"选择填报相应的币种代码。

运保费合并计算的,运保费填报在本栏目。

运费标记"1"表示运费率,"2"表示每吨货物的运费单价,"3"表示运费总价。例如:5%的运费率填报为 5;24 美元的运费单价填报为 502/24/2;7 000 美元的运费总价填报为 502/7000/3。

22. 保费

本栏目用于成交价格中不包含保险费的进口货物或成交价格中含有保险费的出口货物,应填报该份报关单所含全部货物国际运输的保险费用。可按保险费总价或保险费率两种方式之一填报,同时注明保险费标记,并按海关规定的"货币代码表"选择填报相应的币种代码。

运保费合并计算的,运保费填报在运费栏目中。

保险费标记"1"表示保险费率,"3"表示保险费总价。

例如:3‰的保险费率填报为 0.3;10000 港元保险费总价填报为 110/10000/3。

23. 杂费

指成交价格以外的、应计入完税价格或应从完税价格中扣除的费用,如手续费、佣金、回扣等,可按杂费总价或杂费率两种方式之一填报,同时注明杂费标记,并按海关规定的"货币代码表"选择填报相应的币种代码。

应计入完税价格的杂费填报为正值或正率,应从完税价格中扣除的杂费填报为负值或负率。

杂费标记"1"表示杂费率,"3"表示杂费总价。

例如:应计入完税价格的 1.5% 的杂费率填报为 1.5;应从完税价格中扣除的 1% 的回扣

率填报为-1;应计入完税价格的500英镑杂费总价填报为303/500/3。

24. 合同协议号

本栏目应填报进(出)口货物合同(协议)的全部字头和号码。

25. 件数

本栏目应填报有外包装的进(出)口货物的实际件数。特殊情况下填报要求如下:

(1)舱单件数为集装箱(TEU)的,填报集装箱个数。

(2)舱单件数为托盘的,填报托盘数。

本栏目不得填报为零,裸装货物填报为1。

26. 包装种类

本栏目应根据进(出)口货物的实际外包装种类,按海关规定的“包装种类代码表”选择填报相应的包装种类代码。

27. 毛重

指货物及其包装材料的重量之和。

本栏目填报进(出)货物实际毛重,计量单位为千克,不足一千克的填报为1。

28. 净重

指货物的毛重减去外包装材料后的重量,即商品本身的实际重量。

本栏目填报进(出)口货物的实际净重,计量单位为千克,不足一千克的填报为1。

29. 集装箱号

集装箱号是在每个集装箱箱体两侧标示的全球唯一的编号。

本栏目用于填报和打印集装箱编号及数量。集装箱数量四舍五入填报整数,非集装箱货物填报为0。

例如:TBXU3605231 * 1(1)表示1个标准集装箱。

TBXU3605231 * 2(3)表示2个集装箱,折合为3个标准集装箱,其中一个箱号为TBXU3605231。

在多于一个集装箱的情况下,其余集装箱编号打印在备注栏或随附清单上。

30. 随附单据

指随进(出)口货物报关单一并向海关递交的单证或文件,合同、发票、装箱单、许可证等的必备的随附单证不在本栏目填报。

本栏目应按海关规定的“监管证件名称代码表”选择填报相应证件的代码。

31. 用途/生产厂家

进口货物填报用途,应根据进口货物的实际用途按海关规定的“用途代码表”选择填报相应的用途代码。

生产厂家指出口货物的境内生产企业,本栏目供必要时手工填写。

32. 标记唛码及备注

进(出)口货物报关单上“标记唛码”专指货物的运输标志。货物标记唛码中除图形以外的所有文字和数字,填报在本栏中。标记唛码一般包括收货人代号、合同号、发票号、目的地、件数号码等。

本栏目下部供填报随附单据栏中监管证件的编号，具体填报要求为：监管证件代码＋“：”＋监管证件号码。一份报关单多个监管证件的，连续填写。

33. 项号

本栏目分两行填报及打印。

第一行打印报关单中的商品排列序号。第二行专用于加工贸易等已备案的货物，填报和打印该项货物在《登记手册》中的项号。

34. 商品编号

指按海关规定的商品分类编码规则确定的进(出)口货物的商品编号。

加工贸易《登记手册》中商品编号与实际商品编号不符的，应按实际商品编号填报。

35. 商品名称、规格型号

报关单中的商品名称是指进出口货物的中文名称。规格型号是指反映商品性能、品质和规格的一系列指标，包括尺寸、成分、含量等，本栏目分两行填报及打印。

第一行打印进(出)口货物规范的中文商品名称，如果发票中的商品名称为英文，则需翻译成规范的中文名称来填报，必要时加注原文。第二行打印规格型号。

具体填报要求如下：

(1)商品名称及规格型号应据实填报，并与所提供的商业发票相符。

(2)商品名称应当规范，规格型号应当足够详细，以能满足海关归类、审价以及监管的要求为准。禁止、限制进出口等实施特殊管制的商品，其名称必须与交验的批准证件上的商品名称相符。

(3)加工贸易等已备案的货物，本栏目填报录入的内容必须与备案登记中同项号下货物的名称与规格型号一致。

36. 数量及单位

指进(出)口商品的实际数量及计量单位。

本栏目分三行填报及打印。

具体填报要求如下：

(1)进出口货物必须按海关法定计量单位填报。法定第一计量单位及数量，打印在本栏目第一行。

(2)凡海关列明第二计量单位的，必须报明该商品第二计量单位及数量，打印在本栏目第二行。无第二计量单位的，本栏目第二行为空。

(3)成交计量单位与海关法定计量单位不一致时，还需填报成交计量单位及数量，打印在商品名称、规格型号栏下方(第三行)。成交计量单位与海关法定计量单位一致时，本栏目第三行为空。

加工贸易等已备案的货物，成交计量单位必须与备案登记中同项号下货物的计量单位一致，不相同时必须修改备案或转换一致后填报。

37. 原产国(地区)/最终目的国(地区)

原产国(地区)指进出口货物的生产、开采或加工制造国家(地区)。

最终目的国(地区)指已知的出口货物的最终实际消费、使用或进一步加工制造国家

（地区）。

本栏目应按海关规定的“国别（地区）代码表”选择填报相应的国家（地区）名称或代码。

38. 单价

本栏目应填报同一项号下进（出）口货物实际成交的商品单位价格。

无实际成交价格的，本栏目填报货值。

39. 总价

本栏目应填报同一项号下进（出）口货物实际成交的商品总价。

无实际成交价格的，本栏目填报货值。

40. 币制

指进（出）口货物实际成交价格的币种。

本栏目应根据实际成交情况按海关规定的“货币代码表”选择填报相应的货币名称或代码，如“货币代码表”中无实际成交币种，需转换后填报。

41. 征免

指海关对进（出）口货物进行征税、减税、免税或特案处理的实际操作方式。

本栏目应按照海关核发的《征免税证明》或有关政策规定，对报关单所列每项商品选择填报海关规定的“征减免税方式代码表”中相应的征减免税方式。

加工贸易报关单应根据《登记手册》中备案的征免规定填报。

42. 税费征收情况

本栏目供海关批注进（出）口货物税费征收及减免情况。

43. 录入员

本栏目用于预录入和EDI报关单，打印录入人员的姓名。

44. 录入单位

本栏目用于预录入和EDI报关单，打印录入单位名称。

45. 申报单位

本栏目指报关单左下方用于填报申报单位有关情况的总栏目。

申报单位指对申报内容的真实性直接向海关负责的企业或单位。自理报关的，应填报进（出）口货物的经营单位名称及代码；委托代理报关的，应填报经海关批准的专业或代理报关企业名称及代码。本栏目还包括报关单位地址、邮编和电话等分项目，由申报单位的报关员填报。

46. 填制日期

指报关单的填制日期。预录入和EDI报关单由计算机自动打印。

本栏目为8位数，顺序为年（4位）、月、日各2位。

47. 海关审单批注栏

本栏目指供海关内部作业时签注的总栏目，由海关关员手工填写在预录入报关单上。

其中“放行”栏填写海关对接受申报的进出口货物做出放行决定的日期。

二、职业判断与实务操作

针对子任务引例，分析如下：

(1)依据海关总署2008年52号公告(关于再次修订《中华人民共和国海关进出口货物报关单填制规范》)第二十三条规定："成交方式栏目应根据进出口货物实际成交价格条款，按海关规定的"成交方式代码表"选择填报相应的成交方式代码。无实际进出境的报关单，进口填报CIF，出口填报FOB"。"成交方式代码表"中的成交方式有六种：CIF、CFR(CNF或C&F)、FOB、C&I、市场价和垫仓。由于该票进口货物实际成交方式为EXW，即"工厂交货价"，必须先进行转换后按海关规定进行申报。根据EXW的定义，转换后海关规定的成交方式应为FOB。此案例中的成交申报正确。

(2)根据海关总署148号令《中华人民共和国海关审定进出口货物完税价格办法》第三十八条第一款规定："进口货物的运费，应当按照实际支付的费用计算。如果进口货物的运费无法确定的，海关应当按照该货物的实际运输成本或者该货物进口同期运输行业公布的运费率(额)计算运费"。按照此规定，运费的申报首先考虑的是有无实际相关运费发生，而不应该按习惯用"单价"或"费率"进行申报。只有在无法确定的情况下，海关才应当按照该货物的实际运输成本或该货物进口同期运输行业公布的运费率(额)计算运费。应计入进口货物完税价格的运费部分，应以进口商为进口此次货物实际支付的费用为限。但是在某些情况下存在实际运费在进口时尚未确定的情况。例如，运费为统一结算的运费合同，即进口商在一定时期内，如每月底与运输公司统一结算。为此在每次进口申报时，进口商可能难以准确估算实际发生的运输费用。此时进口商可以用估算金额向海关申报，并在申报时向海关声明其运费为估算额。待实际金额确定后，进口商应以补充申报的形式向海关申报实际运费与估算额的差额部分。所以此案例中报关员直接按运费单价申报是错误的行为，而是应该询问收货人有无实际运输费用发生，并提供相应的发票予以支持。

(3)当然此案例还要特别注意的是EXW要考虑到工厂到装运港之间的费用也要计入运费向海关进行申报。诸如此类的如FCA、FAS等也要考虑到货物出口前的相关费用问题。

子任务二　掌握进(出)口货物报关单填制的一般要求

子任务引例

深圳中海餐饮连锁企业从中国香港迅达不锈钢制品公司进口一批原产于马来西亚的一批不锈钢餐刀和其他不锈钢制品(属于法检商品，列入《自动进口许可管理目录》)，货物总价值20 000元，进口关税税率为15%。运载该批货物的运输工具2013年5月26日从深圳口岸申报进境，收货人于2013年6月1日向深圳海关传送报关单电子数据，海关当天受理。该公司发现，该批货物有多处申报错误，必须要撤销原电子数据报关单，故向海关申报并经海关审核同意于2013年6月2日撤销原电子数据报关单，遂于6月20日重新向海关申报，海关当天受理申报并发出现场交单通知，收货人6月21日向海关提交了相应的纸质单证。

经海关审核报关单，并查验货物无误后，海关根据申报的货物计算税费打印缴税缴款书和收费票据。凭海关签发的缴税通知书和收费单据在限定的时间内向指定银行缴纳税费，经海关审核报关单，进出境现场放行和货物结关，凭加盖有海关放行章戳记的进口提货凭证提取进口货物，办理货物装上运输工具离境的手续。

请回答：根据以上背景，请分析该笔进口货物报关的程序有哪些？

一、知识认知

（一）进（出）口报关单的法律责任

进出口货物的收发货人或其代理人应按照《中华人民共和国海关进出口货物申报管理规定》《报关单填制规范》《统计目录》《规范申报目录》等有关规定要求向海关申报，并对申报内容的真实性、准确性、完整性和规范性承担相应的法律责任。

（二）"三个相符"

（1）单单相符，即所填报关单各栏目的内容必须与合同、发票、装箱单、提单等随附单据相符。

（2）单证相符，即所填的报关单各栏目的内容应与信用证所所列的内容一致，包括商品的品名、数量、价格等具体内容。

（3）单货相符，即所填的报关单各栏目内容与实际进出口货物的情况相符，不得瞒报、伪报、虚报。

（三）分商品项填报

不同运输工具、不同航次、不同提运单、不同贸易方式、不同备案号、不同征免性质的货物，均应分为不同的进（出）口货物报关单填报。

一份原产地证书，只能用于同一批次进口货物。含有原产地证书管理商品的一份报关单，只能对应一份原产地证书；同一批次货物中，实行原产地证书联网管理的，如涉及多份原产地证书或含非原产地证书商品，亦应分单填报。同一份报关单上的商品不能同时享受协定税率和减免税。

（四）分单填报

一份报关单所申报的货物，须分项填报的情况主要有：商品编号不同的，商品名称不同的，计量单位不同的，原产国（地区）/最终目的国（地区）不同的，币值不同的，征免性质不同的。

二、职业判断与实务操作

针对子任务引例分析如下：

（1）进行货物申报。进口货物应在进境地海关申报，因此申报地点在深圳，运载进口货物运输期限为运输工具申报进境之日起14天内(从运输工具申报进境之日起的第二天开始算),由于运载该批货物的运输工具2013年5月26日从深圳口岸申报进境,因此该批货物的申报期限为2013年6月9号之内。对于电子数据报关单被退回,重新申报的,申报日期为海关接受重新申报的日期。该货物的申报日期为6月21日。

(2)配合查验。查验地点在深圳海关监管区。查验方法:彻底查验和抽验、人工查验或设备查验。查验时间:海关以书面形式提前通知,正常工作日。

(3)缴纳税费。凭海关签发的缴税通知书和收费单据在限定的时间内(收到缴款书后15日内)向指定银行缴纳税费,或在网上进行电子支付。

(4)提取货或装运货物。由海关在提货凭证或出口装运凭证上加盖海关放行章。实行无纸通关的海关,根据海关放行的报文,自行打印放行凭证,凭以提取货物离境。凭加盖有海关放行章戳记的进口提货凭证提取货物。

任务三　操练出口货物报关单的缮制与任务实训

任务描述

出口货物报关单是出口货物的发货人或其代理人,按照海关规定的格式对出口货物的实际情况做出的书面申明,以此要求海关对其货物按适用的海关制度办理报关手续的法律文书。

任务分析

通过对出口货物报关单缮制内容的认知,根据佛山易美贸易有限公司与美国贝佳特贸易有限公司签订的关于毛绒玩具的出口合同,以佛山易美贸易有限公司跟单员的身份,完成以下出口货物报关单的填制。

任务实施

子任务一　出口货物报关单任务导入

子任务引例

佛山易美贸易有限公司与美国贝佳特贸易有限公司达成了一项关于毛绒玩具的出口合同。该项合同的产品是两种毛绒玩具,分别是新潮灰色小熊及长发小猫咪。灰色小熊的成交数量为1 080套,共135个纸箱;长发小猫咪成交的数量为3 150件,共105个纸箱。

请回答：

(1)佛山易美贸易有限公司应准备什么单证进行报关?

(2)请描述佛山易美贸易有限公司办理报关的流程。

一、知识认知

根据佛山易美贸易有限公司与美国贝佳特贸易有限公司达成的合同,可知下列出口货物报关的基本信息:

1. 收货人:BEST TRADING CO. ,LTD

Rm 110-115,FUNWAY AVENUE,BOSTON,MA,USA

TEL:1-703-9780901　　FAX:1-703-978-0902.

2. 发货人:佛山易美贸易有限公司 FOSHAN EMAY TRADING CO. LTD。

3. 货物名称:PLUSH TOYS 毛绒玩具 LONG HAIR CAT 长发小猫咪;

NEW DESIGN BROWN BEAR 新潮灰色小熊。

4. H. S. 编码:9503002100。

5. 产地:佛山。

6. 数量:灰色小熊的成交数量为 1 080 套;长发小猫咪成交的数量为 3 150 件。

7. 单价:灰色小熊每套 16 美元,长发小猫咪每件 8 美元。

8. 货物总值:共 42 480 美元整。

9. 包装种类及数量:共 240 纸箱。

10. 合同号码:EM20130915。

11. 信用证号码:L/C361010。

12. 发票号码:Inv20131012。

13. 货物存放地点:佛山。

14. 输往国家(地区):美国。

15. 起运地:佛山。

16. 标记及号码:

BEST TRADING CO. LTD
EM20130915
BOSTON
CARTON NO. 1-240。

17. 佛山易美贸易有限公司海关注册号:4406960012。

18. 通关口岸海关:5180。

19. 装货单船运信息:ZH2356 001W,提单号:ETY78539408。

集装箱号码为:

20. 运费总额:265 美元,保费为 133 美元

二、职业判断与实务操作

针对子任务引例分析如下：

(1)任务引例涉及对佛山易美贸易有限公司办理出口货物报关的单证。该笔货物的海关监管条件为AB，故在出口报关时需提供出境货物通关单，因此必备单证包括出口合同、商业发票、装箱单、装货单及信用证、出境货物通关单等。

(2)佛山易美贸易有限公司或其报关代理人应在向海关办理货物申报货物出境前准备好报关单证，需经过四个报关步骤，即申报、查验、缴税、放行。具体来说，佛山易美贸易有限公司或其报关代理人应审核报关随附单证及相关信息后填制出口报关单草单，采用电子数据方式传送至海关系统进行报关申报。与此同时，配合海关查验、缴纳出口税费和放行后，按海关规定装运货物至船上。

子任务二　操练出口货物报关单的缮制

子任务引例

佛山易美贸易公司与美国贝佳特贸易有限公司达成了一项关于毛绒玩具的出口合同。该项合同的产品是两种毛绒玩具，分别是新潮灰色小熊及长发小猫咪。根据实训任务的分析，操练出口货物报关单的缮制。

请回答：填写出口货物报关单需要注意哪些事项？

一、知识认知

根据佛山易美贸易有限公司与美国贝佳特贸易有限公司达成的毛绒玩具合同交易，通过分析合同及信用证的信息，缮制该批货物的出口货物报关单(单据样张11.3)。

二、职业判断与实务操作

针对子任务引例分析如下：

(1)若该批货物采用不同运输工具及航次运输、存在多张提运单，应分为不同的出口货物报关单填报。一份原产地证书，只能用于同一批次进口货物。

(2)分单填报。一份报关单所申报的货物，须分项填报的情况主要有：商品编号不同的，商品名称不同的，计量单位不同的，原产国(地区)/最终目的国(地区)不同的，币值不同的，征免性质不同的。

中华人民共和国海关出口货物报关单

预录入编号：　　　　　　　　　　　　海关编号：

出口口岸 佛山海关(5180)	备案号	进口日期	申报日期
经营单位 佛山易美贸易有限公司(4406960012)	运输方式 水路运输(2)	运输工具名称 ZH2356,001W	提运单号 ETY78539408
发货单位 佛山易美贸易有限公司(4406960012)	贸易方式 一般贸易(0110)	征免性质 一般征税(0101)	结汇方式 信用证(L/C)

许可证号	运抵国(地区) 美国(502)	指运港 美国(502)	境内货源地 佛山南海区(44069)

批准文号	成交方式 CIF(1)	运费 502/265/3	保费 502/133/3	杂费 0/0/0
合同协议号 EM20130915	件数 240	包装种类 纸箱	毛重(千克) 2 302.5	净重(千克) 1 702.5

集装箱号 COSU244567 * 2(2)	随附单据 B:47080021113849347	生产厂家

标记唛码及备注

BEST TRAING CO. LTD

EM20130915

BOSTON

CARTON NO. 1-240

项号	商品编号	商品名称、规格型号	数量及单位	最终目的国(地区)	单价	总价	币制	征免
1	9503002100	毛绒玩具 新潮灰色小熊	1 080 套 1 147.50 千克	美国	16.000	17 280.00	美元	照章征税
2	9503002100	毛绒玩具 长发小猫咪	3 150 件 1 155.00 千克	美国	8.000	25 200.00	美元	照章征税

税费征收情况

录入员　录入单位	兹声明以上申报无讹并承担法律责任	海关审单批注及放行日期(签章)
4406045588 报关员　林子逸		张玲 审单　　审价
	申报单位(签章)	征税　　统计
单位地址　中国佛山市东方广场东方路131号110－119室	佛山易美贸易有限公司	查验　　放行 朱静
邮编:528200　电话　0757—86682454	填制日期　2013.10.25	

单据样张 11.3　出口货物报关单样例

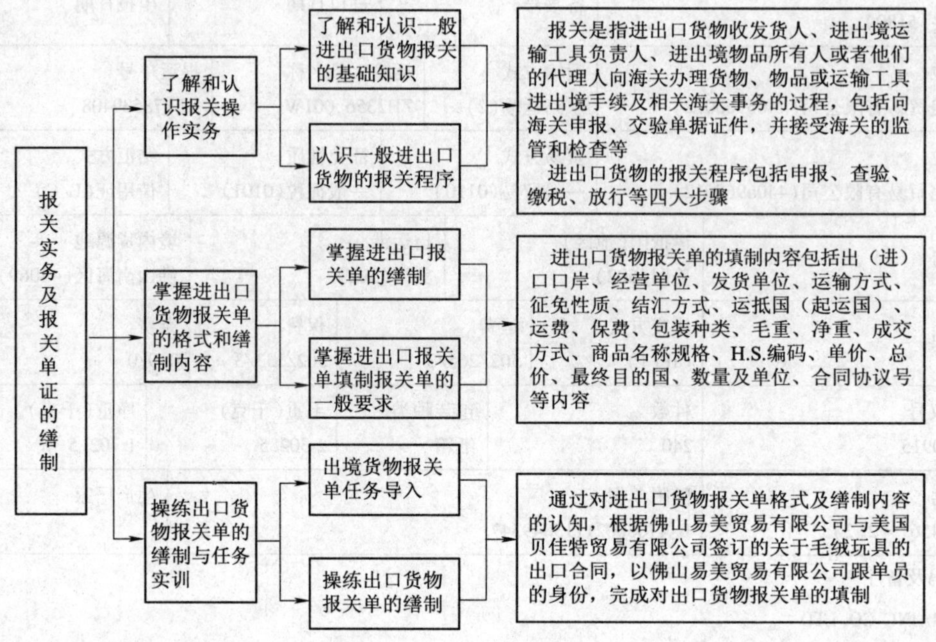

能力训练一　职业判断与选择

一、职业判断能力

1. 海关实施查验可以全部查验，也可以抽查。（　　）

2. 在海洋运输方式下，由于海运提单正本具有特权凭证性质，一般不会直接作为报关随附单证提交给海关。（　　）

3. 无论是自理报关还是代理报关，大部分报关随附单证需要在进口货物进境前或出口货物运至海关监管区之前准备完毕。（　　）

4. 进口货物应在载运进口货物的运输工具申报进境之日起14日内办理清单申报手续，出口货物时限为货物运抵海关监管区后48小时前。（　　）

5. 进口货物应由收货人或其代理人在货物的进境地海关申报，出口货物应当由发货人或其代理人在货物的出境地海关申报。（　　）

6. 货物进出境应当经过查验、征税、放行等3个海关作业环节。（　　）

7. 出口报关企业应具备在当地海关、检验检疫局注册备案，有进出口经营权和报检资格。

8. 报关单位向海关申请注册登记是其取得报关资格的法定条件。（　　）

9. 报关业务的质量直接关系着进出口货物的通关速度、企业的经营成本和经济效益、海

关的行政效率。（　　）

10. 所有进出境运输工具、货物、物品都需要办理报关手续。（　　）

二、单项职业选择能力

1. 报关是指进出境运输工具的负责人、进出境物品的所有人、进出口货物的收发货人或其代理人向(　　)办理进出境手续的全过程。

A. 海关　　B. 边检

C. 进出境商品检验检疫总局　　D. 外经部门

2. 按照法律规定,下列不列入报关范围的是(　　)。

A. 进出境货物　　B. 进出境旅客

C. 进出境运输工具　　D. 进出境物品

3. 下列关于进口货物申报期限的表述正确的是(　　)。

A. 进口货物的收货人应当自货物进境之日起 14 天内

B. 进口货物的收货人应当自货物进境之日起 10 天内

C. 进口货物的收货人应当自装载货物的运输工具申报进境之日起 14 日内,向海关申报

D. 进口货物的收货人应当自装载货物的运输工具申报进境之日起 10 日内,向海关申报

4. 下列关于出口货物申报期限的表述正确的是(　　)。

A. 出口货物的发货人应当自货物出境之日起 24 小时内

B. 出口货物的发货人应当自货物出境之日起 48 小时内

C. 出口货物的发货人应当自货物运抵海关监管区装货前 24 小时内向海关申报

D. 出口货物的发货人应当自货物运抵海关监管区装货前 48 小时内向海关申报

5. 进出口货物收发货人或其代理人配合海关查验的工作不包括(　　)。

A. 负责搬移货物,开拆和重封货物的包装

B. 回答查验官员的提问

C. 负责提取海关需要作进一步检验、化验或鉴定的货样

D. 签字确认查验记录

6. 关于申报地点,以下表述错误的是(　　)。

A. 进口货物应当在进境地海关申报

B. 出口货物应当在出境地海关申报

C. 保税货物转为一般进口时应当在货物原进境地海关申报

D. 经收货人申请,海关同意,进口货物可以在设有海关的指运地申报

7. 一份报关单只允许填报(　　)提运单号,一票货物对应多个提运单时,应(　　)填报。

A. 一个,集中　　B. 二个,集中　　C. 一个,分单　　D. 二个,分单

8. 某外贸公司以一般贸易方式从境外订购一批进口货物,在如实申报、接受查验、缴纳进口税费后由海关放行,该公司应凭下列哪种单据到海关监管仓库提取货物(　　)。

A. 由海关签发的《进(出)口证明书》　　B. 由海关加盖了"放行章"的货运单据

C. 由海关签发的《缴款缴纳证》　　D. 由海关签发的进口收汇核销专用报关单

9. 一张报关单上只允许填报(　　)种征免性质。

A. 一　　B. 二　　C. 三　　D. 四

10. 进(出)口货物报关单是指进出口货物的(　　),按照海关规定的格式对进出口货物的实际情况做出的书面申明,以此要求海关对其货物按适用的海关制度办理报关手续的法律文书。

A. 收发货人　　　　B. 代理人

C. 收发货人或代理人　　　　D. 发货人或代理人

能力训练二　实务操作

背景资料:

广州意林服装贸易有限公司与加拿大多伦多 ABC 贸易有限公司签订了一份关于服装出口的合同。请根据以下合同及包装基本信息,以广州意林服装贸易有限公司的制单员身份,缮制出口货物报关单。

合同信息如下:

1. 发货人:GUANGZHOU ELIN CLOTHING TRADING CO. LTD

地址:RM 110-112,GUANGZHOU REVENUE,GUANGZHOU,CHINA

电话:86-20-24232445　　传真:86-20-24232436

2. 收货人:ABC TRADING CO. ,LTD,CANADA

地址:48 WOODGARDEN CRESCENT,TORONTON,ONTARIO,CANADA

电话:1-514-3964455　　传真:1-514-3964451

3. 货物名称:女式毛衣 裙子

4. H. S. 编码:6110300000 6204520000

5. 产地:佛山

6. 数量:女式毛衣的成交数量为 1 000 件;裙子成交的数量为 2 000 条;

7. 货物总值:共 50 000 美元整

8. 包装种类及数量:共 100 纸箱

9. 合同号码:EL20160912

10. 信用证号码:L/C342423

11. 货物存放地点:广州

12. 输往国家(地区):美国

13. 起运地:广州黄埔港

14. 标记及号码:

ABC TRADING CO. LTD
EL20160912
TORONTO
CARTON NO. 1-100

15. 广州意林服装贸易有限公司海关注册号:4401960012

16. 通关口岸海关:5100

17. 装货单船运信息:ZX88473069

18. 运费总额:168 美元,保费为 103 美元

请根据以上给予的合同信息、报检单相关信息,以广州意林服装贸易有限公司的制单员身份,缮制一份出口货物报关单。

项目十二　海运提单的缮制及签发实务

项目引言

海运提单是货物承运人或其代理人收到货物后，签发给托运人的一种证明。提单还代表所载货物的所有权，是一种具有物权特性的凭证。在国际货物运输环节提单是最重要的一项单证，进口商只有拿到提单才能够提取货物完成整票的业务。本项目将从外贸出口业务的角度出发学习提单的作用、种类、内容、缮制规范和要求。

知识目标

1. 了解海运提单的作用
2. 了解海运提单的分类
3. 熟悉海运提单上的主要内容

技能目标

1. 熟练掌握提单的规范填写事项
2. 能根据给定的业务基本信息完成相应提单的缮制

任务一　了解海运提单的作用及种类

任务描述

海运提单是货物出口过程中一项重要的单据，关系到货物的运输和提取。按照不同的分类标准，海运提单还能够分为好几个种类，各个种类的提单作用不同，不是所有的提单种类都是对进出口有促进作用的，有的种类甚至还会对出口商的货物运输产生很大的影响，严重的将直接造成出口商的损失。

通过对海运提单的本质学习,掌握提单的来源和作用,并在此基础上对各种类型的提单有所了解。

子任务一　了解国际海运提单的来源及作用

子任务引例

小明是刚刚毕业的大学生,他所在的公司进口了一批西班牙运来的红酒,用的是信用证付的款,经理让小明去开证银行办理付款赎单,并且拿着单据去码头办理提货。

请回答:

(1)小明要拿到的是什么单据?

(2)小明拿到的单据有什么作用?

一、知识认知

(一)海运提单的定义

海运提单(Marine Bill of Lading or Ocean Bill of Lading),或简称为提单(Bill of Lading, B/L),是国际结算中的一种最重要的单据。《中华人民共和国海商法》(1993 年 7 月 1 日施行)第 71 条规定:"提单,是指用以证明海上货物运输合同和货物已经由承运人接收或者装船,以及承运人保证据以交付货物的单证。提单中载明的向记名人交付货物,或者按照指示人的指示交付货物,或者向提单持有人交付货物的条款,构成承运人据以交付货物的保证。"

提单的主要关系人是签订运输合同的双方:托运人和承运人。托运人即货方,承运人即船方。其他关系人有收货人和被通知人等。收货人通常是货物买卖合同中的买方,被通知人是承运人为了方便货主提货的通知对象,可能不是与货权有关的当事人。如果提单发生转让,则会出现受让人、持有人等提单关系人。

(二)海运提单的作用

1. 提单是证明承运人已接管货物和货物已装船的货物收据

对于将货物交给承运人运输的托运人,提单具有货物收据的功能。不仅对于已装船货物,承运人负有签发提单的义务,而且根据托运人的要求,即使货物尚未装船,只要货物已在承运人掌管之下,承运人也有签发一种被称为"收货待运提单"的义务。所以,提单一经承运人签发,即表明承运人已将货物装上船舶或已确认接管。

提单作为货物收据,不仅证明收到货物的种类、数量、标志、外表状况,而且还证明收到货物的时间,即货物装船的时间。

2. 提单是承运人保证凭以交付货物和可以转让的物权凭证

对于合法取得提单的持有人,提单具有物权凭证的功能。提单的合法持有人有权在目的港以提单相交换来提取货物，而承运人只要出于善意，凭提单发货，即使持有人不是真正货主，承运人也无责任。而且，除非在提单中指明，提单可以不经承运人的同意而转让给第三者，提单的转移就意味着物权的转移，连续背书可以连续转让。提单的合法受让人或提单持有人就是提单上所记载货物的合法持有人。

3. 提单是海上货物运输合同成立的证明文件

提单上印就的条款规定了承运人与托运人之间的权利、义务，而且提单也是法律承认的处理有关货物运输的依据，因而常被人们认为提单本身就是运输合同。但是按照严格的法律概念，提单并不具备经济合同应具有的基本条件：它不是双方意思表示一致的产物，约束承托双方的提单条款是承运人单方拟定的；它履行在前，而签发在后，早在签发提单之前，承运人就开始接受托运人托运货物和将货物装船的有关货物运输的各项工作。所以，与其说提单本身就是运输合同，还不如说提单只是运输合同的证明更为合理。

二、职业判断与实务操作

针对子任务引例分析如下：

(1)小明要拿到的单据叫作海运提单，只有提单的持有者才能得到船公司的认可并提取货物。

(2)它是一种货物收据，证明船公司已经拿到并且运输了小明公司的红酒；它也是一种物权凭证，船公司只有见到提单才可以允许提货，并且小明公司也可以在背书的情况下将提单转给第三人；提单也是货物运输合同成立的条件，提单是按照小明公司与西班牙公司签订的外贸合同的内容而制作的。

子任务二　了解国际海运提单的种类

子任务引例

外贸主管王经理与澳大利亚悉尼的客户签订了一份出口1 000套餐具的合同，因为客户开来的信用证要求的时间有一点短，希望尽可能早付款交单，因此王经理向代理货物运输的小李进行咨询，希望能够在货物装船之前提前拿到提单，小李说可以，但是拿到的是特殊的提单类型。

请回答：

(1)王经理拿到的提单是船公司出具的吗？

(2)货物装船之前提前拿到提单的是哪一种提单，有什么特点？

一、知识认知

(一)根据货物是否已装船划分

1. 已装船提单(On Board B/L，Shipped B/L)

货已装船后签发的。除非L/C有特别约定，银行不接受"货装舱面"的B/L。但可以接受"货可装舱面"的提单。

2. 收妥备运提单(Received for shipment B/L)

收妥备运提单又称收讫待运提单,收到托运货物与待装船期间签发的。无装船日期,银行一般不予接受。货装船后,凭其换取已装船提单或通过加注装船批注转变为已装船提单。

注意:1、2 都应有装船批注。

(二)根据有无不良批注划分

1. 清洁提单(Clean B/L)

货装船时表面状况良好,船公司未在提单上加注任何有关货物受损或包装不良等批注。

2. 不清洁提单(Unclean B/L,Foul B/L)

船公司在提单上对货物表面状况或包装加有不良或存在缺陷等批注的提单。

注意并非所有加有批注的提单都是不清洁提单。如:

①"旧包装""旧箱";②强调承运人对风险不负责任;③否认承运人知悉货物的内容、重量、容积、质量、技术规格等。

注意:银行只接受清洁提单。

(三)根据提单抬头("收货人")不同划分

1. 记名提单(Straight B/L)

又称收货人抬头提单,即提单上的"收货人(Consignee)"栏内填明了特定的收货人名称,只能由该特定收货人提货,不能用背书的方式转让给第三者。不能转让。

2. 不记名提单(Open B/L,Bearer B/L)

又称空白提单,来人式提单。指提单收货人栏内没有任何收货人或 Order 字样,而是"To Bearer",提单的任何持有人均可凭之向承运人提货,承运人交货凭单不凭人。

该提单不须背书即可转让,极少使用。

3. 指示提单(Order B/L)

指在提单的"收货人(抬头人)"栏内填写"to order"("凭指定",又称空白抬头)或"to order of…"("凭……人指定")

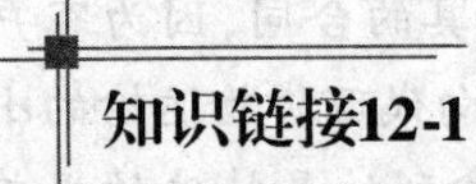

知识链接12-1

背书的含义和使用

指示提单可经背书转让流通,使用最广泛。

背书的方法:

(1)空白背书:仅由背书人在提单背面签字,而不注明被背书人名称;

(2)记名背书:既有背书人签章,还列明被背书人名称,即"Deliver to…"字样。

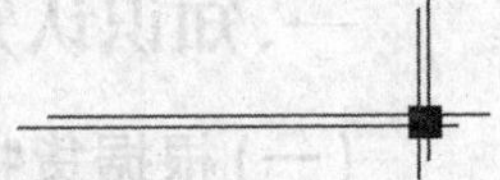

(四)根据运输方式不同划分

1. 直达提单(Direct B/L)

直达提单,又称直运提单,是指货物从装货港装船后,中途不经转船,直接运至目的港卸船

交与收货人的提单。直达提单上不得有“转船”或“在某港转船”的批注。

2. 转船提单(Transshipment B/L)

转船提单是指货物从起运港装载的船舶不直接驶往目的港,需要在中途港口换装其他船舶转运至目的港卸货,承运人签发这种提单称为转船提单。货运全程至少由两艘轮船承运,中途港换装船。

3. 联运提单(Through B/L)

联运提单是指须经海运和其他运输方式联合运输(海陆、海河、海空、海海)。由第一程承运人所签发的包括全程运输并能在目的港或目的地凭以提货的提单。

此种联运提单由第一程承运人收取全程运费:各程承运人的责任,只限于其本人经营船舶或其他运输工具所完成的运输。

4. 多式联运提单(Multimodal Transport B/L or Intermodal Transport B/L)

这种提单主要用于集装箱运输。是指一批货物需要经过两种以上不同运输方式,其中一种是海上运输方式,由一个承运人负责全程运输,负责将货物从接收地运至目的地交付收货人,并收取全程运费所签发的提单。提单内的项目不仅包括起运港和目的港,而且列明一程二程等运输路线,以及收货地和交货地。

(五)根据提单格式/内容框架不同划分

1. 全式提单(Long Form B/L)

全式提单是指提单除正面印就的提单格式所记载的事项,背面列有关于承运人与托运人及收货人之间权利、义务等详细条款的提单。由于条款繁多,所以又称繁式提单。在海运的实际业务中大量使用的大都是这种全式提单。

2. 简式提单(Short Form B/L, or Simple B/L)

简式提单,又称短式提单、略式提单,是相对于全式提单而言的,是指提单背面没有关于承运人与托运人及收货人之间的权利义务等详细条款的提单。又可分为:

(1)租船项下的提单:注有运费及其他条款根据某月某日签订的租船合同办理字样。

(2)班轮项下的提单:一般加注类似“本提单货物的收受、保管、运输和费用等事项,均按本公司全式提单正面、背面的铅印、手写印章和打字等书面的条款和例外条款办理的文句。

(六)根据轮船公司经营方式不同划分

1. 班轮提单(Liner B/L, Regular Line B/L)

由班轮公司签发,船方责任以提单所定条款为准。如在价格条件中加注了班轮条件,则须提交班轮提单。

2. 租船合约提单(Charter Party B/L)

是船方根据租船合约签发的提单,通常是简式提单。租船合约提单须受租船合同的制约,当事人权利义务以租船合同为准,所以租船合约提单并非一份完整的独立文件。

实务中,除非 L/C 明确规定接受租船合约提单,银行将不接受此类性质的提单。接受时,也常要求提供租船合同的副本。

(七)根据提单签发日与交单日之间的关系划分

1. 过期提单(Stale B/L)

泛指比载货船舶晚到目的港的提单,或晚于规定交单日提交的提单。银行一般不接受过期提单。

UCP600 规定,每一要求提交运输单据的 L/C 除应规定交单到期日以外,还应规定一个装运日期后交单的特定期限;如未规定,银行将不接受装运日 21 天后提交的单据。凡符合上述晚交单条件中的提单均属于过期提单。银行一般不接受过期提单,但过期提单并非无效提单,提单持有人的可凭以提货。

由于过期提单造成货比单早到的局面,进口商可能须向船方支付过期保管费,故一般不愿接受。

2. 正常提单(Un-Stale B/L)

指不迟于载货船舶到达目的港及不迟于规定的交单日所提交的提单。

3. 预签提单或称预借提单、无货提单(Advanced B/L)

因 L/C 规定的装运期和交单期即将过期,而货物因故未能及时装船,但已在承运人掌握之下或已开始装船,由托运人出具保函要求承运人预签的已装船提单。

4. 倒签提单(Anti-Dated B/L;Back-Dated B/L)

指货物装船完毕后,因实际装船日晚于 L/C 规定的最晚装期,托运人要求承运人签发的装船日期早于实际装船日期的提单。

5. 顺签提单(Post-Dated B/L)

货已交承运人掌握并装船完毕,托运人要求承运人签发的装船日期晚于实际装船日期的提单。

(八)按收费方式划分

1. 运费预付提单(Freight Prepaid B/L)

成交 CIF、CFR 价格条件为运费预付,按规定货物托运时,必须预付运费。在运费预付情况下出具的提单称为运费预付提单。这种提单正面载明"运费预付"字样,运费付后才能取得提单;付费后,若货物灭失,运费不退。

2. 运费到付提单(Freight to Collect B/L)

以 FOB 条件成交的货物,不论是买方订舱还是买方委托卖方订舱,运费均为到付(Freight Payable at Destination),并在提单上载明"运费到付"字样,这种提单称为运费到付提单。货物运到目的港后,只有付清运费,收货人才能提货。

3. 最低运费提单(Minimum B/L)

最低运费提单是指对每一提单上的货物按起码收费标准收取运费所签发的提单。如果托运人托运的货物批量过少,按其数量计算的运费额低于运价表规定的起码收费标准时,承运人均按起码收费标准收取运费,为这批货物所签发的提单就是最低运费提单,也可称为起码收费提单。

(九)按提单签发的不同划分

1. 船公司签发的提单

通常为整箱货签发提单。

2. 无船承运人所签发的提单

指由无船承运人或其代理人所签发的提单。在集装箱运输中,无船承运人通常为拼箱货签发提单，因为拼箱货是在集装箱货运站内装箱和拆箱，而货运站又大多为仓库，所以有人称其为仓/仓提单（House B/L）。当然，无船承运人也可以为整箱货签发提单。

3. 货代提单（House B/L）

货代提单又叫运输代理行提单，是指由运输代理人签发的提单。在航运实践中，为了节省费用、简化手续，有时运输代理行将不同托运人发运的零星货物集中在一套提单上托运，而由承运人签发给运输代理行成组提单，由于提单只有一套，各个托运人不能分别取得提单，只好由运输代理人向各托运人签发运输代理人（行）的提单。由于集装箱运输的发展，运输代理人组织的拼箱货使用这种提单有利于提高效率，所以这种提单的使用正在扩展。

（十）特殊提单

1. 合并提单（Omnibus B/L）

合并提单是指根据托运人的要求，将同一船舶装运的同一装货港、同一卸货港、同一收货人的两批或两批以上相同或不同的货物合并签发一份提单。托运人或收货人为了节省运费，常要求承运人将本应属于最低运费提单的货物与其他另行签发提单的货物合并在一起只签发一份提单。

2. 并装提单（Combined B/L）

这是将两批或两批以上品种、质量、装货港和卸货港相同，但分属于不同收货人的液体散装货物并装于同一液体货舱内，而分别为每批货物的收货人签发一份提单时，其上加盖有“并装条款”印章的提单，称为并装提单。在签发并装提单的情况下，应在几个收货人中确定一个主要收货人（通常是其中批量最大的收货人），并由这个主要收货人负责分摊各个收货人应分担的货物自然损耗和底脚损耗。

3. 分提单（Separate B/L）

这是指承运人依照托运人的要求，将本来属于同一装货单上其标志、货种、等级均相同的同一批货物，托运人为了在目的港收货人提货方便，分开签多份提单，分属于几个收货人，这种提单称为分提单。只有标志、货种、等级均相同的同一批货物才能签发分提单，否则，会因在卸货港理货，增加承运人理货、分标志费用的负担。分提单一般除了散装油类最多不超过5套外，其他货物并无限制。

4. 交换提单（Switch B/L）

交换提单是指在直达运输的条件下，应托运人的要求，承运人承诺，在某一约定的中途港凭在启运港签发的提单另换发一套以该中途港为启运港，但仍以原来的托运人为托运人的提单，并注明“在中途港收回本提单，另换发以该中途港为启运港的提单”或“Switch B/L”字样的提单。

当贸易合同规定以某一特定港口为装货港，而作为托运人的卖方因备货原因，不得不在这一特定港口以外的其他港口装货时，为了符合贸易合同和信用证关于装货港的要求，常采用这种变通的办法，要求承运人签发这种交换提单。

5. 舱面货提单（On Deck B/L）

舱面货提单又称甲板货提单。这是指货物装于露天甲板上承运时，并于提单注明“装于舱面”（On Deck）字样的提单。

二、职业判断与实务操作

针对子任务引例分析如下：

(1)王经理拿到的提单叫作货代提单，一般来说船公司为了统一管理，因此开立的提单的时间都会在开船以后，而货代提单则相对灵活，但是风险也会大一些。

(2)这种提单叫作预签提单或预借提单。它是因 L/C 规定的装运期和交单期即将过期，而货物因故未能及时装船，但已在承运人掌握之下或已开始装船，由托运人出具保函要求承运人预签的已装船提单。这种类型的提单的签发日期要早于装船日期。

任务二　掌握海运提单的内容及缮制要求

任务描述

海运提单一般是由船公司或其代理人签发的，一般来说各家船公司的提单可能都会有不同的格式，所以外贸公司在拿到提单的时候可能会看到有不同的版本，但是无论版本如何，基本内容是一致的。

任务分析

通过学习提单的格式，掌握提单的缮制内容，完成具体的提单填写业务实操。

子任务一　掌握海运提单的内容及缮制规范

子任务引例

小陈所在的民营企业准备开拓外贸业务。由于小陈的销售能力强，并且英语沟通能力过硬，因此，公司决定让小陈来独立管理外贸业务。通过努力，小陈获得了两笔订单，一笔是发往美国的旧金山，一笔是发往日本的大阪，小陈在付款给货代公司后，拿到了两张提单，可是小陈一看两张提单竟然是不同的格式。

请回答：

(1)为什么小陈会拿到不同格式的提单？

(2)不同的提单是否有相同的内容？

一、知识认知

（一）海运提单（见单据样张 12.1）的内容

<table>
<tr><td>1. Shipper Insert Name, Address and Phone</td><td rowspan="4">B/L No.
中国远洋运输（集团）有限公司
COSCO CONTAINER LINES
TLX:33057 COSCO CN
FAX: +86(021) 6545 8984
ORIGINAL</td></tr>
<tr><td></td></tr>
<tr><td>2. Consignee Insert Name, Address and Phone</td></tr>
<tr><td></td></tr>
<tr><td>3. Notify Party Insert Name, Address and Phone
(It is agreed that no responsibility shall attach to the Carrier or his agents for failure to notify)</td><td rowspan="6">Port-to-Port or Combined Transport
BILL OF LADING
RECEIVED in external apparent good order and condition except as otherwise note D. The total number of packages or unites stuffed in the container, The description of the goods and the weights shown in this Bill of Lading are furnished by the Merchants, and which the carrier has no reasonable means Of checking and is not a part of this Bill of Lading contract. The carrier has issued the number of Bills of Lading stated below, all of this tenor and date, one of the original Bills of Lading must be surrendered and endorsed or signed against the delivery of the shipment and whereupon any other original Bills of Lading shall be void. The Merchants agree to be bound by the terms
And conditions of this Bill of Lading as if each had personally signed this Bill of Lading.</td></tr>
<tr><td>4. Combined Transport *
Pre-carriage by | 5. Combined Transport *
Place of Receipt</td></tr>
<tr><td>6. Ocean Vessel Voy. No. | 7. Port of Loading</td></tr>
<tr><td></td></tr>
<tr><td>8. Port of Discharge | 9. Combined Transport *</td></tr>
<tr><td> | Place of Delivery</td></tr>
</table>

Marks & Nos. Container / Seal No.	No. of Containers or Packages	Description of Goods	Gross Weight (KGS)	Measurement (M^3)

10. Total Number of containers and/or packages (in words)

11. Freight & Charges	Revenue Tons	Rate	Per	Prepaid	Collect

	Prepaid at	Payable at	Place and date of issue
Ex. Rate:	Total Prepaid	No. of Original B(s)/L	Signed for the Carrier, COSCO CONTAINER LINES

LADEN ON BOARD THE VESSEL

DATE		BY	

单据样张 12.1 海运提单

世界上每个轮船公司都有自己的提单格式和提单条款，但其基本内容都是按照《海牙规

则》加以规定的。提单的正面内容包括以下内容:

(1)托运人(Shipper)。

(2)收货人(Consignee)。

(3)通知人(Notify Party)。

(4)联合运输(Combined Transport B/L),当采用集装箱运输方式时,需根据实际运输情况,填写“收货地”(Place Of Receipt),“交货地”(Place Of Delivery))第一程运输工具“(Pre-Carriage By)”等信息。

(5)船名(Name Of Vessel)。

(6)装货港(Port Of Loading)。

(7)卸货港(Port Of Discharge)。

(8)货物描述(Description Of Goods)。

(9)件数和包装种类(Number And Kind Of Packages)。

(10)唛头(Shipping Marks)。

(11)毛重,尺码(Gross Weight,Measurement)。

(12)运费和费用(Freight And Charges),根据实际情况,填写预付(Freight Prepaid)或到付(Freight Collect)。

除上述基本内容外,船公司一般会有如下规定:

(1)托运人所提供的详细情况有:货名、标志和号数、件数、毛重、尺码等。如填写不准、错误或谎报,一切后果和所造成的损失,应由托运人负责。

(2)声明货物表在状况良好已装上船,并应在卸货港或该船所能安全到达并保持浮泊的附近地点卸货。

(3)正本提单其中一份完成提货手续后,其余各份失效。

(4)托运人、收货人和本提单的持有人明白表示接受并同意提单和它背面所载的一切印刷、书写或打印的规定、免责事项和条件。

提单的背面条款包括:

①承运人的责任与义务条款;

②索赔与诉讼的责任与义务条款;

③有关特殊货物运输条款;

④其他条款。

中国《海商法》第73条还同时规定,“提单缺少本款规定的一项或者几项的,不影响提单的性质”。提单正面记载的事项,在法律上具有初步证据。

(二)海运提单的缮制规范

根据跟单信用证统一惯例(UCP600)有关规定及银行审单标准,提单的正确缮制有如下要求:

(1)整套正本提单注有张数。是否按信用证条款呈交。

(2)提单正面是否打明承运人(Carrier)的全名及“承运人”一词以表明其身份。

(3)如提单正面已作如上表示,在承运人自己签署提单时,签署处无须再打明承运人一词及其全名。

(4)提单有印就“已装船”(“Shipped in apparent good order and condition on board…”)字样的，无须加“装船批注”(“On Board Notation”)；也有印就“收妥待运”(“Received in apparent good order and condition for shipment…”)字样的则必须再加“装船批注”并加上装船日期。

(5)提单印有“Intended Vessel”“Intended Port of Loading”“Intended Port of Discharge”及/或其他“Intended…”等不肯定的描述字样者，则必须加注“装船批注”，其中须把实际装货的船名，装货港口，卸货港口等项目打明，即使和预期(Intended)的船名和装卸港口并无变动，也需重复打出。

(6)单式海运即港对港(装货港到卸货港)运输方式下，只需在装货港(Port of Loading)，海轮名(Ocean Vessel)，及卸货港(Port of Discharge)三栏内正确填写；如在中途转船(Transshipment)，转船港(Port of Transshipment)的港名，不能打在卸货港(Port of Discharge)栏内。需要时，只可在提单的货物栏空间打明“在××(转船港)转船”“With transshipment at××”。

(7)“港口”(Port)和“地点”(Place)是不同的概念。有些提单印有“收货地点”(Place of Receipt/Taking in Charge)和“交货地点/最后目的地”(Place of Delivery/Final Destination)等栏目，供提单用作“多式联运”(Multi-Modal Transport)或“联合运输”(Combined Transport)运输单据时用。单式海运时不能填注。否则会引起对运输方式究竟是单式海运抑或多式联运的误解。

(8)提单上印有“前期运输由”(Pre-Carriage by)栏也为“多式联运”方式所专用，不能作为转船提单时打明第一程海轮名称的栏目。只有做多式联运运输单据时，方在该栏内注明“铁路”“卡车”“空运”或“江河”(Rail、Truck、air、River)等运输方式。

(9)提单的“收货人”栏(Consigned to 或 Consignee)须按信用证要求说明。例如，信用证规定提单做成“Made Out to Order”，则打“Order”一字；“Made Out to Order of The Applicant(申请开证人)”，则打“Order of ××××(applicant 全名)”；”Made Out to Order of The Issuing Bank”，则打“order of××××Bank(开证行全名)”。如信用证规定提单直接做成买主(即申请人)或开证行的抬头，则不可再加“order of”两字。

(10)提单不能有“不洁净”批注(Unclean Clause)，即对所承载的该批货物及其包装情况有缺陷现象的批注。

(11)除非信用证许可，提单不能注有“Subject Charter Party”即租船契约提单。

(12)关于转船，《跟单信用证统一惯例》(UCP600)的第23条b、c两款是这样规定的：

①如信用证允许转船——指装货港和卸货港之间发生转船，同一份提单包括了整个航程；

②如信用证禁止转船，同一份提单包括整个航程，装货港和卸货港之间并不发生转船；

③如信用证禁止转船，货由集装箱、拖船、母子船载运，即使提单注明将有转船，也不作不符，但须由同一份提单包括整个航程。

(13)提单上关于货物的描述不得与商业发票上的货物描述有所不一致。如提单上货物用统称表示时,该统称须与信用证中货物描述并无不一致,且与其他单据有共通联结(Link)特征,例如唛头等。

(14)提单上通知人(Notify Party)须注有符合信用证规定的名称和地址、电讯号码等。

(15)提单上有关运费的批注须符合信用证的规定和UCP600第33条的规定。

(16)提单上的任何涂改、更正须加具提单签发者的签章。

(17)提单必须由受益人及装货人(Shipper)背书。

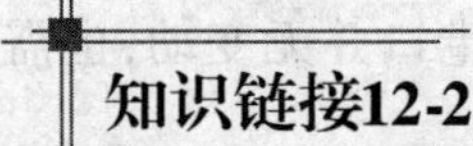

知识链接12-2

提单的背面条款及其依据(节选)

提单背面印定的条款规定了承运人与货方之间的权利、义务和责任豁免,是双方当事人处理争议时的主要法律依据。在全式(Long Term)正本提单的背面,列有许多条款,其中主要有:

(1)定义条款(Definition Clause)——主要对"承运人","托运人"等关系人加以限定。前者包括与托运人定有运输合同的船舶所有人,后者包括提货人、收货人、提单持有人和货物所有人。

(2)管辖权条款(Jurisdiction Clause)——指出当提单发生争执时,按照法律,某法院有审理和解决案件的权利。

(3)责任期限条款(Duration Of Liability)——一般海运提单规定承运人的责任期限从货物装上船舶起至卸离船舶为止。集装箱提单则从承运人接受货物至交付指定收货人为止。

(4)包装和标志(Packages And Marks)——要求托运人对货物提供妥善包装和正确清晰的标志。如因标志不清或包装不良所产生的一切费用由货方负责。

(5)运费和其他费用(Freight And Other Charges)——运费规定为预付的,应在装船时一并支付,到付的应在交货时一并支付。当船舶和货物遭受任何灭失或损失时,运费仍应照付,否则,承运人可对货物及单证行使留置权。

(6)自由转船条款(Transhipment Clause)——承运人虽签发了直达提单,但由于客观需要仍可自由转船,并不须经托运人的同意。转船费由承运人负担,但风险由托运人承担,而承运人的责任也仅限于其本身经营的船舶所完成的那段运输。

二、职业判断与实务操作

针对子任务引例分析如下:

(1) 小陈肯定拿到的是不同格式的船公司的提单,不同的船公司会根据自己长期的业务习惯而制定不同版本的提单格式。

(2)仔细对比不同版本的提单,提单的主要内容都是差不多的,许多内容是必不可少的,否则就影响提单的货物凭证的作用。提单的基本内容如下:货物的品名、标志、收货人的名称;装货港和在装货港接受货物的日期;卸货港;包数或者件数、重量或者体积以及运输危险货物时对危险性质的说明;承运人的名称和主要营业所;船舶名称;托运人的名称;多式联运提单增列接收货物地点和文件货物地点;提单的签发日期、地点和份数;运费的支付;承运人或者其代表。

子任务二 掌握缮制海运提单的注意事项

子任务引例

佛山美新公司的小李有一批10 000件窗帘要在今年的6月30日前出口到美国洛杉矶,货物装船并且小李支付了海运费和附件费之后,货代公司给了小李由船公司签发的提单一张,小李收到提单后,要对提单的内容进行核查。

请回答:

(1)小李依据什么内容进行核查?

(2)如果核查发现提单内容填写出错了怎么办?

一、知识认知

缮制海运提单的注意事项如下:

(1)托运人(Shipper),一般为信用证中的受益人。如果开证人为了贸易上的需要,要求做第三者提单(Third Party B/L),也可照办。

(2)收货人(Consignee),如要求记名提单,则可填上具体的收货公司或收货人名称;如属指示提单,则填为"指示"(Order)或"凭指示"(To Order);如需在提单上列明指示人,则可根据不同要求,做成"凭托运人指示"(To The Order of Shipper),"凭收货人指示"(To The Order of Consignee)或"凭银行指示"(To The Order of XX Bank)。

(3)被通知人(Notify Party),这是船公司在货物到达目的港时发送到货通知的收件人,有时即为进口人。在信用证项下的提单,一般为信用证的申请人,如信用证上对提单被通知人有权具体规定时,则必须严格按信用证要求填写。如果是记名提单或收货人指示提单,且收货人又有详细地址的,则此栏可以不填。如果是空白指示提单或托运人指示提单则此栏必须填列被通知人名称及详细地址,否则船方就无法与收货人联系,收货人也不能及时报关提货,甚至会因超过海关规定申报时间被没收。

(4)提单号码(B/L No.),一般列在提单右上角,以便于工作联系和查核。发货人向收货人发送装船通知(Shipment Advice)时,也要列明船名和提单号码。

(5)船名(Name of Vessel),应填列货物所装的船名及航次。

(6)装货港(Port of Loading),应填列实际装船港口的具体名称。

(7)卸货港(Port of Discharge),填列货物实际卸下的港口名称。如属转船,第一程提单上的卸货港填转船港,收货人填二程船公司;第二程提单装货港填上述转船港,卸货港填最后目的港如由第一程船公司出联运提单(Through B/L),则卸货港即可填最后目的港,提单上列明第一和第二程船名。如经某港转运,要显示“VIA XX”字样。在运用集装箱运输方式时,使用“联合运输提单“(Combined Transport B/L)”,提单上除列明装货港,卸货港外,还要列明“收货地”(Place of Receipt),“交货地”(Place of Delivery)以及“第一程运输工具“(Pre-Carriage By)”海运船名和航次”(Ocean Vessel,VOY NO)。填写卸货港,还要注意同名港口问题,如属选择港提单,就要在这栏中注明。

(8)货名(Description of Goods),一般需要与货物出口时向当地海关申报的品名一致,在信用证项下货名必须与信用证上规定的一致。

(9)件数和包装种类(Number And Kind of Packages),要按箱子实际包装情况填列。

(10)唛头(Shipping Marks),信用证有规定的,必须按规定填列,否则可按发票上的唛头填列。

(11)毛重,尺码(Gross Weight,Measurement),除信用证另有规定者外,一般以千克为单位列出货物的毛重,以立方米列出货物体积。

(12)运费和费用(Freight And Charges),一般为预付(Freight Prepaid)或到付(Freight Collect)。如CIF或CFR出口,一般均填上运费预付字样,千万不可漏列,否则收货人会因运费问题提不到货,虽可查清情况,但拖延提货时间,也将造成损失。如系FOB出口,则运费可制作“运费到付”字样,除非收货人委托发货人垫付运费。

二、职业判断与实务操作

针对子任务引例分析如下:

(1) 小李要根据合同、信用证、货运托运单、订舱单的内容来对提单的内容进行仔细的核查。

(2) 如果发现提单的内容有错,小李要及时反馈给货代公司,要求货代公司向船公司提出重新修改提单申请,并且尽快发放。

任务三 操练海运提单的缮制与任务实训

任务描述

海运提单是重要的货物凭证,它是卖方(发货方)将货物交给承运人(船方)后,承运人向卖方开具一套提单。提单所列货物到港后,船方会通知通知方,再由通知方通知收货人持提单去港口提货。它要填制的信息内容涵盖拖运人、收货人、商品信息等。

任务分析

通过对海运提单格式及缮制内容的认知,根据佛山易美贸易有限公司与美国贝佳特贸易有限公司签订的关于毛绒玩具的出口合同,以佛山易美贸易有限公司跟单员的身份,完成对海运提单内容的审核。

任务实施

子任务一　海运提单任务导入

子任务引例

佛山易美贸易公司与美国贝佳特贸易有限公司达成了一项关于毛绒玩具的交易意向。该项合同的产品是两种毛绒玩具,分别是新潮灰色小熊及长发小猫咪。价格术语为 CIF BOSTON。灰色小熊的成交数量为 1 080 套,每套 16 美元,共 135 个纸箱;长发小猫咪成交的数量为 3 150 件,每件 8 美元,共 105 个纸箱。以即期、不可撤销信用证为付款方式。装运港为中国佛山,目的港为美国波士顿。装船期限为 2013 年 10 月 31 日。佛山易美贸易有限公司将此次的运输工作委托给了 AAA 货代公司,并且预订了中国远洋集团运输公司的班轮 ZH2356,航次是 001W,在支付了海运费与附件费后,易美贸易公司收到了船公司提供的海运提单。

请回答:

(1)海运提单对佛山易美贸易有限公司有什么作用?

(2)根据给予的信息核对海运提单的内容。

一、知识认知

(一)实训任务运输基本信息

实训任务的基本信息来源于合同与信用证的内容,并补充了有关国际货物运输相关的部分信息,如单据样张 12.2 所示。

(1)出口商基本信息:FOSHAN EMAY TRADING CO. ,LTD

Rm 110-119,NO. 131 DONGFANG ROAD,DONGFANG PLAZA, FOSHAN, CHINA

TEL:86-757-86682454　　FAX:86-757-86682453.

(2)进口商基本信息:BEST TRADING CO. ,LTD。

Rm 110-115,FUNWAY AVENUE,BOSTON,MA,USA

TEL:1-703-9780901　　FAX:1-703-978-0902.

(3)通知人信息: TO ORDER。

(4)合同号码:EM20130915　合同日期:2013 年 9 月 15 日　装运日期: 20131028。

(5)装运港:佛山港 目的港:美国波士顿港 装运期限:不晚于 2013 年 10 月底。

(6)船名:ZH2356,001W。

(7)包装信息:灰色小熊的成交数量为 1 080 套,单价为 16 美元每套;每 8 套小熊装一个纸箱,共 135 个纸箱;每箱的净重是 6 KGS,毛重是 8.5 KGS,每个纸箱的体积是 48 cm × 64 cm × 60 cm;长发小猫咪成交的数量为 3 150 件,单价为 8 美元每套,每 30 件装一个纸箱,105 个纸箱,每箱的净重是 8.5 KGS,毛重是 11 KGS,每个纸箱的体积是 70 cm × 65 cm × 52 cm。

(8)唛头:

BEST TRADING CO. LTD

EM20130915

BOSTON

CARTON NO. 1 – 240。

(9)运费:预付。

(10)可否转船:允许。

(11)可否分批:允许。

(12)信用证号:L/C363010。

(13)提单张数:3 张清洁提单。

(14)提单号码:ETY78539408。

(15)提单签发日期:20131028。

(16)海运费:USD 330.40。

(二)实训任务分析

提单的信息内容要参照客户提供的合同、发票、信用证的基本信息来填制,出口商在收到船公司提供的提单后要及时进行审查,以防出现提单内容与合同等内容不符的情况,单单不一致,银行是不会支付货款的,进口商的提货也会受到影响。

二、职业判断与实务操作

针对子任务引例分析如下:

(1)佛山易美贸易有限公司缴费后能够获得船公司提供的提单,提单是易美贸易公司以信用证方式拿到货款的凭证,易美贸易公司付款后把提单交给出口方的银行,再由出口方银行转给进口方的银行,美国贝佳特贸易有限公司在付款后,就可以拿到提单,等货物到达波士顿就可以顺利的提取货物了。

(2)海运提单的缮制请参看子任务二。

子任务二　操练海运提单的缮制

子任务引例

佛山易美贸易有限公司与美国贝佳特贸易有限公司达成了一项关于毛绒玩具的交易意向。该项合同的产品是两种毛绒玩具,分别是新潮灰色小熊及长发小猫咪。价格术语为 CIF BOSTON。灰色小熊的成交数量为 1 080 套,每套 16 美元,共 135 个纸箱;长发小猫咪成交的数量为 3 150 件,每件 8 美元,共 105 个纸箱。装运港为中国佛山,目的港为美国波士顿。装船期限为 2013 年 10 月 31 日。佛山易美贸易有限公司将此次的运输工作委托给了 AAA 货代公司,并且预订了中国远洋运输(集团)总公司的班轮 ZH2356,航次是 001W。在支付了海运费与附件费后,佛山易美贸易有限公司收到了船公司提供的海运提单。

请回答:

(1) 中国远洋运输(集团)总公司签发的海运提单应填写哪些内容?

(2) 佛山易美贸易公司审核海运提单需要注意哪些事项?

一、知识认知

根据佛山易美贸易有限公司与 AAA 货代公司磋商的具体信息,缮制海运提单如单据样张 12.2所示。

<table>
<tr><td colspan="4">1. Shipper Insert Name, Address and Phone
FOSHAN EMAY TRADING CO. ,LTD
Rm 110 - 119, NO. 131 DONGFANG ROAD, DONGFANG PLAZA, FOSHAN, CHINA
TEL:86 - 757 - 86682454
FAX:86 - 757 - 86682453</td><td rowspan="2">B/L　COSCO　No. ETY78539408
中国远洋运输(集团)有限公司
COSCO CONTAINER LINES
TLX: 33057 COSCO CN
FAX: +86(021) 6545 8984

ORIGINAL</td></tr>
<tr><td colspan="4">2. Consignee Insert Name, Address and Phone
TO ORDER</td></tr>
<tr><td colspan="4">3. Notify Party Insert Name, Address and Phone
(It is agreed that no responsibility shall attach to the Carrier or his agents for failure to notify) BEST TRADING CO. ,LTD
Rm110 - 115, FUNWAYAVENUE, BOSTON, MA, USA
TEL: 1 - 703 - 9780901　FAX: 1 - 703 - 978 - 0902</td><td rowspan="6">Port-to-Port or Combined Transport
BILL OF LADING
RECEIVED in external apparent good order and condition except as otherwise note D. The total number of packages or unites stuffed in the container, The description of the goods and the weights shown in this Bill of Lading are furnished by the Merchants, and which the carrier has no reasonable means Of checking and is not a part of this Bill of Lading contract. The carrier has issued the number of Bills of Lading stated below, all of this tenor and date, one of the original Bills of Lading must be surrendered and endorsed or signed against the delivery of the shipment and whereupon any other original Bills of Lading shall be void. The Merchants agree to be bound by the terms And conditions of this Bill of Lading as if each had personally signed this Bill of Lading.</td></tr>
<tr><td colspan="2">4. Combined Transport *
Pre-carriage by</td><td colspan="2">5. Combined Transport *
Place of Receipt</td></tr>
<tr><td colspan="2">6. Ocean Vessel Voy. No.
ZH23569, 001W</td><td colspan="2">7. Port of Loading
FOSHAN</td></tr>
<tr><td colspan="2">8. Port of Discharge</td><td colspan="2">9. Combined Transport *
Place of Delivery</td></tr>
</table>

Marks & Nos. Container / Seal No.	No. of Containers or Packages	Description of Goods	Gross Weight (KGS)	Measurement (M^3)
BEST TRADING CO. ,LTD EM20130915 BOSTON CARTON NO. 1-135	20' ×2	NEW DESIGN BROWN BEAR PACKED IN CARTON 135CARTONS IN TOTAL LONG HAIR CAT PACKED IN CARTON 105CARTONS IN TOTAL	1 147.5 1 155	24.3 24.8

10. Total Number of containers and/or packages (in words): TWO HUNDRED AND FORTY CARTONS (240) ONLY.

11. Freight & Charges	Revenue Tons	Rate	Per	Prepaid	Collect

Ex. Rate:	Prepaid at	Payable at	Place and date of issue
	GUANGZHOU		
	Total Prepaid	No. of Original B(s)/L	Signed for the Carrier, COSCO CONTAINER LINES
		THREE(3)	

LADEN ON BOARD THE VESSEL

DATE	2013. 10. 28	BY	×××

单据样张 12.2　实训任务海运提单

二、职业判断与实务操作

针对子任务引例分析如下：

(1)任务引例涉及对佛山易美贸易有限公司提单的填制。根据与美国贝佳特贸易有限公司的合同及信用证信息，以及 AAA 货代公司和中国远洋运输(集团)公司提供的运输信息，该合同项下的海运提单的具体填制内容见上述单样张 12.2 所示。

(2)佛山易美贸易有限公司审核海运提单需要注意事项包括单据名称以及填制内容必须完全符合合同、信用证的规定。

项目小结

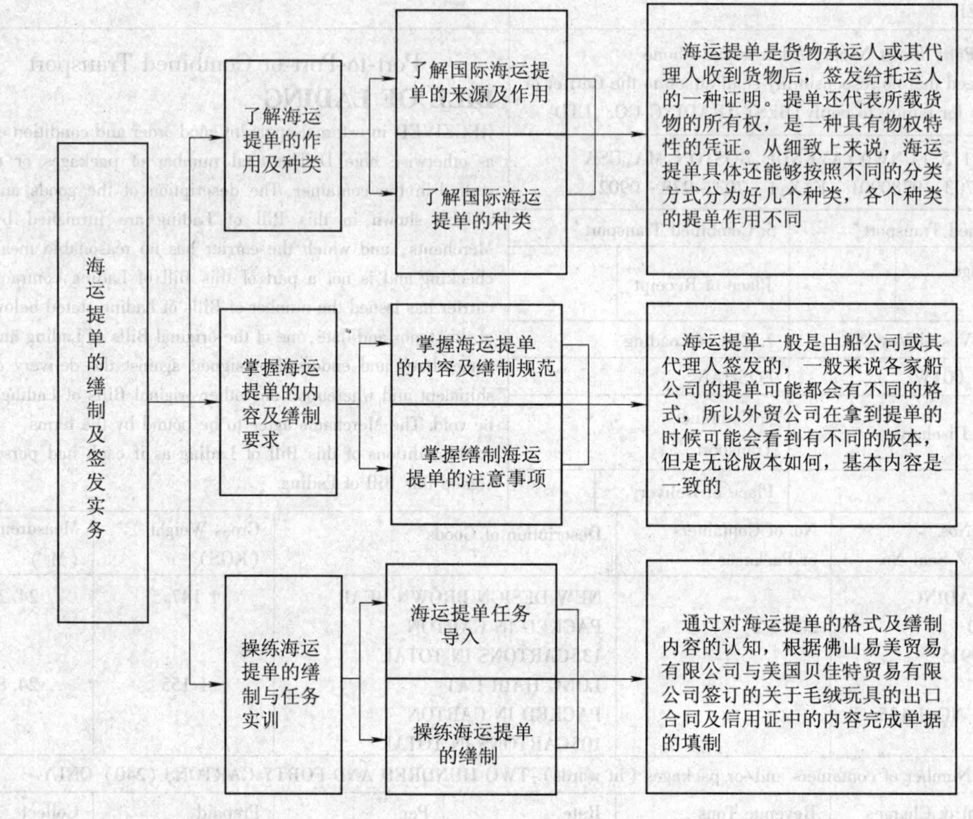

项目训练

能力训练一　职业判断与选择

一、职业判断能力

1. 托运人在船舶开航后，需要更改已签发的正本提单上的以下内容时，必须出示全套正本提单，提供正式的书面申请和公司格式的银行保函，并填写提单更改单，经公司或/及代理公司书面确认后，方可办理唛头的更改。 (　　)

2. 提单在缮制过程中出现的个别字母的差错，可以加盖代理更正章予以更正，但该字母的差错必须是不影响该词或该语句的含义的。 (　　)

3. 承运人放货后收回提单或在提单上加注提单作废的批注后，提单并没有被注销。(　　)

4. 如果货方代理人的名称出现在提单上的发货人栏内，则必须同时注明该代理人名称和发货人名称，但不需要指明该代理人是该发货人的代理。（　　）

5. 为避免错误交货，放货时代理应严格遵循以下原则：①原则上不递交正本公司提单就不能放货；②任何到付运费、其他费用必须在放货前全额付清；③严格审查凭以提货的正本提单，如果有疑问应与提单签发人核对。如果提单为指示提单，提单背面必须有托运人背书或与收货人一栏内容相对的那一方或银行的背书。（　　）

6. 如果货方代理人的名称出现在提单上的发货人栏内，则必须同时注明该代理人名称和发货人名称，但不需要指明该代理人是该发货人的代理。（　　）

7. 对于公司设在美国的无船承运人，其海外代理人的名称可以该无船承运人代理人的身份出现在公司提单的发货人栏中，该无船承运人亦可作为公司提单的收货人。这一代理人必须是真正的和实际上的代理人，不能是货物的受益所有者。（　　）

8. 由于多式联运提单是“待装船提单”，所以卖方不可使用联运提单结汇。（　　）

9. 货物运输中提单一般由托运人签发。（　　）

10. 辨别国际货代人身份的重点是看谁签发了提单。（　　）

二、单项职业选择能力

1. 船公司在提单上批注“Few carton bottom little wet”“Some carton little damaged”等字样，这种提单是（　　）。

A. 清洁提单　　B. 不清洁提单　　C. 只是提单　　D. 过期提单

2. 提单中注明的装船日期早于实际装船日期的情况有（　　）。

A. 倒签提单　　B. 预借提单　　C. 备运提单　　D. 已装船提单

3. 无船承运人指为托运人安排货物运输并以自己的名义签发提单，但本身不经营船舶的公共承运人。无船承运人一般作为（　　）签发其多式联运提单，这种主要是用于货主结汇的提单即为无船承运人提单。

A. 多式联运经营人　　B. 货主　　C. 经营人　　D. 多式联运货主

4. 海运提单的抬头是指提单中的（　　）。

A. 发货人　　B. 收货人　　C. 通知人　　D. 标题

5. 经过背书才能转让的提单是（　　）。

A. 转船提单　　B. 指示提单　　C. 记名提单　　D. 不记名提单

6. 证明海上货物运输合同和货物已经由承运人接收或装船，以及承运人保证据以交付货物的单证是（　　）。

A. 提单　　B. 大副收据　　C. 场站收据　　D. 海运单

7. 各种运输单据中，能同时具有货物收据、运输合同和物权凭证作用的是（　　）。

A. 铁路运单　　B. 航空运单　　C. 海运提单　　D. 海运单

8. 提单的日期是指（　　）。

A. 开始装船的日期　　B. 装船完毕的日期

C. 船舶开航的日期　　D. 船舶到港的日期

9. 海运提单收货人栏内显示“TO ORDER”表示该提单（　　）。

A. 不可转让　　B. 经背书后，可以转让

C. 不经背书即可转让　　D. 可以由持有人提货

10. 租船提单必须由(　　)签发或证实。

A. 船长　　B. 船东　　C. NVOCC　　D. 船东代理人

能力训练二　实务操作

背景资料:

广州意林服装贸易有限公司与加拿大多伦多 ABC 贸易有限公司签订了一份关于服装出口的合同。请根据以下合同及包装基本信息,以广州意林服装贸易有限公司的制单员身份,与新华货代公司签订一份委托货代的托运单,并订立中信船务公司的货船,请缮制一份海运提单。

一、合同信息

GUANGZHOU ELIN CLOTHING TRADING CO. LTD

RM 110 – 112, GUANGZHOU REVENUE, GUANGZHOU, CHINA

TEL:86-20-24232445 FAX:86-20-24232436

SALES CONTRACT

NO.:EL20160912

SELLER NAME:GUANGZHOU ELIN CLOTHING TRADING CO. LTD

ADDRESS:RM 110-112, GUANGZHOU REVENUE, GUANGZHOU, CHINA

TEL:86-20-24232445FAX:FAX:86-20-24232436

BUYER:ABC TRADING CO., LTD, CANADA

ADDRESS:48 WOODGARDEN CRESCENT, TORONTON, ONTARIO, CANADA

TEL:1-514-3964455FAX:1-514-396-4451

THE SELLERS AGREE TO SELL AND THE BUYERS AGREE TO BUY THE UNDERMANTIONED GOODS ACCORDING TO THE TERMS AND CONDITIONS AS STIPULATED BELOW:

NAME OF COMMODITY & SPECIFICATION	QUANTITY	UNIT PRICE	TOTAL VALUE
WOMEN SWEATER (EL5550)	1 000PCS	USD20. 00	USD 20 000
SKIRT(EL5551)	2 000PCS	USD15. 00	USD30 000
TOTAL	3 000PCS		USD50 000

PACKING:PACKED IN CARTONS, 20PCS IN ONE CARTON OF WOMEN SWEATER; 40PCS IN ONE CARTON OF SKIRT

SHIPPING MARKS:

ABC TRADING CO. LTD

EL20160912

TORONTO

CARTON NO. 1 – 100

PORT OF SHIPMENT:HUANGPU PORT,GUAGNZHOU,CHINA
PORT OF DESTINATION:TORONTO,CANADA
TIME OF SHIPMENT:BEFORE THE END OF OCTOBER,2014

二、包装具体信息

女式毛衣的成交数量为 1 000 件,每 20 件装一个纸箱,共 50 个纸箱;每箱的净重是 10 KGS,毛重是 11 KGS,每个纸箱的体积是 44 cm×64 cm×61cm;

裙子成交的数量为 2 000 件,每 40 件装一个纸箱,共 50 个纸箱,每箱的净重是 6 KGS,毛重是 7 KGS,每个纸箱的体积是 55 cm×65 cm×51 cm;

三、其他信息

发票号码:Inv20161007 发票日期:2016. 10. 07

信用证号码:L/C342423

运费:预付

可否转船:允许

可否分批:允许

装运日期:20161027

船名:ZX88473069

提单张数:3 张清洁提单

提单号码:ETW5657588

提单签发日期:20161029

海运费:USD 450

请根据以上给予的合同信息、包装及相关信息,缮制一份海运提单。

项目十三　国际汇票的缮制

项目引言

出口贸易中出口商通常在货物出口后，签发汇票要求进口商或进口商所在地银行付款。汇票是国际贸易中经常用到的支付工具，不管是信用证支付方式还是托收等其他支付方式都会要求随附汇票，所以汇票是国际贸易单证的组成部分。国际汇票作为支取国际贸易金额的凭证，必须要进行符合规范的缮制，并且要与贸易合同及信用证的要求相一致。

知识目标

1. 了解国际汇票的种类
2. 认识国际汇票的内容
3. 掌握国际汇票的缮制
4. 操练一项具体合同项下的汇票缮制

技能目标

1. 熟练掌握国际汇票的规范填写事项
2. 能根据给定的信用证完成相应汇票缮制

任务一　了解国际汇票的基本知识

任务描述

汇票是出口商凭以向进口商要求付款的收款工具，也是进口商付款的重要凭证，出口商出示汇票向付款人提示付款，根据汇票的不同种类，付款人付款的时间和程序不同。

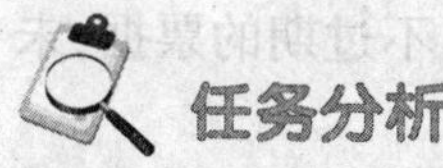

对汇票的概念和汇票的作用有明确的认识，了解汇票的分类方式，能分辨出不同种类的汇票，并熟悉不同种类的汇票特点。

子任务一　了解国际汇票的来源和作用

子任务引例

小明是一家外贸公司的跟单员，最近他与美国一家公司谈妥了一笔货物的出口，在支付方式上小明倾向于信用证付款，对方开证来要求随附的单据中包括汇票。

请回答：

(1) 汇票有什么用处？

(2) 由谁来出具汇票呢？

一、知识认知

(一)汇票的概念

汇票(Bill of Exchange，简称 Bill 或 Draft)是由一个人向另一个人签发的无条件的书面支付命令，要求对方立即或在将来可以确定的时间支付一定金额给特定的人或持票人。汇票是国际贸易中的资金单据，可以代替货币进行转让和流通。

一般汇票有两张正本：First Exchange 和 Second Exchange，根据票据法规定，两张正本汇票具有同等效力，但付款人付二不付一，付一不付二，先到先付，后到无效。

(二)汇票的当事人

汇票的当事人主要包括以下相关人：

(1)出票人(Drawer)：是指开出汇票的人，在信用证和托收付款方式下通常是出口商。

(2)付款人(Drawee)：是指支付票款的人。在出口贸易中通常是进口商或开证行。

(3)收款人(Payee)：或称抬头人，是指收取票款的人。收款人是票面的债权人，有权要求付款人付款，若遭拒付可向出票人追索票款。在出口业务中，收款人一般是受益人、议付行或托收行。

(4)背书人(Endorser)：是指收款人或持票人在汇票背面签字，将收款权利转让他人的人。

(5)承兑人(Acceptor)：远期汇票付款人办理了成堆手续即成为承兑人，在实际业务中承兑人可能是开证申请人、开证行或指定的付款行。

(6)持票人(Holder)：是指持有汇票，有权收款的人。善意持票人是持票人的一种，即汇票的合法持有者,其善意支付了全部票款的代价取得了一张表面完整、合格、不过期的票据,未发现这张汇票曾被退票,也未发现其前手在权利方面有任何缺陷。

(三)汇票使用流程

汇票的使用有出票、提示、承兑、付款等,汇票可以经过背书转让,也可以在未到期时向银行或贴现公司兑换现款。

1. 出票(Issue)

出票是将必要项目填写完备的汇票交给收款人的行为,出票包括三个动作:制作汇票、签字和交付。

2. 提示(Presentation)

提示可以分为承兑提示和付款提示,是指持票人向付款人出示汇票要求承兑或付款的行为。票据是一种权利的凭证,提示即为要求票据权利。无论是承兑提示还是付款提示,都要在规定时效内、正常营业时间和规定的地点提示,只有如此,持票人才能获得票据权利。

3. 承兑(Acceptance)

承兑是受票人在持票人作承兑提示时,同意出票人的付款提示,在汇票正面写明"承兑"字样,注明承兑日期,并由付款人签字并将汇票交还给持票人的行为。承兑人必须承担在远期汇票到期时支付票面金额的责任。

4. 付款(Payment)

付款是即期汇票付款人和远期汇票承兑人在接到付款提示时履行付款义务的行为。

5. 背书(Endorsement)

汇票是可以在票据市场流通转让的,背书是转让汇票权利的法定手续,持票人做背书转让票据权利,受让人成为持票人

背书的形式有三种:限定性背书、记名背书和空白背书。限定性背书又成为不可转让背书,背书人在前些背书指示时带有限制性的词语(e. g. pay…only, and not transferable),限制性背书可以流通转让,但是背书人只对其后手承担责任,对其他后手不承担责任。记名背书又称正式背书,是汇票持有人在汇票背面签上自己的名字,再加上被背书人的名字(e. g. pay to the order of …),这种背书可以经过再背书不断转让,而且前手背书人要对后手背书人负有担保汇票被承兑或付款的责任。空白背书又称无记名背书,背书人仅在票据背面签上自己的名字,不记载被背书人的信息。这种背书的持票人即是被背书人。

6. 拒付(Dishonor)

拒付又叫"退票",指持票人在提示汇票付款和提示承兑时,受票人做出不同意出票人指示的反应,拒绝承兑或拒绝付款,或者受票人避而不见、死亡、宣告破产。持票人在遭遇拒付时请公证机构做出拒绝证书,以证明持票人已按规定行使票据权利但未获结果。此外,汇票拒付时持票人必须向前手做拒付通知。

7. 追索(Recourse)

汇票招拒付后,持票人在行使或保全汇票上的权利行为(包括提示、做拒付证书、拒付通

知)后,有权对前手(背书人、承兑人或出票人)要求退回汇票金额、利息以及做拒付通知和拒付证书等其他有关费用。

8. 贴现(Discount)

贴现是指持票人持未到期的远期汇票向银行或贴现公司兑换现款,银行在付款时预先扣除一定金额的贴现息。

知识链接13-1

汇票出票的效力

出票作为一种票据法律行为,一经完成就产生了票据上的权利义务关系,即票据债权债务关系,对票据上的当事人均产生一定的影响。

(1)汇票出票对出票人的效力。出票行为一经完成,对出票人来说,就产生了一定的票据债务。首先,他要担保所签发的汇票能够在到期前获得承兑,在汇票上所载付款人拒绝承兑或因汇票上所载付款人下落不明、破产等原因无从承兑时,出票人必须承担汇票付款的责任;其次,汇票的出票人还要承担担保付款的义务,在汇票到期不获付款的情况下,出票人必须承担付款责任,不管付款人对汇票承兑与否。出票人担保承兑和担保付款的责任与出票人是否具有担保的意思无关,出票人也不得通过在票据上进行相关记载来免除自己的担保责任。即使有此类记载,也视为无记载。

(2)汇票出票对付款人的效力。汇票出票时,由出票人在票据上载明委托付款人进行付款的意思。但这一委托并非票据上的委托关系,而仅仅是出票人与付款人之间的票据外原因关系。所以,可以认为,出票行为的完成,对于付款人来说并未发生票据上的效力。汇票上所载付款人可以依自己独立的意思,决定为该汇票进行承兑或拒绝承兑。

(3)汇票出票对收款人的效力。出票行为一经完成,即产生了收款人的票据权利。收款人从原因关系上的民事债权人变为票据债权人,享有付款请求权、追索权和依法转让票据的权利。但需注意的是,此时与其相对的票据义务人仅为出票人,并非票上所载的付款人。

二、职业判断与实务操作

针对子任务引例分析如下:

(1)汇票是由一个人向另一个人签发的无条件的书面支付命令,要求对方立即或在将来可以确定的时间支付一定金额给特定的人或持票人。汇票可以代替货币进行转让和流通,大大提高了资金的流转速度,能够减缓企业资金流动性压力。

(2)国际贸易中汇票的开立方一般是出口商,出口商对进口商或者与进口商合作的银行发出支付命令,进口商或者银行作为受票人应该履行付款义务。

子任务二　了解国际汇票的种类

子任务引例

近几个月物价上涨很快,小明所在的外贸公司最近几个月采购货物的现金储备多于预算,公司在采购环节资金压力较大,公司要求跟单员发货后尽量选择以最快的方式收到货款。小李作为小明的好朋友,建议小明在汇票的付款期限上下功夫。

请你为小明选择一种付款较为迅速的汇票。

请回答:

(1) 对于汇票的付款期限有几种选择?

(2) 小明应该选择哪一种?

一、知识认知

(一)按是否可附随单据划分

(1)跟单汇票(Documentary Draft 或 Documentary Bill):即随付装运单据的汇票,这种汇票在进出口贸易中经常使用,发货人发货后出具以收货人为付款人的汇票,收取货款。

(2)光票汇票(Clean Bill):不跟随装运单据的汇票,仅凭汇票办理结算,这种汇票经常用于收取货款尾数、佣金或代垫费用。

(二)按付款期限划分

(1)即期汇票(Sight Bill,Demand Draft):见票即付的汇票,付款人在见票后需立即付款的汇票,即期汇票无须承兑。

(2)远期汇票(Time Bill):按约定的期限或日期付款的汇票,汇票上规定付款人于指定日期或将来可确定日期付款。远期汇票需要先进行承兑后进行支付,按照承兑人不同,又可分为商业承兑汇票和银行承兑汇票。商业承兑汇票是工商企业或个人出票,而以另一个工商企业或个人为付款人的远期汇票。银行承兑汇票是工商企业出票而以银行为付款人的远期汇票。

(三)按出票人划分

(1)银行汇票(Banker's Draft):由银行开立的汇票,出票人和付款人都是银行。这种汇票用于银行汇款。

(2)商业汇票(Trade Bill,Commercial Bill):由工商企业或个人出具的汇票。商业汇票通常是由出口人开立,委托当地银行向国外进口商或银行收取货款。

【请注意】

汇票用处广泛,不止用在国际贸易中,在国内贸易中也经常用到。在国际贸易中汇票内容的填制和国内汇票不完全相同,票据行为也有所不同,国际汇票的填制规范受到国际贸易习惯用法的影响。

知识链接13-2

我国国内汇票的分类

我国《票据法》将汇票分为银行汇票和商业汇票,前者是指银行签发的汇票,后者则是银行之外的企事业单位、机关、团体等签发的汇票。

在实践中,银行汇票一般由汇款人将款项交存当地银行,由银行签发给汇款人持往异地办理转账结算或支取现金。单位、个体经济户和个人需要使用各种款项,均可使用银行汇票。银行汇票的当事人是:

(1)出票人。这是指签发行。根据我国现行做法,只有参加全国联行往来的银行才能签发汇票,即充当出票人。

(2)受款人。这足指收款人,收款人可以是汇款人,也可以是其他人。

(3)付款人。银行汇票的出票银行为银行汇票的付款人。汇款人不是汇票上的当事人,而是与出票人有原因关系的人。汇款人可以是单位、个体经济户和个人。汇款人与签发行的关系是委托关系。银行汇票的提示付款期限自出票日起1个月。

商业汇票是指收款人或付款人(或承兑申请人)签发,由承兑人承兑,并于到期日向收款人或被背书人支付款项的票据。商业汇票按承兑人的不同,分为商业承兑汇票和银行承兑汇票,前者指由收款人签发,经付款人承兑,或由付款人签发并承兑的票据,后者指由收款人或承兑申请人签发、并由承兑申请人向开户银行申请,经银行审查同意承兑的票据。商业汇票的收款人、付款人或承兑申请人一般指供货和购货单位。在商业承兑汇票中,汇票上的当事人是:

(1)出票人是交易中的收款人,即卖方,或者交易中的付款人,即买方。

(2)承兑人,出票人如是卖方,承兑人为买方,出票人如是买方,本人为承兑人。

(3)付款人,是买方的开户银行。

(4)受款人,是交易中的收款人,即卖方。

在银行承兑汇票中,汇票上的当事人是:

(1)出票人是承兑申请人。

(2)付款人和承兑人是承兑行,即承兑申请人的开户银行。

(3)受款人是与出票人签订购销合同的收款人,即卖方。根据有关规定,商业汇票的付款期限,最长不得超过6个月;商业汇票的提示付款期限,自汇票到期日起10日。

二、职业判断与实务操作

针对子任务引例分析如下:

(1)按付款期限划分,汇票可以分为即期汇票和远期汇票,即期汇票的付款方式是受票人见票即付,远期汇票是在受票人见票后或者装运日期后若干天付款的汇票。

(2)小明想要更快得收到款项,即期汇票是最好的选择,当小明备齐单证后向银行提示汇票的时候,银行可以马上付款。如果进口商不愿意采用即期汇票,小明要尽量争取使远期汇票付款环节中从承兑到付款的时间间隔缩短。

任务二　掌握国际汇票的内容和缮制要求

任务描述

汇票是国际贸易中最典型的票据，是出口商要求付款时出具的支付命令，也是国际贸易中使用频率最高的支付工具。汇票的内容必须全面，详细，具备汇票所必须具备的法定要素，并且符合合同和信用证规定。

任务分析

通过对汇票要素和内容的了解，掌握汇票各项要素的填写方法。

任务实施

子任务一　掌握国际汇票的内容及缮制规范

子任务引例

小明上个月完成了一笔信用证付款的出口交易，这个月他又找到了马来西亚的一个进口商，进口商对小明公司的产品、服务和价格都很满意，在签订合同的时候，此进口商要求采用托收方式。小明开始疑惑了，托收付款方式下的汇票填写跟信用证付款方式下汇票的填写一样吗？

请回答：托收方式下和信用证方式下汇票填写有哪些不同？

一、知识认知

(一)汇票的内容

各国票据法对汇票内容的规定不尽相同，各个单位制定的汇票格式也不同，但汇票基本内容大体相同，一般都包括以下基本内容：

(1)表明“汇票”(Bill of exchange 或 Draft)的字样。

(2)无条件的支付命令。

(3)确定的金额。

(4)付款期限。

(5)受票人即付款人名称。

(6)收款人名称即汇票的抬头。

(7)出票日期。

(8)出票地点。

(9)出票人签章。

(二)汇票样例(单据样张 13.1)

汇　票

BILL OF EXCHANGE

凭　信用证第　号

Drawn under ____(1)____ L/C No. ____(2)____

日期　按　息付款

Dated ____(3)____ Payable with interest @ ____%

号码　汇票金额　出票日期和地点

No. ____(4)____ Exchange for ____(5)____ ____(6)____

见票　日后付交

At ____(7)____ sight of this First of Exchange(Second of exchange Being unpaid) Pay to the order of ____(8)____ the sum of ____(9)____

To:　出票人签字:

____(10)____ Disnature of the draw

____(11)____

单据样张 13.1　汇票内容

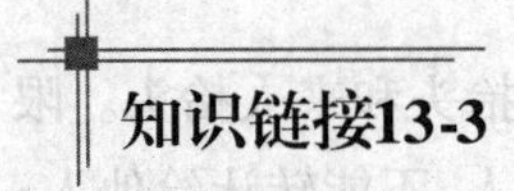

知识链接13-3

托收项下汇票的填写

托收结算方式汇票的填制,有九个项目需要填写:

(1)托收汇票须在出票条款栏内或其他位置加注“FOR COLLECTION”。

(2)汇票号码(NUMBER),一般填写发票号码。

(3)小写金额(AMOUNT IN FIGURES):即托收总金额,也就是发票金额;先打币制,紧接着是以阿拉伯数字表示的金额,小数点后保留两位,第三位小数四舍五入,应端正地打在虚线内,不得涂改。

(4)出票地点和日期(PLACE AND DATE OF ISSUE),一般由银行代填。

(5)支付方式和付款期限(TENOR AND MODE OF PAYMENT),支付方式一般为 D/P 或者 D/A ,填写在 AT 的前面,付款期限应填写在 AT 与 SIGHT 的中间。如远期见票后 60 天,则填“AT 60 DAYS SIGHT”;如为“即期”,则为“AT * * * * * SIGHT”。

(6)“收款人栏目”一般填写托收银行。

(7)大写金额(AMOUNT IN WORDS),先打货币名称,再用英文大写表明托收金额,大小写应相一致。句尾加打一个“ONLY”。

(8)付款人(DRAWEE),即汇票右下角的“TO”栏,根据合同规定填写买方(进口商名称和地址)

(9)出票人签字(SIGNATURE OF THE DRAWER),在汇票右下角打出或盖上出口方公司名称并由负责人签字或盖章。

(三)汇票填制

(1)出票条款:按要求填写开证行的名称和地址,并且应该填写全称,除非信用证内汇票条款中允许写开证行的缩写。

(2)信用证号码:按买方开来的信用证编号填写。

(3)日期:按信用证规定填写信用证开证日期。

(4)发票号码:按发票填写。

(5)汇票小写金额:由货币名称缩写和阿拉伯数字组成,例如:USD50 000.00,金额要求保留到小数点后两位,若为整数则补零。货币名称应与信用证和发票一致,金额应按照信用证的具体规定来填写。

(6)出票日期和地点:日期不得早于随附的各种单据的出票日期,同时不能迟于信用证的交单有效期。

(7)汇票付款期限:汇票付款期限分为即期和远期两种,即期汇票的付款期限填写比较简单,只需在 at 与 sight 之间划 ××× 或 ***,或者直接打上"AT SIGHT",注意不能留空。远期汇票需填入相应的付款期限,如信用证规定见票后 25 天付款,则应填写"AT 25 DAYS AFTER SIGHT",如信用证规定出票后 30 天付款,则应填写"AT 30 DAYS AFTER DATE",并划掉 sight。

(8)收款人:也称抬头人,一般有三种形式,包括限制性抬头、指示性抬头和来人抬头。限制性抬头:Pay to ** only。这种抬头限制了付款人只能将票款付给抬头人,不能转让给他人;指示性抬头:Pay to the order of **,这种抬头可以由收款人背书转让给他人,付款人可以将票款付给被背书人;来人抬头:Pay to bearer,这种抬头无须背书,谁持有汇票谁就是收款人,所以风险较大,如果汇票遗失,票款就会落入他人之手。

(9)汇票大写金额,大写金额一定要与小写金额相对应,大写金额后加 ONLY,金额前加 SAY 和货币名称。

(10)付款人:按照信用证规定填写,以开证行或指定付款行作为付款人,若信用证中未指定付款人,则填写开证行。

(11)出票人:一般填写信用证受益人,出票人应填企业全称和负责人的签字或盖章。

二、职业判断与实务操作

针对子任务引例分析如下:

托收方式下信用证填写与信用证方式下信用证填写有以下不同:

(1)出票依据不同,信用证付款方式下,出票依据填写开证银行的名称和地址,托收付款方式下一般填写发运货物的名称、数量和合同号,也可简单填写成"For collection"。

(2)付款期限填写不同,托收即期付款交单,应填写"D/P At *** Sight",托收远期付款交单,应填写"D/P At 5 days Sight"。

(3)付款人不同,信用证下一般填写开证行或议付行,托收方式下由于是委托国外银行向买方收款,所以付款人应填写买方名称和地址。

子任务二　掌握缮制国际汇票的注意事项

子任务引例

小李是一家外贸公司的跟单员，外贸主管交给他一份合同，进口方为澳大利 WD 公司，出口方为中国福州美亚公司，合同金额为 30 万美元，合同中列明信用证付款，议付行在见票后 15 天付款，小李按照合同缮制汇票。

请回答：

（1）小李应该制作几份汇票？

（2）小李所在的公司在 6 月 20 日向议付行提示付款，多久之后收到货款？

一、知识认知

缮制汇票应注意以下几个问题：

（一）汇票的付款期限及到期日计算

（1）清楚信用证要求的是即期汇票还是远期汇票，如果信用证要求汇票为 At sight/on demand/on presentation 或对此没有具体规定时，应该填制并提交即期汇票。如果要求远期汇票，应该明确期限的起算及到期日如何确定。计算远期汇票的到期日的规章是算尾不算头，所以无论汇票的付款期限是“after sight”“after date of sight”“from date of B/L”，均应从出票后、见票后、提单日后的次日起算。

（2）以月为单位计算汇票到期日时，一律以相应月份的同一天为到期日，若当月无对应日期，则以该月的最后一天代替。

（3）若汇票到期日适逢周末或节假日则顺延至下一个银行营业日付款。

（4）在以提单日计算票期时，若一份提单上有多个装船批注，则使用最早的装船批注日期计算汇票到期日；如果凭几套提单出具一张汇票兑用时，最晚的提单日被用来计算汇票到期日。

（二）汇票的份数

国际贸易货款结算中使用的商业汇票通常需要开具一式两份，寄单时分次寄送，以防遗失。汇票若其中一份付讫，另外一份自动失效，因此汇票中常常注明“The FIRST of exchange(SECOND of exchange being unpaid) pay to”（付一不付二）或“The SECOND of exchange (FIRST of exchange being unpaid) pay to”（付二不付一），目的是防止重复承兑或付款。

（三）汇票的背书签署

汇票的收款人为指示性抬头时汇票可以经背书转让，转让时按要求背书，如果收款人一栏填写“pay to the order of ABC Co LTD”时，改汇票由 ABC Co LTD 在汇票背面签章，并注明背书时间。如果信用证要求空白背书时无须注明被背书人名称，如果信用证要求记名背书，则需加上受让人名称。

知识链接13-4

汇票的承兑背书

背书是一种要式形为，背书必须记载下列事项：

1. 被背书人名称

2. 背书人签章

未记载上述事项之一的，背书无效。

背书时应当记载背书日期，未记载背书日期的，视为在汇票到期日前背书。

背书记载"委托收款"字样，被背书人有权利代背书人行使被委托的汇票权利。但是，被背书人不得再以背书转让汇票权利。

汇票可以设定质押。质押时应当以背书记载"质押"字样。被背书人依法实现其质权时，可以行使汇票权利。

票据出票人在票据正面记载"不得转让"字样的，票据不得转让(丧失流通性)。其直接后手再背书转让的，出票人对其直接后手的被背书人不承担保证责任，对被背书人提示付款或委托收款的票据，银行不予以受理。

票据背书人在票据背书人栏记载"不得转让"字样的，其后手再背书转让的，记载"不得转让"字样的背书人对其后手的被背书人不承担保证责任。

背书不得附有条件。背书时附有条件的，所附条件不具有票据上的效力。将汇票的一部分转让的背书或者将汇票金额分别转让给二人以上的背书无效。

汇票被拒绝付款或超过提示付款期限的，不得再背书转让，背书转让的，背书人应当承担票据责任。

背书应当记载在票据的背面或者粘单上，而不得记载在票据的正面。背书栏不附背书的，可以使用统一格式的粘单，黏附于票据凭证上规定的粘接处。粘单上的第一记载人，应当在票据和粘单粘贴处签章。如果背书记载在票据的正面，背书无效。因为背书记载在票据正面，将无法确定背书人的签章究竟是背书行为，还是承兑行为，还是保证行为，因而也不能确认该签章的效力。

【请注意】

不是所有汇票都可以背书转让，限制性抬头的汇票不能通过背书流通转让，来人抬头的汇票不需要进行背书，只有指示性抬头的汇票才能背书。

二、职业判断与实务操作

针对子任务引例分析如下：

(1)小李应缮制两份汇票，以防遗失，并且一份付讫之后另一份自动失效。

(2)小李所在公司应该在7月5日收到货款，根据算尾不算头来计算见票后15天来计算，承兑日在6月20日，从6月21日起算15天。

任务三　操练国际汇票的缮制与任务实训

任务描述

国际汇票是国际贸易中的典型单据，汇票的填制内容有收款人、付款人、付款期限等内容，汇票内容的填写要依照合同约定，采用信用证付款方式的要严格按照信用证规定来填写。

任务分析

通过对国际汇票格式及缮制内容的认知，根据佛山易美贸易有限公司与美国贝佳特贸易有限公司签订的关于毛绒玩具的出口合同，以佛山易美贸易有限公司跟单员的身份，完成以下国际汇票的填制。

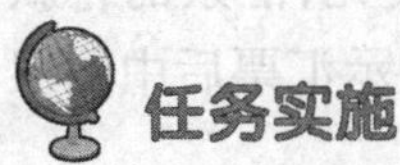

任务实施

子任务一　国际汇票任务导入

子任务引例

佛山易美贸易公司与美国贝佳特贸易有限公司达成了一项关于毛绒玩具的出口交易。该项合同的产品是两种毛绒玩具，分别是新潮灰色小熊及长发小猫咪。合同约定采用信用证付款，根据实训任务的分析，操练该项信用证下汇票的缮制。

请练习：

根据买方开立的信用证，为佛山易美贸易公司缮制符合合同和信用证规定的汇票。

一、知识认知

（一）实训任务合同分析

根据佛山易美贸易有限公司与美国贝佳特贸易有限公司达成的合同，找出与缮制汇票有关的基本信息

（1）抬头人信息：FOSHAN EMAY TRADING CO. ,LTD；

Rm 110 – 119，NO. 131 DONGFANG ROAD，DONGFANG PLAZA，FOSHAN.

（2）发票号码：Inv20131012。

（3）合同号码：EM20130915。

（4）信用证号码：L/C361010。

(5)付款期限:汇票中的付款期限要在信用证的有效期内,汇票付款期限如果超过信用证的有效期,不能收到付款。合同中规定信用证必须在装船前30天开到卖方,信用证有效期限延至装运日期后21天在中国到期。由于装船最晚期限为2013年10月31日,则信用证到期日为2013年11月21日。如果是缮制远期汇票,则应充分考虑到付款期限限定在装船日期后,信用证到期日前。

(二)实训任务信用证分析

(1)信用证编号:L/C363010。

(2)受票人:信用证中明确规定 Drawee 为开证行中国银行波士顿分行。

(3)汇票类型及汇票金额:根据美国贝佳特进出口有限公司开来的信用证条款,明确了汇票为“AT SIGHT FOR 100 PCT OF THE INVOICE VALUE”,即缮制的汇票是发票金额的见票即付即期汇票。发票金额为USD42 480.00。

二、职业判断与实务操作

针对子任务引例分析如下:

(1)任务引例涉及对佛山易美贸易有限公司汇票的填制。从与美国贝佳特贸易有限公司签订的合同和美国贝佳特公司开来的信用证来分析,汇票的金额为42 480美元,汇票的付款人是中国银行波士顿分行,收款人为中国银行佛山分行,并且易美贸易公司出示汇票后中国银行波士顿分行见票即付。

(2)汇票的填制内容包括佛山易美贸易有限公司的基本信息、信用证开证行信息,发票编号 Inv20131012、付款期限、付款金额,出票时间。如果信用证对抬头人填写和付款期限及付款金额有特别规定的,必须严格按照信用证来填写。

子任务二　操练国际汇票的缮制

子任务引例

佛山易美贸易公司与美国贝佳特贸易有限公司达成了一项关于毛绒玩具的出口合同。该项合同的产品是两种毛绒玩具,分别是新潮灰色小熊及长发小猫咪。根据实训任务的分析,操练装箱单的缮制。

请回答:

(1) 根据合同和信用证信息,操练国际汇票的缮制。

(2) 填写国际汇票需要注意哪些事项?

一、知识认知

(一)实训国际汇票的缮制

根据佛山易美贸易有限公司与美国贝佳特贸易有限公司达成的毛绒玩具合同交易,通过分析合同及信用证的信息,缮制如单据样张13.2所示的汇票。

汇　票
BILL OF EXCHANGE

凭　　　　　　　　　　　　　　　　　　　　　　　　　　信用证　第363010号
Drawn under BANK OF CHINA, BOSTON BRANCH, L/C No. 363010
日期
Dated 20, September, 2013
号码　　　　　　　　　　　汇票金额　　　　　　　　　　出票日期和地点
No. Inv20131012 Exchange for USD42480.00　　(02/11/2013, FOSHAN, CHINA)
见票　　　　　　　　　　　日后付交
At *** sight of this First of Exchange (Second of exchange Being unpaid) Pay to the order of BANK OF CHINA, FOSHAN BRANCH the sum of SAY US DOLLARS FORTY - TWO THOUSAND HUNDRED AND EIGHTY ONLY
To:
BANK OF CHINA, BOSTON BRANCH
FOSHAN EMAY TRADING CO. LTD

单据样张13.2　汇票样例

(二)国际汇票缮制的注意事项

(1)汇票的付款期限要符合信用证规定,如果信用证没有具体规定,应填制即期汇票,如果信用证要求远期汇票,应该明确付款期限的起算和到期日的确定,付款期限是算尾不算头,到期日必须在信用证的有效期内。

(2)汇票的出票日期一般为交单日,出票日期不得迟于信用证规定的交单日。

(3)汇票的大小写金额一致,大写货币金额前用“SAY”开头,数字后用“ONLY”结尾。

(4)汇票的出票人必须是出口商(受益人)。

(5)汇票的受票人和付款人应与信用证规定相一致。

(6)汇票票面不得有涂改,必须做到票面整洁、清楚。

知识链接13-5

汇票金额与发票金额、信用证金额的关系处理

(1)开来的信用证中若无增减幅度,那么信用证金额为最高限额,发票中的货物数量只能在5%幅度内减少,发票、汇票和信用证金额才能保证一致。

(2)如果信用证规定汇票金额为发票金额的百分之几,商业发票不表示佣金情况,汇票金额以扣除佣金后的净额出具。例如:“Drafts to be drawn for full CIF value less 5% commission, invoice to show full CIF value”。

(3)部分信用证、部分托收的支付方式下,信用证下支付款项的按信用证下允许的金额支取,以银行为付款人缮制汇票;托收部分以买方为付款人缮制汇票,两套汇票加总之和是发票金额。

二、职业判断与实务操作

针对子任务引例分析如下：

(1)任务引例涉及对佛山易美贸易有限公司汇票的填制。根据与美国贝佳特贸易有限公司的合同及信用证信息，该合同项下的国际汇票的具体填制内容见上述单样张13.2。

(2)国际汇票的注意事项包括填制内容必须完全符合信用证的规定；汇票的金额大小写要一致，并且金额要严格按照信用证金额来填写；付款期限采用即期方式时，要在AT和SIGHT之间划上＊＊＊或者横线，不能留空；出票日期不得早于随附的各种单据的出单日期，同时不能迟于信用证的有效期。

项目小结

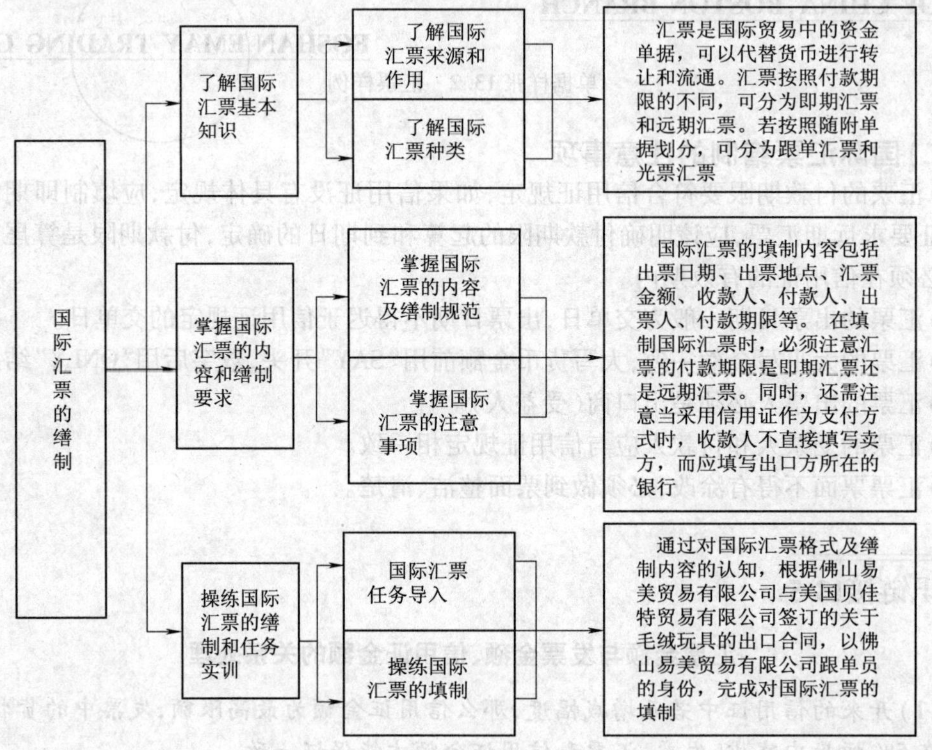

项目训练

能力训练一　职业判断与选择

一、职业判断能力

1. 汇票分为即期和远期两种。　　（　　）

2. 汇票的基本当事人是指基于最初的汇票行为而明确的当事人,包括出票人和收款人。（　）

3. 汇票是付款人签发,委托银行在指定的日期无条件支付确定的金额给收款人或者持票人的单据。（　）

4. 汇票按出票人的不同,可分为商业汇票和银行汇票。（　）

5. 汇票按付款时间的不同,可分为跟单汇票和光票汇票。（　）

6. 按照付款时间的不同,汇票可分为即期汇票和远期汇票。（　）

7. 即期汇票是允许付款人在一定期限或特定日期付款的汇票。（　）

8. 付款人一般都位于汇票的右下角,即 TO(付款人)。（　）

9. 汇票必须有会派人的签字,一般位于汇票左下角。（　）

二、单项职业选择能力

1. 贷款的结算可以使用现金和票据两种支付手段,大多数贷款是以票据来进行结算的。国际贸易中使用的票据主要有汇票、本票和支票,其中(　　)使用最多。

A. 汇票　　B. 本票

C. 支票　　D. 汇票和本票

2. 汇票是由(　　)签发的,命令付款人在见票时或者在指定日期无条件支付确定金额给收款人或者持票人的票据。

A. 承兑人　　B. 收款人　　C. 出票人　　D. 付款人

3. 汇票的收款人有三种填写方式,根据我国票据法的规定,其中凡签发(　　)的汇票无效。

A. 限制性抬头　　B. 指示性抬头

C. 持票人或来人抬头　　D. 记名抬头

4. 一张商业汇票见票日为 1 月 31 日,见票后 1 个月付款,则到期日为(　　)。

A. 2 月 28 日　　B. 3 月 13 日　　C. 3 月 2 日　　D. 3 月 3 日

5. 收款人或持票人将汇票提交(　　)要求其付款或承兑的行为,称为提示。

A. 付款人　　B. 收款人　　C. 出口商　　D. 议付行

6. 承兑是指汇票付款人承诺对远期汇票承担到期付款责任的行为。我国票据法规定,自收到提示承兑汇票之日起(　　)内,付款人必须做出承兑。

A. 3 日　　B. 4 日　　C. 5 日　　D. 6 日

7. 承兑是(　　)对远期汇票表示承担到期付款责任的行为。

A. 付款人　　B. 收款人　　C. 出口商　　D. 议付行

8. 凡做成限制性背书的汇票,只能由(　　)凭票取款。

A. 其他被背书人　　B. 指定的被背书人

C. 银行　　D. 买方

9. 汇票可以从不同角度进行分类,若根据出票人身份,可以分为(　　)与商业汇票。按付款期限的不同,分为(　　)和远期汇票。

A. 即期汇票,银行汇票　　B. 即期汇票,银行汇票

C. 跟单汇票,即期汇票　　D. 光票汇票,银行汇票

10. 信用证方式下的汇票必须有出票条款,包含三个内容,分别是开证行完整名称、信用

证号和(　　)。

A. 开证日期　　B. 收款人　　C. 付款人　　D. 出票人

能力训练二　实务操作

背景资料：

广州意林服装贸易有限公司与加拿大多伦多 ABC 贸易有限公司签订了一份关于服装出口的合同。请根据以下合同及包装基本信息，以广州意林服装贸易有限公司的制单员身份，缮制一份国际汇票。

一、合同信息

GUANGZHOU ELIN CLOTHING TRADING CO. LTD

RM 110 – 112, GUANGZHOU REVENUE, GUANGZHOU, CHINA

TEL: 86-20-24232445　　FAX: 86-20-24232436

SALES CONTRACTNO. : EL20160912

SELLER NAME: GUANGZHOU ELIN CLOTHING TRADING CO. LTD

ADDRESS: RM 110 – 112, GUANGZHOU REVENUE, GUANGZHOU, CHINA

TEL: 86-20-24232445　　FAX: 86-20-24232436

BUYER: ABC TRADING CO. , LTD, CANADA

ADDRESS: 48 WOODGARDEN CRESCENT, TORONTON, ONTARIO, CANADA

TEL: 1-514-3964455　　FAX: 1-514-3964451

THE SELLERS AGREE TO SELL AND THE BUYERS AGREE TO BUY THE UNDERMANTIONED GOODS ACCORDING TO THE TERMS AND CONDITIONS AS STIPULATED BELOW.

NAME OF COMMODITY & SPECIFICATION	QUANTITY	UNIT PRICE	TOTAL VALUE
WOMEN SWEATER (EL5550)	1 000PCS	USD20. 00	USD 20 000
SKIRT(EL5551)	2 000PCS	USD15. 00	USD30 000
TOTAL	3 000PCS		USD50 000

PACKING: PACKED IN CARTONS, 20PCS IN ONE CARTON OF WOMEN SWEATER; 40PCS IN ONE CARTON OF SKIRT

SHIPPING MARKS:

ABC TRADING CO. LTD

EL20160912

TORONTO

CARTON NO. 1 – 100

PORT OF SHIPMENT:HUANGPU PORT,GUANGZHOU,CHINA
PORT OF DESTINATION:TORONTO,CANADA
TIME OF SHIPMENT:BEFORE THE END OF OCTOBER,2014

二、其他信息

发票号码:Inv20161007

发票日期:2016. 10. 07

信用证号码:L/C342423

汇票日期:2016. 11. 02

汇票付款期限:即期汇票

付款人:中国银行多伦多分行

收款人:中国银行广州分行

出票人:广州意林服装贸易有限公司

请根据以上给予的合同信息及其他相关信息,以广州意林服装贸易有限公司的制单员身份,缮制一份国际汇票。

项目十四　进口付汇核销实务与单证缮制

项目引言

进出口的收付汇是国际贸易流程的最后一个步骤，是国家加强对进出口外汇管理，防止国家外汇收入流失的一项重要措施。完成了收付汇的工作，买卖双方的业务费用全部结清，一票国际贸易业务才算真正的完成，国家对于这票业务的监管就全部结束了。目前进口付汇仍然是我国监管的重点，出口收汇已经出于简化进出口流程的要求于2012年取消了。本项目将学习进口付汇的基本概念和流程，出口收汇的内涵，并在此基础上学习进口付汇核销单的缮制。

知识目标

1. 了解进口付汇核销的基本概念和流程
2. 了解出口收汇核销的基本概念
3. 熟悉进口付汇核销单的主要内容

技能目标

了解进口付汇核销所需要处理的相关单证及制单的基本要求，能够顺利办理进口付汇核销业务

任务一　认识进口付汇核销

任务描述

进口付汇核销是以“电子底账”和“联网核查”的方式来防止不法企业利用报关单或者伪造报关单进行重复付汇，其目的是配合国家的外汇监管政策。对进口付汇核销的内容和单证

的学习能够规范进口企业按照正常的业务操作渠道办理贸易进口，做到真正意义上的“款、物对流”，保证每一笔贸易进口付汇的贸易真实性，防止利用假单据进行逃汇、套汇。

任务分析

通过对进口付汇核销的办理规定和办事流程的学习，了解进口核销的基本作用。同时，在学习进口核销的操作基础上，学会进口付汇核销单证的申请与填写。

子任务一　认识进口付汇核销本质

子任务引例

2014 年方正进出口贸易公司从日本 OKYO IMPORT& EXPORT CORPORATION 进口了一批扳手，并于 10 月 31 日向上海吴淞海关报关。按双方合同规定方正进出口贸易公司要找中国银行上海分行办理付汇赎单手续，并填制进口付汇核销单，并向上海市外汇管理局办理核销报审手续。小明是方正公司的业务员，第一次接手这笔业务，对进口付汇核销还不太了解。

请回答：

(1)什么是进口付汇核销？

(2)方正公司收到扳手多久后，小明必须要办理付汇核销？

一、知识认知

(一)进口付汇核销的概念

进口付汇核销是以付汇的金额为标准核对是否有相应的货物进口到国内或有其他证明抵冲付汇的一种事后管理措施。目的是为进一步完善货物贸易进口付汇(以下简称进口付汇)管理，推进贸易便利化，促进涉外经济发展。

(二)进口付汇核销的办理规定

进口单位需要办理对外付汇时应当按照规定如实填写“贸易进口付汇核销单”(一式三联)，属于货到汇款的还应当填写有关“进口货物报关单”编号和报关币种金额，将核销单连同其他付汇单证一并送外汇指定银行审核。

外汇指定银行审核进口单位提供的各种单据内容相符无误后，填写核销单下方的内容，并加盖印章，将第二联退还进口单位。

进口单位应当在有关货物进口报关后一个月内向外汇管理局办理核销报审手续。在办理核销报审时，对已到货的，进口单位应当将正本“进口货物报关单”等核销单证附在相应核销单后(凭“备案表”付汇的还应当将“备案表”附在有关核销单后)，并如实填写“贸易进口付汇到货核销表”；对未到货的，填写“贸易进口付汇未到货核销表”。

二、职业判断与实务操作

针对子任务引例分析如下：

(1)进口付汇核销是外汇管理局对每一笔外贸进口业务进行监管的一项措施，具体来说就是以进口付汇核销单为主线，对进口单位在进口业务的到货与付汇的一致性进行核实。

(2)小明的公司应当在收到扳手，并且进行了进口报关后一个月内向外汇管理局办理核销报审手续。

子任务二　认识进口付汇的基本流程

子任务引例

小王所在的公司进口了一批红酒，在收到货物并且报关了半个月后，公司经理和他说，让他去办理一下进口付汇的核销。

请回答：

(1)办理进口付汇核销的流程是什么？

(2)小王去办理核销业务，需要准备哪些资料？

一、知识认知

(一)提供相应材料

根据《进口付汇核销监管暂行办法》规定，进口单位“应当在有关货物进口报关后一个月内向外汇局办理核销报审手续”。进口单位在办理到货报审手续时，须对应提供下列单据：

(1)进口付汇核销单(如核销单上的结算方式为“货到付款”，则报关单号栏不得为空)。

(2)进口付汇备案表(如核销单付汇原因为“正常付汇”，企业可不提供该单据)。

(3)进口货物报关单正本(如核销单上的结算方式为“货到付汇”，企业可不提供该单据)。

(4)进口付汇到货核销表(一式两份，均为打印件并加盖公司章)。

(5)结汇水单及收账通知单(如核销单付汇原因不为“境外工程使用物资”及“转口贸易”，企业可不提供该单据)。

(6)外汇局要求提供的其他凭证、文件。

上述单据的内容必须真实、完整、清晰、准确。

(二)进口付汇核销程序

(1)进口单位要取得进口许可权并向海关制卡中心申办中国电子口岸IC卡。

(2)进口单位付汇或者开立信用证前要先去外汇管理局办理“进口付汇备案登记表”。

(3)外汇管理局审核进口单位递交的相关材料，审核无误后将进口单位列入“对外付汇进口单位名录”。

(4)进口单位持有关材料到外汇管理局指定银行办理开证或购付汇手续。

(5)进口单位付汇后,银行需向外汇管理局报送"贸易进口核销单"或《对外付汇/承兑通知书》,外管局将企业付汇的数据录入"贸易进口付汇监管系统"。

(6)进口企业在报关一个月内到外汇管理局办理进口核销报审手续。

(7)外汇管理局审核进口企业的付汇情况与实际是否一致,在"中国电子口岸系统"对进口货物报关单联网核查,核对纸质报关单与电子底账一致后对报关单进行核注或结案,并打印报关单电子底账。

(8)外管局核对无误后为企业办理核销手续,将进口到货报关数据录入贸易付汇监管系统,在对外付汇/承兑通知书和到货核销表及报关单上都盖上"进口付汇核销已审"章后退给进口企业,并允许企业继续进行进口付汇业务。

二、职业判断与实务操作

针对子任务引例分析如下:

(1)小王应该要准备好所有的资料递交外汇管理局的窗口进行初审和复审,因为小王的公司进口的红酒是已经到货的,所以小王应该要填写"贸易进口付汇到货核销表"进行材料递交,直至取得外汇管理局经审查后返回的加盖"已报审"章的到货报审表和报关单。

(2)小王要带去的单据有进口货物报关单正本、进口付汇到货核销表、结汇水单及收账通知单以及外汇局要求提供的其他凭证、文件。

子任务三　认识进口付汇核销单据的填制

子任务引例

广州方方贸易公司从美国进口了一批电子元件,小李是方方贸易公司的业务员负责办理此次的业务,报关一个月后他需要去办理递交进口付汇核销申请,需要填写进口付汇核销单和进口付汇到货核销单。

请回答:

(1)进口付汇核销单是什么?它有哪些内容?

(2)进口付汇到货核销单是什么?它有哪些内容?

(3)进口付汇核销单上的内容信息可以从哪些单据获取?

一、知识认知

(一)进口付汇核销单的内容与缮制规范

1. 进口付汇核销单(单据样张14.1)

进口付汇核销单是指由国家外汇管理局制定格式、进口单位填写、外汇指定银行审核并凭以办理进口付汇的凭证。一份核销单只可凭以办理一次付汇。

贸易进口付汇核销单(代申报单)

印单局代码: 核销单编号:

单位代码:	单位名称:		所在地外汇局名称:	
付汇银行名称:	收款人国别:		交易编码:	
收款人是否保税区:是□ 否□	进口商品名称:			
对外付汇币种:	对外付汇总额:		折美元总额:	
其中:购汇金额	现汇金额			
人民币账号:	外汇账号:			
付 汇 性 质				
□正常付汇				
□不在名录	□ 90 天以上信用证		□90 天以上托收	□异地付汇
□90 天以上到货	□转口贸易		□境外工程使用物资	□真实性审查
备案表编号:6666				
预计到货日期:	进口批件号		合同/发票号:	
结 算 方 式				
信用证	90 天以内□ 90 天以上□	承兑日期	付汇日期	期限 天
托 收	90 天以内□ 90 天以上□	承兑日期	付汇日期	期限 天
汇款	预付货款口	货到付款(凭报关单付款)口		付汇日期
	报关单号	报关日期	报关单币种	金额
	报关单号	报关日期	报关单币种	金额
	报关单号	报关日期	报关单币种	金额
	报关单号	报关日期	报关单币种	金额
	报关单号	报关日期	报关单币种	金额
	(若报关单填写不完,可另附纸。)			
其他□	付汇日期			
以下由付汇银行填写 申报号码: 业务编号:		(付款银行签章)	审核日期:	

进口单位(签章): 年 月 日

单据样张 14.1 贸易进口付汇核销单(代申报单)

2. 进口付汇核销单的缮制规范

(1)印单局代码:为印制本核销单的六位外汇局代码。

(2)核销单编号:由各印制本核销单的外汇局自行编制。

(3)单位代码:应根据国家技术监督局颁发的组织机构代码填写。

(4)单位名称:进口单位的名称。

(5)所在地外汇局名称:系指付汇单位所在地外汇局名称。

(6)付汇银行名称:通常为进口地银行。

(7)收款人国别:系指该笔对外付款的实际收款人常驻国家,即出口国家

(8)交易编码:应根据本笔对外付汇交易的性质对应国家外汇管理局国际收支交易编码表填写。

(9)收款人是否保税区:如实选择出口方所在地情况。

(10)进口商品名称:按实际进口货物的名称填写,与合同、报关单要一致。

(11)对外付汇币种:应按币种的英文缩写填写,如:USD。

(12)对外付汇总额:应用阿拉伯数字填写,通常与发票金额相同。

(13)折美元总额:按当期与美元汇率进行折算。

(14)购汇金额:指汇款人申请汇出的实际付款金额中,向银行购买外汇直接对境外支付的金额。

(15)现汇金额:汇款人申请汇出的实际付款金额中,直接从外汇账户(包括外汇保证金账户)中支付的金额。

(16)人民币账号:如所付款项系从银行购得外汇,则在"人民币账号"栏填写其用于购汇的人民币账户。

(17)外汇账号:如所付款项系从现汇账户中支出,则在"外汇账号"栏填写该现汇账户的账号。

(18)付汇性质:应选择适当的付汇性质打√。其中,"正常付汇"系指除不在名录、90天以上信用证、90天以上托收、异地付汇、90天以上到货、转口贸易、境外工程使用物资、真实性审查以外无须办理进口付汇备案业务的付款业务;"90天以上信用证"及"90天以上托收"均系指付汇日期距承兑日期在90天以上的对外付汇业务;除"正常付汇"之外的各付汇性质在标注√时,均须对应填写备案表编号。

(19)预计到货日期:填写合同约定到货日期。

(20)进口批件号:备案登记表中的号码。

(21)合同/发票号:与本批贸易合同、发票的号码一致。

(22)结算方式:应选择适当的结算方式打√。其中:90天以内信用证、90天以内托收的付汇日期距该笔付汇的承兑日期均小于90天且含90天;90天以上信用证、90天以上托收的付汇日期距该笔付汇的承兑日期均大于90天;结算方式为"货到付汇"时,应同时填写对应"报关单号""报关日期""报关单币种""金额"。

(23)申报号码:共22位。第1至第6位为地区标识码、第7至第10位为银行标识码、第11和第12位为金融机构顺序号、第13至第18位为该笔贸易进口付汇的付汇日期或该笔对外付汇的申报日期,最后4位为银行营业部门的当日业务流水码。

(24)业务编号:由付汇银行编排。

(二)进口付汇到货核销单的内容与缮制规范

1. 进口付汇到货核销单(单据样张14.2)

进口付汇到货核销单是指进口商的货物在到货并且办完了报关以后,到外汇管理局去办理付汇核销必须要填写的单据。

贸易进口付汇到货核销表

进口单位名称：　　　　进口单位编号：　　　　核销单编号：

付汇情况								报关到货情况							
序号	核销单号	备案表号	付汇币种金额	付汇日期	结算方式	付汇银行名称	应到货日期	报关单号	到货企业名称	报关币种金额	报关日期	与付汇差额		凭报关单付汇	备注
												退汇	其他		

付汇合计笔数：	付汇合计金额：	到货报关合计笔数：	到货报关合计金额：	退汇合计金额：	凭报关单合计金额：
至本月累计笔数：	至本月累计笔数：	至本月累计笔数：	至本月累计金额：	至本月累计金额：	至本月累积金额：

填表人：　　　　负责人：　　　　填表日期：

本核销表内容无讹。（盖章）

注：

1. 本表一式二联，第一联送外汇局，第二联进口单位留存；
2. 本表合计和累计栏金额为折美元金额；
3. 本表由各外汇局印制，供进口单位使用；
4. 货款汇款项下的付汇在"凭报关单付汇"栏填"√"；
5. 累计栏为本年年初至本月的累计数；
6. 一次到货多次付汇的，在"付汇情况"栏填写实际付汇情况，在"报关到货情况"栏只填写一次；
7. 一次付汇多少到货的，参照第6点处理。

单据样张14.2　贸易进口付汇到货核销表

2. 进口付汇核销单的缮制规范

(1)进口单位名称：进口单位的全称。

(2)进口单位编号：应根据国家技术监督局颁发的组织机构代码填写。

(3)核销单编号：由各印制进口付汇核销单的外汇局自行编制。

(4)备案表号：进口付汇备案表号码。

(5)付汇币种金额：填写实际付汇币种。

(6)付汇日期：银行约定付汇日期。

(7)结算方式：可填信用证、托收、汇款，按实际情况填写。

(8)付汇银行名称：通常为进口地银行。

(9)应到货日期：填写合同约定到货日期。

(10)报关单号:按实际报关单编号填写。

(11)到货企业名称:进口单位名称。

(12)报关币种金额:填写实际报关金额和币种。

(13)报关日期:与报关单要一致。

(14)与付汇差额:进口单位报审付汇金额与实际进口到货金额(即海关进口货物报关单中货物单价与数量乘积)间的差额。

(15)凭报关单付汇:,进口报关单的付汇证明联是海关对实际已经进出境货物签发的证明文件,凭以向银行和国家外汇管理局办理付汇及核销手续。

(16)付汇合计笔数、至本月累计笔数:按实际次数填写。

(17)付汇合计金额、至本月累计笔数:按实际金额填写。

(18)到货报关笔数、至本月累计笔数:按实际报关次数填写。

(19)到货报关合计金额、至本月累计金额:按实际报关金额填写。

(20)退汇实际金额、至本月累计金额:有付汇差额的按实际填写。

(21)凭报关单合计金额、至本月累计金额:凭报关单付汇的填写。

(22)填表人、负责人:由进口企业按实际情况填写。

(23)填表日期:办理贸易进口付汇业务的日期。

知识链接14-1

进口付汇核销备案表

“进口付汇备案表”是针对一些核销方式较特殊、银行资金风险较大及逃套汇发生频率较高的进口付汇,如远期信用证、异地付汇、转口贸易、预付款等所采用的一种事前登记、初审办法。办理备案表表明外汇局已对上述付汇进行了重点跟踪、登记,并按期要求进口单位凭有关凭证向外汇局办理核销报审。

二、职业判断与实务操作

针对子任务引例分析如下:

(1)进口付汇核销单是用来办理进口付汇核销业务的单证,是由国家外汇管理局制定格式、进口单位填写、外汇指定银行审核并凭以办理进口付汇的凭证。核销单的内容包括付汇企业、银行的名称,付汇的用途、日期,相应的合同号、发票号,相应的报关单编号和报关币种、金额、日期等内容。核销单由国家外汇管理局印发,由外汇指定银行向所在地外汇管理局领取,付汇企业再向银行领取。

(2)进口付汇到货核销单是进口单位根据《进口付汇核销监管暂行办法》的要求,按月将“贸易付汇到货核销表”及所附单证报送外汇局审查的业务过程和手续。它的内容与进口付汇核销单基本一致,只是审核单位是外汇管理局。

(3)进口付汇核销单的内容要与报关单、合同上的内容一致,做到单单相符,否则很难通过外汇管理局审核。

任务二　操练进口付汇核销单据缮制与任务实训

任务描述

在进口付汇核销这个环节中,进口付汇核销单(银行代申报单)与进口付汇到付核销单两项单证是最为重要的凭据,这两个单据的填写一定要与报关单据一致,否则会影响企业后续的进口工作。

任务分析

通过对进口付汇核销单与进口付汇到付核销单的格式及缮制内容的认知,根据佛山易美贸易有限公司与日本 OKYO 公司签订的关于扳手的进口合同,以佛山易美贸易有限公司跟单员的身份,完成以下核销单证的填制。

任务实施

子任务一　进口付汇核销单任务导入

子任务引例

佛山易美贸易有限公司从日本 OKYO IMPORT& EXPORT CORPORATION 进口了一批扳手,并于10月31日向广州黄埔海关报关。按双方合同规定佛山易美贸易公司要找中国银行佛山分行办理付汇赎单手续,并填制进口付汇核销单,并向佛山市外汇管理局办理核销报审手续。小吴是方正公司的业务员负责这一笔业务。

请回答:

(1) 小吴办理进口付汇核销的流程应该是怎样的?

(2) 小吴要填写哪些单证呢?怎样正确填写这些单证呢?

一、知识认知

(一) 实训任务基本信息

1. 商业发票(单据样张 14.3)

SELLER:TOKYO IMPORT&EXPORT CORPORATION
ADD:82-324 OTOLI MACHI TOKYO, JAPAN
TEL:028-548-742 FAX:028-548-743
BUYER:FOSHAN EMAY TRADING CO. ,LTD
ADD:Rm 110-119,NO. 131 DONGFANG ROAD,
DONGFANG PLAZA, FOSHAN, CHINA
TEL:86-757-86682454　　FAX:86-757-86682453

COMMERCIAL INVOIVE

INVOICE NO. TIEX140930
DATE: SEP. 16, 2014
PAYMENT TERMS: 30 DAYS AFTER SIGHT L/C

MARKS:N/M

SHIPPED FROM	SHIPPED TO	VESSEL/VOYAGE NO.	
TOKYO	GUANGZHOU	KLING/EX060511	
DESCRIPTION	QUANTITY	PRICE PER SET	TOTAL AMOUNT
WARENCH HEX DEYS WRENCH DOUBLE RING OFFSET WRENCH CONBINATION WRENCH ADJESTABLE WRENCH L/C NO.: XUT17345 P/C NO.: TX200523 PACKED IN ONE CARTON OF 100 SET	 1 000 SET 1 500 SET 2 000 SET 1 500 SET	FOB TOKYO USD 10.00 USD 10.00 USD 20.00 USD 20.00	 USD 10 000.00 USD 15 000.00 USD 40 000.00 USD 30 000.00 USD 95 000.00

TOTAL AMOUNT:SAY U. S. DULLARS NINETY FIVE THOUSAND ONLY

山　田

TOKYO IMPORT&EXPORT CORPORATION

单据样张 14.3　商业发票样例

2. 报关单信息(单据样张 14.4)

中华人民共和国海关进口货物报关单

预录入编号:　　　　海关编号:**444117252**

<table>
<tr><td>进口口岸
黄埔海关</td><td>备案号</td><td colspan="2">进口日期
2014.09.24</td><td colspan="2">申报日期
2014.10.31</td></tr>
<tr><td>经营单位 (4406960012)
佛山易美贸易公司</td><td>运输方式
江海运输</td><td colspan="2">运输工具名称
COSCO V.861</td><td colspan="2">提运单号
XY05111</td></tr>
<tr><td>收货单位
4406960012</td><td>贸易方式
一般贸易</td><td colspan="2">征免性质
一般征税</td><td colspan="2">征税比例</td></tr>
<tr><td>许可证号
06-JZ5661168</td><td>起运国(地区)
日本</td><td colspan="2">装货港
东京</td><td colspan="2">境内目的地
广州</td></tr>
<tr><td>批准文号</td><td>成交方式
FOB</td><td>运费
502/890/3</td><td colspan="2">保费
502/990/3</td><td>杂费</td></tr>
<tr><td>合同协议号
TX200523</td><td>件数
60</td><td>包装种类
箱</td><td colspan="2">毛重(千克)
175</td><td>净重(千克)
145</td></tr>
<tr><td>集装箱号</td><td colspan="3">随附单据 B:T0608114</td><td colspan="2">用途:自营内销</td></tr>
<tr><td colspan="6">标记唛码及备注 N/M</td></tr>
<tr><td colspan="6">项号　商品编号　商品名称、规格型号　数量及单位　原产国(地区)单价　总价　币制　征免</td></tr>
<tr><td colspan="6">8204.1100　WRENCH　日本　502　照章</td></tr>
<tr><td colspan="6">01　HEX DEYS WRENCH　30 千克
1 000 套　10.00　10 000.00</td></tr>
</table>

02	DOUBLE RING OFFSET WRENCH	30 千克 1 500 套	10.00	15 000.00
03	CONBINATION WRENCH	40 千克 2 000 套	20.00	40 000.00
04	ADJUSTABLE WRENCH	45 千克 1 500 套	20.00	30 000.00

税费征收情况		
录入员　录入单位	兹声明以上申报无讹并承担法律责任	海关审单批注及放行日期(签章) 张玲 2014. 11. 01
报关员 3101045588 吴川	申报单位(签章)	审单　审价
		征税　统计
单位地址　佛山东风路		
邮编	电话 86682454	填制日期 2014 年 10 月 31 日	查验　放行 丸泞 2014. 11. 01

单据样张 14.4　进口报关单样例

3. 补充资料

印单局代码:099210

核销单编号:3002698741

收款人是否保税区:否

人民币账号:SZR80066686

备案表编号:6666

预计到货日期:2014 年 10 月 24 日

结算方式:信用证 90 天以内

申报号码:1401032265342626757324

业务编号:9821546781

银行审核日期:2014. 9. 26

到货核销日期:2014. 11. 6

进口单位编号:3145897564、

付汇合计笔数:1

至本月累计笔数:2

至本月累计笔数:USD106 000

(二) 实训任务分析

小吴去办理这批货物的进口核销,要严格根据货物的进出口的贸易数据来进行,首先方正贸易公司必须要进入外汇管理局的对外付汇进口单位名录,付汇前也需要提前去做备案,否则后面的核销流程都无法进行。核销的过程中注意填写表格的内容要真实有效,这都需要小吴要能够有足够的细心来去完成。

二、职业判断与实务操作

针对子任务引例分析如下:

(1)小吴在付汇前要持有关材料到外汇指定银行办理开证或购付汇手续,在有关货物到货并且报关后一个月内再到外汇局办理进口核销报审手续。

(2)在办理核销的这两个流程中需要填写的表格有进口付汇核销表(代申报单)和进口付汇到货核销表,这两张表的缮制请参看子任务二。

子任务二　操练进口付汇核销单据的缮制

子任务引例

佛山易美贸易有限公司从日本 OKYO IMPORT& EXPORT CORPORATION 进口了一批扳手,并于10月31日向广州黄埔海关报关。按双方合同规定方正进出口贸易公司要找中国银行广州分行办理付汇赎单手续,并填制进口付汇核销单,并向广州市外汇管理局办理核销报审手续。小吴是方正公司的业务员负责这一笔业务。

请练习:

(1)进口付汇核销单的缮制。

(2)进口付汇到货核销单的缮制。

一、知识认知

(一)进口付汇核销单的缮制

根据佛山易美贸易有限公司与日本 OKYO 公司磋商的具体信息,缮制如单据样张14.5所示的进口付汇核销单。

贸易进口付汇核销单(代申报单)

印单局代码:099210　　　　核销单编号:3002698741

单位代码:3145897564	单位名称:佛山易美贸易公司	所在地外汇局名称:佛山
付汇银行名称:中国银行佛山分行	收款人国别:日本	交易编码:01156
收款人是否保税区:是☐ 否☑	进口商品名称:扳手	
对外付汇币种:USD 其中:购汇金额 USD 95 000.00 人民币账号:SZR80066686	对外付汇总额:USD 95 000.00 现汇金额 外汇账号	折美元总额:USD 95 000.00
付　汇　性　质 ☑正常付汇 ☐不在名录　☐90天以上信用证　☐90天以上托收　☐异地付汇 ☐90天以上到货　☐转口贸易　☐境外工程使用物资　☐真实性审查 备案表编号:6666		

预计到货日期:2014 年 10 月 24 日	进口批件号	合同/发票号:TX200523/ TIEX060930

结 算 方 式

信用证 90 天以内☑ 90 天以上☐ 承兑日期 付汇日期 2007. 11. 24 期限 天

托 收 90 天以内☐ 90 天以上☐ 承兑日期 付汇日期 期限 天

汇款：
预付货款☐ 货到付款(凭报关单付款)☐ 付汇日期
报关单号 报关日期 报关单币种 金额
报关单号 报关日期 报关单币种 金额
报关单号 报关日期 报关单币种 金额
报关单号 报关日期 报关单币种 金额
报关单号 报关日期 报关单币种 金额
(若报关单填写不完,可另附纸。)

其他☐ 付汇日期

以下由付汇银行填写
申报号码:1401032265342626757324
业务编号:9821546781

(付款银行签章)
审核日期:2014. 11. 06

进口单位(签章):佛山易美贸易公司 2014 年 9 月 26 日

单据样张 14. 5 贸易进口付汇核销单样例

(二) 进口付汇到货核销单的缮制

根据佛山易美贸易有限公司与日本 OKYO 公司磋商的具体信息,以及佛山易美贸易有限公司的报关单信息缮制如单据样张 14. 6 所示的进口付汇到货核销单。

贸易进口付汇到货核销表

进口单位名称:佛山易美贸易公司 进口单位编号:3145897564 核销单编号:3002698741

序号	核销单号	备案表号	付汇币种金额	付汇日期	结算方式	付汇银行名称	应到货日期	报关单号	到货企业名称	报关币种金额	报关日期	与付汇差额 退汇	与付汇差额 其他	凭报关单付汇	备注
	付汇情况							报关到货情况							
1	3002698741	6666	USD 95 000	11. 24	信用证	中行	10. 24	444117252	佛山易美贸易公司	USD 95 000	10. 31				

付汇合计笔数： 1	付汇合计金额： USD95 000	到货报关合计笔数： 1	到货报关合计金额： USD95 000	退汇合计金额：	凭报关单合计金额：
至本月累计笔数： 2	至本月累计笔数： USD106 000	至本月累计笔数： 2	至本月累计金额： USD106 000	至本月累计金额：	至本月累积金额：

填表人：吴川　　　　负责人：方力　　　　填表日期：2014 年 11 月 6 日

本核销表内容无讹。（盖章）

注：

1. 本表一式二联，第一联送外汇局，第二联进口单位留存；
2. 本表合计和累计栏金额为折美元金额；
3. 本表由各外汇局印制，供进口单位使用；
4. 货款汇款项下的付汇在“凭报关单付汇”栏填“√”；
5. 累计栏为本年年初至本月的累计数；
6. 一次到货多次付汇的，在“付汇情况”栏填写实际付汇情况，在“报关到货情况”栏只填写一次；
7. 一次付汇多少到货的，参照第 6 点处理。

单据样张 14.6　贸易进口付汇到货核销表样例

二、职业判断与实务操作

针对子任务引例分析如下：

佛山易美贸易有限公司去中国银行申请办理付汇核销申请填写的单据见单据样张 14.5，报关后去外汇管理局办理到货核销填写的单据见单据样张 14.6，在填写单据的过程中要参考外贸合同或发票的基本内容，到货核销还需要与报关单的内容一致，外汇管理局会利用中国电子信息口岸与海关进行信息的核查与对接。

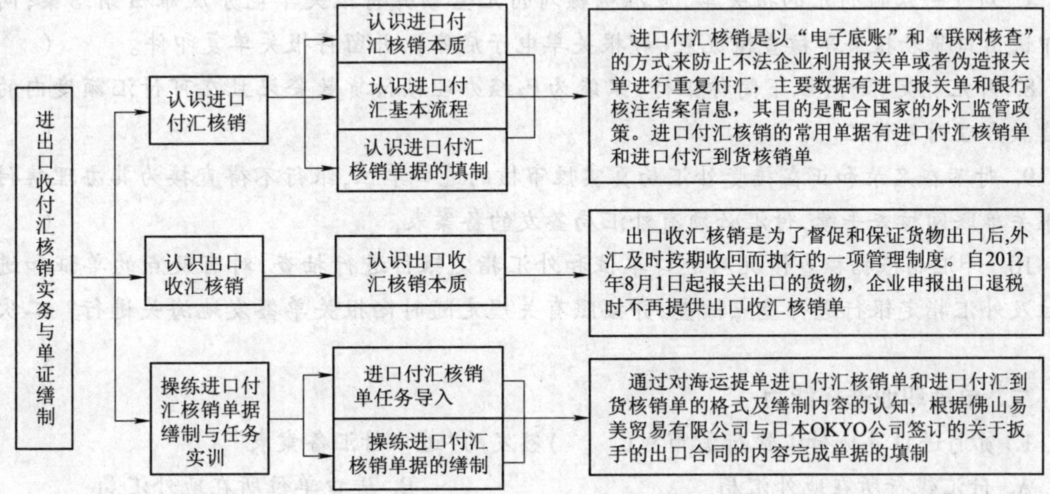

扫一扫

了解出口收汇核销的内容。

能力训练一　职业判断与选择

一、职业判断能力

1. 境内机构的进口付汇，应当按照国家关于进口付汇核销管理的规定办理核销手续。（　）

2. 有真实进口贸易背景且有对外支付需求的境内机构可提前购汇，并将外汇存入其在购汇金融机构网点开立的经常项目外汇账户。（　）

3. 进口预付货款项下付汇须提供预付货款保函。（　）

4. 一份贸易进口付汇核销单，核销单可凭以办理两次以上付汇。（　）

5. 预付货款、信用证、托收结算方式项下的进口付汇由进口单位直接向外汇局办理核销报审手续。（　）

6. 进口单位持已加盖海关验讫章的纸质进口货物报关单办理到货报审，但进出口报关单联网核查系统暂无电子信息的，银行可为其办理付汇手续，外汇局根据核查情况对进口单位和外汇指定银行进行抽查；对有疑点的单证和进口单位及外汇指定银行进行重点核查，并按照有关规定随时向报关单签发地海关进行二次核对。（　）

7. 对于一次性付汇的报关单，应准确核对付汇金额并将报关单电子底账核销结案；同时打印进出口货物报关单核查情况表（即报关单电子底账），并留存报关单复印件。（　）

8. 外汇指定银行（以下简称银行）只能为已经办理预付货款登记且在可付汇额度内的预付货款办理对外付汇。（　）

9. 对不在名录和正在接受外汇局真实性审核的进口单位，银行不得直接为其办理售付汇和报关单联网核查手续，付汇必须有外汇局签发的备案表。（　）

10. 外汇局根据核查情况对进口单位和外汇指定银行进行抽查；对有疑点的单证和进口单位及外汇指定银行进行重点核查，并按照有关规定随时向报关单签发地海关进行？二次核对。（　）

二、单项职业选择能力

1. 贸易进口异地付汇银行需审核（　　）签发的“进口付汇备案表”。

A. 付汇银行所在地外汇局　　B. 进口单位所在地外汇局

C. 以上两项均可　　D. 以上两项均不可

2. 下列哪种情况不需审核“进口付汇备案表”。(　　)

A. 付汇单位与经营单位不一致企业　　B. 不在名录企业

C. 黑名单企业　　D. 异地付汇企业

3. 下列哪一项不属于列入由外汇局审核真实性的进口单位名单的范围。(　　)

A. 向外汇局或外汇指定银行报审伪造、假冒、涂改、重复使用等进口货物报关单(核销联)或其他凭证的

B. 未按照预计到货日期到货的

C. 需凭备案表付汇而没有备案表的

D. 漏报、瞒报等不按规定向外汇局报送核销表及所附单证或丢失有关核销单证的

4. 进口单位持已加盖海关验讫章的纸质进口货物报关单办理到货报审,但进出口报关单联网核查系统暂无电子信息的银行(　　)。

A. 可为其办理付汇手续　　B. 不可为其办理付汇手续

C. 可为其办理核销手续　　D. 不可为其办理差额核销手续

5. 银行应通过中国电子口岸系统对进口单位提供的(　　)进行核查。

A. 报关单复印件　　B. 正本报关单

C. 核销单　　D. 正本合同

6. 用预付货款结算的贸易进口,持进口合同、进口付汇核销单、(　　)、正本进口货物报关单、正本运输单据。

A. 开证申请书　　B. 托收通知书

C. 形式发票　　D. 货运单据

7. 货到付款项下自动核销银行应对外汇局留存联(　　)报送所在地外汇局。

A. 按周　　B. 按旬

C. 按月　　D. 按年

8. 银行办理自动核销业务,应统一使用(　　),印模报所在地外汇局备案。

A. ××银行业务公章　　B. ××银行进口付汇章

C. ××银行公章　　D. ××银行进口付汇已报审章

9. 对于一次性付汇的报关单,下列说法错误的是:(　　)

A. 应准确核注付汇金额将报关单电子底账核销结案

B. 将报关单电子底账核销结案

C. 打印进出口货物报关单核查情况表(即报关单电子底账)

D. 留存报关单复印件

10. 若以跟单信用证作为进口结算方式,如需在开证时购汇,银行须审核进口合同、进口付汇核销单及(　　)。

A. 开证申请书　　B. 托收通知书

C. 形式发票　　D. 货运单据

能力训练二　实务操作

背景资料:

广州意林服装贸易有限公司与日本 TOKYO TRADE CORPORATION. 签订了一份关于开口拉链的进口的合同。请根据以下基本信息,缮制一份进口付汇核销单、贸易进口付汇到货核销表。

买方:GUANGZHOU ELIN CLOTHING TRADING CO. LTD(代码 3108765438)

电话:86-20-24232445

卖方:TOKYO TRADE CORPORATION.

82-324 OTOLI MACHI TOKYO, JAPAN

货名:开口拉链(Open-Endzipper)

规格数量:R222S1000 PCS、R333H 1000 PCS、R666W 1000 PCS

包装: 每 30 条装 1 箱(PACKED IN ONE CARTONS OF 30 PCS EACH)

单价: FOB TOKYO R222S USD 100/PC、R333H USD 90.00/PC、R666W USD 80.00/PC

支付方式:信用证即期支付(IRREVOCABLE DOCUMENTARY CREIDT AT SIGHT)

装运地: 东京港(TOKYO)

目的地: 黄埔港(GUANGZHOU)

装运期限: 最迟不晚于 2016 年 12 月 31 日(LATEST DATE OF SHIPMENT 141231)

合同号: RT06911

H. S. 编码:9503. 900

贸易方式: 一般贸易

提单号 : TES0610589Q

入境口岸:黄埔海关

用途 : 自营内销

运输工具名称:HONDA V. 026

印单局代码:0913330

核销单编号:3003256741

收款人是否保税区:否

人民币账号:SZR800645678

备案表编号:6879

预计到货日期:2017. 1. 14

申报号码:1401045665342626437324

业务编号:9872556

到货核销日期:2017. 2. 7

银行审核日期:2016. 11. 26

进口单位编号:3145897564、

付汇合计笔数:1

至本月累计笔数:1

以“单证员”李兴的身份,根据上述资料缮制贸易进口付汇核销单、贸易进口付汇到货核销表。

扫一扫

国际贸易术语解释通则 2010(Incoterms ® 2010)一览表

《跟单信用证统一惯例(UCP600)

外贸单证实务英语专业术语

参考文献

[1] 许博,陈明舒. 进出口单证业务单证实务(第二版)[M]. 北京:北京理工大学出版社,2015.
[2] 任丽萍,陈伟. 国际贸易实务[M]. 北京:清华大学出版社,2005.
[3] 黎孝先. 国际贸易实务(第二版)[M]. 北京:对外经济贸易大学出版社,2004.
[4] 姚大伟. 国际贸易单证实务[M]. 北京:对外经济贸易大学出版社,2006.
[5] 余世明. 国际贸易单证实务[M]. 广州:暨南大学出版社,2006.
[6] 谢娟娟. 国际贸易单证实务与操作[M]. 北京:清华大学出版社,2007.
[7] 广银芳. 进出口单证实训教程[M]. 南京:东南大学出版社,2005.
[8] 祝卫. 出口贸易模拟操作教程[M]. 上海:上海人民出版社,2002.
[9] 吴国新,李元旭. 国际贸易单证实务学习指导书[M]. 北京:清华大学出版社,2006.
[10] 姜宏. 国际贸易单证实训[M]. 北京:机械工业出版社,2009.
[11] 国际商会. 跟单信用证统一惯例(UCP600)[J]. 2010.